EL INFINITO EN UN JUNCO

书籍秘史

〔西班牙〕伊莲内·巴列霍（Irene Vallejo）著 李静 译

CTS 湖南文艺出版社 HUNAN LITERATURE AND ART PUBLISHING HOUSE 博集天卷 CS-BOOKY

送给我的母亲，

她有棉花般柔软而坚定的手

看起来像图画，

但词句里有声音。

每页书都是一个永不停歇的音乐盒。

——米亚·科托[1]《莫桑比克三部曲》

字母表中静止的符号

在脑海中变成鲜活的意义。

阅读和书写改变了我们的大脑结构。

——希莉·哈斯特维特[2]《去活，去想，去看》

我乐意去想象古老的荷马——无论他是谁，

看到自己的史诗被摆在

一个他完全不曾听闻的大陆中

一个他无法想象的存在，也就是我

的书架上，

会有多惊讶。

——玛丽莲·罗宾逊[3]《小时候，我爱读书》

---

1. Mia Couto（1955—），莫桑比克作家，代表作为《梦游之地》《耶稣撒冷》《母狮的忏悔》。——如无特别说明，本书脚注均为译者注

2. Siri Hustvedt（1955—），美国作家，代表作为《我所热爱的东西》《没有男人的夏天》。她也是美国作家保罗·奥斯特的第二任妻子。

3. Marilynne Robinson（1943—），美国作家，代表作为《管家》《基列家书》。

读书永远是一种移动、一种旅行，

离开是为了找回自己。读书，

尽管惯常久坐，

却让我们回到了游牧生活。

——安东尼奥·巴桑塔[1]《用读书对抗虚无》

最重要的是，

书是存放时间的容器。

一个神奇的装置。有了它，

虽然生命会迈向遗忘的虚无，

但人类的智慧与敏感

可以战胜

其流动与转瞬即逝。

——埃米利奥·列多[2]《书与自由》

---

1. Antonio Basanta（1953—），西班牙教师、编辑、文化项目组织者，致力于推广阅读。
2. Emilio Lledó（1927—），西班牙哲学家、皇家学院院士，2014 年获得西班牙国家文学奖，代表作为《伊壁鸠鲁学说》《文字的沉默》。

目 录 Contents

序章 001

I

希腊想象未来

II

条条大路通罗马

3

序 章

一群神秘的人策马走在古希腊的道路上，农民们在田间地头或自家门前怀疑地打量着他们。经验告诉他们，只有危险人物才会外出旅行，比如士兵、雇佣兵和奴隶贩子。农民们皱着眉，嘴里嘟囔着，目送他们消失在地平线上。他们不喜欢拿着武器的外乡人。

骑手们继续骑行，没有留意这些乡下人。几个月来，他们爬上高山，越过沟壑，行过山谷，蹚过河流，从一个岛航行到另一个岛。自从接到这个奇怪的任务，他们的肌肉变得更结实，耐力也增强了。为了完成任务，他们必须冒险在一个战火不断的世界穿过各种危险地带。他们是一群猎手，在寻找一种非常特别的猎物，它们安静、狡猾，不会留下半点痕迹或足印。

如果这些令人不安的密使能坐在码头酒肆，喝着红酒，吃着烤章鱼，跟陌生人聊天醉饮——出于谨慎，他们从不这么做——他们大可以讲述了不起的旅行经历。他们曾踏足饱受瘟疫之苦的土地，穿越满目疮痍的焦土，见识过滚烫的余烬、战时叛军和雇佣兵的暴行。由于那时候广阔的地域都没有地图，他们迷过路，几天几夜都漫无目的地在烈日下或风暴中疾走。他们不得不饮下恶臭的水，喝完腹泻不止。每当下雨，骡子和大车就会陷入泥沼，他们一边怒吼一边骂骂咧咧地拉车，直到双膝跪地，啃了一嘴泥。当夜幕降临，又没有任何栖身之处时，他们只能裹着斗篷防蝎子。他们被虱子咬得发疯，被四处出没的强盗吓得心惊肉跳。很多次，他们骑马走在广阔的荒凉地带，一想到一群强盗正屏住呼吸潜伏在某个路口，打算一跃而上，冷血地结果他们的性命，劫掠他们的财物，再将尚有余温的尸身遗弃在那些灌木丛中，便觉得血液都要凝结。

他们当然会感到害怕。埃及国王在让他们跨海去执行任务之前，将巨资托付给了他们。那时候，亚历山大大帝[1]刚驾崩几十年，携巨款出门极其危险，无异于自杀。尽管窃贼、各种传染病、海难都会让这一昂贵的使命血本无归，法老依然坚持从尼罗河畔的埃及派人跨越国界，远去四面八方。占有的欲望令他辗转反侧，他狂热地、迫不及待地渴望他的秘密猎手们替他将猎物收入囊中，不管要面对怎样未知的危险。

坐在自家门前窃窃私语的农民、雇佣兵和强盗要是知道这些异国骑手在寻找什么，一定会惊讶得目瞪口呆，感觉不可思议。

书。他们找的是书。

这是埃及王室的最高机密。上下埃及[2]的统治者，当时世界上

---

1. Alexander the Great（前356—前323），马其顿王国国王，世界古代史上著名的军事家和政治家，曾统一希腊全境，横扫中东地区，占领埃及全境，荡平波斯帝国，之后进军印度但无功而返。他建立起了一个地跨欧、亚、非三洲的庞大帝国。

2. 在前王国时期，埃及以孟斐斯为界，分为位处尼罗河上下游的两个地区：上游南方地区为农业区，下游北方地区为政治、经济、文化中心区。

最有权势的人之一，愿意豁出性命（当然是别人的性命，国王们向来如此），去为亚历山大图书馆找到世界上所有的书。法老所追寻的梦想是建立一座尽善尽美的图书馆，收藏有史以来所有作家的所有作品。

我总是害怕提笔写下一本新书的开头，害怕迈出这一步。当我已经跑遍所有的图书馆，在本子上记满兴奋的笔记，找不到任何合理的甚至愚蠢的借口不动笔时，我还会拖延几日，也由此彻底明白自己是个胆小鬼。我就是感觉力有不逮。作品的基调、幽默感、诗句、节奏，还有前景，全都有了。待写的章节在事先拟好的文字中隐约可见。可是，该怎么写呢？眼下，我还有一大堆疑问。每写一本书，我都要回到起点，像所有第一次一样心脏怦怦直跳。玛格丽特·杜拉斯说，写作就是试图发现如果我们开始书写，我们会写出什么——从动词原形到条件式，再到虚拟式——如同感受到大地正在脚下裂开。

说到底，写作跟那些我们没学会就开始做的事没什么两样，比如说外语、开车、当妈妈、活着。

在被疑虑折磨得奄奄一息后，在拖了又拖，不能再拖，借口找了又找，不能再找之后，终于，在七月一个炎热的下午，我开始面对一张孤独的白纸。我已经决定要以神秘的猎书人作为开卷画面。我感觉自己和他们一样。我喜欢他们的耐心与坚韧，他们投入的时间，以及这趟寻书之旅的漫长且刺激。多年来，我做研究，查出处，收集文献，试图理解史料。当真相揭晓时，那些经抽丝剥茧找到的确凿历史实在太令我震惊，以至于它们变成故事，不请自来地进入我的梦境。我想要化身猎书人，奔波在古欧洲危险动荡的道路上。如果以他们的寻书之旅开始这本书，是否可行？未尝不可。但我要如何在想象力的血肉中保住史料的骨架？

这个开头似乎和寻找所罗门国王的宝藏或遗失的约柜[1]的故事一样神奇，但史料表明，妄自尊大的埃及国王的脑袋里确实动过这个念头。也许在公元前3世纪的埃及，是唯一也是最后一次，将世界上所有的书尽数收入世界图书馆这一梦想有可能成真。今天，我们会觉得这是博尔赫斯那些古怪抽象、引人入胜的短篇小说中的情节，又或者是他天马行空的幻想。

在建设伟大的亚历山大图书馆那个时代，根本不存在所谓的国际图书贸易。书可以在文化积淀深厚的城市里买到，但在年轻的亚历山大港是买不到的。据史料记载，国王们凭借自己高高在上的权势，利用手中的绝对权力去网罗书籍——买不到就没收；如果需要砍下百姓的头、毁掉他们的庄稼才能得到一本垂涎已久的书，那国王就会如此下令，并号称国家的荣耀远比这些琐碎的顾虑更为重要。

为了达到目的，坑蒙拐骗自然也是在所不惜。古希腊三大悲剧家埃斯库罗斯、索福克勒斯和欧里庇得斯的作品在戏剧节上首次演出后被收藏在雅典档案馆中，而托勒密三世对这些官方版本

1.《圣经》中描述的放置上帝与以色列人所立契约（刻有十诫的两块石版）的柜子，是以色列人的圣物。

觊觎已久。于是，法老的使者们前去借阅这些珍贵的莎草纸书卷，以便交给抄写员一字不差地誊写一份。雅典当局狮子大开口，索要十五塔兰特[1]银的押金，相当于今天的几百万美金。埃及人照付不误，鞠躬行礼，千恩万谢，许下庄重的誓言——十二次月圆月缺前定将原物奉还，并立下重咒，若损毁书籍便不得好死。然后呢？他们当然是舍了押金，直接将手卷据为己有。雅典官员们只好打落牙齿往肚里吞。伯里克利[2]时代名震一时的都城雅典已变成王国的外省城邦，无法与埃及相抗衡。埃及控制了粮食贸易，而当年的粮食相当于今天的石油。

亚历山大港是王国的主要港口与新兴发展中心。古往今来，达到如此规模的经济大国总会为所欲为。任何船只，不管从哪里来，只要停靠于此，就要立刻接受盘查。海关官员则会查封他们在船上找到的所有书，命人用新的莎草纸一一誊抄，然后留下原本，归还抄本。这些在登船时抢来的书最终会被放置在亚历山大图书馆的书架上，并加上一个小小的标识——"船上图书"，以注明来源。

当一个人位居世界之巅时，对他人提出任何要求都不为过。据说托勒密二世曾派使者前往各个国家，给君主或统治者送去封着火漆的信，让他们送来所有藏书——王国境内诗人和散文家写的书、演说家和哲学家写的书、医生和占卜者写的书、历史学家写的书和其他所有书。

此外，正如开篇画面所描绘的那样，国王们遣秘密猎手携重

---

1. 古希腊、罗马及古代中东地区使用的重量及货币单位。
2. Pericles（约前495—前429），古希腊雅典政治家，其当政时期被誉为希腊（雅典）的"黄金时代"。

金，走过世界上那些危险四伏的陆路与海路，购买所到之处能找到的所有书，越多越好，还要最古老的抄本。这么大的胃口，如此高的价钱，自然也招来了心术不正与弄虚作假之徒。他们提供珍本的赝品，将莎草纸做旧，把很多本书拼凑成一本以增加篇幅，总之想出了各种巧妙的手段。有个聪明人很有幽默感，他特意写了一些看起来不得了的书，来满足托勒密王朝历代国王们对书的占有欲。这些伪作的书名都很有趣，拿到今天也会很畅销，比如《修昔底德[1]未尽之言》。你可以将修昔底德换成卡夫卡或乔伊斯，想象一下造假者打着这些人的名号写回忆录和无法言说的秘密，并带着这些假书出现在图书馆时，会引发多大的期待。

尽管亚历山大图书馆的购书者们都很谨慎，不想上当受骗，但他们更怕百密一疏，错过一本好书，让法老震怒。国王不时就会带着阅兵似的自豪劲儿来检阅收藏的书卷。他会问负责整理图书的法勒鲁姆的德米特里[2]现在有多少本书了？德米特里则告诉他数字："国王陛下，已经有二十万本了。我会努力尽快补至五十万本。"亚历山大港对书的渴求变成了疯狂的热情。

我出生在很容易买到书的国家和时代，在我家里，书堆得到处都是。集中干活那段时间，我会从不同的图书馆借回大几十本

---

1. Thucydides（约前460—约前400），古希腊历史学家，代表作为《伯罗奔尼撒战争史》。
2. Demetrius of Phalerum（约前350—约前280），雅典政治家、哲学家、作家，学识广博，在雅典遭敌对势力驱逐后，于前297年后来到亚历山大托勒密宫廷。

跟研究有关的书，我通常把它们垒得高高的，堆在椅子上，甚至地上。而倒扣在桌上的书就像一个双坡屋顶，需要找栋房子来挡风遮雨。如今，为了避免两岁的儿子把书弄坏，我把书堆到沙发背上。坐在沙发上休息时，我的后颈会碰到书角。如果将书价和我所在城市的房租做个对比，不难发现，书才是最花钱的租客。但我觉得，从大开本的摄影集到陈旧的胶装书——它们跟扇贝似的，总想合上——书总会让家里显得更温馨。

为了摆满亚历山大图书馆的书架，那些秘密猎手走了那么远的路，吃了那么多的苦，付出了那么大的努力，这个充满异国情调的故事十分迷人，就像不远万里去西印度群岛寻找香料的故事一样，充满奇遇与冒险。而如今，书是如此普通，缺乏新科技的光环，以致有许多"先知"跳出来预言书会消失。每隔一段日子，我就会在沮丧的报纸文章上读到预言书会消亡，会被电子设备取代，并在众多娱乐选择前败下阵来的论调。最危言耸听的言论是，我们正在面临一个时代的结束，书店和图书馆将迎来真正的末日——书店纷纷关门，图书馆无人问津。他们似乎在暗示：书很快就会被摆在文化人类学博物馆的橱窗里展示，而在它近旁的便是史前矛尖。我想象着那些画面，环视家中数不清的一排排书和黑胶唱片，自问道：令人怀念的旧世界就要消失了吗？

真的吗？

书已历经时间的考验，证明了自己是一名长跑运动员。每次我们从革命的美梦中醒来，或从灾难的噩梦中醒来时，它都还在。

正如翁贝托·埃柯[1]所言，书跟勺子、锤子、车轮或剪刀属于同一个类型：一旦被发明出来，便无须改变。

当然，科技令人眼花缭乱，它有足够的威力将旧物拉下神坛。然而，我们都会怀念那些已经失去的东西——照片、档案、旧行当、回忆，因为它们会迅速变旧，许多产品很快就过时了。首先是歌曲磁带，然后是电影录像带，我们徒劳地收集着科技执意使之过时的东西。DVD 出现时，他们说，总算一劳永逸地解决了存储问题。可是后来，他们又故技重演，用体积更小的磁盘来诱惑我们，我们永远都需要购买新的小玩意。吊诡的是，我们还能阅读十多个世纪前被耐心抄写下来的手稿，却看不了仅仅数年前被制作出来的录像带或碟片，除非家里的储藏室像废旧用品博物馆一样，保留了每一代电脑和播放器。

别忘了，几千年来，在一场未被历史记载的战争里，书是我们的同盟。这是一场保存我们那些宝贵创造物的战争：那些会随风而逝的话语；那些让混乱的世界具有意义、给予我们活下去的信念的虚构类作品；还有从我们无知的坚石上一点点刮下，真真假假、永远只是暂时正确的知识。

因此，我决定投入到这项研究中去。首先要面对的是问题，一大堆问题：书是什么时候出现的？历史上发生过哪些不为人知的兴书之事或毁书之事？哪些书永远遗失了？哪些书得以幸存？为什么有些书会变成经典？多少书被水淹、被火烧、被岁月湮没？

---

1. Umberto Eco（1932—2016），意大利哲学家、符号学家、历史学家、文学评论家和小说家，代表作为《玫瑰的名字》。

有多少书被愤怒地销毁？多少书被满怀热情地抄写？它们是同一批书吗？

本书想继续猎书人的冒险，而我则成为他们不可能的旅伴，去寻找失落的手稿、不为人知的故事和即将沉寂的声音。也许，猎书人只是在给妄自尊大、心怀执念的国王跑腿。也许，他们并不理解这项任务的重要性，对他们来说或许荒唐可笑。夜宿荒郊野外，篝火渐渐熄灭时，他们会小声嘟哝："豁出命去替疯子实现梦想，这种日子真是受够了！"他们一定更希望被派到努比亚沙漠平叛或去尼罗河上的驳船验货，在那儿更容易获得晋升。但我认为，他们像寻找散落的珍宝似的寻找所有书的踪迹时，正在为我们今天的世界奠定根基，只是他们并不知晓。

I

希腊想象未来

一 享乐之城与书之城

商人年轻的妻子百无聊赖，正孤枕独眠。十个月前，商人从地中海的科斯岛出发，前往埃及，此后便杳无音信。而他的妻子年方十七，尚未生育，独守空房，寂寞难耐，渴望生活中有新鲜事发生，但她又不能擅自离家，免得被人说闲话。她在家里也没什么事可做，只能靠折磨女奴取乐。刚开始她还觉得有点意思，但这很难填补漫长的时间。所以，她喜欢有其他女人来家里做客，敲门的人是谁根本无所谓。毕竟时间如铅块，重重地压在身上，让人绝望地想找人把它打发掉。

女奴前来通报，希利德婆婆来了。她好歹能开心一会儿了——希利德婆婆是她的奶妈，说话口无遮拦，下流话说得眉飞色舞，让人忍俊不禁。

"希利德妈妈！你有好几个月没来我家了。"

"你知道的，孩子，我住得远，而且力气已经比蚂蚁还小了。"

"好吧，好吧，"商人的妻子说，"你还有力气好好搂抱不止一个男人呢！"

"你就笑话我吧！"希利德回答，"这种事是留给你们这些姑娘家做的。"

希利德婆婆坏笑着，狡猾地扯了几句闲话，总算道出她上门的真正目的。那个又帅又壮，在奥林匹克运动会上两次夺得摔跤奖牌的小伙子看上了商人的妻子，想她想得发疯，想成为她的情人。

"你别生气，听听我的建议。他正心痒痒得很，你就跟他要一要嘛！难不成就待在这儿独守空房？"希利德诱她上钩，"等你明白过来，都人老珠黄了，好好的一朵鲜花都枯萎了。"

"别说了，别说了……"

"你丈夫在埃及干吗呢？他也不给你写信，肯定是去偷腥，把你给忘了。"

为了攻破姑娘的最后一道心理防线，她绘声绘色地列举了埃及，特别是亚历山大港能给离家的负心汉提供的一切：数不清的财富、令人愉悦的温暖气候、体育馆、各种演出、一大群哲学家、书、金子、葡萄酒，还有如星光闪耀的迷人女子。

这是公元前3世纪一个古希腊短剧的开头，充满浓郁的生活气息，我大致翻译了一下。这种小品肯定不会上演，只能当剧本读，文字幽默，有时带点流浪汉小说的味道，为读者打开了一扇通往禁忌世界的窗户。在那里，有挨打的奴隶、残忍的主人、皮条客、被青春期的孩子逼到绝望边缘的母亲，还有性生活得不到满足的女人。希利德是文学史上最早出现的拉皮条的女人之一，她们从事淫媒，深谙行业机密，毫不犹豫地拿目标人物的软肋开刀——全世界的女人都怕变老。然而，生性狡猾的她这回栽了跟头。对话以女子的嗔怪结束，她要为出门在外的丈夫守贞；也许是因为偷情的风险太大，她不乐意。你脑子坏掉了？她质问希利德。不过，她也给奶妈倒了杯酒，以示安慰。

除了幽默和新鲜的腔调，这个剧本的有趣之处还在于，它为我们揭示了普通人眼中当年亚历山大港的模样——它是享乐之城与书之城，性之都与文字之都。

亚历山大港的传说远没有结束。希利德引诱商人妻子的这段对话发生两百年后，这里上演了一出伟大的旷世恋情，一段发生在克里奥帕特拉[1]与马克·安东尼[2]之间的爱情故事。

当年的罗马虽然是最伟大的地中海帝国的中心，但它黑乎乎的街道依然如迷宫般弯弯曲曲的，路面泥泞不堪。当马克·安东尼乘船第一次抵达亚历山大港时，突然发现自己置身于一座让人心醉神迷的城市。在这座城市里，宫殿、神庙、宽阔的街道与纪念碑散发着伟大的光芒。罗马人对自己的军事实力充满信心，自诩未来的主人，却没能抵挡住昔日辉煌、没落奢华的诱惑。在激情、骄傲与谋算之下，有权有势的将军和埃及的末代女王情投意合，在政事和床笫之间结盟，这让传统的罗马人大感羞耻。更有甚者，还有传言说马克·安东尼想把帝国的都城从罗马迁到亚

1. Cleopatra VII（前 69—前 30），埃及托勒密王朝的最后一位女王，才貌出众，聪颖机智，与恺撒、安东尼关系密切，因其传奇人生成为文学和艺术作品中的著名人物。
2. Marco Antonio（前 82—前 30），古罗马著名政治家、军事家，在与屋大维的罗马内战中战败，后自杀身亡。

历山大港。要是当年这对情侣打赢了控制罗马帝国之战，那么今天，游客们要想在永恒之城[1]中与斗兽场和诸多广场合影留念，恐怕要组团去埃及了。

克里奥帕特拉跟她的城市亚历山大港一样，集文化和性感于一身。普鲁塔克[2]说，她其实并非国色天香，路过的人并不会为她驻足。但她聪明，口才好，魅力十足，嗓音甜美，让人听得身上酥酥痒痒的。普鲁塔克还说，她说话时还会根据她说的语言来调整音调，宛如一件有很多根弦的乐器。她可以不用翻译就跟埃塞俄比亚人、希伯来人、阿拉伯人、叙利亚人、米提亚人和安息人自由交谈。她聪明机智，消息灵通，在国内外的多次权力争夺战中胜出，尽管她在决定性战役中落败了。问题是，人们都是从敌方角度去谈论她的。

在这段风起云涌的历史中，书也起到了重要的作用。当马克·安东尼以为自己即将统治全世界时，他想要送一件伟大的礼物给克里奥帕特拉，给她一个惊喜。他知道情人日日挥霍无度，黄金、珠宝、美味佳肴根本入不了她的眼。有一次他们饮酒至天明，她以一种挑衅的炫耀之姿，将一颗硕大无比的珍珠用醋溶解，一口饮下。于是，马克·安东尼挑选了一件让她无法不屑一顾的礼物：他将二十万卷书堆在她的脚下，赠给亚历山大图书馆。在亚历山大港，激情可以用书点燃。

两位于20世纪故去的作家成为这座城市隐秘角落的向导，使

---

1. 指罗马。
2. Plutarch（约46—约120），罗马帝国时代的希腊作家、哲学家、历史学家，开创了西方传记文学的先河，代表作为《希腊罗马名人传》。

亚历山大港的神话越发古色古香。康斯坦丁诺斯·卡瓦菲斯[1]是一个籍籍无名的小公务员，希腊人，在英国政府驻埃及公共事业部农田灌溉处工作，从未受到过提拔。晚上，他将自己沉浸在欢愉之中，混迹于风月场所，周遭是来自世界各地的堕落灵魂。他对全城的妓院了如指掌，那里是他唯一的避难所，因为他是个同性恋，"谁都不认可，谁都强烈鄙视"——他这般写道。卡瓦菲斯遍读经典作家的作品，而他的诗人身份几乎无人知晓。

今天，在他最广为人知的诗歌作品里，伊萨卡、特洛伊、雅典、拜占庭那些真实和虚构的人物一一登场。其他看起来更个人的诗歌作品，主要挖掘自他的成长经历——怀念青春岁月，初尝人间享乐，感慨时间流逝，言辞间带着讽刺与心碎。主题上的差别其实只是表象。阅读和想象中的过去跟自身成长记忆一样，让他激动不已。在亚历山大港闲逛时，他看见逝去城市的脉搏依然在现实的城市中跳动。亚历山大图书馆已不复存在，但它的回声、呢喃与窃窃私语，仍然回荡在空气中。对他而言，如今活着的人们痛苦、孤独逡巡其间的冰冷街道，正是因为有了那群了不起的幽灵才有了生气。

《亚历山大四重奏》[2]中的人物——贾斯汀、达利，尤其是自称认识卡瓦菲斯的巴萨泽——都时常想起"这座城市的老诗人"。劳

---

1. Constantine Cavafy（1863—1933），希腊诗人，做过记者和公务员，长居亚历山大港，代表作为《伊萨卡岛》。
2. *The Alexandria Quartet*，英国小说家劳伦斯·达雷尔的代表作，描绘了亚历山大港的城市文化生活，包括《贾斯汀》《巴萨泽》《芒特奥利夫》和《克莉》四部小说，在其中亚历山大港分别被描述为欲望之城、阴谋之城、衰败之城和希望之城。

伦斯·达雷尔[1]是一个被国内的清教主义及其氛围憋得透不过气来的英国人，他用四部小说进一步弘扬亚历山大港神话中性与文学之都的美誉。劳伦斯于第二次世界大战的动荡时期来到亚历山大港。当时，埃及被英军占领，是间谍活动和阴谋活动的老巢，也是一如既往的享乐之城。亚历山大港的各种色彩和它们所唤醒的各种感官反应，谁都没有他描写得那么真切。夏季天很高；静得出奇；烈日炙烤；蓝色明亮的大海、防波堤和黄色的海岸；城里的马留提斯湖，有时如海市蜃楼般模糊不清；港口的海水与湖水间，有数不清的聚集着灰尘、乞丐和苍蝇的街道；棕榈树、豪华饭店、大麻和醉酒；充满电荷的干燥空气；柠檬黄和深紫色的黄昏；五个种族、五种语言、十几种宗教；五支舰队在油油的海水中的倒影。达雷尔写道：在亚历山大港，肉体醒了，感受到铁窗的禁锢。

第二次世界大战摧毁了这座城市。在《亚历山大四重奏》的最后一部小说里，克莉描绘了一幅凄凉的场景：被扔在沙滩上的坦克像恐龙的骨架，大炮像石化森林中倒下的树，贝都因人在地雷阵中迷失了方向。她总结道：这座向来任性的城市如今好比巨大的公共便盆。1952年之后，劳伦斯·达雷尔再也没有回到过亚历山大港。苏伊士运河战争标志着中东一个时代的终结，在此居住了几千年的犹太人和希腊人于战后逃走。从那里回来的游客告诉我：世界的感官之都已经成为历史。

---

1. Lawrence Durrell（1912—1990），英国小说家、诗人、剧作家，曾在1941至1956年间任英国外交官，先后出使中东和地中海国家。

二 亚历山大：世界永远不够大

亚历山大城不止一座。亚历山大大帝从土耳其打到印度河，沿途留下了一连串名叫亚历山大的城市。不同的语言模糊了原始的读音，但有时依然能分辨出远古的调子。Alexandretta，如今是土耳其语里的伊斯肯德仑；Alexandria Carmania，是现在伊朗的克尔曼；Alexandria Margiana，是现在土库曼斯坦的梅尔夫；Alexandria Eschate，可译为"世界尽头的亚历山大城"，是现在塔吉克斯坦的苦盏；Alexandria Bucephala，为了纪念那匹从小陪伴他的名叫布塞菲勒斯的骏马而命名，是现在巴基斯坦的杰拉勒布尔。阿富汗战争让我们熟悉了另一些古老的亚历山大城：巴格兰、赫拉特、坎大哈。

普鲁塔克说亚历山大建造了七十座城市。他像那些在公共厕所的墙上或门上写下自己名字的孩子一样，想沿途留下记号（"到此一游""我征服了这里"）。地图就是一面巨大的墙，征服者在上面一次次地留下自己的印记。

亚历山大之所以有动力，有无比旺盛的精力，能远征两万五千公里，是因为他渴望成名，渴望被人崇拜。他对英雄传说深信不疑，不仅如此，他还愿意身体力行，并与之一较高低。最让他执着的是古希腊神话中最孔武有力、令人畏惧的战士阿喀琉斯。小时候，早在亚里士多德教他荷马史诗时，他就选中了阿喀琉斯，梦想能跟他一样。他对阿喀琉斯的狂热崇拜类似于今天的男孩对体育明星的仰慕。据说他睡觉时，枕头旁边永远放着一册《伊利亚特》，枕头底下永远放着一把短剑。这幅画面不由让我们会心一笑，想到了将集卡本[1]摊在床上，在一旁沉沉睡去的男孩，他做着得了冠军的美梦，观众正兴奋地为他欢呼。

只有亚历山大能把对成功最狂野的幻想变成现实。他只用了八年时间，就征服了安纳托利亚、波斯、埃及、中亚，登上了战功之巅。相比之下，阿喀琉斯用十年时间去围攻一座城，还把命给丢了，只能算是个普普通通的战场新秀。

埃及的亚历山大港源于——的确如此——荷马的一句耳语，一个文学的美梦。亚历山大在睡梦中感觉有个银发老人走到他的身边。这个神秘的陌生人念了《奥德赛》里的几句诗，说在离埃及海岸不远处，汹涌的海浪围绕着一座名叫法罗的小岛。结果这个岛真的存在，就位于尼罗河三角洲和地中海交汇处的冲积平原附近。按照当年的逻辑，亚历山大认为梦里所见皆为预兆，于是便在此建造了天选之城。

他觉得那里很美。无人的沙滩连着无人的海面，呈现出两幅

---

1. 西班牙孩子喜欢集各种各样的明星或卡通卡片，贴在专门的集卡本上收藏。这个爱好是几乎所有西班牙人的童年回忆。

孤独、广阔、被风雕琢而时时变幻的风景。他亲手用面粉画出了几近完美的四方形轮廓，指出哪里建公共广场，哪些神祇需要神庙，城墙从哪里走。假以时日，小小的法罗岛会通过一道长堤与尼罗河三角洲相连，岛上会兴建世界七大奇迹之一的亚历山大灯塔。

城市开始兴建了，亚历山大则继续出征，留下为数不多的希腊人、犹太人和在周边村庄居住已久的牧民。按照从古到今的殖民逻辑，埃及当地人全部被贬为贱民。

亚历山大再也没见过这座城市。不到十年后，归来的是他的遗体。然而，公元前331年，当他初建亚历山大港时，他才二十四岁，自以为战无不胜。

✳

亚历山大年轻气盛，势不可挡。在去埃及的路上，他连续两次打败了波斯"万王之王"[1]的军队。他占领了土耳其和叙利亚，宣布将它们从波斯的桎梏中解放。他占领了巴勒斯坦和腓尼基的狭长地带，所有城市不战而降，除了提尔和加沙。围城七个月后，亚历山大终于攻下了这两座城，随后对城中居民施行了残酷的惩罚。幸存下来的男人们被沿着海滩钉在十字架上。两千人一字排

---

1. "万王之王"的说法来自著名的《贝希斯敦铭文》，铭文开头便是："我是大流士，伟大的王，万王之王，波斯王……"这里的大流士指的是统一波斯帝国的伟大君主大流士一世（约前558—前486）。而与亚历山大作战的是波斯帝国的末代君主大流士三世（？—前330）。

开，在海边奄奄一息。妇女和儿童被变卖为奴。亚历山大命人将饱经蹂躏的加沙统治者绑在一辆战车上活活拖死，跟《伊利亚特》中对赫克托耳尸体的做法别无二致。显然，他乐意认为自己正在书写属于自己的英雄史诗，时不时效仿一下传说中的某个姿势、象征或暴行。

还有一些时候，他觉得对战败者宽厚仁慈更显英雄气概。抓住波斯国王大流士的家眷后，他以礼相待，没有拿她们做人质，而是让她们继续住在家里，衣服珠宝样样不少，严禁外人打扰。他还允许她们埋葬战死的亲人。

走进大流士的军帐，他看见黄金、白银、雪花石膏，闻到没药和各种芳香，里面铺着地毯，摆着桌子和衣柜，还有一大堆在家乡马其顿的宫廷里见不到的东西。他对朋友们说："看来，这才叫国王。"这时，下属呈上一只匣子，这是大流士军帐中最珍贵、最特别的物品。"什么东西才珍贵到够格放在里头呢？"他问手下。大家七嘴八舌，建议放金钱、珠宝、香精、香料、战利品的都有。他摇摇头，沉默片刻，命人将须臾不离身的《伊利亚特》放在了里面。

亚历山大从没打过败仗。他总是身先士卒，没有任何特权，跟士兵们共患难。从父亲那里继承王位，成为马其顿国王之后仅仅六年，二十五岁的他已经打败了当时最强大的军队，并将波斯帝国的财富据为己有。对他而言，这还不够。他勇往直前，抵达里海，穿过今天的阿富汗、土库曼斯坦和乌兹别克斯坦，走过兴都库什山脉白雪皑皑的小道，越过充满流沙的沙漠，直到乌浒水，就是今天的阿姆河，接着往前，去到希腊人从未踏足的地方（撒马尔罕和旁遮普）。他已经不再取得辉煌的胜利，而是陷入了令人筋疲力尽的游击战。

希腊语中有个单词，用来形容他的执念：póthos。凡是没有的，得不到的，他都想要。因为不可能得到满足，于是永受折磨。如同单相思让人辗转反侧，又如同思念逝者时那难忍的悲痛。亚历山大并未从持续不断的开疆拓土中得到满足，从而得以逃避无聊与平庸。不到三十岁，他就开始担心：世界对他而言会不会不够大？如果有朝一日，天下的土地都被征服完了，那该如何是好？

亚里士多德告诉他，世界的尽头就在兴都库什山脉那边。他想走到天涯海角，看到世界的尽头，这个念头如磁铁般吸引着他。他会找到老师提过的无垠之海吗？海水会像瀑布一样坠入无尽的深渊吗？世界的尽头会不会被浓雾笼罩，白茫茫的一片，什么都看不见？

可是，手下的士兵被梅雨季节的雨水弄得病恹恹的，坚决不肯再往前，进入印度。他们听人说过，恒河那边是偌大的印度王国。这个世界看不到尽头。

一个老兵代表所有人发言，奉年轻的国王之命，他们已经跋涉了几千公里，沿途取了至少七十五万亚洲人的性命。他们不得不埋葬阵亡的好友，他们曾忍受饥饿、严寒，也曾焦渴难耐地穿越沙漠。许多人死于未知的疾病，尸首被扔在路边沟里，像野狗一样，或被可怕地截肢。为数不多苟全性命的战士已经没有年轻时充沛的体力。如今，战马四蹄疼痛，一瘸一拐；梅雨季节，辎重车辆动辄陷入泥泞；连腰带上的扣袢都已生锈；口粮也全都受潮霉烂；靴子几年前就一堆大小窟窿。他们想回家，想抚摸妻子，拥抱孩子。孩子们都快不记得他们了。他们思念故土。要是亚历山大决定继续远征，那就别指望同乡的马其顿战士。

亚历山大勃然大怒，就像《伊利亚特》开头的阿喀琉斯，他做出可怕的威胁，然后退入军帐。一场心理战开始了。起初士兵们还很安静，后来他们就敢嘲笑国王，说他发脾气，失了分寸。他们将一生最美好的时光献给了国王，因此不甘受辱。

对峙两天后，这支令人生畏的军队掉头回家了。亚历山大终究还是打了一场败仗。

三 马其顿朋友

　　托勒密是亚历山大的挚友，也是随他一起远征的同伴。论出身，他跟埃及扯不上半点关系。他出生在马其顿的没落贵族家庭，从未想过有朝一日会成为尼罗河畔富裕国家的法老。第一次踏上埃及的土地时，他已年届四旬，不识当地语言、风俗习惯和复杂的官僚体制。然而，亚历山大的征服及其巨大的影响力是世界历史上的奇迹之一。至少在这一切发生前，无人料到。

　　尽管马其顿人很骄傲，但他们也知道，在旁人眼里，马其顿原始落后，不值一提。在古希腊众多的独立城邦之中，他们比雅典人或斯巴达人低了不知多少级。他们依然奉行传统的君主制，而古希腊的大部分城邦已经开始体验更高级的国家治理方式。更糟的是，其他地方的人很难听懂马其顿方言。有位马其顿国王提出想参加奥林匹克运动会，在被仔细审查后才获准参与。换言之，其他人并不乐意让马其顿人加入古希腊俱乐部。对其他国家来说，马其顿压根就不存在。当时，东方是世界文明的中心，历史悠久，熠熠生光；西方一片蒙昧，是野蛮人的居住地。在地理感知和偏见的地图上，马其顿位于文明世界的边缘。也许很少有埃及人知道，未来国王的家乡究竟在地图上的什么位置。

亚历山大终结了世人对马其顿人的轻视。他是如此强大，以至被所有古希腊人接纳。事实上，他们将他塑造成国家的象征。在希腊被奥斯曼土耳其统治的几个世纪里，希腊人编织了这样的传说——大英雄亚历山大即将还魂，将祖国从别国的压迫中拯救出来。

拿破仑也是在征服欧洲的过程中，从科西嘉外省人变成了地道的法国人。胜利是一张无人能拒绝的通行证。

托勒密始终陪伴在亚历山大左右。作为马其顿王室的王子持盾随从，跟随他进行了势如破竹的远征，成为国王骑士团成员，也是亚历山大十分信任的私人保镖之一。恒河暴动后，他体验了返程的艰辛，情况比他们最坏的设想还要糟糕：他们经受了疟疾、痢疾、老虎、蛇、毒虫的联手打击。印度河叛乱的村民向在热带的高温潮湿下疲惫行军的战士们发起攻击。返程的那个冬天，之前抵达印度的军队只剩下四分之一。

取得了那么多胜利，受了那么多罪，死了那么多人之后，公元前324年的春天让人喜忧参半。托勒密随残部在今天伊朗西南部城市苏萨做短期休整，永远让人猜不到心思的亚历山大决定大肆庆祝，还宣布要为自己和军官们举办集体婚礼。这场狂欢轰轰烈烈地闹腾了五天。他安排了八十位将军及其亲属迎娶波斯贵族家庭的女子，有些恐怕还是女孩。他本人也在自己长长的妻子名单上——马其顿的习俗允许一夫多妻制——添加了大流士的长女和另一个有权有势的东方家族的女人。经过深思熟虑，他以一种戏剧性的姿态将庆典惠及了整支队伍。一万名士兵收到了王室彩礼，去找东方女子结婚。以如此大的规模推动跨国婚姻，简直前无古人，后无来者。亚历山大脑子里琢磨的是建立混血帝国。

托勒密也参加了苏萨的集体婚礼，分到的是古波斯有钱总督家的女儿。跟大部分军官一样，也许他更愿意拿到军功章，痛痛快快地乐个五天五夜。普遍来说，亚历山大的手下一点也不想跟不久以前还在战场上屠杀的波斯人称兄道弟，更不想联姻，娶什么波斯女人。在新建的帝国内部，民族主义和文化融合之间的矛盾正在酝酿。

亚历山大已经没时间贯彻个人想法。次年夏初，他高烧不退，逝于巴比伦，享年三十三岁。

年迈的托勒密（安东尼·霍普金斯饰）在亚历山大港向抄写员口述回忆录时，道出了萦绕心中折磨他多年的秘密：亚历山大不是自然死亡，而是被他和其他军官毒死的。在2004年由奥利佛·斯通执导的电影《亚历山大大帝》中，托勒密是阴险小人，是古希腊的麦克白，从听命于亚历山大的忠诚战士变成了杀人凶手。在电影结尾，他撕下面具，露出了阴险的面目。事实果真如此吗？还是我们应该认为与他的另一部电影《刺杀肯尼迪》一样，奥利佛·斯通只是在迎合阴谋论和大众对刺杀领袖人物题材的热衷？

公元前323年，亚历山大麾下的马其顿军官们肯定是焦躁不安、满腹怨言的。那时候，军队里的大部分士兵是古伊朗人或印度人。亚历山大允许蛮族入伍，甚至加入精锐部队，并将一些人封为贵族。他痴迷于荷马史诗中对勇气的赞美，希望不论种族出身，招募到最优秀的战士。他的老战友们认为该政策是侮辱性的，可恶至极。但这个理由就足以让他们割袍断义，冒着掉脑袋的风险去弑君吗？

亚历山大究竟是死于谋杀还是感染（比如疟疾或普通流感），我们永远无从得知。远征中，他九次重伤，日常操劳过度，身体早已是强弩之末。当年，他的猝死成为王位继承人们争权夺利的武器，他们无耻地互相诋毁，说对方是杀人凶手。下毒致死的说法迅速蔓延——该说法是这一事件最让人震惊和最富戏剧性的版本。各种攻击谩骂、各种无端指控、各种继位利益，简直一团乱麻。历史学家们解不开历史之谜，只能去评点各种猜测的利弊得失。

托勒密究竟是忠友还是叛徒，已经隐入历史的混沌中。

霍比特人弗罗多和山姆来到魔多山阴险恐怖的奇立斯乌苟阶梯。为了克服恐惧，他们聊起了自己意料之外的冒险生涯。这一幕出现在 J.R.R. 托尔金的作品《魔戒》的第二部《双塔殊途》临近遽然结尾前。山姆在世上最大的快乐是享用美食和听精彩的故事。他说："我还是好奇，我们到底会不会给搁进歌谣或传说里。当然，我们已经在一个故事里面了；可我的意思是，被人写下来，你知道，在火炉边被人讲出来，要么就等好多年好多年以后，被人从写满红字和黑字的了不起的大书中朗读出来。然后人们会说："好啊！那可是我最爱听的故事之一。'"

这就是亚历山大的梦想：拥有属于自己的传说，被写进书里，永远留在人们的记忆中。这个梦想，他实现了。他短暂的一生在东方和西方都是神话，在《古兰经》和《圣经》中都有讲述。在他死后的若干个世纪里，亚历山大港渐渐有了讲述他远征和冒险的精彩故事，是用希腊语写的，后来被译成拉丁语、叙利亚语和其他几十种语言，叫《亚历山大的故事》，流传至今，经过多次修改和删减。尽管充满妄想与疯狂，有些学者认为，除了某些宗教典籍，它是前现代社会最被广泛阅读的作品。

公元2世纪，古罗马人在他的名字前加上绰号 Magno（大帝），而琐罗亚斯德[1]的追随者们则称他为"恶人"亚历山大。他们永远也无法原谅他一把火烧掉了珀赛玻里斯宫和其中的皇家图书馆，拜火教圣典《阿维斯陀》也随之毁于一旦。教徒们只好凭记忆重写了一本。

亚历山大的矛盾与是非功过已然体现在古代世界历史学家的笔下，他们描绘出了一系列不同的人物形象。阿利安[2]为他着迷，库尔齐乌斯[3]发现了若干阴暗面，普鲁塔克对任何趣闻逸事都无法抗拒，不管它是阴暗还是光明。身为作家，他们凭直觉嗅出这是个伟大的故事，于是便纷纷开始展开天马行空的想象，让亚历山

---

1. Zoroaster（约前628—约前551），拜火教创始人。
2. Arrian（约95—175），古希腊历史学家、地理学家，代表作为《亚历山大远征记》。
3. Quintus Curtius Rufus，生卒年月不详，约公元1世纪的历史学家，代表作为《亚历山大史》。

大传记滑向了虚构文学。一位古罗马时代的旅行家兼地理学家讽刺地说："比起事实，写亚历山大的人都更爱丰功伟业。"

当代历史学家的观点取决于其理想主义程度及其创作时期。20世纪初，英雄人物依然受人崇拜；而第二次世界大战、纳粹对犹太人大屠杀、原子弹爆炸、殖民地国家独立之后，我们对什么都持怀疑态度。如今，有作者对亚历山大进行了一番精神分析，说他妄自尊大，脾气暴躁，生性残忍，对受害者漠不关心，甚至有人将他比作阿道夫·希特勒。新的微妙情感还会出现，争论还在继续。

让我惊讶和着迷的是，大众文化并未将亚历山大视为古化石而丢弃。我曾经在最意想不到的地方遇到过他的无条件支持者，那个人还能在餐巾纸上迅速画出他所指挥的重大战役的行军路线。以他名字命名的音乐也在不断响起。巴西歌手卡耶塔诺·费洛索在专辑《书》中以歌曲《亚历山大》向他致敬。来自伦敦东区莱顿的英国铁娘子乐队最经典的曲目之一就叫《亚历山大大帝》，乐队从未在现场演奏过这首重金属摇滚，对它的感情几乎神圣。乐迷们纷纷传言，它只会在乐队的告别演唱会上响起。在几乎全世界范围内，为了纪念这位战士，人们还在给孩子起名为亚历山大，或阿拉伯语里的Sikander。他的肖像每年被印在成千上万的商品上——真正的亚历山大根本就不知道如何使用，诸如T恤、领带、手机壳或电子游戏。

追逐不朽的亚历山大已经成为他梦想成为的传奇人物。然而，正如托尔金所言，如果有人问我，坐在火炉边，我会选择讲哪个故事，我不会选择讲述他的战功或远征，而会选择亚历山大图书馆的非凡历险。

巴比伦抄写员在占星板上写道："帝薨。"纯粹出于偶然，文件几乎原封不动地传到了我们手里。公元前 323 年 6 月 10 日，无须夜观星象也能猜到，危险的日子即将开始。亚历山大身后有两个继承人，均势单力薄：一个是同父异母的兄弟，谁都认为他基本是个白痴；还有一个是罗克珊娜（三个遗孀之一）肚子里的遗腹子。巴比伦抄写员熟悉历史和君主制，在那个充满预兆的下午，他也许思考过残忍的王位继承战将会引发混乱。这是当时许多人担心的事情，后来也确实发生了。

腥风血雨很快来临。为了确保儿子没有竞争者，罗克珊娜谋杀了另两位遗孀；马其顿最有权势的将军们互相宣战，互相厮杀。在接下来的若干年里，他们有条不紊地杀害了几乎所有王室成员——同父异母的白痴兄弟、亚历山大的母亲、罗克珊娜和她的儿子（没活到十二岁）。与此同时，王国分崩离析。亚历山大手下的军官塞琉古将占领的印度土地贱卖给当地首领，价格仅为五百头战象，低到不可思议。这些战象被用于继续跟马其顿对手在沙场上展开较量。几十年里，雇佣兵待价而沽，谁开价高就为谁卖命。历经多年的战争、暴行、复仇，在葬送了许多条性命之后，只余下三巨头屹立不倒：塞琉古在亚洲，安提柯在马其顿，托勒密在埃及。三人之中，只有托勒密没有死于非命。

托勒密定居埃及，在那里度过了后半生。为了保住王位，他与昔日的战友反目，血战了几十年。马其顿内战间歇，他想去看一眼他统治的这片广袤土地。眼前的一切让他目瞪口呆：金字塔、埃及圣鹮、沙尘暴、流动的沙丘、狂奔的骆驼、长着动物脑袋的奇怪神祇、太监的光头和假发、节日涌动的人潮；神圣的杀之获罪的猫；象形文字、宫廷礼仪、超大的神庙、祭司拥有的巨大权力；黑色的尼罗河泥沙俱下，沉积为三角洲后，汇入大海；凶狠的鳄鱼；平原上的庄稼从尸骨中汲取营养，获得丰收；啤酒、河马；空无一物的沙漠里只有腐蚀一切的时间；尸体防腐术、木乃伊、仪式化的生活、对历史的热爱、对死亡的崇拜。

托勒密一定感到颇为迷失，困惑且孤立无援。他不懂埃及当地的语言，对典礼仪式也都不在行，他怀疑大臣们在笑话他。不过，他从亚历山大那里学会了大胆行事。弄不清象征符号，那就自创一套。埃及向你炫耀它有多古老，那就把都城迁到亚历山大港——唯一一座没有历史的城市，让它成为全地中海最重要的中心。臣民们怀疑新生事物，那就将所有了不起的思想与科学汇聚到这片土地上。

托勒密决定斥巨资，兴建亚历山大博物馆和图书馆。

四 深渊边缘的平衡：亚历山大图书馆和博物馆

尽管没有确切证据，但我斗胆妄言，兴建一座世界图书馆这个主意诞生自亚历山大的脑袋。该计划包含的勃勃野心，带着亚历山大渴求得到一切的印记。他在即位后颁布的头几道敕令中宣称："世界是属于我的。"收集现存的所有书，是另一种象征性的精神上和平占有世界的方式。

藏书者对书的热爱类似于旅行家。每座图书馆都是一趟旅程，每本书都是一本永不过期的护照。亚历山大在征战非洲和亚洲时，始终带着一本《伊利亚特》。据历史学家说，他会在书中寻找建议，用书籍滋养他对卓越的渴望。阅读就像指南针，为他指引通往未知世界的道路。

在乱世寻获图书宛如在深渊的边缘努力保持平衡，这是瓦尔特·本雅明 [1] 在他的杰出散文《打开我的藏书》中得出的结论。他写道："翻新旧世界，这便是收藏家对新事物孜孜以求时内心最深处的愿望。"亚历山大图书馆是一本神奇的百科全书，它收集古代

---

1. Walter Benjamin（1892—1940），德国思想家、哲学家、文艺理论评论家，代表作为《德国悲剧的起源》《单向街》。

的知识类和虚构类作品，以免散落和遗失。但它也被构思为全新的空间，那里有通往未来的路。

过去的图书馆都是私人藏书馆，收藏的是对主人有用的专业书；就算是学校或专业人士的图书馆，也只是为了满足特定需要而存在。最接近亚历山大图书馆的先行者是亚述巴尼拔[1]图书馆，位于今天伊拉克的北部城市尼尼微，只限国王御用。亚历山大图书馆的藏书领域各异、品种齐全，涵盖了所有主题，是在已知世界的各个角落里写出来的书。亚历山大图书馆对所有渴望求知者开放，对所有国家的学者开放，对所有文学追求者开放，这开创了此类图书馆的先河，最接近拥有当时所有书籍的理想。

此外，它约等于实现了亚历山大建立混血帝国的抱负。这位年轻的国王娶了三位外国妻子，生的孩子有百分之五十的蛮族血统。据历史学家狄奥多罗斯[2]讲述，亚历山大计划将欧洲人口迁移到亚洲，将亚洲人口迁移到欧洲，从而诞生出欧亚两洲友睦联姻的社群。这个人口大迁移计划是兵戈相见与手足情深的奇怪混合物，但他的遽然离世使计划搁浅。

亚历山大图书馆向广阔的外部世界开放，收入其他语言世界中最重要的作品，将其译成希腊语。一位拜占庭专家写道："他们从各村招募学者，除了母语，还需精通希腊语。每组被分配相应语言的书籍。于是便能将所有书译成希腊语。"犹太人《摩西五经》[3]

1. Ashurbanipal（前668—约前627），亚述帝国最后一个伟大的君主，在位时两度平息埃及叛乱，征服叙利亚、腓尼基和埃兰等地。

2. Diodorus（约前90—前21），古希腊历史学家，代表作为《历史丛书》。

3. 包括《创世记》《出埃及记》《利未记》《民数记》《申命记》。因相传由摩西接受上帝的启示所撰写，故称《摩西五经》。

的希腊语译本，即著名的《七十士译本》就是在那里完成的。古伊朗语作品翻译由琐罗亚斯德操刀。他译了两百多万行诗，多少个世纪过去了，依然作为了不起的成就被铭记。一位名叫曼涅托[1]的埃及祭司为图书馆编纂了一份从神话时期到亚历山大征服时期埃及王朝与法老功绩的年表。为了用希腊语完成这本埃及历史概要，他去了几十座神庙寻觅、查找、摘抄原始文献。另一位双语祭司贝罗索斯[2]熟知用楔形文字创作的文学作品，他将巴比伦传说译成了希腊语。亚历山大图书馆还有一本关于印度的专著，由埃及驻巴连弗邑——印度东北部城市，位于恒河沿岸——大使在当地搜集资料完成。之前从未有人组织过如此大规模的翻译工作。

图书馆将亚历山大梦想中最好的那一部分——世界性、对知识的渴求、难能可贵的文化融合的愿望——变成了现实。在亚历山大图书馆的书架上，没有国与国之间的边界，希腊人、犹太人、埃及人、古伊朗人、印度人的文字终于可以和平共处。这片精神的疆域或许是唯一一个欢迎以上所有人的场所。

博尔赫斯也曾对拥有世上所有书籍的想法着迷，他的短篇小说《巴别图书馆》带我们进入一个神奇的图书馆，那里是装满所有梦想与文字的迷宫。然而，我们很快意识到，此处令人不适，

---

1. Manetho（前 4 世纪末—前 3 世纪初），古埃及历史学家、祭司，用希腊文写成《埃及史》，现有片段保存下来。
2. Berossus，公元前 3 世纪前期巴比伦的祭司和历史学家，用希腊语撰写了一部巴比伦史。

幻想带着噩梦的味道，变成今时今日的恐惧。

博尔赫斯说，宇宙（其他人叫它图书馆）永恒存在，像个巨型蜂房，由一模一样、无穷无尽的六面体回廊构成，中间由螺旋状楼梯连接。每个六面体里都有灯、书架和书。左右两旁各有一个小房间，一间用来站着睡觉，另一间用来排泄。所有需要被精简为光线、阅读、排泄。回廊里住着奇怪的官吏，叙述者也在其中，他称之为不完美的图书管理员。每人负责无限的几何区域内一定数量的六面体回廊。

图书馆里的书包含了由二十三个字母和两个标点符号组成的所有可能的排列组合，换言之，是用所有记得的或已被遗忘的语言所能想象和表达的一切。因此，叙述者告诉我们，在书架的某个地方有关于你的死亡纪事，有关于未来的详细历史，有大天使们的自传，有图书馆的真目录，还有成千上万的假目录。蜂房里的住户和我们有同样的局限性——只掌握一两门语言且生命短暂。因此，从统计学上讲，在无限的回廊里找到他想找的那本书，或仅仅是一本他能看懂的书，可能性都微乎其微。

其中存在着巨大的悖论。在蜂房的六面体中，游荡着猎书人、神秘主义者、激进的破坏狂、欲寻短见的图书管理员、朝圣者、偶像崇拜者和疯子，就是没人读书。置身于无穷无尽、令人筋疲力尽的随机书页中，阅读的乐趣荡然无存。人们所有的精力都花在了寻书和破译上。

我们可以简单地将它理解为讽刺圣经神话[1]和藏书家的短篇小

---

1. 指《圣经》中的巴别塔传说，许多说不同语言的人曾经梦想修建一座通天塔。

说，建筑灵感来源于皮拉内西[1]的监狱或埃舍尔[2]无尽的楼梯。然而，巴别图书馆之所以吸引今天的读者，是因为它对虚拟世界预言般的隐喻：无边无际的因特网，那张通过搜索引擎算法去过滤，由信息和文本构成的巨网。迷失在互联网中的我们如同游荡在迷宫中的幽灵。

博尔赫斯用令人惊讶的不合时宜预见了今日世界。《巴别图书馆》确实凭直觉预言了今时今日的状况：电子信息网络，我们如今称之为网络的概念，是图书馆功能的翻版。因特网的诞生是基于推动全球对话的梦想，要为话语创造路径、修建大道、铺设空中走廊。每个文本都需要一个索书号（一个链接），以便读者从世界任何一个角落、用任何一台计算机搜索到它。负责构建因特网结构概念的科学家蒂姆·约翰·伯纳斯-李[3]，从公共图书馆便捷有序的空间中获得了灵感。他模仿图书馆的运行机制，赋予每个虚拟文本独一无二的地址，允许人们从另一台计算机上登录后找到它。统一资源定位符（计算机语言为 URL）完全等同于图书馆编号。然后，伯纳斯-李发明了超文本传输协议（更广为人知的是其简称http），如同我们去图书馆借书时填写并交给管理员的索书卡。因特网是图书馆成倍级、更广阔、无形的延伸。

在我的想象中，踏进亚历山大图书馆类似于我第一次网上冲

1. Giovanni Battista Piranesi（1720—1778），意大利铜版画家、建筑师，以蚀刻和雕刻现代罗马以及古代遗迹而成名，代表作为《监狱》系列。
2. Maurits Cornelis Escher（1898—1972），荷兰艺术家、版画家，作品中有浓厚的数学特质，如不可能的楼梯、荒谬的走廊等，给《哈利·波特》《盗梦空间》等多部电影提供了空间上的灵感。
3. Timothy John Berners-Lee（1955— ），英国计算机科学家，万维网的发明者。

浪：面对无边无际的空间，我们震惊了，眩晕了。我似乎看见一位旅行者从亚历山大港下船上岸，步履匆匆，迈向书的城堡。他跟我有同样强烈的阅读欲，远远地从图书馆门廊瞥见书山文海，为之目眩，激动不已。生活在我们这个时代的每个人都会这样想：再也不会存在这样的地方，有这么多信息、这么多知识、这么多故事，让人体验到人生的喜怒哀惧。

咱们再回头去讲。图书馆还没建成，托勒密曾夸下海口，要把埃及的古希腊伟大都城建得如何如何，结果被现实碰了一鼻子的灰。亚历山大港诞生二十年后，依然是一座正在建设中的小城，人口由士兵、水手和为数不多的官吏构成。官吏们负责维持治安，特别是要对付到这片处女地寻找机会的奸商、罪犯、冒险分子和花言巧语的骗子。笔直的街道由古希腊建筑师设计，脏兮兮的，一股屎尿味；奴隶们背上鞭痕累累；空气中弥漫着西部世界精力旺盛、暴力横行、抢劫成性的气息。还有从东边刮来的要命的喀新风，许多世纪后拿破仑和隆美尔的军队将饱受其折磨。每到春天，这风就会肆虐亚历山大港。喀新风从远方袭来，先是如同天边血红的斑点，然后天昏地暗，沙尘暴扬起令人窒息的沙墙。沙子从门缝钻进家里，钻进眼里，喉咙、鼻子都干到让人发疯、绝望、想犯罪。令人窒息的几小时过后，伴随着干巴巴的风的呜咽，沙尘暴跌入海里。

托勒密决定就把王宫建在这儿，吸引当时最优秀的科学家和作家来到这片几乎一无所有的荒漠。

疯狂的建设开始了。他下令开凿一条运河，连接尼罗河、马留提斯湖和大海；设计一座宏伟的港口；将宫殿建在海边，用堤坝隔开，被围攻时堤坝还可作为大型防御工事。小小的王宫禁城只有很少的人能够进入，这是一个没想到自己会成为国王的国王在一座几乎不可能建成的城市安的家。

托勒密花了很多很多钱打造他的梦想。他没有分到亚历山大帝国最大的那块蛋糕，但分到了最可口的那块。埃及是富饶的象征。尼罗河两岸土地肥沃，粮食丰产。主宰市场的商品，今天是石油，当年是粮食。此外，埃及还出口当年最常用的书写材料——莎草纸。

莎草纸的原料纸莎草扎根在尼罗河中，茎有臂粗，高 3 到 6 米，普通人可以用它柔韧的纤维做绳子、席子、凉鞋和篮子。据古书记载：摩西儿时被母亲遗弃在尼罗河边，就装在用纸莎草做的抹了沥青和焦油的防水小篮子里。公元前 3000 年，埃及人发现纸莎草可以做纸；到公元 1000 年，近东各国民众已经普遍使用莎草纸。多少个世纪里，希伯来人、古希腊人，还有后来的古罗马人都将文学作品写在莎草纸书卷上。随着地中海各国识字人口的增加，社会越来越复杂，对莎草纸的需求也越来越大，纸价水涨船高。纸莎草在埃及境外十分罕见，于是像今天智能手机必需的钶钽铁矿一样，成了战略物资。强大的市场建立起来，通过贸易通道，莎草纸远销非洲、亚洲和欧洲。埃及国王们垄断了莎草纸的制造与销售，埃及语[1]专家认为，莎草纸（papyrus）和法老

---

1. 埃及语是一种通行于古埃及的语言文字，今天埃及的官方语言是阿拉伯语。

（pharaoh）是同根词。

让我们遐想法老作坊一个早班的工作：国王的一队工人大清早来到河边割草，窸窸窣窣的脚步声惊醒了睡梦中的鸟儿，它们从芦苇荡里展翅飞走了。工人们趁上午凉快赶紧割草，中午就将大捆大捆的草运到作坊。然后他们动作精准地去皮，将三角形切面的茎切成30到40厘米长的纤维薄片，铺在平平的木板上，第一层竖着铺，第二层横着铺，薄片互相垂直。之后，他们用木槌敲打彼此交错的两层薄片，分泌出的浆汁正好做天然胶水。再用火山石或贝壳将页面磨光，最后再用水和面糊将莎草纸的边缘一张张粘起来，粘成长纸卷，便可以卷起来存放。他们通常会粘二十多页，仔细打磨接口处，使其尽量平滑，不会硌着抄写员的芦苇笔。莎草纸书卷只按卷卖，不散卖。写一封信或一份简短的文件时，自行裁下需要的长度即可。纸卷高13到30厘米，长一般在3.2到3.6米之间。不过，正如书本的页数不同，书卷的长度也会不一样。例如，大英博物馆的埃及藏品中，最长的《哈里斯大纸莎草书卷》的原始长度有42米。

莎草纸书卷意味着了不起的进步。在找寻了许多个世纪，在石头、泥土、木头和金属之后，文字终于在一件有生命的物体上找到了安身之所。当原本只是让空气振动的词语在一种水生植物的茎上安下身来时，历史上的第一本书诞生了。比起死板、无生命的"前辈"，书从一开始就是灵活、轻便的物件，便于在旅行和冒险时随身携带。

莎草纸书卷里有用芦苇笔蘸墨水写成的长长的手稿，这就是陆续抵达刚刚诞生的亚历山大图书馆的书的模样。

亚历山大死后，他手下的将军都着了魔，纷纷开始模仿他的手势、穿着、常戴的帽子，甚至低头的方式。他喜欢大摆宴席，将军们就继续摆，还把他的头像印在钱币上。他的一名随从留起了长长的鬓发，像亚历山大生前那样随意披散。攸美尼斯[1]将军说亚历山大托梦给他，并与他交谈。托勒密散布谣言，说自己是亚历山大同父异母的兄弟。一次，若干个王位争夺者齐聚军帐，王座虚位以待，上面放着先王的权杖，众人激辩时，感觉亚历山大还在继续指引着他们。

所有人都怀念亚历山大，敬爱他的魂灵，同时忙着瓜分他作为遗产留下的世界帝国，将他的近亲逐一清除，将昔日并肩作战的忠诚抛诸脑后。奥斯卡·王尔德在《瑞丁监狱之歌》中写道："每个人都在杀死他所爱。"写这句话时，他想的一定是这种爱。

在争相怀念亚历山大的斗争中，托勒密略施小计，拔得头筹。他最漂亮的手段之一就包括将年轻国王的遗体据为己有。他比谁都明白展示国王的遗体有多么不可估量的象征意义。

公元前 322 年秋，一队人马从巴比伦出发，前往马其顿，将亚历山大的灵柩送回故国安葬。遗体被涂了防腐蜜和香料，装在金棺中。据史料描述，灵车装饰着华盖、紫色帘幔、流苏、镀金雕塑、绣品和花环，简直俗不可耐。托勒密与负责押车的军官结

---

1. Eumenes（约前 362—前 316），古希腊将领、学者，曾经做过亚历山大大帝的私人秘书，军事才能突出，但最后被自己的士兵出卖。

交，在后者的协助下，队伍拐向大马士革，迎面遭遇大军，导致灵柩被劫。佩尔狄卡斯[1]将军已在马其顿备好王陵，听到消息后咬牙切齿，立刻发兵攻打埃及，却在一场损失惨重的战役之后被自己人处决。托勒密赢下这一局，将亚历山大的遗体送到亚历山大港，陈列在一个向公众开放的陵墓里，如同莫斯科红场的列宁墓，成为陵墓游的大热景点。古罗马的第一个皇帝奥古斯都也去看过，他在石棺的玻璃盖上敬献花环，请求触摸遗体。流言传说他在亲吻亚历山大时，不小心碰破了鼻子——亲吻木乃伊是有一定风险的。后来，亚历山大港爆发了多起大规模民众暴动，石棺毁于其中一次暴动。尽管谣言满天飞，但考古学家们还是没能在亚历山大港发现陵墓的踪迹。有人认为，亚历山大的遗体恐怕被分解，变成了几千块护身符，散落在他曾经征服的辽阔世界中，圆了他的世界主义梦。

据说，奥古斯都去亚历山大陵墓时，有人问他要不要也去看一眼托勒密王朝历代国王的陵墓。他回答："我是来看国王的，不是来看死人的。"这番话使得亚历山大的王位争夺者及继位者们的形象更加可悲。世人觉得他们是庸才，是传奇人物的替补，毫无光彩可言。他们缺乏领袖气质，只有跟死去的亚历山大扯上关系，才能获得真正的尊重。因此，他们想方设法地扮成亚历山大，希望能以假乱真，如同今时今日，有些人会去惟妙惟肖地模仿"猫王"一样。

---

1. Perdicass（？—前320），亚历山大麾下将领之一，深得他的信任。亚历山大临死前将王权印戒交给了他，使他成为摄政王。

在这场模仿者的比赛中，托勒密国王曾经希望亚历山大的老师、哲学家亚里士多德也能给自己的孩子当老师，只可惜公元前322年，著名的学生亚历山大死后没几个月，亚里士多德也撒手人寰。失望的托勒密只好退而求其次，派使者到亚里士多德在雅典创办的吕克昂学园高薪聘请当时最有学问的人。有两人应聘，其中一人教王子念书，另一人则负责兴建图书馆。

负责购书并整理书目的新人名叫法勒鲁姆的德米特里。在他之前没有图书管理员这个职业，是他开的先河。年轻时，他打算做学问家、政治家。他先在吕克昂学园念书，后在政治旋涡里挣扎了十年。在雅典，他见过第一个用理性方法整理的图书馆，是绰号"读书人"的亚里士多德的私人藏书馆。亚里士多德在两百多本著作中寻找世界的结构并加以分类——物理学、生物学、天文学、逻辑学、伦理学、美学、修辞学、政治学、形而上学。在老师的一架架书和他冷静的图书分类之间，德米特里一定意识到了：拥有图书相当于在钢丝上走平衡步；相当于努力捡起宇宙散落的碎片，拼成有意义的图案；相当于面对混乱，搭建出和谐的建筑物；相当于将聚沙成塔；相当于将我们害怕遗忘的一切找个地方守护起来；相当于拥有世界的记忆；相当于筑一道堤坝，抵挡时间的海啸。

当时，亚里士多德的思考模式位于西方科学的最前沿，而德米特里将它移植到了埃及。人们都说是亚里士多德教亚历山大港的人建成了图书馆。这话不能单纯从字面上理解，因为哲学家本人从未去过埃及。他的影响是间接抵达的，是通过为了躲避政治风云，乘船来到这座年轻城市的得意门生完成的。然而，尽管抱着好的出发点，德米特里还是屈服于托勒密宫廷的阴谋计划。他密谋，蒙羞并被捕。然而，他在亚历山大港留下了长久的印记。因为他，一个看不见的守护者进驻了亚历山大图书馆，他就是爱书人亚里士多德。

每隔一段日子，德米特里就要给托勒密呈文汇报其工作进度，开头是这样的："德米特里敬呈伟大的国王陛下。谨遵圣命，为图书馆添置所缺之书籍，并适当修复不幸损坏之书籍。在下战战兢兢，如履薄冰，特将工作汇报如下。"

这活儿不容易干。不跋山涉水基本弄不到希腊语书籍。埃及的神庙、宫殿、宅邸里，书卷多的是，但都是埃及语的。托勒密不肯纡尊降贵，去学臣民们的语言。史料表明，只有末代女王克里奥帕特拉令人惊叹地掌握多门语言。她会说埃及语，也能阅读。

德米特里派使者腰上插着武器，兜里揣着鼓鼓的钱包，前往安纳托利亚、爱琴海诸岛及希腊，寻找希腊语书籍。前文提到，当时，海关官员接到命令，搜查所有停靠在亚历山大港的船只，征用所有书籍。刚刚购置或没收的书卷会被运至仓库，由德米特里的助手甄别，并制作清单。莎草纸书卷没有封面，没有书脊——更没有封底和红色腰封来提醒我们这是一本好评如潮、感人至深的杰作，内容很难一眼识别。要是有人有十几本书，需要经常查阅，真的很麻烦。对图书馆而言，这个问题是个巨大的挑战，解决方法并不尽如人意：把书卷放到书架上之前，在每卷的最后加一个小小的标识注上作者、书名及来源，但它非常容易掉落。

据说有一次，国王去视察图书馆，德米特里建议收入版本可靠的犹太律法经典。"有谁拦着你了？"国王问，他已经授权德米特里全权处理所有事宜。德米特里回答说："书是用希伯来语写的，需要翻译。"

即便在耶路撒冷，懂希伯来语的人也很少，大部分居民说的是阿拉米语，几百年后耶稣布道用的也是它。亚历山大港的犹太人很有势力，占据了整整一个街区。他们已经开始将《旧约》译成希腊语，但进展缓慢，译得零零碎碎，因为恪守正统的信徒是反对创新的。当年的犹太教堂里有一场激烈的辩论，类似于天主教徒能否接受做弥撒不再用拉丁语。因此，如果图书馆负责人希望得到《摩西五经》完整可靠的译本，必须找专人来译。

按传统程序，德米特里先给耶路撒冷的大祭司以利亚撒写信，以托勒密的名义请他派律法和翻译专家来亚历山大港。以利亚撒收到信和随信礼物，高高兴兴地回了信，在每个部落选派了六名，共计七十二名希伯来智者。这些精通律法的专家在灼热的西奈沙漠中跋涉了一个月，抵达埃及，住在法罗岛海滩边的一栋大宅子里，"环境十分幽静"。德米特里时常带人前去探望，查看工作进展。据说，他们在此幽静之处闭关，用七十二天译完了《摩西五经》后回国。为了纪念这段历史，希腊语圣经也被称为《七十士译本》。

一位名叫亚里斯提亚的人自称是亲历者，讲述了这段历史。今天我们知道，这份《亚里斯提亚书信》是伪造的。然而，野史的枝叶中也会隐藏着实情。世界在变，亚历山大港是一面镜子。

希腊语正在逐渐成为新的通用语。当然，不是指欧里庇得斯和柏拉图使用的希腊语，而是一种叫 koiné 的希腊共通语，有点像假期时我们在机场和酒店使用的磕巴英语。马其顿国王们早就决定在帝国全境推行希腊语，作为政治统治和文化霸权的象征。其他人要想跟他们沟通，必须努力学习希腊语。然而，亚历山大和亚里士多德骄傲的大国沙文主义的脑袋里，已经有一点点世界主义的萌芽。他们明白：要先理解臣民，才能统治他们。从这个角度可以解释为什么他们要花大量的人力和物力去翻译臣民们的书籍，尤其是有灵魂地图之称的宗教典籍。亚历山大图书馆的诞生不只是为历史及其遗产提供避难所，也是向类似今天的全球化社会迈出的第一步。

这一原始的全球化叫"希腊化"。习俗、信仰、生活方式扎根在从安纳托利亚到旁遮普的这一大片被亚历山大征服的土地上。在利比亚或爪哇岛等十分遥远的地方建起了仿希腊式的建筑，亚洲人和非洲人用希腊语交流。普鲁塔克肯定地认为，巴比伦人在读荷马，波斯、苏萨、格德罗西亚——这一区域如今分布在巴基斯坦、阿富汗和伊朗——的孩子们唱着索福克勒斯和欧里庇得斯的悲剧。通过商贸、教育、联姻等途径，世界上很大一片地区开始发生令人瞩目的文化同化现象。从欧洲到印度的景色中，点缀着特征清晰可辨的城市：街道宽敞，横平竖直，有城市广场、剧场、体育馆、希腊语铭文，还有带有装饰山形墙的神庙。这些都是当年帝国主义的标志性特征，就好像今天的可口可乐、麦当劳、霓虹灯牌、购物中心、好莱坞电影和苹果产品让全球变得标准化一样。

和我们生活的时代一样，当年也有很多强烈的不满情绪。在被征服地区，许多人抗拒被入侵者殖民。有些暴脾气的古希腊人怀念过去的高贵独立，对新的国际化社会很不适应。唉，过去的纯净没有了！满身虱子的外国人突然出现在各个角落。世界变大了，移民变多了，东方的奴隶也来竞争工作岗位，薪水被压低。他们开始畏惧他者，畏惧跟自己不同的人。一位名叫阿皮翁[1]的语法学家抱怨犹太人占了亚历山大港靠近王宫最好的一个区；托勒密时代的古希腊人赫卡提乌斯[2]造访埃及，谴责犹太人的仇外心理。民众之间也会发生摩擦，有时是流血冲突。历史学家狄奥多说，外国人杀死了一只猫，视猫为神兽的埃及人盛怒之下将他私刑处死。

变化引发焦虑。许多古希腊人几百年来一直生活在小城镇，由市民自行管理，如今他们突然被并入大王国，感觉自己被连根拔起，漂泊无依，迷失在无垠的宇宙中，由遥远的无法触及的权力统治。于是，个人主义滋长，孤独感倍增。

古希腊文明苦闷、轻浮、戏剧化、激动、对快速的变化目瞪口呆，也包含相互矛盾的推动力。用狄更斯的话讲："这是最好的时代，也是最坏的时代。"怀疑主义与迷信、好奇心与偏见、容忍与不容忍同时孕育发展。一些人开始自诩为世界公民，另一些人

---

1. Apion（前20—45或48），埃及语法学家，荷马研究者。
2. Hecataeus of Abdera，公元前4世纪的古希腊历史学家，于托勒密一世时期到底比斯，并撰写埃及历史，著有《论埃及》。

更加笃信民族主义。思想产生影响，跨越国界，轻松地彼此交融。折中主义大获全胜。在整个古希腊时期和罗马帝国时期盛行的斯多葛派教导我们：平静、寡欲、内心强大可以避免痛苦。东方的佛教徒们应该会认同这套自我调整计划。

昔日理想的落空让古希腊人产生了浓浓的怀旧情绪，滋生了戏仿古老英雄传说的想法。如果亚历山大是攥着一本《伊利亚特》征服了世界，不久之后，一位无名诗人便将传说编成了喜剧史诗《蛙鼠之战》，讲述了青蛙国王"鼓腮帮子"和老鼠王子"偷面包渣"交战的故事。对神祇和神话的信仰荡然无存，只剩下不恭、茫然和怀念。几十年后，怀旧的亚历山大图书馆馆长罗得岛的阿波罗尼奥斯[1]用叙事长诗讲述了伊阿宋与阿尔戈英雄的冒险记，向古老的英雄史诗致敬。今天的电影爱好者能在克林特·伊斯特伍德那部关于英雄迟暮的西部片《不可饶恕》与昆汀·塔伦蒂诺所执导的颠覆性西部片《被解救的姜戈》中反偶像的讽刺性微笑中发现同样的张力。玩笑与忧伤并存，在如今的世界里相当常见。

托勒密的目标实现了。在被罗马取代之前，亚历山大港始终是跨国文明的中心。此外，它还是经济中心。崭新的亚历山大灯塔作为世界奇迹之一，跟纽约世贸中心双子塔有着同样的象征意义。

亚历山大港南边，黑乎乎的巨大粮仓挡住了部分地平线。尼

---

1. Apollonius of Rhodes，公元前 3 世纪的古希腊诗人、语法学家，出生在亚历山大港，三十岁左右被托勒密二世任命为亚历山大图书馆馆长，代表作为《阿尔戈英雄纪》。

罗河流过形成的冲积层土壤肥沃，收获的粮食就储存在粮仓里。几千袋粮食通过纵横交织的运河网络送到码头，埃及货船被装得满满当当，然后起锚驶往当年的主要港口。那里的人们望穿秋水，就等着靠它们填饱肚子。古代大城市的规模日益增长，已经超出了周边农村地区的供应能力。亚历山大港保证了粮食供应，这是稳定的同义词，是权力必不可少的条件。要是埃及人决定提高粮食价格或减少粮食供应，整个国家都可能陷入暴力和骚乱。

尽管亚历山大港是一座年轻又强大的城市，怀旧情绪依然蛰伏在其血脉之中。国王没有亲历过昔日的美好时光，但对它无限神往：雅典的黄金时代、伯里克利统治下的燃情岁月、哲学家、伟大的历史学家、剧场、诡辩学家、演讲，令人自豪的小小"希腊学园"里会聚的不同凡响的人。几百年来，位于希腊北部的马其顿是个蛮荒之地，马其顿人对雅典的辉煌有所耳闻，或真或假的消息让他们心驰神往。他们邀请年迈的欧里庇得斯来马其顿养老，邀请亚里士多德来宫廷做客。这些尊贵的客人是他们的希望所在。他们试图模仿雅典的精致，想让自己有文化，甩掉不像希腊人的恶名。他们地处边陲，位置偏远，仰慕的视角让神话更加神乎其神。

写到这里，我想起了乔治·巴萨尼[1]小说中的芬奇－孔蒂尼花园。这本书我一读再读，是我最心爱的书之一。古城费拉拉的犹太豪宅高墙环绕，内有花园和网球场，代表了你想要获准进入的地方。但是，如若真的受邀进入，你又会不自信。不管你怎么爱

---

1. Giorgio Bassani（1916—2000），意大利犹太裔小说家、诗人，意大利三大文学奖——斯特雷加文学奖、维亚雷焦文学奖、坎皮耶罗文学奖得主。《芬奇－孔蒂尼花园》为其代表作。

它，你都不属于那个世界。他们放你进去，你只能在那儿度过一个夏天，打漫长的网球赛，在花园里探寻，掉进欲望的陷阱。可是，门还会再度关上。那儿对你而言永远意味着忧伤。几乎我们所有人在生命的某个时刻，都会从墙外窥视某个芬奇－孔蒂尼花园。托勒密的芬奇－孔蒂尼花园就是雅典。这座无法企及的城市在他心中留下了伤痕，因此他创建了亚历山大博物馆。

对古希腊人而言，博物馆是献给记忆女神谟涅摩绪涅[1]的女儿、灵感女神缪斯们的圣地。柏拉图学园和后来的亚里士多德学园都建在献给缪斯们的小树林里，因为思考和教育可以被理解为对九位女神的顶礼膜拜。托勒密的博物馆更胜一筹，它是希腊化时期最野心勃勃的机构之一，是如今的研究所、大学、思想实验室的发端。当年最优秀的作家、诗人、科学家和哲学家都被邀请到博物馆。受邀者享有终身职位，物质上完全没有后顾之忧，可以全心全意地进行思考和创造。托勒密给他们发薪水，提供免费住处，让他们在豪华的集体餐厅用餐。此外，他还给他们免税。当年的国库征税都是狮子大开口，免税恐怕是最好的礼物。

如托勒密所愿，几百年来，亚历山大博物馆群星璀璨，有提出几何原理的数学家欧几里得、当时最优秀的物理学家斯特拉图[2]、天文学家阿利斯塔克[3]、测量地球周长且精确程度令人惊叹的埃拉

---

1. Mnemosyne，希腊神话里司记忆、语言、文字的女神，与宙斯结合，生下九位缪斯。
2. Strato of Lampsacus（前335—前269），古希腊哲学家，致力于自然科学的研究，对亚里士多德的物理学思想做出了修正。
3. Aristarchus（约前310—约前230），古希腊天文学家，最早提出日心说，代表作为《论日月的大小和距离》。

托色尼[1]、解剖学先驱希罗菲卢斯[2]、流体静力学的发明者阿基米德、写出第一本语法专著的狄俄尼索斯·特拉克斯[3]，还有诗人卡里马科斯[4]和阿波罗尼奥斯。在亚历山大港诞生了许多革命性的理论，比如提出了太阳系以太阳为中心的模型，该模型在16世纪重见天日，促使哥白尼提出了日心说，伽利略因支持它被宗教裁判所审判；破除了尸体解剖的禁忌——嚼舌根的人说是拿监狱犯人做活体解剖——推动了医学进步；发展出了新的学科分支，如三角学、语法学、手稿保护学；为文本的语言学研究插上了翅膀；还有其他一些伟大的发现，如蜗杆，至今仍被用在凸轮轴上；在瓦特提出马力前17个世纪，希罗[5]就描绘出了第一台蒸汽机，尽管只用于驱动机械玩偶和其他玩具。他设计的自动装置被视为机器人的早期雏形。

在智者云集的小城里，图书馆是最重要的基础设施。历史上很少有人做过类似有意识的、深思熟虑的努力，将同时代最杰出的人士集中在一个地方。此前，最优秀的思想者也从未有机会读到这么多书，有这么多前人的学识和历史的"窃窃私语"可供学习和思考。

---

1. Eratosthenes（约前276—前194），古希腊地理学家、天文学家和诗人。曾任亚历山大图书馆馆长。
2. Herophilos（前335—前280），古希腊医生，最早的解剖学家之一。
3. Dionysios Thrax（前170—前90），古希腊语法学家，写出了第一部希腊语法著作《语法术》。
4. Callimachus（约前305—约前240），古希腊诗人、学者，曾在亚历山大图书馆工作，代表作为哀歌体诗集《起源》。
5. Heron of Alexandria（10—70），古希腊数学家、工程师，发明了汽转球，又名希罗机，是历史上第一台蒸汽机。

博物馆和图书馆都在宫墙之内，属于王宫的一部分。史上最早的专业研究者被禁锢在一定的范围内，日常生活是演讲、上课和讨论，重中之重自然是安安静静地做研究。图书馆馆长兼任王子们的老师。太阳落山后，所有人聚在餐厅用餐。有时，托勒密本人也会到场，听他们聊天、斗智，讲述各自的发现或只是夸夸其谈。或许，他认为他已经建成了属于自己的雅典，高墙内的芬奇－孔蒂尼花园。

多亏了当年的一位讽刺作家，我们得以了解博物馆里这些高枕无忧、衣食不愁、安安静静做学问的人的生活。这位诗人兼幽默作家写道："在人口众多的埃及，许多饱学之士被关在缪斯的笼子里养膘发福、针锋相对、乱写一气。"另一首诗还让一位身在冥府的作家回到阳间，规劝博物馆的研究者们不要互相忌恨。的确，针锋相对是远离尘嚣、生活安逸的学者们的日常，史书上记载了他们之间的不和、嫉妒、暴怒、争斗和相互诋毁。如今大学里无休无止的龃龉，在当年的博物馆里都发生过。

如今，大家都在疯狂竞争，想要建造世界第一高楼。当年的亚历山大港也加入竞争的行列中：亚历山大灯塔在许多个世纪里都是世界上最高的建筑之一。跟悉尼大剧院或毕尔巴鄂的古根海姆博物馆一样，它是一个标志性建筑，实现了统治者们不可一世的梦，是王室虚荣心的体现，也是科学黄金时代的象征。

"灯塔（faro）"一词原是地名，指尼罗河三角洲泥沙堆积而成的法罗岛。亚历山大曾经梦见过它，于是决定在此建造一座城市。波罗的海里也有一座名叫法罗的小岛，英格玛·伯格曼在那儿拍摄了《犹在镜中》等电影，退休后在此隐居。我们已经不记得原本作为地名的法罗，只记得用法罗冠名的灯塔。由于希腊语的影响，"灯塔（faro）"的词义仍然出现在各种现代语言中。

建灯塔前，托勒密命一位古希腊工程师设计了一千多米的长堤，连接法罗岛和码头。长堤将港口一分为二，一边做商港，一边做军港。在一大堆船只中间，矗立着这座高高的白塔，中世纪的阿拉伯人还见过它。据他们描述，灯塔共三层，分别为四方形、八角形和圆柱形，层与层之间有斜坡相连。顶端约一百二十米高处放置了一面镜子，白天反射日光，晚上反射火光。奴隶们在静谧的夜晚沿着斜坡爬上去添加燃料，确保火光不灭。

灯塔上的镜子很有传奇色彩。当时，透镜属于高科技产品，是非常神奇的物件，能改变世界的模样。博物馆的科学家们试图在所有领域里开辟出求知的道路，其中也有光学领域的专家。他们奉命造出一面大镜子，尽管我们无法确切地知道那是一面怎样的镜子。许多个世纪之后，阿拉伯旅行家们说，人们能在灯塔上看见从很远很远的地方驶向亚历山大港的船只。据说在灯塔顶上，还能看见映在镜子里的君士坦丁堡。根据这些模糊的记忆——部分属实，部分夸大其词，或许我们可以视灯塔为望远镜的前身。它是一只硕大无比的眼睛，眺望着遥远的大海和星辰。

灯塔在古代世界七大奇迹中是最晚建造且最先进的，它象征着亚历山大港希望成为一座灯塔式的城市，地处坐标的轴心，是广袤世界的都城，闪闪发光，为所有航船指引前进的方向。尽管它毁于 10 到 14 世纪接连不断的地震，我们依然可以在后世建造的灯塔的建筑样式上感受到它留下的印记。

从某种程度上讲，亚历山大图书馆也是一座灯塔。然而，没有一位古代作家能帮助我们想象出它是什么样的。所有古书都对此语焉不详，房间和庭院的分布，环境气氛和角落，都隐没在一面黑乎乎的镜中。

读书是一个包含举止、姿势、物品、空间、材料、动作、光线的仪式。想象祖先们如何读书，需要了解每个时代一个人踏进书的世界时的外部环境。

看一卷书不同于看一本书。打开一卷书，在莎草纸内页，看到分成若干栏的一行行文字，目光从左往右移动，一部分、一部分地看过去，一边看，一边用右手将书卷渐渐展开，露出新的文字，左手将书渐渐卷拢，收起读过的文字。这一动作徐缓，有节奏，与内心相呼应，像在跳一支慢舞。读完后，书是反着卷的，变成从尾到头。礼貌起见，借阅者应该像倒磁带一样再将书卷回去，以方便下一位读者。陶器上、雕塑上、浮雕上都有男男女女如此这般沉醉着读一卷书的模样，他们有的站着，有的坐着，把书放在膝上，两只手都没闲着——只靠一只手展不开一卷书。他们的姿势、态度和举止跟我们不同，但又让我们想起读书时的自己：背稍稍弯曲、身体伏在文字上，暂时忘记了身边的世界，随着瞳孔的左右移动开始神游。

亚历山大图书馆接待了许多这种身不动心动的神游者，但我们无法确切地知道阅读区域、阅读场所究竟是什么样的，基本找不到相关描述，能找到的也很模糊。文字失声，我们只能全凭猜测。最关键的信息来自作家斯特拉波[1]，他出生在今天的土耳其。公元前24年，为了撰写一部伟大的地理学著作，他从罗马来到亚历山大港，查找补充历史学方面的资料。他在这里见到了灯塔、长堤、港口、棋盘式的街道、街区、马留提斯湖、尼罗河的运河。他写道：博物馆是巨大王宫的一部分。他还说，每个国王都会增添新的宫殿和建筑，几百年来王宫不断扩建，最终占据了全城的三分之一。能进入这座硕大无比的禁城的人很少，斯特拉波凝视着这个忙忙碌碌的微观世界。在游览时仔细地观察后，他留下了对博物馆和亚历山大陵墓的描述，但对图书馆只字未提。

他说，博物馆包括逍遥学派[2]学园（有顶棚的柱廊）、开敞谈话间（有座的露天半圆形区域）和一个作为学者公共餐厅的大房间。博物馆内财产共有，设祭司一名，即馆长，过去由国王，如今由奥古斯都任命。

就这些。

那么，图书馆在哪儿？也许我们找了但没找着；也许它就在我们眼皮底下，我们没看见它是因为它跟我们期待的完全不同。有些专家认为，斯特拉波肯定去图书馆查过资料，他之所以没提，

---

1. Strabo（前64或前63—约23），古罗马地理学家、历史学家，代表作为《历史学》和《地理学》。
2. 亚里士多德习惯在学园内一边漫步，一边讲学，因此亚里士多德学派也被称为逍遥学派。

是因为图书馆不是一栋独立的建筑。也许它就是那些在博物馆长廊的墙上开凿出的一个个壁龛,壁龛里被装上隔板,放上书卷,供研究者查阅。不常用的文件和书籍、珍本则被保存在相邻的房间里。

古希腊的图书馆不是以阅览室,而是以书架的形式呈现,这个假设目前最令人信服。那里没有为读者开辟出来的专门读书的地方,他们只能利用临近的柱廊。柱廊里光线充足,遮风挡雨,很像修道院的回廊。如果一切如我们所料,亚历山大博物馆的读者们可以挑一卷书,在露天半圆形建筑里找个座位读,或回房间坐着读,或在柱廊间读,或在雕像们无形的目光注视下读。于是,他们便这样行走在创造与记忆的道路上。

在我们生活的现代,某些最迷人的当代建筑恰恰就是图书馆。它们是实验性空间,在光线上玩出了各种花样。想想令人叹为观止的柏林国家图书馆,由汉斯·夏隆和埃德加·维希涅夫斯基设计而成,维姆·文德斯在那儿拍摄了《柏林苍穹下》的一个场景。镜头掠过巨大的开放式阅览室,沿楼梯拾级而上,从伸出去的部分——类似音乐厅的包厢——能欣赏到自上而下、壮观的图书馆全景。日光泻下天窗,读者沐浴其中,或抱着一摞书行走在平行书架中,书贴着肚子,或坐着看书,专注的姿态各不相同,有的手托下巴,有的用拳头顶着腮帮子,还有的在疯狂转笔……

谁也没注意到一群天使走进了图书馆,穿着令人难忘的20世纪 80 年代风格的服装：宽松的深色大衣、高领毛衣，布鲁诺·甘茨饰演的天使达米尔还扎了个小辫。反正凡人看不见他们，天使们便自由自在地靠近，坐在他们身边，把手搭在他们肩上，好奇地探过头去，看他们在读什么；或者摸一摸学生的铅笔，掂量着为何用这个小东西能写出来文字；或挨着几个孩子，不明就里地模仿他们用食指划过一行行文字。他们看着周围，既好奇又惊讶，人人都在盯着文字，埋头读书。他们想知道凡人此刻的感觉，想了解书籍怎么会有如此大的吸引力。

天使们能听见凡人的心声。尽管无人说话，天使所到之处还是能听见持续不断的窸窸窣窣声，那是凡人在默读文字的一个个音节。阅读建立起亲密的交流，这有声的孤独令天使们觉得既惊讶又神奇，几乎是超自然的奇迹。凡人的脑袋里念出来的句子像清唱，又像祈祷。

与这部电影中的场景一样，亚历山大图书馆到处都充满着呢喃与低语。古时候，当眼睛识别出文字时，嘴巴会将它读出来，身体会随着节奏摇摆，脚会像节拍器似的敲打地面。文字是有声的，几乎没人能想象可以用另一种方式读书。

现在，我们来聊一聊正在读这几行文字的你。这一刻，书在手中摊开，你将自己献给一件神秘而令人不安的事，可你习惯了，不觉得奇怪。你好好想想。你默不作声，目光扫过一行行对你充满意义的文字，文字向你传递的思想与此刻周围的世界无关。这么说吧，你已经退回到内心的房间，与你交谈的人并不在场，他们是幽灵，只有你能看见（此刻我就是那个幽灵），时间流逝的快慢取决于你有无兴趣。你创造出一个平行世界，与电影的幻觉十分类似，这个世界只取决于你。你可以随时挪开眼睛，离开文字，重新回到外部世界。然而，只要还沉浸在文字里，你就选择了置身事外。这一切笼罩着近乎神奇的光环。

别以为事情向来如此。从文字诞生之初到中世纪，大声朗读才是惯例，读给自己听或读给别人听。作者边写边读，倾听文字的音乐感。书不像现在，是在脑海中唱出的一首歌，在当时，书是要直接用嘴巴高声唱出来的。读者贡献声带，成为演唱者。写出来的文章可以被视为最基本的乐谱。一个个单词接连不断地串联起来，没有空格，没有标点，读出来方解其意。而且往往是当众朗读，有他人在场，人们喜欢的文章则会被口口相传。想象一下古代图书馆的柱廊，那里不可能没有声音，你会听见朗朗的读书声及其回声。但是大多数古代读书人不像你那么自由。你可以尽情阅读自己喜欢的想法或故事，可以随时停下来思考或做白日梦，可以挑选并且不让人知道，可以中断或放弃，可以打造属于自己的宇宙。你所拥有的个人自由，是独立思想战胜被监护思想的结果，是多少年来一点点争取来的。

也许正是因为这个原因，最早一批像你这样默读，跟作者默默交流的人，引起了极大的关注。在 4 世纪，奥古斯丁[1]发现米兰主教安波罗修[2]这么读书时，疑惑地将它写进了《忏悔录》里。这是第一次有人在他面前这么读书，显然他觉得这不同寻常。奥古斯丁告诉我们，安波罗修读书时，他的眼睛在书页上游走，脑子

---

1. Augustine（354—430），古罗马基督教思想家，教父哲学的主要代表。著有《上帝之城》《忏悔录》。

2. Ambrose（约 338—397），意大利米兰主教，4 世纪最著名的拉丁教父之一。

里理解着文字的意思，嘴里却不出声。他对此感到非常诧异。他发现这位读者虽然身体就在他旁边，心却不在，早就飞到更自由、更流畅的世界里去了，那个世界是他自己选的。他身不动，心却在旅行，还不告诉别人他去了哪儿。这幅景象令他费解，令他神往。

你是一位很特别的读者，拥有许多富有创新精神的前辈。你我之间自由而隐秘的无声对话，是一项了不起的发明。

托勒密去世时，解决了十几代继承人的职业问题。他所创建的王朝延续了近三百年，直到古罗马人将埃及并入罗马帝国为止。该家族共有十四个国王，他们都叫托勒密。古代作者并不总会很努力地将他们区分开来（也许他们也数晕了），读史料时，我老会产生幻觉，一个吸血鬼似的国王活了三个世纪，而在其统治下，那个享乐、怀旧、被奴役的古希腊风雨飘摇，最终易手。

图书馆和博物馆的黄金时代处在托勒密一世到四世的统治时期。在战争和宫廷阴谋的间歇，国王们很享受身边有一群特殊的学者的陪伴，尽管这种陪伴略显奇怪。君主们各有所好：托勒密一世对历史感兴趣，他亲历过伟大的远征，想写一本亚历山大征战纪事；托勒密二世对动物学感兴趣；托勒密三世对文学感兴趣；托勒密四世利用闲暇时间创作剧本。之后，国王们的兴致渐渐淡了，光芒四射的亚历山大港开始出现裂缝。据说托勒密十世捉襟见肘，为了发军饷，命人将亚历山大的金棺换成便宜的石膏或水晶棺，熔了金棺后铸币，方解了燃眉之急。然而，亚历山大港的民众永远都不会原谅他的大不敬。过了一段日子，就因为这点德拉克马[1]，他在流亡途中遇害。

但好日子还是延续了几十年，书还在源源不断地运往亚历山大港。事实上，托勒密三世在王宫之外的塞拉皮斯神庙建造了第二个图书馆。大图书馆专供学者使用，而子图书馆供所有人使用。一位修辞学教师在子图书馆毁灭前不久去参观过，说塞拉皮斯神庙的书"供全城愿意探寻哲理的市民使用"。也许，这才是真正意义上的第一个公共图书馆，对富人和穷人、精英和弱者、自由人和奴隶开放。

子图书馆的藏书是大图书馆的抄本。成千上万卷书抵达博物馆，来源各异，供学者们研究、比对、改正，并在此基础上制作定本和善本。这些理想版本的抄本将会送到子图书馆。

塞拉皮斯神庙是一座小小的卫城，位于狭窄的海岬上，既能观城，又能观海。要爬上一段长长的台阶，才能上气不接下气地到达海岬顶端。神庙周围是一圈带顶棚的长廊，沿着长廊有许多面向读者开放的壁龛或小屋，里面放着书。子图书馆或许跟大图书馆一样，没有专门的建筑，只是征用了柱廊。

拜占庭诗人策策斯[2]断言，塞拉皮斯神庙图书馆有四万两千八百卷藏书。我们很想知道这两个图书馆的真实藏书量。对历史学家和研究者而言，这个问题令人兴奋。当时，全世界究竟有多少

---

1. 古希腊硬币，也是现代希腊的货币单位。
2. Juan Tzetzes（约 1110—1180）：拜占庭诗人、历史学家、博物学家，代表作为《史书》。

卷书？古代作者的说法很难令人信服，他们提供的数字相差太大，就像我们这个时代政府统计的游行人数总会遭到组织者的驳斥，称这一数字严重缩水一样。让我们快速过一遍这些互不相符的数字。关于大图书馆，伊皮凡尼乌精确到五万四千八百卷，阿里斯提亚斯认为有二十万卷，策策斯认为有四十九万卷，格利乌斯和马尔切利努斯认为有七十万卷。

可以肯定的是，图书馆藏书的计数单位是卷。该计算方法模棱两可，许多书卷恐怕是重复的，而且大部分作品一卷写不下，要占好几卷。此外，卷数肯定会有变化，会因进书而增加，因火灾、事故和损耗而减少。

当时既无先进的统计方法，又无科技支持，古老的图书馆不可能确切地知道每时每刻的藏书有多少卷（也许他们也不太在意）。留给我们的这些数字，我想只是证明了亚历山大图书馆的魅力。它因梦想，因囊括所有已知知识的欲望而生，最终成为传奇。

五 火与隧道的故事

我在一座藏书百万册的城市度过了此生最难忘的时光之一。也许正因为有如此多的藏书，这座城市决定活在过去。

我还记得在牛津的第一个早上，当时我带齐了所有证件，深深地为自己的研究资助而骄傲，想长驱直入博德利图书馆，花上几个小时畅游一番。可是在门厅就被拦住了，一个工作人员在听到我的一番解释之后，把我带到了旁边一间办公室，似乎我行迹太可疑，动机太不纯，所以最好关起门来处理，免得影响其他参观者和学习者。办公桌的另一边坐着一位光头男子，他询问我时跟我毫无眼神交流。我一一回答，证明我来此地确有正当理由。他让我出示各种证件，很有礼貌，但有点让人害怕，我又一一出示，他将信息输入到庞大的数据库中。漫长的沉默过后，手指还搭在键盘上的他令人瞠目结舌地秒回中世纪，郑重其事地对我说："宣誓时间到。"他递给我一沓塑封卡片，每张卡片上都写着一种语言的誓词。我按要求宣誓：我将遵守各项规定；不偷窃或损坏图书；不纵火，也不帮人纵火，只为带着邪恶的喜悦看着熊熊火焰吞噬馆藏珍宝，将它们化为灰烬。所有预备步骤似乎都符合入境时的扭曲逻辑，就像在去美国的飞机上你会收到那种超现实主义的移民表，问你是否打算刺杀美国总统。

不管怎样，光宣誓还不够，还要通过各种探测器，让他们检查我包里的东西，将包寄存在行李室，才能最终通过入口处的金属十字转门。做各种检查时，我想起中世纪的图书馆要将书拴在书架或书桌上，以防被盗。我想起历史上对窃书贼奇思妙想的诅咒，文字充满黑暗的想象力，莫名地吸引我，也许是因为发明一个到位的诅咒不是谁都能做到的。我应该去编一本合集，从刻在巴塞罗那圣佩德罗·德拉斯·普埃列斯修道院图书馆的威胁性文字开始。阿尔维托·曼古埃尔[1]在《阅读史》中引用过这段话："凡是偷窃书籍，或是有借无还者，他所偷的书将变成毒蛇，将他撕成碎片。让他中风麻痹，四肢坏死。让他痛不欲生，呼天抢地。让他的痛苦永无止境，直到崩溃。让永远不死的蠹虫啃啮他的五脏六腑。直到他接受最后的惩罚，让烈焰赤火煎熬他，永恒不停。"

那天早上，我拿到了图书证，后来才知道那是牛津大学级别最低的图书证，我可以进图书馆和学院，但只能在指定时间进入指定区域；可以看书和杂志，但只能阅读，不能外借；可以观看学术生活的奢华仪式，但不敢妄想参与其中。很快，我查到刘易斯·卡罗尔曾在牛津大学学习加执教二十六年。于是，我意识到一个天大的误会：《爱丽丝漫游奇境记》是纯粹的现实主义作品，

---

1. Alberto Manguel（1948—），阿根廷－加拿大作家、翻译家、编辑，曾任阿根廷国家图书馆馆长，代表作为《阅读史》。

实际上，它惟妙惟肖地描述了我在牛津头几周的经历。那些可以透过锁眼看到的让人心痒难耐的地方，需要喝下神奇药水才能进入。我的脑袋撞到天花板，卧室憋得人透不过气，以至于我特别想把手伸出窗外，把脚伸到烟囱外面。各种隧道、指示牌、古怪的点心、逻辑难以捉摸的对话。热衷于无法预料的仪式的不合时宜的人物。

我还发现在牛津，所有关系——友情、博士研究的合作或抄袭、性关系及其他变体——都是季节性的，随校历的节奏走。我在学期中间来是个错误。这时，学生懵懂摸索的阶段已经过去，基本需求已经得到解决。住在加尔文式的公寓也没能让我更好地融入。公寓的行为规范和城市本身一样很不友好，回寝时间也是修道院式的。我还记得晚上七点集体厨房的凄惨模样，八个冰箱一字排开，其中一个冰箱的一层贴着我的房间号，就像书脊上的签名，甚至蛋格也被平均分成两个一组。所有这些安排都把人框在编了号的区域里，不许越界，不许拿别人的东西吃。你下楼吃晚饭，制造出一点点垃圾，扔到公共垃圾袋里，再回到那个属于你的铺着地毯的窄小房间。

我太需要找人说话了，便开始求人跟我说话。赛克勒图书馆是我的大本营，我先从这儿开始我的第一次语言学尝试。门房看起来很快活，脸红红的——肯定是喝酒喝的，笑呵呵的，可以信任。阿什莫林博物馆的一名女保安怀疑的眼神吸引了我，我也去搭腔了。我向他们打听这座城市有什么秘密，图书馆里有哪些外人不知道的事，各种神秘现象该如何解释。于是，我从这些"哨兵"口中听到了引人入胜的故事。

我问他们，为什么借个书手续惊人地烦琐——图书管理员记下你要什么书，然后跟你约好一两天后，你在某个时间到某个阅览室去取。如果临近周末，等待的时间还会被拉长到三天，甚至四天。我提出疑问：书究竟在哪儿？于是，他们跟我说了地上城与地下城的故事。

他们告诉我，博德利图书馆的管理员每天要收到一千本全新的出版物，必须给它们腾出位置，因为到了第二天早上，雷打不动地，又会有一千本书到来。每年图书馆都要增加约十万本新书和二十万本新杂志，也就是说，每年要增加三千多米长的书架。而法律规定连一张纸都不可以扔掉。20 世纪初，图书馆大楼被源源不断送来的图书淹没，也是从那时起，图书馆开始建造地下书库和有地下传递带的隧道网。冷战时期，到处都是核武器防空洞，地下迷宫空前繁荣。然而，地下室已不足以承载如此大量的纸质书，市政排水系统也因此受到威胁。于是图书馆又开始将书运到郊外，如附近废弃的矿井和工厂仓库。他们还告诉我：有专门的图书管理员负责押送，尽管穿着荧光条制服的他们看上去更像起重机操作工。

因为这番对话——我所感受到的第一丝善意，我开始跟牛津达成和解。一个人散步时，我感觉我听到了脚下图书传送带的回声，它陪伴着我。我想象着书在潮湿的隐秘隧道中，就像童年时《布偶奇遇记》[1] 中的布偶，或电影《地下》[2] 中的人物。我放松下来，不

---

1. *Fraggle Rock*，美国儿童布偶电视节目，于 1983 至 1987 年间播出，讲述了三个好朋友在布偶王国里的各种奇遇，主创为吉姆·亨森（Jim Henson）。
2. 南斯拉夫导演埃米尔·库斯图里卡执导的剧情片，于 1995 年上映，讲述了南斯拉夫从 1941 年纳粹占领时期至 1995 年内战结束的曲折历史。电影中的一些主人公长期生活在地下，甚至在地下建造了一座兵工厂。

再那么警惕。牛津的各种古怪都有其客观原因。作为一个笨拙的陌生人，我觉得更舒服，甚至更自由了。而且，带着耐心，我还找到了其他令人难忘的不适之处。

晨雾中，走在影影绰绰的街道上，我感觉整座城市都漂浮在书的海洋上，好似一块飞行中的魔毯。

一个单调的雨天早上，墙上沾着水迹，女保安朋友告诉我，她工作的阿什莫林博物馆是现代意义上的第一家公共博物馆。我兴趣盎然。待在事情肇始之地总是令我很激动，因为那里有过创举。

这是历史长河中的一次小小颠覆，当时几乎无人察觉。1677年，伊莱亚斯·阿什莫尔[1]将个人收藏的古钱币、版画、珍稀的地质样本、异域动物的标本等奇珍异宝赠给了牛津市。从此，它们不再是私人收藏，不再是传给子孙后代、彰显社会地位的家族奢侈品，而属于所有学生和拜访牛津的好奇游客。

当年的世界十分保守，创新并不受欢迎，往往得打着复兴传统的幌子。因为渴望重现过去的辉煌，阿什莫尔赠给公众的藏品这一没有称呼、没有先例的新鲜事物被冠名为"博物馆"，由此臆想出亚历山大港和牛津之间的对应关系。图书馆已经有了，缺的是博物馆。他们以为在复兴历史，其实创造的是不同的产物，

---

1. Elias Ashmole（1617—1692），英国政治家、古董收藏家。

它融合了古代思想和当代志向，后来大获成功。作为展览场所的博物馆概念在欧洲落地生根，它不再是亚历山大港那种学者的聚居地。

1759 年，大英博物馆在伦敦开幕。1793 年，法国国民公会没收了王宫卢浮宫，包括宫内的所有艺术品，将其改为博物馆，成为新的激进主义的象征。革命者们希望废除历史是单一社会阶级的财产这一想法，过去的物品不应只供贵族把玩。法国大革命将历史从贵族的手中夺了回来。19 世纪末，去博物馆欣赏古代用品、古代大师的画作、手稿和初版书成为欧洲人的时尚消遣方式，而远在大西洋另一端的美国也对此进行了效仿。1870 年，一群企业家创建了纽约大都会博物馆。纽约现代艺术博物馆则是第一家现代艺术私人博物馆。一位名叫所罗门·R. 古根海姆 [1] 的矿业家及其后代效法前人，目前正经营着庞大的跨旅游业、商业乃至房地产业的古根海姆世界连锁博物馆。基于伊莱亚斯·阿什莫尔一个不同寻常的决定，亚历山大港的文化遗产织出了一张覆盖全球的巨网。博物馆已被誉为 "21 世纪的大教堂"。

这里隐藏着有趣的悖论：让所有人都能热爱过去，这本身具有深刻的革命性。

❋

近东——美索不达米亚、叙利亚、小亚细亚和波斯——已知最

---

1. Solomon R.Guggenheim（1861—1949），美国矿业家、商人、艺术品收藏家，1937 年创建了古根海姆基金会，并在纽约建立了古根海姆博物馆。

古老的图书馆也对窃书贼和毁书人进行了诅咒。

"将泥板据为己有的人，无论是偷的，还是抢的，或指使奴隶偷的，让沙玛什[1]挖掉他的眼睛，让纳布和尼萨巴把他变成聋子，让纳布将他的身体溶在水里！"

"摔坏泥板的人，将泥板泡在水里的人，或将泥板上的文字抹掉，使其无法辨识的人，让天上和地上的男神和女神诅咒他，狠狠地、无情地诅咒他，只要他活着，咒语就无法破解，让他的名字和种子从地球上永远消失，让他的肉被狗吃掉。"

读完这些咬牙切齿的威胁，我们可以猜到遥远的藏书对主人是何等重要。当时还没有图书贸易，想要书，要么自己抄（因此你需要一个职业抄写员），要么作为战利品从别人那儿抢来（因此你需要在危险的战役中打败敌人）。

我们这里所说的书，其实是书的远祖，发明于五千年前，其实是用黏土做成的泥板。美索不达米亚河岸没有纸莎草，石头、木头或皮革等其他材料也很稀少，但那里黏土应有尽有。因此，苏美尔人在脚下的黏土上写字。他们将黏土制约二十厘米长的四方形泥板，跟我们的七英寸平板电脑差不多大，表面平整，可以用来书写。他们基于在软泥板上压出凹槽发展出一种书写风格。水会抹去泥板上的文字，但焚书无数的火却会使泥板像进了陶窑似的，变得更持久耐用。考古学家们发现的大部分泥板，恰恰是因为火灾才得以保存下来。书籍里藏着各种不可思议的幸存故事。

---

1. 沙玛什是古代两河流域的太阳神和审判之神、预兆之神。下文的纳布是书写之神，尼纳巴是谷物之神。

在极少数情况下——美索不达米亚和迈锡尼的火灾、埃及的垃圾场、维苏威火山爆发——是破坏力拯救了它们。

世界上最早的图书馆很寒碜，书库很小，书架靠墙，上面是一排排的泥板，一块挨着一块，立在架子上。其实，近东古代史专家更愿意称其为"档案"。泥板上保留了发票、交货单、收据、清单、结婚文件、离婚协议、法庭记录和法律条文，文学作品很少，基本上只有诗歌和圣歌。在今天的土耳其，赫梯王国首都哈图沙王宫的发掘现场，人们找到的好几块泥板属于一种奇怪的类型：对抗性无能的祈祷文。

在哈图沙图书馆——以及更早一些在美索不达米亚南部的尼普尔——已经出现了记载藏书总目的泥板。那时候还不时兴给书起名，作品只好用首句或概述进行区分。为了防止内容很长的文本四处散落，人们要在泥板上标数字，有时还会标上作者名和其他辅助信息。书目的存在向我们表明，早在公元前 13 世纪，图书馆的藏书就开始不断增加，读者不可能将放置在书架上的泥板一眼扫到底。此外，这也是理论上的重大进步：对藏书有整体意识，既是成就，也是抱负。书目不只是简单的图书馆附录，更是图书馆的思想理念、内在联系，是它的巅峰。

近东的图书馆向来不是公共图书馆，它要么属于培养抄写员的精英学校——他们需要模板供学习使用，要么是国王御用。亚述国王亚述巴尼拔生活在公元前 7 世纪，是托勒密之前最伟大的藏书家。他说的话被记录在了泥板上：建尼尼微图书馆，供"朕阅读及思考用"。亚述巴尼拔会写字，这在当时的君主中很不常见，他常以此自夸："历代先王们，无人会写字。"在他的图书馆里，考古学家们发掘出约三万块泥板，只有五千块是文学作品。近东最著名的文学作品往往跟其他泥板混在一起，既有文件档案，也有跟预兆、宗教、魔法相关的文字。

作为距亚历山大图书馆最近的前辈，骄傲的亚述巴尼拔国王的图书馆不具有世界性，收藏其中的是一系列用于典礼和仪式的实用型文本和文件。就连收藏文学作品也是出于实用目的——国王需要了解作为民族根基的神话。近东的所有图书馆，无一例外，均不复存在，被湮没在遗忘之中。那些伟大帝国的文字被深埋于被摧毁的城市旁边的沙漠里，残篇即便重见天日也无法被破解。遗忘是如此彻底：当游客们在阿契美尼德王朝的城市遗址上看到楔形文字时，许多人以为这只是门框、窗框上的装饰。沉寂了许多个世纪之后，还是研究者们凭借一腔热情挖掘遗迹，终于破解出了泥板上被遗忘的文字。

而雅典、亚历山大港和古罗马的书籍从未完全沉寂过。许多个世纪以来，它们始终在窸窸窣窣地与人交谈，既讲述神话和传说，也谈论哲学、科学和法律。也许，在不知不觉中，我们也在以某种方式参与到谈话之中。

❋

亚历山大图书馆还有些前辈在古埃及，只是在全家福上它们的模样看起来最为模糊。法老时代就有私人藏书馆和神庙图书馆了，但相关记载都含糊不清。史料中提到了档案库（存放行政管理文件）和传统书库（存放传统古籍，抄写、解释、保护圣书的地方）。关于古埃及图书馆更确切的细节是由一位古希腊旅行者提供的。他的名字叫阿布德拉的赫卡提乌斯，在托勒密一世统治时期参观过底比斯的阿蒙神庙，还有人为其讲解。他在迷宫般的大厅、庭院、走廊和房间里转了一圈，认为这是具有异国情调的经历。他在一道回廊上看见了神圣的图书馆，将它描述为"呵护灵魂的地方"。除了将图书馆视为灵魂诊所这一理念很美之外，我们对古埃及藏书几乎一无所知。

和楔形文字一样，象形文字也被遗忘了一千多年。怎么会这样？为什么走过漫长岁月的象形文字会变成一堆完全无法理解的符号？在古埃及，只有很少的人会读书写字（抄写员会，他们是国王和王室成员之下最有权势的群体）。想当抄写员，你需要掌握成百上千种符号，随着时间的推移，则需要掌握成千上万种符号。学习的过程很漫长，还要去专门的学校，只有富家子弟才负担得起，类似于我们现在培养高级管理人才的 MBA 班。王国会在培养出来的抄写员中遴选出高级公务员和祭司。之后，他们会参与法老们的王位争夺战，趁机贯彻自己的想法，从中渔利。我不禁想引用一段非常久远的古埃及人的文章，但它的内容在今天读来却莫名地亲近。文章说，一位名叫杜阿－赫蒂的富豪花大价钱让儿子佩皮去念培养抄写员的学校，儿子却不好好念书。于是，他对儿子说了这番一听就是老父亲会说的话："你要好好念书。我见过铁匠干活，手指就像鳄鱼爪子。理发师给人理发，要一直忙到天黑，还要走街串巷，招揽顾客……砍甘蔗的人要去三角洲，砍得胳膊都抬不起来，被蚊子叮得满身包，恨不得被苍蝇吃了……你瞧，干什么工作都会有人管，除了做抄写员。抄写员自己管自己。

你要是学会读书写字，会过得比刚才提到的做这些职业的人都好。你要跟人上人在一起。"

不知道佩皮会不会把老父亲的唠叨听进去，会不会一边抱怨，一边学习，向古埃及社会精英阶层迈进。如果会，他需要苦读若干年，练习写字，还会挨打——老师们恶名在外，个个都很凶，最后总算能显摆抄写员那套帅气的行头：不同粗细的笔、带沟槽的调色板、颜料包、混合颜料用的龟甲，还有作为结实垫板的名贵木板，用来垫在莎草纸下方。那时候人们不习惯用桌子，写字都是盘腿坐，垫着写。

我们知道的是古埃及最后一代抄写员的经历，他们见证了埃及文明的衰落。公元 380 年，狄奥多西一世[1]颁布敕令，宣布基督教成为唯一国教，强制民众信奉，并禁止他们在罗马帝国境内信奉其他宗教。古代神祇的庙宇全部被关闭，除了尼罗河第一瀑布以南菲莱岛上的艾希斯神庙。一群祭司逃到那里，他们掌握着复杂的书写奥秘。但皇帝已经明令禁止他们再传播知识。他们中的一个名叫内斯密特－阿霍姆（Eesmet-Akhom）的人在神庙墙上刻下了最后一篇文章。这是最后一篇象形文字的文章，以"永远"这个词结尾。若干年后，查士丁尼一世[2]诉诸武力，关闭了祭司们负隅抵抗的艾希斯神庙，反叛者们集体沦为阶下囚。古埃及埋葬了几千年来与之共存的古老神祇，连同崇拜物和语言。只花了一

---

1. Theodosius I（347—395），最后一位统治统一的罗马帝国的皇帝，临终前将罗马帝国分给两个儿子，长子阿卡丢为东罗马帝国皇帝，次子霍诺留为西罗马帝国皇帝，让罗马帝国正式分裂。
2. Justinian（483—565），527 至 565 年间为东罗马帝国皇帝，其统治时期被视为古典东罗马帝国向希腊化的拜占庭帝国转型的重要过渡时期。

代人的时间，象形文字就彻底消失了。后来又花了十四个世纪，人们才重新找到破解象形文字的密码。

19世纪初，围绕破解埃及象形文字展开了一场激动人心的竞赛。欧洲最优秀的东方学者们接受挑战，找寻失落的文字。他们互相盯着，唯恐被人占了先机。几十年里，科学界充满了兴奋、悬念、嫉妒和对荣誉的渴望。发令枪是1799年7月在距亚历山大港四十八公里处打响的。前一年，梦想着追随亚历山大脚步的拿破仑率军抵达埃及。他们本想扰乱对手英军，结果饱受沙漠炙烤。远征失败了，但它却让欧洲人爱上了法老时代的古董。在拉希德港（法国人叫它罗塞塔）附近建军事要塞时，一名士兵发现了一块碑，上面刻着奇怪的文字。深色的石碑很重，陷在泥里，铁锹撞上它时，这名士兵一定叽里咕噜地骂了几句，却不知道他正要发掘出一件不同寻常的古董。不久，它将以罗塞塔石碑之名举世闻名。

这块值得纪念的石头是古埃及的一块残碑，托勒密五世命人将祭司诏书用三种语言——象形文字、埃及草书[1]（古埃及文字发展的最后阶段）和希腊语——刻在上面，有点像今天自治大区法律出台时，也要用另外三种官方语言[2]同时发布。在罗塞塔工作的工程师团队的一位上尉意识到这块残碑是个了不起的发现，命人将这块七百六十公斤重的石碑运到开罗的埃及研究所。研究所刚刚成立，会聚了与法国远征军同行的学者和考古学家。后来，他们做

---

1. 又称世俗体，是当时埃及平民使用的文字。
2. 西班牙共有四种官方语言，除了西班牙语，还有加泰罗尼亚语、巴斯克语和加利西亚语。

了拓片，分发给想接受识字挑战的学者。再后来，英军上将纳尔逊将拿破仑的军队逐出埃及，抢走了罗塞塔石碑——尽管法国人恨得牙痒痒的——运回大英博物馆，成为今天最受欢迎的展品。

那是 1802 年，那一年，智力竞赛开始了。

试图破解未知语言的人们一头扎进这一堆乱七八糟的单词里，追着它们的影子走。如果没有任何抓手帮助理解，如果连神秘的句子在说什么事情都不知道，那么这个任务几乎不可能完成。可如果这篇神秘的文字有已知语言的译本，研究者就不会完全找不着北，毕竟地图已经在手，往未开拓的区域走便是。因此，语言学家们迅速推断出，罗塞塔石碑上的希腊语片段将会打开古埃及失落语言的大门。破译的过程激发出新一轮的密码学研究热潮，在 19 世纪末 20 世纪初促使埃德加·爱伦·坡写出了短篇小说《金甲虫》[1]，柯南·道尔写出《跳舞的小人》[2]。

19 世纪初，语言学家们被残缺的碑文弄得晕头转向，迟迟未能解开古埃及之谜。象形文字部分少了开头，希腊语部分少了结尾，他们几乎无法在原文和译文中建立明确的对应关系。然而，19 世纪 20 年代前后，拼图开始一点点地完成，马其顿国王的名字成为关键。在象形文字部分，有些符号被刻在椭圆里（考古学家

---

1. *The Gold Bug*，出版于 1843 年（此处原文有误，这个故事不是在 19 世纪末创作的）。主人公勒格朗偶然在海边捡到了一张羊皮纸，在炉火的烘烤下，纸上渐渐现出了一幅骷髅头像和一连串与宝藏有关的密码。经过主人公的缜密分析和实地勘察，海盗藏宝地终于浮出水面。

2. *The Adventure of the Dancing Men*，出版于 1903 年。故事讲的是黑帮发明了一种密码，是用一个个跳舞的小人组成的。福尔摩斯发现这些跳舞的小人代表的是字母，通过分析密码的规律即可得到答案。

们称之为"椭圆框")。他们迈出的第一步是假设椭圆里的文字是法老的名字。英国人托马斯·杨[1]破解出了"托勒密"的名字,法国人尚－弗朗索瓦·商博良[2]随后破解出了"克里奥帕特拉"的名字。有了被破解的第一批发音,掌握多种语言的商博良发现谜一般的埃及文字和自己掌握的科普特语有相似之处。从这一直觉出发,他执着地研究多年,比较碑文,努力破译,编纂了一本埃及象形文字词典和一本语法书。但没过多久,四十一岁的他英年早逝。几十年挨冻受穷,长日辛苦的研究摧毁了他的健康。

托勒密的名字就是打开锁的那把钥匙。在缄默了许多个世纪后,埃及莎草纸和石碑重新开口说话了。

今天,有个名叫罗塞塔项目的倡议,致力于保护人类的各种语言免遭灭绝。项目总部位于旧金山,负责该项目的语言学家、人类学家和计算机专家设计出了一种镍盘,将同一篇文章的一千种语言的译本微雕在了镍盘上。即便记得某种语言的最后一个人去世,平行译本也会帮助我们找回它的音和义。镍盘是另一种全球性的便携式罗塞塔石碑,用来抵御不可逆转的对语言的遗忘。

---

1. Thomas Young(1773—1829),英国医生、物理学家,光的波动说的奠基人之一。他博学多艺,在多个领域都有所成就。
2. Jean-François Champollion(1790—1832),法国语言学家、埃及学家。1822 年,主要依据罗塞塔石碑成功译解埃及象形文字,从而奠定了埃及学的基础。

六 书的皮肤

印刷术发明之前，每本书都是独一无二的。若想再要一本新的书，就得找人逐字逐句地抄写。抄书是一项需要耐心而且非常累人的工作。几乎大部分书都只有很少量的抄本，彻底消失的威胁真实存在。古时候，最后的孤本随时有可能在书架上慢慢消失，要么被虫蛀了，要么受潮湿毁了。当水汽或昆虫的下巴开始行动，通过文字传递的声音就永远沉寂了。

其实，类似的小破坏屡屡发生。当年，书是非常脆弱的。所有书在问世之后，消失的可能性比存在的可能性要大。书能否幸存，取决于运气、偶然，主人是否爱惜，以及书的材质——那时材质对书寿命的影响比如今大多了。书很不结实，原材料容易变质、破损或碎裂。书籍发展的历史是一部与时间做斗争的历史，目的是为了改善书的手感和实用性，使之更耐用、便宜、结实、轻便。每一个进步，不管它多么微小，都会延长文字的寿命。

石头当然结实。古人将文字刻在石头上，就像今天，在我们居住的城市里，文字继续被刻在路牌、石碑、石块、基座上一样。

然而，石头书只在比喻层面上存在。罗塞塔石碑重近八百公斤，是一个纪念碑，不是物件。书应该可以携带，方便作者和读者使用，也可以放进箱包，陪伴读者。

与书最接近的祖先是泥板。前文已经介绍过美索不达米亚的泥板，分布在今天的叙利亚、伊拉克、伊朗、约旦、黎巴嫩、以色列、土耳其、克里特岛和希腊境内，在某些地区一直沿用到公元后初期。泥板跟砖坯一样，晒干后会变结实。通过蘸湿表面，人们可以擦去文字，反复书写。泥板很少会像砖那样被放到窑里去烧，因为烧制后就不能反复使用了。为了防潮，泥板会被放置在木书架上、柳条筐里或陶罐里。泥板便宜、轻便，但易碎。

保存至今的泥板从最小的信用卡或手机大小，到最大的30至35厘米，每个尺寸都有。但哪怕双面都写上字，也写不下长一点的文章。这是泥板的重大缺陷：当一篇文章被分散在若干块泥板上时，文章的一部分很可能随着泥板的遗失而丢失。

在欧洲，更常见的是木板，还有抹了一层蜡和树脂的金属板或象牙板。人们用尖尖的骨头笔或金属笔在蜡层上书写，笔的另一头是刮铲，写错了可以很轻松地刮掉。这些蜡板古代基本用来写信、打草稿、记笔记，总之用来写无须长久保存的文字。小孩子们用它们学写字，就像我们当初用过的难忘的格线纸。

四方形板在形状上是一个发现。四方形能给我们的视觉带来一种奇异的愉悦感，它画出了一个平衡、有形、好理解的空间。大部分窗子、橱窗、屏幕、照片、绘画都是四方形的，书也是。经过持续不断的寻找和实验，书最终被确定为四方形。

在书的历史上，莎草纸书卷是一个了不起的进步。犹太人、古希腊人和古罗马人都热情地拥抱了它，并兴致勃勃地将其视为自身文化的特征。和泥板相比，莎草纸薄、轻、柔韧。只要把它卷起来，一大篇文章便可以被保存在很小的空间里。一卷常规大小的莎草纸可以装下一整部古希腊悲剧、一篇简短的柏拉图对话录或一部福音书。这意味着在保存思想性和想象力作品的道路上，人们取得了巨大的飞跃。莎草纸书卷让泥板退居次位——只用于记笔记、打草稿和临时写点东西，好比被我们称作"脏纸"的打印机打废的纸，可以拿来随便列个不一定要完成的单子，或者索性扔给孩子们画画。

可是，莎草纸也有缺点。在天气干燥的埃及，它可以保持柔韧和白皙。但欧洲天气潮湿，它会变黑，变得易碎。如果莎草纸受潮、变干、再受潮、再变干，如此这般折腾几回，纸就散架了。在古代，最珍贵的书卷要存放在陶罐、木匣或皮袋里。还有，莎草纸只能用一面，植物纤维水平、跟书写方向一致的那一面。另一面纤维垂直，笔尖会走不动。写字的那面卷在里头，避光，防摩擦。

莎草纸制成的书卷轻便、美观、易携带，但太娇气，日常阅读和使用都会造成损耗。它不能冻着，不能淋着；由于是植物材料，它还招虫子，也很容易着火。

前文提到，莎草纸书卷只有埃及能够制造，属于高需求进口产品，甚至到了阿拉伯人统治时期也是如此，进口贸易一直兴旺到 12 世纪。法老们搞垄断，市场上流通的八种莎草纸的价格全都由他们说了算。跟现在的石油输出国一样，埃及的统治者们可以随意施压或搞破坏。

公元前 2 世纪初，埃及国王们的破坏搞出了意想不到的后果。帕加马城（位于今天的土耳其）也有一座图书馆，出于嫉妒，托勒密五世想阻挠它的发展。图书馆是仰慕希腊文化的帕加马国王欧迈尼斯二世建造的。他复制了一个世纪前几位托勒密国王对书的欲望和不择手段。他也去招揽饱学之士，吸引了一批学者，形成了类似于亚历山大博物馆的学者社群。欧迈尼斯二世试图在埃及政治力量式微之际，用首都帕加马城去掩盖亚历山大港的文化光芒。托勒密五世意识到最辉煌的时代已经过去，面对挑衅，他暴跳如雷。亚历山大图书馆是托勒密家族的骄傲，有人想侮辱它，这可不行。据说，当时他的图书馆馆长拜占庭的阿里斯托芬[1]打算去帕加马城投奔欧迈尼斯二世。托勒密五世把他关了起来，说欧迈尼斯二世挖人墙脚，阿里斯托芬则犯了叛国重罪。

除了关押阿里斯托芬，托勒密五世对欧迈尼斯二世的反击可谓直取要害。他切断了莎草纸供应，让对手的图书馆得不到最好的书写材料，逼对方认输。这一招简直是釜底抽薪，但让他大跌眼镜的是，这一禁令促进了技术突破，让对手青史留名。帕加马城对此做出反应，他们开始改良古老的东方书写技艺，将字写在皮上。当时该做法并非主流，且具有地域性。改良后的材料被称为"羊皮纸"，用于纪念这座将它在全世界发扬光大的帕加马城[2]。几个世纪之后，这项发现将改变书籍的面貌与未来。羊皮纸是用小牛皮、绵羊皮或山羊皮制成的。手工艺人将皮革浸在石灰水中，

---

1. Aristophanes of Byzantium（约前257—约前180），古希腊学者、语法学家、词汇学家，曾任亚历山大图书馆馆长。

2. 羊皮纸的希腊语为 Pergamon，得名自帕加马城。——编者注

几周后，再将其绷在木架子上晾干，拉直皮革纤维，形成平滑的表面。之后再把它刮到所需的白度、厚度和美观程度。漫长的制作过程结束后，人们得到的是一张张柔软的薄羊皮，正反两面均可书写。最重要的是，它结实耐用。

意大利作家瓦斯科·普拉托利尼[1]说，所谓文学，就是在皮肤上练习书法。尽管他想的不是羊皮纸，但他口中的这幅图景堪称完美。当新的书写材料获胜时，书恰恰变成了文字栖息的身体，变成了文在皮肤上的思想。

我们的皮肤是一张大白纸，身体则是一本书。岁月一点点地将经历写在脸上、胳膊上、肚子上、性器官上、腿上。刚刚降临人世时，我们的肚子上被写了个大大的 O，那是肚脐。然后，其他字母也会慢慢出现。掌纹是线，雀斑是分号，医生开刀后缝合出删除线。随着时间的流逝，疤痕、皱纹、色斑、曲张的静脉纷纷写下讲述生命故事的音节。

我重读了一遍杰出的诗人安娜·阿赫玛托娃[2]的《安魂曲》，诗中描绘了列宁格勒监狱门前排长队的女人们。安娜对她们的不幸有切身体会：她的第一任丈夫被枪决，第二任丈夫累死在古拉格

---

1. Vasco Pratolini（1913—1991），意大利作家，新现实主义文学代表人物，曾获得三次诺贝尔文学奖提名，代表作为《苦难情侣》等。
2. Anna Akhmatova（1889—1996），苏联女诗人，被誉为"俄罗斯诗歌的月亮"。诗风纤丽，文辞典雅。代表作有《黄昏》《念珠》等。

劳改营，独生子被捕若干次，入狱十年。一天，她照镜子时看见自己容颜憔悴，苦难在脸上刻下了皱纹，她想起了美索不达米亚的古老泥板，于是便写下了令人难忘的伤感诗句："现在我明白了，苦难是如何将粗粝的楔形文字，一页页地刻上面颊。"我自己也在某些时候见过某些人的脸上有被苦难雕刻的痕迹。读完阿赫玛托娃的诗，我再也忍不住想，对我来说，亚述人的泥板就是那一张张饱经沧桑的脸。

不仅时间会在皮肤上留下文字，有些人还会主动将句子和图案文在身上，将皮肤绘成彩色的羊皮纸。我没有文过身，但我能理解那种想在身体上留下印记、着色、将它变成文字的冲动。还记得少年时代的朋友决定去做第一个文身时，我与她一起兴奋了好几周。她在我面前掀开蒙着的纱布。我盯着她胳膊上泛红的皮肤和依然鲜嫩的字母。肌肉紧张时，字母似乎在自己微微颤动。文在身上的句子会颤动，会流汗，会流血，让我着迷——这是一本有生命的书。

我一直很好奇人会在自己的皮肤之书上写下什么文字。有一次我认识了一个文身师，我们聊起他的工作。他告诉我，大部分人文身是想要永远记住一个人或一件事。问题是我们的"永远"往往短暂，这种文身常常让人后悔。另一些人会挑选积极向上的句子、流行歌曲的歌词或诗句。哪怕文的是老掉牙的句子、拙劣的翻译或没什么意义的文字，将它们记录在身体上也让他们觉得自己独特、美丽、充满生命力。我觉得文身是巫术思想的余韵，体现了对文字光环的古老信仰。

活着的羊皮纸不只是一个比喻：人的皮肤可以携带文字信息，

供人阅读，在特殊情况下，还能作为传递信息的秘密渠道。历史
学家希罗多德[1]讲过一个精彩绝伦的故事，有关古代世界的文身、
阴谋和间谍，它基于真实的事件。在政局极其动荡的年代，一位
名叫希斯提亚埃乌斯的雅典将军想教唆自己的女婿、米利都的暴
君阿里斯塔戈拉斯在波斯帝国发动一场暴动。该阴谋风险极高，
弄不好两个人都要掉脑袋。一路上都有人把守，所以可以预见，
如果派信使去通知阿里斯塔戈拉斯，那么在到达米利都——在今天
的土耳其境内——之前，信使一定会被搜身。信一旦被搜出来，信
使就会遭受酷刑，被慢慢地折磨致死。这样一封信该藏在哪儿才
好？将军想出了一个绝妙的主意，他将一名最忠心的奴隶的头发
剃光，先把信文在他的头皮上，然后等头发重新长出来。信的内
容是："希斯提亚埃乌斯致阿里斯塔戈拉斯：爱奥尼亚叛乱。"新
头发长出来盖住密谋叛乱的信之后，他便派奴隶去米利都。为确
保万无一失，信使对密谋叛乱一无所知，只是接到命令，要在阿
里斯塔戈拉斯家剃头，并让他看一眼自己的脑袋。信使就像冷战
时期的间谍，他悄悄出发，路上被搜查时，他表现得很镇定。他
平安到达了目的地，事情没有败露，然后他的头发被剃光。计划
成功了。奴隶永远也不会知道——谁也看不见自己的头顶——文在
头皮上的煽动性文字说了些什么。

　　由时间、皮肤、文字织成的神秘网络是克里斯托弗·诺兰执
导的《记忆碎片》的核心元素。主人公莱昂纳多十分茫然，他因

---

1. Herodotus（约前484—约前425），古希腊历史学家，西塞罗称其为"历史之父"。代表
作为《历史》。

脑部损伤患上了短期记忆丧失症，记不住刚刚发生的事，所有行为很快就会被遗忘，不留半点痕迹。每天早上醒来，他都记不住昨天、前几个月、自造成脑损伤的悲惨事故以来发生的任何事。尽管有记忆障碍，他还是想找出奸杀妻子的凶手，为她报仇。他想了个办法，让自己能在遍地阴谋、操纵、陷阱，并随时被清空的世界里展开行动。他将关键信息文在手上、臂上、胸上，每天都在身体上重新发现自己的故事。在一再忘掉自己是谁的情况下，只有通过阅读文身，他才能继续寻找凶手，实现目标。故事的真相简直无法弄清，人人都在撒谎，包括莱昂纳多在内。最后，我们也开始怀疑他。电影建立在一幅零散的拼图之上，就像主人公的记忆一样，也像当今的世界一样。它间接反映了书的本质：它们是记忆的延伸，是鲜活记忆无法企及的时空的唯一见证——它们不完美，容易产生歧义，却无可替代。

每个月有好几次，我都要从基诺里街的后门进入美第奇－里卡迪宫，里面紧挨着后门的花园被雉堞状外墙围绕。门是佛罗伦萨典型的香草色，房子和庭院都很朴素。我得深吸一口气再走进里卡迪图书馆，因为接下来我就会一头撞上不合时宜的巴洛克风格，到处都金光闪闪，令人窒息。在那里，我第一次亲手触摸到价值连城的羊皮纸手稿。

我在奢华的阅览室里研究了很长时间，精心策划每个细节，确保将猎物弄到手。其实我的研究无须查阅任何手稿，但我在图书馆负责人面前摆出了最真诚的学者表情。我的目的完全出于享乐。作为文化遗产的手稿被看守得十分严密，我想去触摸它，轻抚它。我非常激动，既是因为能摸到一件供贵族及其纨绔好友们享乐的艺术品，也因为这是我这个在佛罗伦萨差点交不起房租的穷姑娘的一次快乐的越轨。我将毕生难忘与 14 世纪的彼得拉克手稿亲密接触的每一分钟——几乎令人心醉神迷。想要触摸堪称无价之宝的手稿，进门时需要完成一整套程序——把背包交给图书管理员，只留下一支笔和一张纸，戴上棉手套，接受珍宝馆守卫的严密监视。因为我过分的书籍崇拜而惊动了这么些人，我承认自己感到一种恶作剧的快感。有时我会胡思乱想，作为惩罚，天花板上飘浮在云朵和纹章之间的某幅寓意画会气势汹汹地向我扑来。最让人感到威胁的是最顶上那个胖乎乎的金发女人，如果我没弄错的话，她是挥舞着盾牌的智慧女神。

东西骗到手后，我享受了近一小时，我扮演着古抄本研究者的角色，而我做的笔记全都是幸福的观感。翻页时，羊皮纸噼啪作响。看来，书籍的窸窣声在每个时代是不一样的。专业抄写员的笔迹美丽、工整，给我留下了很深的印象。我看见了岁月的痕迹，点缀着黄斑的羊皮纸就像爷爷那双布满老年斑的手。

也许就在那时，彼得拉克的手稿宛如一堆小小的火苗在我耳边低语，让我萌生了写这本书的念头。后来，我也亲手触摸过其他羊皮纸手稿，学会了更好地欣赏它，但第一次的记忆始终永恒。

抚摸古抄本的书页时，我想到这一神奇的羊皮纸曾经长在被宰杀的动物的脊背上。短短几周，生活在草原上或圈栏里的牲畜就会变成《圣经》里的一页书。在史料保存比较完善的中世纪，修道院购入母牛皮、绵羊皮、羊羔皮、山羊皮或猪皮，为了保证皮的质量，他们挑的都是活物。跟人一样，不同年龄和种类的动物，其皮质也不同，羊羔皮要比六岁的山羊皮更光润。有些母牛皮会有破损，是母牛喜欢摩擦树干或虫咬所致。所有这些因素，加上工匠的技艺，都会对最终品质产生重要的影响。制作羊皮纸时要剃毛、去肉，把皮撑开，让它绷得像鼓一样紧，再用弯刀从上往下极其小心地刮。在绷子的巨大张力下，刀切得过深、毛囊痂没结好或被虫子咬过一个小洞的地方，最后都会变成网球大小的一个洞。抄写员会充分发挥想象力去弥补原材料的瑕疵。有时他的巧手修补反而让手稿变得更美了。羊皮纸上的窟窿可以变成一扇窗，透出下一页上的装饰画。我还听说过一件奇闻：瑞典修道院的修女们用钩针修补过一个窟窿，在文字间钩出了一扇美丽的花格窗。

当我戴着手套，免得碰坏娇气的羊皮纸时，想到了"残忍"两个字。如今，海豹幼崽在雪地上被打死，只因为我们想穿暖和的海豹皮大衣。中世纪的人们如若想制作出最奢华的手稿，也需要相当程度的残忍才能做到。有些特别漂亮的手稿叫"犊皮卷"，颜色雪白，有着丝般的纹理，是用刚出生的羊羔的皮，甚至是从妈妈肚子里流产出来的羊羔的皮做成的。我想象着这么多世纪，动物哀鸣、流血，只为了让过去的文字传到我们手里。在羊皮纸加墨水的精细工艺背后，隐藏着受伤的皮和流出的血，如同被嫌弃的孪生兄弟，反映出藏在文明死角中的野蛮一面。我们更愿意忽略美丽与进步中同时包含着暴力与痛苦。和人类奇怪的矛盾相一致的是，写在羊皮纸上的许多充满智慧的文字，恰恰是用来在世间传播爱、善良和同情的。

一本大部头手稿需要牺牲一大群牛羊。如果今天的出版物也要印在羊皮纸上，那么世界上根本没有足够的动物让我们宰杀。据历史学家彼得·沃森[1]估计，如果每张皮的面积是半平方米，那么，一本一百五十页的书需要牺牲十到十二只动物。其他专家也说，单单一本《古腾堡圣经》就要用好几百张皮。想让作品更好地保存下来，唯一的办法就是制作羊皮纸抄本。这项工程耗资巨大，只有极少数人负担得起。因此，一点也不奇怪，在漫长的时间里，拥有一本书，哪怕只是普通抄本也完全是贵族和教会的特权。一名抄写员因书写材料的匮乏有感而发，在一本13世纪的《圣经》空白处写道："哦，要是天是羊皮纸，海是墨水就好了！"

我在佛罗伦萨住过一年，每天早上去工作时都要护着笔记本电脑，免得被成群结队的游客撞着，让我感觉很奇怪。一路上，我要避开歇斯底里的拍照人群：成百上千的人笑容凝固，摆出各种姿势。几家博物馆门前永远排着长队，队伍弯弯曲曲，像一条条蠕动的蜈蚣。人们坐在街上吃袋装食品。导游们对着麦克风大呼小叫，用各种语言招呼团队。有时人群堵住了街道，就像一群群粉丝在等待明星的到来。所有人抓着手机，各种尖叫。无动于衷的马儿拉着四轮马车经过，你不得不避让。汗味、马粪味、咖

1. Peter Watson（1943—），英国思想史学者，代表作为《思想史：从火到弗洛伊德》《20世纪思想史：惊骇之美》。

啡味、番茄酱味弥漫。没错，穿过拼命聚集、卖力自拍、过节般的人群去工作，是件奇怪的事。当我快走到大学那栋楼，远远看见格尔尼卡壁画时，总算能松口气了，就像刚挤完早高峰地铁，出来时还挂了点彩。

你也可以在佛罗伦萨寻到僻静地方过安生日子的，只是要去找。只要不走寻常路且工夫花到了，你总能找到。12月一个阳光灿烂的早上，我第一次在圣马可修道院找到了这样的去处。一层还有一两名游客在悄悄转悠，但二层就我一个人。我这个像是刚从热带草原的一群受惊疯跑的动物当中拼命逃出来的人，简直不敢相信。清幽的环境让我定下心来参观一间间禅房。安杰利科[1]修士用方济各会的温柔笔触在此绘制了壁画，似乎在向卑微的人、无辜的人、满怀希望的人、温顺的人、抱有幻想的人表达爱意。据说美第奇家族的族长老科西莫[2]就隐居于此，在这组美轮美奂的壁画的围绕中，为将银行分部开到全欧洲，为在不断积累财富的过程中犯下的错赎罪苦修。这位了不起的生意人独占了两间禅房。众所周知，有权有势的人哪怕去赎罪，也要比别人过得舒坦。

在两间禅房的中间，一条宽走廊的起始处，我发现了修道院一个不同寻常的角落。专家认为这里是第一座现代图书馆的诞生地。这些精美的藏书是由人文主义者尼科洛·尼科利[3]捐赠给佛罗

---

1. Fra Angelico（1395—1455），意大利文艺复兴初期僧侣画家，曾为佛罗伦萨圣马可修道院绘制湿壁画，代表作有《圣母加冕》《圣母领报》等。
2. Cosimo de' Medici（1389—1464），文艺复兴时期佛罗伦萨僭主。退休后住在圣马可修道院的第38号和39号两个单独的禅房里，每间都装饰了壁画，比相邻房间大很多。
3. Niccolò Niccoli（1364—1437），意大利文艺复兴时期著名的人文学者、富商，收集了大量的古典文学手稿，后将藏书全部捐出。

伦萨的，"为了让所有人受益，为了服务大众，图书馆要向所有人
开放，任何渴望获得教育的人都可以在书的海洋中收获丰硕的学
习果实，如同在肥沃的田野里一样"。文艺复兴风格的图书馆由科
西莫出资，建筑师米开罗佐[1]设计，它摒弃了中世纪黑乎乎的房间
和用链子锁书的做法，确立了新时代图书馆的空间特征：房间宽
敞，日光充足，便于研究和讨论。史料用赞叹的语气描绘出了图
书馆的原貌——两排精美的柱子支撑起宽敞的连拱廊，两边都有大
窗户；安安静静的石墙，水绿色的墙壁让人静下心来，满满当当
的书架，有六十四张意大利柏木凳子供读书、写书、抄书的修士
或访客休憩。图书馆有道门直通修道院外面，这让尼科洛的愿望
成真了：他所捐赠的四百多部手稿对所有渴求文字的佛罗伦萨人
乃至外国人开放。图书馆于 1444 年开幕，是在古希腊、古罗马图
书馆被毁后，欧洲大陆上出现的第一家公共图书馆。

　　我缓缓地走在长长的阅览室里。桌子没了，取尔代之的是玻
璃橱柜，里面展示着珍贵手稿。已经没人来这个拥有文艺复兴风
格的光线和声音的地方读书了，它被改造成了博物馆。然而，四
壁之间，仍然能感觉到有人居住，能呼吸到温热的气息。或许，
幽灵们藏在这里。谁都知道，幽灵们胆子小，喜欢住在僻静的地
方，免得被一大堆活人吓着。

---

1. Michelozzo（1396—1472），意大利建筑师、雕塑家，1444 年设计了美第奇家族府邸美
　第奇宫，非常符合老科西莫的心意。

七 侦探任务

　　手抄一份完全一模一样的文稿不是件容易事，需要重复一系列相同且累人的动作。抄写员先看一段原文，记在脑子里，用漂亮的字体复制出来，然后再看原文，目光要准确地停留在上次看到的地方。一名优秀的抄写员能高度集中注意力，但哪怕最训练有素、最专心的人也会犯各种错误：读错了；疲劳导致的小错；想错了；理解错误，把对的改错了；错写成别的字；串行。事实上，犯的错可以体现出抄写员的个人特质。尽管抄写员不署名，但通过他犯的错误，可以看出他是哪里人，文化水平如何，脑子灵不灵，有哪些爱好，甚至其心理状态都能从他的遗漏或换词中一窥端倪。

　　所有抄本都有错误，这是不争的事实。抄本的抄本会重复模本的错误，再加上新的错误。从来没有两件一模一样的手工艺品，只有机器才能做到批量生产。抄本的数量逐渐增加，版本也越来越多，就像那种用耳语讲故事的游戏，口口相传，传到最后故事早已面目全非。

藏书癖国王之间激烈的疯狂竞争将亚历山大港变成藏书量空前巨大的城市。在亚历山大图书馆能找到许多重复的抄本，特别是荷马作品的抄本。博物馆的学者们有机会对不同版本进行比较，其间差异令人震惊。他们注意到连续不断地抄写正在悄悄地改变文字内容，有不少段落已经看不懂作者想表达的意思了；还有一些段落，抄本不同，文字也不同。意识到问题的这一面后，他们明白了，多少个世纪以来，作品在悄无声息地被人会犯错的天性腐蚀——就像岩石被海浪持续击打而风化一样，变得越来越难以理解，甚至失去意义。

于是，图书馆的守护者们开始了一项近乎侦探的任务：他们比较每部作品能找到的全部版本，试图将文本修复原状。透过意义缺失的上层，寻找埋在下层的文字和意义的化石。这次努力推动了研究方法的形成，对一代伟大的评论家们是个很好的学术锻炼。亚历山大港的语文学家针对他们认为最有价值的文学作品精心打磨出了重新修订的版本，并将这些完美的版本提供给读者作为模本传抄，甚至在图书市场上流通。今天我们读到的版本和译本都是亚历山大港文字侦探们智慧的结晶。

除了修复正在流通的文本，亚历山大博物馆——也叫"缪斯之笼"——还贡献出数以吨计的学术成果和文学研究专著。同时代的人在尊重学者们海量工作成果的同时，也爱拿他们打趣。人们最爱拿一个叫狄狄摩的学者开玩笑，他共计发表了三千乃至四千篇专题文章，数量之大令人惊叹。公元前 1 世纪，周围的世界都因为罗马内战而四分五裂时，狄狄摩在亚历山大图书馆不间断地工作：写评论，编术语表。狄狄摩有两个绰号：一个是"青铜内脏"，他的内脏必须是青铜铸成的，否则写不出数不胜数、冗长繁复的文学评论；另一个则是"写了就忘"，一次，他当众宣称某理论荒谬至极，结果，别人给他看一篇他自己写过的文章，内容恰恰在为该理论辩护。狄狄摩的儿子叫阿皮安，继承了他父亲的精力旺盛、不知疲倦。据说，提贝里乌斯皇帝[1]戏称他为"世界第一鼓手"[2]。亚历山大港的语文学家们有学术热情，做事仔细，学识渊博，有时也好卖弄，文章冗赘，他们很快走出了一条成功和过度发展的道路，这条路如今的我们也走过：古希腊时期，历史上第一次出现了研究文学作品的作品数量超过了文学作品本身的情况。

---

1. Tiberius（前42—37），罗马帝国第二任皇帝，14至37年间在位。
2. 该称呼带贬义，指他成天聒噪，咚咚锵锵，实在是话太多、文章太多。

八　谜一样的荷马

从史诗到菜谱，亚历山大图书馆无所不有。但徜徉在这片文字的海洋中的学者们毕竟精力有限，所以他们要从中挑选自己要研究的作家和作品。古希腊文学中最伟大的作家是荷马，这一点向来没有任何争议，他也是许多人专门研究的对象。亚历山大港成了荷马之都。

荷马本人是谜一样的存在，他生平不详，只有一个名字，也许只是一位瞎子诗人的绰号——"荷马"就是"盲人"的意思。对于他的信息，古希腊人压根什么也不能确定，连他生活在什么时代都无法达成一致。希罗多德认为他生活在公元前9世纪。他写的是："比我早四个世纪，不会更多。"其他作家则认为他和特洛伊战争同时代，应该生活在公元前12世纪。荷马是一个没有轮廓的模糊记忆，是让《伊利亚特》和《奥德赛》这两部作品发出美妙声音的影子。

当时没有人不知道《伊利亚特》和《奥德赛》。识字的人在学校读荷马而学会了识字；其他人也都听人绘声绘色地讲过阿喀琉斯和尤利西斯的冒险故事。从安纳托利亚到印度的门户,在一个扩张和混血的世界里,成为一名希腊人不再看一个人的出生地或基因,更多看他是否热爱荷马史诗。马其顿征服者们的文化有一系列典型特征,本国人若想往上走,必须拿下语言、戏剧、体育(男子裸体运动,这让别的民族惊掉了下巴)、运动会、酒会(优雅地聚在一起喝酒),以及荷马。

在没有宗教圣书的社会,《伊利亚特》和《奥德赛》是最接近《圣经》的作品。古希腊的作家、艺术家和哲学家,无论他是为荷马着迷,还是因荷马愤怒,因为没有祭司阶层的监视,都能自由地探寻、质疑、讥讽或扩大荷马作品的影响力。据称,埃斯库罗斯曾经谦虚地说,他写的悲剧只是"伟大的荷马盛宴上的面包渣"。柏拉图长篇大论地攻击荷马那所谓的智慧,将他逐出了理想国。一次,一位名叫佐伊尔的游学者在亚历山大港下船,颠覆性地自称"荷马的鞭挞者",来宣传自己的演讲。托勒密国王听闻后亲自赶往演讲地点,"控告他谋杀近亲"。面对阿喀琉斯和尤利西斯的丰功伟绩,谁也不会无动于衷。埃及出土的莎草纸书卷可以证明,《伊利亚特》一骑绝尘,是拥有最多读者的古希腊书籍。在希腊化埃及时期的木乃伊石棺里,人们找到了荷马史诗的片段。那些人会带着荷马的诗句走向永生。

对着魔的民众来说,荷马史诗不只是娱乐与消遣,它讲述了古代人们的神话与梦想。从远古时期起,一代代人把留在记忆中的历史事件讲给我们听,我们总是热衷于一而再、再而三地将它们变成传说。到了 21 世纪,或许我们会觉得打造英雄事迹是一种业已被淘汰的原始手段。然而事实并非如此。每个文明都在挑选自己的民族故事，塑造自己的民族英雄，为传奇的过往而自豪。也许，最后一个打造传奇世界的是美国。美国用西部片成功向当今全球化的世界输出了美国魅力。约翰·福特在执导的电影《双虎屠龙》中思考人如何将历史变成神话。报纸编辑将调查记者忠实记录的文章当场撕毁，宣称："这里是西部，先生。当传奇成为事实时，传奇自然会流传"。被缅怀的时代（印第安人大屠杀、内战、淘金热、野蛮霸道的西部牛仔、无法无天的城市、为来复枪和奴隶制叫好）并不光彩，这不要紧。有些希腊人斗胆直言，古希腊在血腥的特洛伊战争之后建立起来，这段历史同样也不光彩。然而，就和电影让我们爱上荒野西部灰尘满天的壮阔风景，爱上冲锋精神和征服土地的欲望一样，荷马也在用战场上发生的暴力而又激昂的故事和老兵的归家路感动着古希腊人。

和最优秀的西部片一样，荷马史诗也不只是单纯的爱国主义宣传册。史诗的确只反映了贵族阶级的生活，没有反抗社会不公，连质疑的想法都没有，但荷马懂得把握故事的明暗色调。我们能识别出并不陌生的思维方式和各种冲突，说得更确切些，其实是两种思维方式，因为《奥德赛》要比《伊利亚特》现代不少。

《伊利亚特》讲述的是一个执着于名望和荣耀的英雄的故事。阿喀琉斯可以选择留在他的国家，过平凡安稳的日子；如果他选择坐船去特洛伊，就只能光荣地战死沙场。他决定出征，尽管有预言说他将去无回。阿喀琉斯属于有理想、有抱负、有勇气的群体中的一员，这些人有责任感，但多愁善感，不满足，很固执，太把自己当回事。亚历山大从小就梦想成为阿喀琉斯那样的人，在带兵出征的光辉岁月里，他始终在《伊利亚特》中寻找激励。

在战争的残酷世界里，年轻人战死沙场，白发人送黑发人。一天晚上，特洛伊国王冒险独闯敌营，恳求要回儿子的尸体，让他入土为安。杀人凶手、杀戮机器阿喀琉斯动了恻隐之心。面对悲伤而庄严的老国王，他想起了自己永不能再见的老父亲。这一刻感人至深，胜者和败者抱头痛哭，达成共识：世人都要哀悼，亲人有权安葬死者。人性的光辉暂时照亮了战争灾难的阴霾，产生了奇异的美感。尽管《伊利亚特》没有提，但我们知道休战时间很短，战争还会继续，阿喀琉斯会战死，特洛伊会被洗劫，男人会被捅死，女人会被变卖为奴，供战胜者挑挑拣拣。史诗结束在深渊的边缘。

阿喀琉斯是传统意义上的战士，生活在严酷的悲剧世界；而流浪的尤利西斯[1]——如此具有现代特征的文学人物，连乔伊斯都被他迷住了——则开开心心地投身到未知的奇妙冒险中。这些冒险有的色情，有的滑稽，但都很有趣。《伊利亚特》和《奥德赛》探讨了两种完全不同的人生选择，主人公用截然相反的个性去面对生命中的意外和考验。荷马写得很明白，尤利西斯热爱生命，包括它的各种不完美、各种令人陶醉的时刻、各种愉悦和苦中带甜的味道。他是文学作品中所有旅行者、探寻者、水手、海盗的祖先，他能够应付各种状况，爱说谎，会撩人，经历丰富，擅长讲故事。虽然思念家乡和妻子，但一路走来他也很享受。《奥德赛》是第一部同时讴歌思乡情绪和冒险漂泊精神的文学作品，这两者

---

1. 罗马神话中的英雄，对应希腊神话中的奥德修斯，是《奥德赛》的主人公。原文中用的都是"尤利西斯"。

间没有太多冲突。尤利西斯的船搁浅在卡吕普索的岛上后，他便跟这位梳着美丽长辫子的女神共同生活了七年。

在地中海这块小小的伊甸园里，紫罗兰永远盛开，海浪轻轻拍打着天堂般的海滩。尤利西斯可以跟女神寻欢，在她身边永葆青春，长生不老。可是，在享受了若干年后，幸福的日子却让他不开心起来。没完没了的假期，单调重复的生活，他厌倦了这样的日子，因为思念亲人而在海边落泪。另一方面，他很清楚女神的能耐，他左思右想，怎么也不敢去告诉她自己已经对她心生厌倦。还是卡吕普索主动提出这一棘手的话题："尤利西斯，你现在希望能立即归返，回到你那可爱的故土家园？要是你心里知道，你在到达故土之前还要经历多少苦难，那时你或许会希望仍留在我这宅邸，享受长生不死。我不认为我的容貌、身材比不上你那位妻子，须知凡间女子怎能与不死的女神的外表和容颜一较高下。"

这个提议十分诱人：永远跟性感女神生活在一起，做她的情人，身体健康，不会衰老，不会生病，不会接二连三地走霉运，不会前列腺出问题，不会老年痴呆。尤利西斯回答："尊敬的女神，请不要因此对我恼怒。这些我全都清楚，珀涅罗珀不能和你相比。不过我仍然渴望返回家园，见到归返那一天。即使有哪位神明在酒神的海上打击我，我仍会无畏。我忍受过许多风险，经历过许多苦难，在海上或在战场……"决定跟女神分手后——诗人描述得自然而然——太阳落山，黄昏来临，两人互相陪伴，彼此温存。五天后，他从岛上启航，幸福地迎着风，张开了帆。

精明的尤利西斯不会像阿喀琉斯那样，幻想独一无二的伟大命运。他可以成为神，但他选择回到伊萨卡，那个岩石遍地的小岛，去面对父亲的年迈、儿子的青春期和珀涅罗珀的更年期。尤利西斯是个四处奔忙的斗士，他宁可要真正的悲伤，也不要虚假的幸福。卡吕普索的礼物太像海市蜃楼，像逃避，像迷幻药带来的梦境，像平行世界的现实。他的决定代表了一种新的智慧，与促使阿喀琉斯行动的严苛荣誉准则截然不同。这种智慧悄悄地告诉我们：人生是值得的，尽管它卑微、不完美、短暂，尽管它有各种各样的局限与不幸，尽管最终青春会消逝，肉体会松弛，脚步会蹒跚。

九　逝去的口传社会：回声的壁毯

　　西方文学的第一个词是"愤怒"（希腊语为 ménin）。《伊利亚特》六韵步诗就此开始，一下子不由分说地把我们拉入嘈杂与气愤中。阿喀琉斯的愤怒开启了一条通往欧里庇得斯、莎士比亚、康拉德 [1]、福克纳、洛尔迦 [2]、鲁尔福 [3] 的道路。

　　然而，荷马与其说是开始，不如说是结束。他只是冰山一角，而水下的大部分几乎完全被遗忘。把他的名字写在世界文学的其他作家的名字旁边，是在混淆两个无法类比的世界。《伊利亚特》和《奥德赛》诞生在一个与现在完全不同的世界。那时候，书写尚未普及，语言转瞬即逝，在表情、震荡的空气与回声之后什么也没留下。在荷马所说的"插翅语言"的时代，话语随风而去，

1. Joseph Conrad（1857—1924），英国小说家。他当过海员、船长，作品多以异域或海上生活为题材，代表作为《吉姆老爷》《黑暗的心》等。
2. Federico García Lorca（1898—1936），西班牙诗人、剧作家，在西班牙内战中被枪杀，代表作为《诗人在纽约》《献给伊格纳乔·桑切斯·梅希亚斯的哀歌》等。
3. Juan Rulfo（1917—1986），墨西哥小说家，曾获墨西哥国家文学奖等，代表作为《佩德罗·巴拉莫》。

只能靠记忆留存。

荷马的名字和两部史诗有关。在那个时候，谈著作权没多大意义。口传时代沿袭了游牧部落的习俗，诗歌是被当众朗诵的，长者在篝火旁讲述祖先的古老故事和英雄的丰功伟绩。诗歌被公有化，它属于所有人，不属于某个个体。每个诗人都可以自由使用传统神话和诗歌，重新润色，把他认为无关紧要的部分去掉，做一些细微调整，加上人物、虚构的情节，还有从同行那儿听来的诗句。每个故事背后都有一大群诗人，他们不会明白什么叫"著作权"。在漫长的口传时代，古希腊歌谣一层层、一代代地改变、传播，文本从未完全确定。

不识字的诗人们创作了成百上千首诗，都永远地遗失在了历史的长河中。有些在古代作家的作品中留下了影子，通过作家说的梗概或引述的片段，我们有了大致的了解。除了特洛伊系列，至少还有忒拜系列，不幸的俄狄浦斯就出生在那里。那部史诗特别古老，先于《伊利亚特》和《奥德赛》。主人公是战士门农，出生于埃塞俄比亚。如果年代推测正确，那意味着欧洲最古老的英雄史诗讲述的是一位黑人英雄的丰功伟绩，这真是让人惊讶。

口传社会中，吟游诗人会在盛大节日或贵族宴会上表演。"插翅语言"的专业人士在听众面前讲故事，无论人多人少，他都在"公开发表"自己的作品。想象那种说故事和听故事的方式——其实还算不上文学，因为他们既不识字，也不会写——有两种渠道。《伊利亚特》和《奥德赛》中有对古希腊吟游诗人的生活和职业（及其中艰辛）的描写。此外，人类学家研究过其他文化——在这些文化中，口传史诗与印刷术和传播的新技术并行，保存至今。即便我们视之为来自过去的访客，传统口传诗歌依然拒绝消亡，依然在地球的某些角落讲述着新的战争和当今世界危机四伏的生活。民歌研究者们录制过一位克里特岛吟游诗人的诗歌，讲的是1941年德国空降兵袭击克里特岛的故事。想起阵亡的战友，他激动地突然失声，身体颤抖到说不出话来。

让我们想象一下公元前10世纪，一位本地领主在小宫殿里的日常生活场景。晚宴正在进行中，为了助兴，主人请来了一位吟游诗人。外乡人在大门边候着——那是乞丐讨饭的位置，直到有人请他去大厅落座。当地最富有的人正在那儿大口喝酒，大块吃肉，油都流到了下巴上。当宾客们望向他，他不由得自惭形秽，他的长袍是旧的，也不怎么干净。他默默地调了调古弦琴的音，准备开场。他自小就开始练习了，是个说故事的高手。他一个人坐着，像抱着吉他的创作型歌手，一边轻轻地弹拨古弦琴，一边口齿清晰地说了起来。在场听众全都沉浸在冒险和战役中，摇头，点头，用脚打拍子，听得入迷，浑然忘我，目光闪亮，不由自主地微笑。古希腊人和现代斯拉夫村庄听故事的人的反应是一样的：史诗摄人心魄，直入人心，引人入胜。

狡猾的吟游诗人不仅会施展故事本身的魅力，还会要一些小手段。每到一处，他都会去打听雇主家的祖上，记住他们的名字和特征，编进故事，让他们跟传奇英雄在一起。他会说着说着，貌似不经意地插进一段美化本地人士的故事。他会根据现场气氛和听众心情拉长或缩短故事内容。要是他们爱听各种奢侈的描述，他就会浓墨重彩地去描述战士的盔甲如何如何，坐骑的饰物如何如何，公主的珠宝如何如何，就像俗话说的那样，反正这些宝贝又不用他花钱去买。他懂得恰到好处地停顿，制造悬念，总是在紧要关头戛然而止，好让雇主第二天再请他接着讲。就这样一晚上、一晚上地讲下去，有时连续一个礼拜，甚至更久，直到雇主兴趣索然。于是，吟游诗人重新上路，继续流浪，去寻找下一个庇护所。

在"插翅语言"的时代，文学是转瞬即逝的艺术。口头诗歌每一次的表演，都是只此一次、独一无二的存在。如同爵士乐手从某个流行曲调奏起，不用乐谱，热情洋溢地即兴发挥，吟游诗人也会将学会的诗歌自然地改动，甚至就算朗诵同样的诗歌，讲述同一个英雄的传说，每一次也都会和上次不一样。由于早早地开始接受系统训练，他们能活学活用，变换自如。他们肚子里装着上百个神话故事，掌握传统语言的模式，储备了一大堆句子和万金油似的素材，随取随用。有了这些枝枝蔓蔓，他们每次编出来的故事既没走样，又不雷同。不过，他们完全没有兴趣争什么著作权：他们热爱过去留下的遗产，如果传统版本已经很美，那就没必要再去搞什么原创。个性化表达属于书写的时代；当年，艺术上的原创并不受追捧。当然，要想掌握这门手艺，必须有个好脑子。文化人类学家马蒂亚斯·穆尔科[1]——他是开路先锋，米尔曼·帕里和艾伯特·洛德[2]紧随其后——在20世纪初证实，波斯尼亚的吟游诗人能记住三十到四十首长诗，有的能记住上百首，还有的能记住高达一百四十首。他们讲一回要七八个小时。跟古

---

1. Mathias Murko（1861—1952），斯洛文尼亚人，布拉格大学教授，民族志学家，研究了南斯拉夫口头史诗和歌手，对后世研究影响很大。

2. Milman Parry（1902—1935）和 Albert Lord（1912—1991）为师生关系，均为哈佛大学教授，共同提出了"口头程式理论"，也被称为"帕里－洛德理论"。

希腊长诗一样，同样的故事每回讲出来的版本都不重样。全部完整地讲一遍，要好几个通宵（直到天明）。穆尔科问他们几岁开始学这门手艺的，他们回答，被父母抱在怀里时就已经会弹琴了，八岁起开始讲传说故事。他们中有些是天才儿童，故事界的小小莫扎特。其中一人回忆说，他十岁跟父母去集市上的咖啡馆，在那里学会了所有长诗。睡觉前他会把听到的故事复述一遍，睡着了，长诗就全都记在脑子里了。吟游诗人有时会赶好几个小时的路，去看同行表演。任何作品只消听一遍就能自己讲出来，如若喝得酩酊大醉，则要听两遍。于是，长诗就这样被流传下来。

也许相似的情况也曾发生在古希腊。史诗诗人之所以能记住过去，是因为自童年起他们就生活在双重世界中——真实世界和传说世界。说故事时，他们感觉回到了过去。只有通过诗歌的魅力，人们才能对过去有所了解。在没有书写，故而没有历史的年代，吟游诗人就像有血有肉、有生命、活生生的书本。是他们避免了所有的经历、生命和积累的知识最终被遗忘。

公元前 8 世纪下半叶，一项发明开始悄悄地改变世界。这是一场温和的革命，最终改变了记忆、语言、创作、思维组织方式，以及我们与权威、知识和过去的关系。变化缓慢，但不同寻常。有了字母表，一切都变得不同了。

第一批读者和第一批作者成为先驱。口传作品拒绝退出历史舞台——到现在它们也没有完全退出。文字一开始便被污名化。

许多古希腊人更愿意听人将文字唱出来，他们不大喜欢创新，面对创新他们只会嘟嘟哝哝地抱怨。跟我们不一样，古人认为新事物不会带来进步，只会让人堕落。这种不情不愿持续了很长时间。所有伟大的发明：文字、印刷术、互联网……都曾遭遇叫嚣世界末日的反对者。有些暴脾气的人说用轮子做工具会让人堕落，到死都宁愿背着巨石走。

然而，新发明让人难以拒绝，每个社会都渴望持久，渴望被人记住。书写可以延长记忆，以免过去永远地消失。

起初，诗歌仍以口头形式诞生和流传。后来，有些吟游诗人学会了写字，开始将诗歌誊写（或听写）在莎草纸上，作为通往未来的护照。也许从那时起，有些人开始意识到如此大胆的行为会产生意想不到的效果。将诗歌写下来，意味着将文字固定下来，使其永远不再改动。书里的文字是定型的。那么多版本，你只能尽可能选一个最美的留下，将其余的淘汰。此前，诗歌可以成长，可以变化，是有生命力的存在，而文字会将它固化。选择一个版本意味着牺牲其他所有版本，同时使故事免于被破坏和被遗忘。

幸亏有了如此大胆、几乎吃了豹子胆的行为，两部塑造我们世界观、值得铭记的作品才得以流传至今。一万五千行的《伊利亚特》和一万两千行的《奥德赛》，今天读起来，它们像是位于口传旧世界和文字新世界分水岭上的两部小说。某位诗人，一位一定受过教育，能将长诗背得滚瓜烂熟并接触过文字的诗人，将若干首传统诗歌串联成了前后关联的故事。两脚分踏新旧世界的人会是荷马吗？我们永远不会知道。每位研究者都在想象自己的荷马：远古时代的文盲吟游诗人、《伊利亚特》和《奥德赛》的定稿人、做最后润色的诗人、在手稿上签名的勤勉的抄写人，或是被文字世界、被书籍这种古怪发明引诱的编辑。对我们的文化如此重要的一位作家居然只是一个幽灵，这从未停止让我着迷。

资料有限，谜底无法揭开。荷马的身影消失在黑暗的大地上，使《伊利亚特》和《奥德赛》越发迷人。它们是特殊的记录，让我们得以接近那个"插翅语言"和失落话语的时代。

正在读这本书的你也在口传世界中生活过几年。从牙牙学语到读书识字这个阶段，语言只存在于声音中。处处可见由字母组成的无声"图画"，可它们对你来说没有意义。掌控世界的成年人，读书识字的成年人，他们能看懂。你不太明白那是什么，也不太在乎，反正能说话就行。生命中最初的故事都是从耳蜗里听进去的，不是用眼睛看进去的。后来你上学了，学习了笔画、圆圈、字母、音节，在小尺度上完成了人类经历过的从口传世界到文字世界的过渡。

妈妈每晚都会坐在床边给我讲故事。她是吟游诗人，我是痴迷的听众。时间、地点、表情、沉默，是我和妈妈之间的仪式，永远不变。她的眼睛去找上次读到哪儿，往后退几句，把故事连上。故事就像一阵轻风，吹走了白天的所有烦恼和晚上的所有恐惧。讲故事的时间对我而言就是暂时的小小天堂。后来我懂了，所有的天堂都是如此，简单、短暂。

声音。我听到了妈妈的声音和通过她讲的故事想象出来的声音：水花击打船舷的声音、雪被轻轻踩踏的声音、双剑碰撞的声音、箭嗖地射出去的声音、神秘的脚步声、狼嗷呜嗷呜的叫声、门后的窃窃私语声。妈妈和我靠得很近，比任何时候都近。我和她同时出现在两个地方：书里和书外这两个平行世界。卧室的钟嘀嗒作响，走了半个钟头，故事里已经走过好几年。妈妈和我既单独在一起，又被书里的许多人、许多朋友、许多间谍包围。

那些年，我的乳牙一颗颗地掉。妈妈给我讲故事时，我最爱一边听一边用手指去摇乳牙，感觉牙根松动，晃得越来越厉害，最后终于掉了下来，流出几丝咸咸的血。我把牙齿放在手掌上看：童年正在破碎，在身体上留下几个洞，沿途扔下一些白色的碎片，听故事的日子很快就要结束了，尽管当时的我并不知道。

讲到特别惊心动魄的片段时——追捕、凶手正在接近、即将发现什么、叛变的信号，妈妈总会清清嗓子，假装喉咙痒，咳嗽几声，说已经到了第一处我们约定好要停下的地方。她说：我不能再讲了。这时我便应该露出绝望的神情，恳求她：别，别停下，再讲一点点。我累了。拜托，再讲一点点。我俩演完这一小出戏，她便接着往下讲。我当然知道她在骗我，但她总能吓到我。最后，这次她是真的停下不讲了。她会合上书，亲亲我，将我独自留在黑暗中，自己回到成人的夜晚世界，去过秘密生活了。大人们的夜晚充满激情、神秘，令人翘首以盼。对小孩子来说，那是另一个国度，是禁区。合上的书就在床头柜上，安静而固执地将我拒之门外，什么育空营地、密西西比河畔、伊夫堡、"本葆海军上将"旅店、魂灵山、米西奥内斯热带雨林、马拉开波湖，以及《敖德萨故事》中别尼亚·克里克的地盘、文蒂米利亚、涅瓦大街、巴拉塔里亚湾、魔多边境尸罗的洞窟、巴斯克维尔庄园附近的沼泽地、下诺夫哥罗德、有去无回城堡、舍伍德森林、英戈尔施塔特可怕的解剖实验室、翁布罗萨森林中柯西莫男爵的树、长着猴面包树的星球、伊冯娜·德加雷的神秘庄园、老教唆犯费京的老巢、伊萨卡岛，全都不见了。即便我在夹着书签的地方打开书也没用，我只会看见一行行的"蜘蛛腿"，它们连一个单词都不愿意告诉我。没有妈妈的声音，魔法就不会变成现实。阅读是一种巫术，没错，它可以让书里奇怪的黑虫子说话。那时候，我觉得书就是纸做的巨型蚂蚁窝。

刻板的想法让我们觉得口传文化原始、基础，是部落时代才有的东西。如果我们今天拿识字人口比例去衡量一个国家的发展水平，那么，认为史前阶段落后、已经终结，便不足为奇了。但我们知道，情况并非如此，起码文字不是必需的。比方说，秘鲁的印加文化，尽管它没有文字支撑（只有名为 quipus，即结绳记事的方法），却也征服并统治了强大的印加帝国，创造了独特的艺术和巨石建筑，每年吸引大量游客前往安第斯山区的库斯科和马丘比丘遗址参观游览。

当然，没有文字是一种文化上的障碍。口语社会的复杂性越高，遗忘的威胁就让人们越痛苦。他们需要保存自己的法律、信仰、发现、知识和身份。如果不能代代相传，每代人就要辛苦地从头再来。可他们只能靠声音，轻飘飘的、在空气中一眨眼就没了的声音。于是，脆弱的记性成了人与时间对抗的唯一希望。人们努力训练，拓展记忆力，个个都是挑战自身极限的记忆力运动员。

口传世界的人们努力地想将记忆永久地保存下来，他们发现有节奏的语言更好记，于是诗歌应运而生。背诗时，韵律有助于不犯错，因为一旦背错了，音乐性就会被打破。所有人上学时都背过诗，过了这么些年，许多事都已经忘记，但背过的诗依然清晰。

古希腊神话中，缪斯是记忆女神谟涅摩绪涅（"记忆法"这个词就源于此[1]）的女儿绝非偶然。她们是记忆行为——先记忆，再回忆——拟人化的产物。和所有时代一样，当时的人也不可能在不记忆的前提下进行创造。尽管吟游诗人和后现代作家有巨大的区别，但如果说他们之间也存在共同点，那就是他们都将自身的作品视为改编、怀旧、翻译，以及不断回收过去。

节奏不仅有助于记忆，还能使人获得感官上的愉悦。音乐、舞蹈、性行为都是通过重复、节拍、律动完成的，语言在节奏上也有无限的可能性。古希腊史诗是六韵步诗，它将长长短短的音节组合，制造出特别的听觉效果。希伯来语诗歌则偏爱句法节奏："凡事都有定期，天下万务都有定时。生有时，死有时；栽种有时，拔出所栽种的，也有时；杀戮有时，医治有时；拆毁有时，建造有时……"据说《圣经·传道书》中的这些句子是要唱出来的，美国音乐人皮特·西格也由此获得灵感，创作出歌曲《致凡事都有定期》（*Turn! Turn! Turn!*），1965年登顶各大音乐榜。在

---

1. 记忆法（mnemonics）与谟涅摩绪涅（Mnemosyne）为同一词源。

诗歌的起源处，节奏带来的愉悦感是为了文化的延续。

除了语言的音乐性，人们也发现了其他记忆策略。口头诗歌用行动和故事的形式来进行教育，而非通过思考。抽象的句子只会出现在书面文字中，没有诗人会跟听众说"谎言会瓦解信任"这么乏味的话。他们情愿讲《狼来了》的故事：牧羊人爱开玩笑，老是喊"狼来了"，以吓唬村里人取乐。在口传时代，总会流传着某些正在进行的冒险故事。故事里的人犯了错，自身切切实实地尝到苦果，让全村人都得了教训。吃一堑，长一智。经验以传说、故事、寓言、案子、笑话、谜语或回忆的方式流传下来。口语的想象世界孕育了充满活力的故事：活人与死人，人与神，肉体与灵魂相识相交；天堂、人间、地狱彼此相连，永远都能走回头路。实际上，传统故事甚至会将动物、河流、树木、月亮或白雪拟人化，似乎整个大自然都想参与到眼花缭乱、令人快乐的故事讲述中来。儿童文学依然保留了这种古老的快乐，会说话的动物和孩子热情互动，其乐融融。

用埃里克·A.哈夫洛克[1]的话来讲，《伊利亚特》和《奥德赛》跟那个时代遗失的诗歌一样，是古希腊人的口头百科全书，汇编了传承的民间知识，用令人激动的强烈节奏讲述了特洛伊战争的神话故事，以及古希腊征服者们艰难回家的故事。故事情节、戏剧性和冒险性牢牢地抓住了听众们的心。一组组诗句中的教义很容易被记住，它们隐藏在故事迅速推进的场景剧情中。听众们学

---

1. Eric A. Havelock（1903—1988），英国古典学家，曾任教于美国哈佛大学、耶鲁大学，代表作为《比拉图绪论》《希腊人的正义观》。

到了航海和农业的概念，造船或造屋的步骤，开大会、做集体决定、武装好去打仗或准备下葬的规矩，还有战士在战场上该如何做，该如何跟祭司说话，如何发起挑战或补救冒犯，在家中该如何做，神希望人做什么，都有哪些法律、习俗和荣誉准则。荷马史诗里没有叛逆、放荡的个体表达自己的独特看法，而是部落的集体声音在说话。

在世代传承的教导中，既有珍贵的古老智慧，也有压迫思想的体现。在《奥德赛》第一段长诗中，忒勒马科斯很不客气地让母亲珀涅罗珀闭嘴："母亲，现在你还是回房去操持你自己的事情吧，看着机杼和纺锤，吩咐那些女仆认真把活干，谈话是所有男人的事情，尤其是我，因为这个家的权力属于我。"今天，读到这一段我们会吓一跳，认为这个少年说话真不中听，自以为是大人了，打发母亲去织布，家里的事想自己做主。然而，诗中对尤利西斯年纪轻轻的儿子早早开始维护男权统治表示赞许。对古希腊人来说，话语权是属于男人的，是他们的特权。《伊利亚特》中的宙斯在宴会上责备妻子赫拉，因为她想表达自己的想法。他当众羞辱她，说了句粗鲁的"闭嘴"，用的还是庄严的六韵步诗。荷马史诗中的人物不断通过言语和行为提供家庭中的角色样板，凸显男子作为一家之主的地位。

后来，《伊利亚特》又给我们提供了一个阶级论的例子，也跟语言使用这一紧要问题有关。特尔西特斯是诗中出现的唯一一位平民，他来自农村，在去特洛伊征战的古希腊人中长得最丑。他斗胆在战士大会上讲话，尤利西斯用权杖打他，以专横的语气命令他，让比他更优秀的人，即国王和将军讲话。尽管特尔西特斯粗鲁无礼、不安分，但他有足够的胆量自我辩护。他指责阿伽门农国王贪得无厌："国王！你又有什么不满意？你的营帐里装满了青铜，还有许多女人。你身为统帅，不该让士兵们遭难。"诗里描写了尤利西斯是如何打伤这个口无遮拦的瘸子特尔西特斯的，在场的许多士兵鼓掌、欢呼、大笑。（"用权杖打他的后背和肩膀，特尔西特斯弯下身，大颗眼泪往下淌，血痕在金杖的打击下从他的肩上露出来。他坐下去，感到疼痛，心生恐惧。"）

作为读者，在欣赏荷马史诗引人入胜的魅力以及无与伦比的美感的同时，我们应该保持警惕，应该意识到作品诞生于父权统治、贵族统治的古希腊，作者对此毫不质疑，一味颂扬。在诗人都是传统卫道士的时代，根本不可能存在讴歌自由的叛逆故事。必须要等到文字发明、书籍出现后，某些作家——永远只占少数——才会开始为不听话的人、有反骨的人、被侮辱和被侵犯的人说话，为失语的女性们，或为挨揍且丑陋的特尔西特斯们说话。

这是一个巨大的悖论：我们源于一个已经消失的世界，可只有当它消失了，我们才能探进头去看一眼。我们对口传世界的印象来自书本，我们是通过它的对立面、静止不动的书面文字了解到"插翅语言"的。一旦被誊写下来，那些叙述就会失去流动性、伸缩性和即兴创作的自由度，在许多情况下，还会丧失其语言特色。要拯救这份文化遗产，必须让它遭受致命伤。

文化黎明时期的想象力如此丰富，以至于"插翅语言"即便受伤还是那么引人入胜，它幸存下来，没有完全消失在时间的天际。我们从转录下来的文字中，听见了神话、寓言、传说、民歌和民间故事的遥远回声。我们在《伊利亚特》和《奥德赛》、古希腊悲剧、《圣经旧约》中的《摩西五经》《罗摩衍那》《埃达》和《一千零一夜》中发现它们被改动过、重组过、重新诠释过。这些流亡的故事——流亡到书写文字的异国的口头文学作品——恰恰是我们的文化脊梁。

用哈弗洛克的话说，当缪斯学会了写字，令人瞠目的变化便陆续发生了。新文本能以无限的方式自我复制，因为它们不再依靠有限的记性。知识仓库里不再只有声音，会出现实体文档，可以无限扩容。于是，文学获得了肆意扩张的自由，无须缩手缩脚地管理有限的记性。这种自由也渗透到了作品的主题和观点。口头文学对传统思想和形式有利，听众一听便知，一听就懂。书写文字则可以开辟出陌生的领域，有新思想也无妨，反正读者有时间，能定下心来消化、思考。书里可以提出怪诞的想法，出现有个性的声音，和对传统的挑战。

摒弃口述时，语言经历了结构上的重新调整：句法出现了新的逻辑结构，词汇变得更加抽象，文学也在诗歌体之外找到了新的道路。就像莫里哀笔下的贵人迷汝尔丹先生[1]，有一天他突然发现自己居然不知不觉地用散文体说了四十多年话，古希腊作家们也突然发现，笔下的人物可以不用六韵步诗对话了。

在奇妙的事实和理论世界里，散文成为其工具，创新性的表述拓展了思想的空间，视野的拓宽使历史、哲学、科学开始崛起。在给智识工作工作起名时，亚里士多德选择了 theoría 这个词，对应的动词是 theoreîn，希腊语的意思是"看"。该选词透露了许多东西：有了书本和阅读，也就是说，当我们能看文字，能慢慢地去思考，而不是只能听它们在耳边一闪而过时，思考世界这个职业才能存在。

所有这些变化都发生得极其缓慢。我们总是想象新发明会迅速替代旧习惯。但是，这些过程并不以光年记速，而是以"钟乳石年"记速。就像水滴一点点地从石头上滑落，留下一条细微的碳酸钙痕迹，文字也一点点地创造出新意识和新思想。古希腊摒弃口述的过程十分漫长，从公元前 8 世纪一直持续到公元前 4 世纪。亚里士多德收藏了大量的书籍——成为雄心勃勃的亚历山大图书馆的灵感来源，他无疑是严格意义上的欧洲第一位文人。

事实上，我们不应该说替代，而应该说口述和书写形成了奇怪的连接，两者小心翼翼地交织在一起。比方说，在古希腊学校里，孩子们识字要通过阅读《伊利亚特》和《奥德赛》，这就是个悖论。荷马始终保持着在教学上的中心地位，跟口头百科全书时代一样，他是全希腊人无可争议的老师。此外，特别会说故事的人和善于演讲的人依然让古希腊人着迷，他们对修辞学始终浓厚的兴趣便是明证。通常说来，古希腊城邦的政治领袖往往口才出众，不像中世纪，会把人典型地分为四肢发达、头脑简单的封建领主和撰写文件、通晓文字的文人。古希腊人崇尚的演讲，不仅要有说服力，还要风趣一点，有表现力一点。他们对幽默感也存在刻板印象，总是咋咋呼呼、东拉西扯、纠缠不清。古希腊人对语言无比热爱，对辩论极其狂热，而这些在古罗马占领者眼里不过是些无可救药的江湖骗术。

仔细听，我们还能在悲剧合唱团里、品达[1]的赞美诗里、希罗多德笔下故事串成的历史里、柏拉图的《对话录》里听到"插翅语言"的声音。同时，所有这些作品都在语言和个人思想上有新颖之处。情况往往是：既不存在完全的决裂，也没有绝对的延续。即便是最新颖的文学作品，往往也包含无数过去作品的片段和残余。

苏格拉底就是典型的新旧事物的混合体。他是个普通的手艺人，一辈子在雅典众多的体育馆、作坊和中心广场转悠，与任何愿意停下来说话的人展开哲学上的对话。他喜欢四处游荡，找人聊天，对家不感兴趣，除了跟妻子冉蒂佩的婚姻不美满，他还得了个为人古怪的名声。他是个了不起的交谈者，却始终拒绝将教授的内容写下来，说书本阻碍思想交流，因为写下来的文字无法对读者的疑问和反对做出回答。他一定觉得自己更像古代浪迹天涯的吟游诗人，不像面色苍白、挂着黑眼圈的作家。然而，诱惑苏格拉底、让他成天幸福地不务正业的哲学缪斯，正是文字的女儿。在传统世界里，一个像他这样的人，出身低微，长相奇丑——矮个子，塌鼻子，大肚子，应该是无权当众发言的，应该重蹈特尔西特斯的覆辙才是。不过，在他生活的时代，雅典的文明程度已经很高了。贵族们不但不会当众杖打他，还很尊重他，为他的

---

1. Pindar（约前518—前438），古希腊诗人，以写合唱颂歌著称，辞藻华丽，格律谨严，代表作为《皮托竞技胜利者颂》。

游荡型哲学活动慷慨解囊。

在口头交流与笔头交流的十字路口，苏格拉底不是唯一拒绝写作的伟大思想家。毕达哥拉斯、第欧根尼、佛陀、拿撒勒的耶稣都跟他一样，述而不作，但他们都会读书、写字。耶稣在《约翰福音》中说出那句著名的"你们中间谁是没有罪的，谁就可以先拿石头打她"之前，曾经弯下腰，用手指在沙地上写字。约翰没有告诉我们，他在沙地上写了什么——也许他写的那句跟说的那句一样，也是令人难忘的警世名言，被一阵风吹走了；也许只是列了一份清单——关键在于我们读到了整个场景。大师们不屑于做的事，弟子们做了。有了各使徒写的列传，耶稣来世上走一遭的形象才会被清晰地保留下来。尽管大师们站在了口头那一边，但书才是传播其思想的决定性媒介。当话语只能靠脑子去记忆时，不同看法几乎不可能超越拥护者的小圈子而长久流传下来。

需要说明的是，在有了文字的新文明时期，口述失去了对语言的垄断，但并未消失，事实上，它还在我们身边。直到 20 世纪，识字人口在所有社会中依然是少数；直到今天，地球上仍有几亿文盲。人类学家们很清楚，诗歌和神话的声音从未完全消失过。在两次世界大战之间，哈佛大学研究学者米尔曼·帕里前往巴尔干地区，寻找按荷马方式吟诵史诗的例证，试图解开荷马之谜。让他惊讶的是，他的这次科研考察居然被人按古法编成了一首新的叙事诗。1933 年，一位不识字的吟游诗人演绎了一首诗，将帕里提升到意想不到的神话英雄的高度："一头灰色的猎鹰从美丽的美洲大陆飞来，越过许多国家和城市，来到我们这片海岸。我们的历史会将他永远铭记。"另一位美国研究学者，二十年前发现马丘比丘遗址的海勒姆·宾厄姆[1]，也化身为印第安纳·琼斯[2]，挥着他那条著名的鞭子，走进了民间虚构故事。曾经有一段很短的时间，一些大学教授赢得了史诗界的英雄地位。

口述的巨大成功要归因于科技的进步。尽管从表面上看，这有点自相矛盾。远古时代以来，人的声音一直只能传到在场者的耳朵里。广播和电话消除了这些限制，无论是正经演说还是日常闲聊都能被全世界的人听到。随着移动电话的普及、卫星和信号覆盖越来越广，我们的声音可以从地球的这一边传到那一边，翅膀比以往任何时候都长。

电影一开始是无声的，后来迫不及待地过渡到有声。在默片时代，放映厅要给一群奇怪的人提供工作。他们是所谓的解说员，和吟游诗人、抒情诗人、木偶艺人和说书人一样，同属于古老的口头职业者，他们要为文盲观众阅读电影内容介绍，活跃气氛。起初，他们的存在有安抚作用。第一次看电影时，观众们会害怕，不明白一块布上怎么会蹦出一条街，或一个工厂、一列火车、一座城市、一个世界。当移动的图像进入我们的生活时，解说员帮我们舒缓对电影的奇怪感觉。他们会带着诸如喇叭、棘轮、椰子壳等各种简陋的工具，发出屏幕上呈现的各种声音。他们用教鞭指着电影中的人物，回应观众们的感叹，随着画面即兴编一些富有表现力的独白。他们诠释无声的剧情，赋予其个性，引得观众们哈哈大笑。说到底，无声让人不安，他们试图填补这可怕的空

---

1. Hiram Bingham（1875—1956），美国考古学家、政治家，于1911年和1912年两次率领考古队前往南美考古，发现了印加帝国都城马丘比丘遗址以及维特科斯遗址。

2. Indiana Jones，《夺宝奇兵》系列电影的主角，典型形象特征为头戴牛仔帽并手持长鞭。

白。最风趣、口才最好的解说员的名字会出现在电影海报上做提前预告，因为许多人去看电影是被解说员吸引，而非电影本身。

对日本观众来说，黑泽丙午是令人仰慕的默片解说员。他是一代明星，观众们蜂拥而至，听他解说电影。他把当时想当画家的弟弟黑泽明带进了东京电影圈。1930 年前后，有声电影猝不及防地到来，默片解说员纷纷失业，名声不再，被人遗忘。黑泽丙午于 1933 年自杀。当年黑泽明因为哥哥的声音而爱上电影，后来他也将自己的一生奉献给了电影导演事业。

当我专心致志地写前一章，沉迷于远古时代的遥远声音时，动荡的现实社会的冲击波正向我袭来。该消息传出后，躁动的社交网络上出现了洪水般的评论，气愤者有之，揶揄者有之，诸如"这怎么可能？"和"也该是时候了"的争论达到白热化的程度。报纸、电台都在请教熟悉的专家，一刻也不消停。推特上爆出了一条不是最大，也是第二大的新闻，简直闻所未闻：瑞典学院将诺贝尔文学奖颁给了鲍勃·迪伦[1]。

我饶有兴味地看着末日派和融合派在媒体上各执一词。欣喜者纷纷庆祝文学等级制与势利眼总算灰飞烟灭了。气愤者认为老朽的瑞典委员会所谓的先锋派立场只不过是惺惺作态。他们怀疑，这一举动并无意亵渎或扩大作家的概念范畴，也不意味着身着制

---

1. Bob Dylan（1941—），美国唱作人，民谣歌手、音乐家、诗人，2016 年获得诺贝尔文学奖，颁奖词为："他在伟大的美国歌曲传统中创造了新的诗意表达。"

服、把守边界、要求出示入境许可的"文学海关人员"的溃败，只是出于纯粹的机会主义和对大众反响的渴望。最义愤填膺者斥其为文学浅薄化，大惊失色地发问：出了这么荒唐的事，下一步会走到哪里？继鲍勃·迪伦这名创作型歌手之后，文字的私生子们——影视编剧、漫画作者、电子游戏和跨媒体项目设计者、推特上的嘲讽者——会不会一窝蜂地闯入瑞典学院的"圣殿"？会不会成为未来的主力军？

正在写这本书的我想到了荷马，想到了蜷伏在荷马的名字后面的一大堆吟游诗人。这些先行者们在宫殿里唱诗给有钱人听，在乡村广场上唱诗给普通人听。那时候，当诗人很费鞋，他们要背着乐器，在尘土飞扬的路上奔波，在夜幕下吟诗，身体跟着节奏摇摆。那些行走的艺术家是缪斯女神衣衫褴褛的使者，是波希米亚风格的智者。他们用歌曲解释世界，一半是百科全书派学者，一半是小丑，他们是作家的祖先。诗歌早于散文，吟唱早于默读。

诺贝尔文学奖颁给了口述文学。未来竟可以如此古老。

小时候，我以为书是专门为我写的，世上唯一的一本就在我家里。那时的我坚信，爸爸妈妈是了不起的巨人，他们无所不能。闲暇时，他们为我写故事，讲给我听。我躺在床上，将毯子拉到下巴，听妈妈用独特的声音念出我最最心爱的故事，这些故事被写出来，当然只是为了让我听到。当我恳求讲故事的巨人妈妈"再讲一点点"时，它们正在完成来到世上的唯一使命。

我已经长大了，但我依然十分自恋地看待书与我的关系。当一本书闯进我的生活，当一连串的文字写进我心里，当我用称得上痛苦的方式理解了它想说什么，当我在内心默默确认这本书的作者改变了我的生活时，我又一次相信，是我，我正是这本书苦苦寻觅的读者。

我从来没问过别人是否也有类似的感受。对我而言，一切都要追溯到童年。我觉得，有个原因很关键：我和文学的第一次接触像高声朗读，像所有时光——书写的现在和口述的昨天——汇聚的十字路口，像只有一名观众的小剧场，像如期而至的约会，也像寻求解救的祈祷。如果有人读书给你听，希望你快乐，这是爱的表示，是生活的战火中的温存。当你做着不切实际的梦，竖着耳朵听故事时，讲故事的人会和书融为一体，只剩下一个声音。既然朗读者会为你调整语调，会看着你，冲你微笑，陪你沉默，那么这个故事当然是你的，谁也夺不走。你永远不会忘记是谁在夜晚给你讲了个好故事。

女人和少年每次偷情时都会听他为她读书。我很乐意去遐想本哈德·施林克《朗读者》中描绘的这些场景。一切要从《奥德赛》讲起，少年在中学希腊语课上翻译《奥德赛》。读给我听听，她说，小伙子，你的声音很美。他想吻她，她把脸别过去：你得先读点书给我听。从那天起，他们见面时总会读书。在洗澡、做爱、休息之前，在充满欲望的温存中，读半小时书。他一点点地读，那个女人——汉娜，认真地听，她有时开心地笑，有时轻蔑地哼哼，有时生气地叫喊。读了好几个月，读了好几本书——席勒、歌德、托尔斯泰、狄更斯，声音不自信的少年学会了讲故事的技巧。夏天到了，白天变长了，他们花更多的时间读书。一个酷夏的午后，他们刚读完一本，汉娜不想再读下一本。那是他们最后一次见面。几天后，少年如约而至，按门铃后发现已经人去楼空。她不辞而别了。书读完了，他们的故事也结束了。后来许多年，他每次看到书，就会想到跟汉娜分享。

后来，他在德国大学念法律专业，偶然发现了旧情人不可告人的过去：她曾经是纳粹集中营里的女看守。她在集中营里也让女犯人一晚接一晚地读书给她听，直到把她们送上火车，前往奥斯威辛集中营，走向确定无疑的死亡。透过某些迹象，关联种种细节，他明白了汉娜是个文盲。他重建起她的故事：一个从农村移民到城市的年轻女孩，没有受过教育，常常打些零工，能在克拉科夫附近的女子集中营当个小领导，她还挺陶醉的。这些就能解释汉娜性格中强硬、有时近乎残忍的一面，还有她的沉默，她莫名其妙的反应，她对高声朗读的渴望，她的边缘化、努力隐藏、离群索居的行为，这些全都解释得通了。年轻学生的爱情回忆里掺入了一丝恐怖，但他决定将《奥德赛》录成磁带，想办法把它寄到监狱里，以缓解她的孤独。在汉娜漫长的刑期内，他一直不停地给她寄契诃夫、卡夫卡、马克斯·弗里施[1]、冯塔纳[2]的作品录音。两个人被困在罪恶、恐惧、回忆、爱情的迷宫中，用高声朗读的古老方式保护自己。一起朗读的那些年，就像一千零一夜故

1. Max Frisch（1911—1991），瑞士德语小说家、剧作家，作品大多反映人对自身同一性的寻求、人在社会中的异化等，代表作有《施蒂勒》《比得曼和纵火犯》等。
2. Theodor Fontane（1819—1898），德国小说家、诗人，德国现实主义文学的代表人物之一，代表作有《艾菲·布里斯特》《沙赫·封·武特诺夫》等。

事的再生：山鲁佐德给苏丹国王讲故事，来稳住他那颗要杀人的心。欧洲的伤口尚未愈合，作为第二次世界大战这一灾难的幸存者，主人公和汉娜回到古老的故事中，寻求宽恕、治愈与平静。

十 字母表的温和革命

我们这些 21 世纪的公民会想当然地认为，所有人都会从小学习读书、写字，知识是谁都能获取的。我们根本无法想象会有像汉娜那样的文盲存在。

可是文盲真的存在（根据西班牙国家统计局的数据，2016 年全国文盲总数高达六十七万）。我就认识一个，且亲眼看到她无法应付日常状况，比如在街上辨认方位，在地铁站里找到正确的站台，看懂电费账单——尽管我很怀疑，电费费率那玩意即使认得字估计也看不懂，投票时认准支持者，以及在餐厅点餐。面对世界，她无法像其他人那样游刃有余，只有熟悉的地方和重复的日常活动才能让她不那么焦虑。她费尽心思掩饰自己的文盲身份："我的眼镜忘在家了，您能帮我念念这个吗？"总要假装自己不是文盲，最后妨碍了她与他人的正常相处，让她被边缘化。我记得她所有的无助，她准备的一整套小谎话，就为了在必要时请陌生人帮忙，让自己不至于太丢人。她成了永远的少数派。电影人克劳德·夏布洛尔[1]在《冷酷祭典》中捕捉到了这种无声驱逐令人不安的黑暗面，展现了女主人公——很讽刺的是，她居然叫索菲[2]——被压抑的暴力倾向。这部电影是根据露比·伦德尔[3]的黑色小说《女管家的心事》改编的，其中描写了一位不识字的女人保守秘密的绝望执念最终以血腥收场。

今天我们能读到的东西比以往任何时候都要多。周围尽是海报、标志、广告、屏幕和文件，街上到处都是字，从墙上的涂鸦到霓虹灯广告牌。文字闪现在手机和电脑屏幕上，不同格式的文本就像安安静静的宠物，与我们共处一室。从来没有过这么多文字。每天，文字持续不断地涌入我们的生活，还有各种提醒宣告它们的到来。工作日也好，休息日也罢，每个人都要在不同的键盘上捣鼓好几个小时。当我们在服务窗口被要求填表时，从来没有人会礼貌地问一句：您识不识字？如果我们不能快速地写字，哪怕在更平常的情况下也会被排斥。

安娜·马利亚·莫伊克斯[4]曾经告诉我，20 世纪 70 年代的一个中午，创造拉丁美洲文学爆炸[5]奇迹的那帮作家约好一块吃饭，

---

1. Claude Chabrol（1930—2010），法国导演、编剧、制片人，电影代表作为《漂亮的赛尔日》《表兄弟》等。《冷酷祭典》是他 1995 年的作品，女主人公保姆索菲的秘密就是不识字。

2. 索菲的名字源于希腊语，意为"智慧"。

3. Ruth Rendell（1930—2015），笔名为芭芭拉·薇安，英国黑色小说作家，擅长创作犯罪心理小说，曾四次获得金匕首奖。

4. Ana María Moix（1947—2014），西班牙诗人、小说家、翻译家、编辑，她的哥哥特伦西·莫伊克斯（Terenci Moix）也是著名作家。

5. 指 20 世纪 60 年代到 70 年代，拉丁美洲涌现出一大批优秀的文学作品，以加西亚·马尔克斯的《百年孤独》、胡里奥·科塔萨尔的《踢石游戏》、巴尔加斯·略萨的《城市与狗》、卡洛斯·富恩特斯的《阿尔特米奥·克鲁斯之死》等作家的作品为代表，轰动世界文坛，产生了重大、持久的影响。

有巴尔加斯·略萨、加夫列尔·加西亚·马尔克斯、布莱斯·埃切尼克、何塞·多诺索、豪尔赫·爱德华兹……他们走进巴塞罗那的一家餐厅。在那里，他们要自己把菜名写下来，交给服务生。可是他们只顾喝酒、聊天，压根没人去看菜单，也没注意好几个服务生靠近询问。最后，他们聊得太起劲，对吃却兴致缺缺，领班都被惹恼了。他走过去，没认出他们，便气呼呼地问："坐了一桌人，没人会写字？"

今天，我们会默认身边的绝大部分人既识字，也会写字。在这种状况形成之前，经历了漫长的几千年。跟电脑一样，一开始，文字只是个别专家的自留地。经过接二连三的简化，数以亿计的人可以在日常生活中使用这些工具。回顾历史，文字几千年才走到这一步，电脑几十年就走到了。毕竟变化快不是遥远过去的典型特征。

六千年前，最早的书写符号出现在美索不达米亚，发明的缘由神秘至极，无人知晓。后来，它也独立出现在埃及、印度和中国。根据最新理论，人们发明文字完全出于实用目的：需要列出财产清单。这种假设确认了我们的祖先是先学数学，再学语文的。书写可以解决富裕的地主和宫廷管理者的实际问题——他们要记账，所有账目只能口算实在是太难了。记录传说和故事，那是后来的事。人类重利、重象征性。于是，我们先清点，再虚构；先记账，再写故事。

最开始的笔记是简笔画（一头牛、一棵树、一罐油、一个小人），古代的土地所有者用这些图案去清点名下的牲口、树林、食物和奴隶。起初，他们用很小的章把图案印在泥板上，后来改用羽毛笔画。图案必须简单、一致，方便学习与识别。下一步要画出抽象的想法。在原始的苏美尔泥板上，两根交叉的线条表示"敌意"，两根平行的线条表示"友谊"，一只鸭子加一个鸭蛋表示"生育能力"。我喜欢想象当祖先们发现他们可以第一次画出爱、恨、害怕、沮丧、希望这些想法时的兴奋劲儿。

很快出现了一个问题：从跳蚤到云朵，从牙疼到怕死，人们需要太多图案，才能表达外部世界和内部世界。图案的数量不断增加，根本记不过来。而解决办法是人类最天才的想法之一，简单、新颖、效果奇佳：物品和思想是无限的，还是别画了；语音是有限的，就画它们好了。于是，经过不断的简化，字母出现了。将字母组合起来，人们就能得到最完美、最持久的语言乐谱。但字母永远也甩不掉简笔画的影子，D 原来的意思是"门"，M 是"水流"，N 是"蛇"，O 是"眼睛"。时至今日，文本依然是一幅幅风景画——只是我们并不自知——我们画出海浪，有危险动物窥伺在旁，还有不会眨眼的目光。

最初的文字体系是名副其实的符号迷宫：有混合的具象画（既有象形的也有表意的），有语音符号，还有避免歧义、以示区别的符号。要掌握书写，你需要知道多达一千个符号及其复杂组合。如此繁复、奇妙的知识只掌握在精挑细选的少数人，也就是抄写员手里。他们从事享有特权的秘密职业。学徒们均出身贵族，必须从无情的学习生涯中杀出一条路来。古埃及的一篇文章中写道："男孩的耳朵长在背上。你只有揍他，他才会听见！"抄写员学校奉行棍棒教育，学生经年累月地挨打，背上伤痕累累，性格越发坚韧。偷懒是绝不允许的，对坏学生的惩罚可能是直接坐牢。但是，挨过枯燥、残酷的学徒期，他们就会位于神职人员等级制度的顶端。会写字的老师们属于贵族阶层，权势有时超过不识字的朝臣，甚至超过君主本人。这种教学体系造成的后果是，多少个世纪里，文字只为掌权者发声。

字母表的发明推倒了高墙，打开了大门。现在不只是内行的少数人，更多人都能接触到落在纸面的思想了。孕育出这个革命性想法的是闪米特人，他们从复杂的古埃及文字体系中找到了一种特别简单的方法：只保留代表最简单的辅音的符号，作为构成词的基本元素。最古老的字母表遗迹位于上埃及阿拜多斯和忒拜之间的沙漠里的一面满是涂鸦的石墙上，在恐怖峡谷（Wadi-el-Hol）一条荒无人烟的公路附近。移民们在公元前1850年留下的这些简单铭文，和西奈半岛以及叙利亚－巴勒斯坦迦南地区的古代字母文字有所关联。公元前1250年左右，腓尼基人——住在朱拜勒、提尔、西顿、贝鲁特和亚实基伦等沿海城市的迦南人——总结出由二十二个符号组成的字母表。过去那种累死人，要记一大堆符号，只有聪明人经过长期专业的训练才能掌握的文字遭到摒弃。只用不到三十个字母便能写出一门语言里的所有单词，习惯日常使用几百个符号的古埃及抄写员恐怕会觉得这方法过于简陋。看到平淡无奇的字母E，他恐怕会扬起眉毛、皱起鼻子。E源于美丽的古埃及象形文字，形状是一个人举起双臂[1]，意思也很有诗意，指

---

1. 后来，古希腊人为了方便从左向右书写将其翻转了九十度。

"你的出现让人快乐"。但是，对精明的腓尼基航海者来说，问题的性质完全不同。有了简化后的字母文字，商人不再需要抄写员，他们可以自己记账，打理生意了。

字母表的发明不仅影响到商人，也影响到许多行政和宗教体制之外的人。这些正统体制捍卫者之外的人第一次接触到文字记录下来的传统故事。远离吟游诗人的魅力让他们得以提出质疑，批评精神和笔头文学应运而生。有人敢于将情感、怀疑、人生观写下，渐渐地，书籍开始成为个人表达的载体。在以色列，《圣经》里不止有抄写员和祭司的声音，也出现了富有斗争精神的先知的声音。在古希腊，非贵族出身的人好奇地去寻找解释周围世界的答案。尽管叛逆者和革命者跟过去一样没有好下场，但其理想毕竟有了新的存在和传播的可能。有了字母表，某些失败的事业随着时间的流逝又获得了成功。尽管大部分文字依然在支持君主和领主政权，但其他声音毕竟因此有了存在的缝隙。传统失去了不可撼动的稳定性，新思潮开始撼动老朽的社会结构。

公元前 1000 年左右，我们在比布鲁斯国王阿西拉姆石棺上刻的一首诗里找到了腓尼基文字。比布鲁斯（Biblos）是一座以出口莎草纸闻名的城市，现名朱拜勒，希腊语中的"书（biliíon）"一词便得名于此。后世所有的字母文字都是在腓尼基人的字母文字体系之上发展出来的。最重要的一支是阿拉姆语，后来衍生出希伯来语、阿拉伯语和印地语；另一支是希腊语及后来的拉丁语，它们扎根在从斯堪的纳维亚到地中海，以及被西方人殖民的广阔土地上。

古希腊人是自愿采用腓尼基文字的，并非出于强迫。他们将字母表拿来，根据需要慢慢地做了些改动，一点点地将最心爱的口述传统故事誊写下来，免得记性不靠谱，把它们遗忘了。无论在口传时代，还是在字母时代，古希腊人都是自己做主的，这是个特例。许多口头文化都在激烈的冲撞后宣告消亡，它们被围困，或是人们被迫使用别国的语言和文字。人类学家和民族学家可以在殖民地国家找到鲜活的例子，侵略造成伤害，同时字母表被暴力的余波硬塞进来。

尼日利亚作家钦努阿·阿契贝[1]的小说《再也不得安宁》思考了对入侵者文字又爱又恨的矛盾心理。西方人登陆后，土生土长的千年文明眼看就要被毁灭。主人公欣喜地发现了文字，同时痛苦地预见到，殖民者手中这件神奇的工具会夺走他们自己的过去。外来文明有魔力，会长久延续，土著文明却会土崩瓦解。"白人权力的象征在于书写文字。在去英国前，奥比曾听一位文盲亲戚深情地谈到书写文字的奥秘：过去，我们的女人用乌利树汁在身上画黑色的图案。这的确漂亮，但很快就会褪色。能保持两个集市周的时间就算是长的。但我们的祖先曾提过永不褪色的乌利，虽然从来没有人见过。现在，我们在白人的文字上看到了。你到地方法院去看记录员在二十年前或更早时候写过的工作簿，那些字

---

1. Chinua Achebe（1930—2013），尼日利亚小说家、诗人、文学批评家，被誉为"现代非洲文学之父"，代表作《瓦解》被广为阅读。

就跟当初写时一样，不会今天这样明天又变成那样，或者今年是这样明年又变了。今天在工作簿里写下的奥克耶，明天不会变成奥贡喀沃。圣经里的彼拉多说：'写下的就是写下的。'那就是永不褪色的乌利。"

我们不知道他的名字，不知道他出生在何处，寿命几何。我用的是"他"，因为我想象他是一名男性。那个时代的古希腊女性没有行动自由，社会不允许她们独立以及提出这样的倡议。

他生活在公元前 8 世纪，距今二十九个世纪前。他改变了我的世界。在写下这几行文字时，我衷心感谢这位被遗忘的陌生人。他用聪明才智做出了伟大的突破。也许，他并没有意识到他做的事有多么重要。在我的想象中，他是一位旅行家，也许是个岛民。他的朋友中肯定有古铜色脸庞的腓尼基海运商人。夜晚他肯定在码头酒肆跟他们喝过酒，一边闻着空气中弥漫的硝石味，和桌上一小盘墨鱼升腾的香味，一边听他们讲海上发生的事：船行驶在风暴中、海浪像山一样高、各种海难、奇怪的海岸、夜间神秘女人的声音。最让他着迷的是：这群其貌不扬、并无伟大建树的普通商人怎么个个都写字写得那么快？

古希腊人早在克里特文明的鼎盛时期和迈锡尼文明时期就掌握了文字，但那一堆神秘的符号只是宫廷里用来记账的。它们的音节体系十分复杂，用途十分有限，专属于精英阶层。长期的侵略和掠夺，加上近几个世纪的贫困，使得那套迷宫般的符号系统几乎已经被遗忘。对他而言，书写文字是权力的象征。腓尼基海员的运笔如飞让他大开眼界。他感觉目眩神迷。他要把他们的绝技学到手。他决定解开书写文字之谜。

也许他自掏腰包，找了一个或若干个合法的线人。接头地点也许在岛上（最理想的有金岛、米洛斯岛和塞浦路斯岛），也许在黎巴嫩海岸（如埃尔米纳港，优卑亚岛的商人经常在此跟腓尼基人做买卖）。这些临时教师教会他神奇的方法，只需用二十二个简单的图案，就能捕捉到无尽的词语留下的足迹。他觉得这是一个很有胆识的创造，同时也注意到腓尼基文字包含谜语，他们只会写下每个音节的辅音部分，元音部分则让读者自己去猜。腓尼基文字牺牲了精确性去追求便捷。

他拿腓尼基文字做模板，为母语希腊语创造出历史上第一个不会产生歧义的字母表，精确性堪比乐谱。首先，他选用了腓尼基文字中的约十五个辅音，顺序相同，名字类似（aleph，bet，gimel 变成了 alpha，beta，gamma）；然后，他找出语言中无用的字母，即所谓的弱辅音，再用符号表示必需的至少五个元音。他只是在原字母表的基础上做了优化，这个部分是他的创新。这项贡献十分巨大。之后，优化版字母表——拥有腓尼基文字的全部优点加上他的改进——流传到了欧洲各地，阅读不再需要靠猜，因此变得更加容易了。试想一下，如果这个句子没有元音（Imaginemos cómo sería leer esta frase sin vocales），它就会变成：mgnms cm sr lr st frs sn vcls。要从辅音 D，想到 idea，又或者单从辅音 R 想到 aéreo，该有多困难？

我们对这位陌生人一无所知，只有他留下的这件无与伦比的语言工具——字母表。他的身份已被时间的海浪冲走，但毫无疑问他存在过。专家们认为：希腊字母表的发明不是因为是集体成果，所以隐去个人的姓名。它就是个人行为。这个人既聪明，又有心，听力超群，能分辨出构成词汇的基本元素：元音和辅音。这是在特定时间、特定地点发生的特定事件。在希腊文字史上，没有迹象表明，字母表曾经从不完美逐渐过渡到完美；也没有任何中间形态的痕迹，实验、犹豫、倒退什么的，通通都没有。曾经有个人——身份永远不得而知——一位无名学者，住在海边，有外国海员朋友，常去酒肆喝到天明。是他勇敢地将所有字母定型，打造出未来的文字。事实上，我们还在继续用他创造出来的神奇工具书写。

字母表的出现导致文字易手。在迈锡尼文明时期，少数专家和抄写员在泥板上记录宫廷账目，当年留下的唯一书写痕迹便是这些枯燥无味的财产清单。然而，在公元前 8 世纪的古希腊，新发明带来了不同的风景。已知最早的字母文字出现在陶瓶上或石头上。陶器工匠和石匠刻下的文字不再跟奴隶、青铜器、武器、马匹、油或牲口等财产和商品交易有关，而是记录了普通人参加宴会、跳舞、喝酒、庆祝等生活中的特殊时刻。

有二十多块公元前 750 年到公元前 650 年的铭文流传至今，最古老的是从雅典古墓中出土的迪皮隆陶瓶。尽管句子并不完整，但刻于其上的这些最久远的字母文字是一首令人浮想联翩的性感诗句："舞技最高超者……"寥寥数语，便让我们置身于古希腊人家正在举办的宴会上，那里有笑声，有游戏，有美酒，还为来宾组织了舞蹈比赛，奖品便是这只陶瓶。荷马在《奥德赛》中描绘过这种比赛，它常见于宴会，对古希腊人来说，也是美好生活的一部分。从铭文上看，这种舞蹈带有杂技成分，既动感，又性感。因此，我们可以想象，获胜者应该非常年轻，能够使出浑身力气，去做舞蹈需要的跳跃和翻滚动作。那是幸福的一天，他倍感自豪，一直保留着奖品，并在多年以后，命人将奖品与他合葬。在他的墓里静静地躺了二十七个世纪后，陶瓶才被我们发现。从刻在瓶子上的这句诗里，人们能看见优美的舞步，听见舞曲的回响。

第二古老的铭文时间约在公元前 720 年，也是从古墓中出土的，发掘于古希腊王国最西边的伊斯基亚岛，上面写着："我是涅斯托耳那只让人愉快的金杯[1]。用我来饮酒的人，将会被至美的阿芙洛狄忒诱惑。"铭文用六韵步诗写成，致敬《伊利亚特》。涅斯托耳之杯表明，哪怕在偏远的小岛上，在商人和航海家的世界里，荷马的作品也一样为人所熟知。我们还能看到，文字的魔力让酒盅或陶瓶这样简单的日用品变成了价值连城的财产，随主人下葬。新时代正在开启，字母表将文字从宫廷仓库闭塞的环境中解放出来，让它舞蹈、饮酒、享乐。

1. 出自《伊利亚特》。涅斯托耳是皮罗斯王，英勇善战，善于辞令。他有一只著名的饮酒的杯子。酒盅有四个把手，每个把手上有一对金鸽啄食，下面是双层底座。金杯里装满酒时其他人很难拿动，老英雄涅斯托耳却能毫不费力地将它举起。

十一　走出迷雾的声音，摇摆不定的时期

　　在文字牙牙学语的童年时代，讲故事的声音从佚名的迷雾中走了出来。作者希望被记住，用故事的力量战胜死亡。我们知道他们是谁，他们把名字告诉了我们，希望自己不被遗忘。有时，他们甚至会从故事的后台走出来，用第一人称说话。这是《伊利亚特》和《奥德赛》中隐形的叙述者从不敢做的事。

　　我们在读赫西奥德时会感受到这种变化。他的主要作品创作于世纪之交，即公元前 700 年左右。他的六韵步诗保留了口头文学的味道，但添加了一剂新的调味料，是我们今天所说的自传体文学的萌芽。赫西奥德既是作者、叙述者，又是作品中的人物，他直白且毫无顾忌地详细讲述起自己的家庭、个人经历和生活方式。也许可以这么说，他是欧洲第一人，是安妮·埃尔诺[1]或埃马

---

1. Annie Ernaux（1940—），当代法国文坛最有影响的女作家之一，代表作为自传体小说《位置》和《一个女人》。

努埃莱·卡雷尔[1]遥远的文学祖先。他说，父亲从小亚细亚移民到比奥西亚，"显然不是为了逃避富足、幸福和财富，而是为了逃避匮乏"。他向来喜欢辛辣的讽刺，将全家居住的名为阿斯克拉的破村子形容为"穷得要命，冬天冻死，夏天热坏，什么时候都不好过"。

赫西奥德告诉了我们他是如何萌生诗人志向的。年少时，他做过牧羊人，每天独自生活在山上，跟父亲的羊群在一起席地而眠。游荡在夏季牧场上，他想象出由诗歌、音乐和文字构成的世界，一个既神圣又危险的内心世界。一天，他在赫利孔山的山脚下放羊，突然上天显灵，九个缪斯出现了，教给他一首诗，赋予他才能，还将一支月桂交到他手中，对他说了一句令人不安的话："我们知道如何去说看上去像真话的谎话。要是乐意，我们会说真话。"这是对虚构文学——真诚的谎言——最古老的思考之一，或许就是他的自白。我乐意去遐想赫西奥德小时候，周围一片宁静，羊儿咩咩叫，还有羊粪，就像许多个世纪后的米格尔·埃尔南德斯[2]表达他对文字的执念一样。文字让他又爱又怕，因为文字具有的威力，也因为文字被误用的后果。

在《工作与时日》中，这位牧羊人诗人说的不是历史上的丰功伟绩，而是现实的个体遭遇。他描写的是另类的英雄主义：如何在艰难的条件下求存。他用庄严的荷马式六韵步诗去描写播种与修枝、阉猪与鹤鸣、谷穗与圣栎树、脏兮兮的土地、为农民妇女温

---

1. Emmanuel Carrère（1957—），法国当代著名作家、编剧、导演，代表作有非虚构作品《对面的撒旦》《恶魔》等。
2. Miguel Hernández（1910—1942），西班牙著名诗人、剧作家，靠自学成才，后积极参加西班牙内战，内战结束后被捕入狱，死于狱中，代表作为《人民的风》等。

暖寒夜的葡萄酒。他记录了神话、动物寓言，以及不为人知的反映乡土智慧的格言。他痛斥弟弟珀耳塞斯——他们在财产问题上有争执。他不怕家丑外扬，直言财产分配导致家人明争暗斗；他不在乎自己显得贪财，正相反，他为知晓土地值多少钱而自豪。他告诉我们，那个不要脸的懒鬼弟弟不仅跟他打官司，还坏事做绝，想去贿赂法官。接下来，他揭发手上有点小权的人都掉到钱眼里去了，法院里净玩花样。他用词十分精妙刻薄，比如"吞火腿的法官们"。他像先知一般气愤不已，沉下脸来威胁那些欺贫爱富、中饱私囊的官员，说他们会受到神的惩罚。他不再讴歌贵族们的理想，继承的是丑八怪特尔西特斯的衣钵。在《伊利亚特》中，特尔西特斯斥责阿伽门农国王，说他只为个人利益，让所有人拼命打仗。

跟他同时代的许多希腊人都希望生活能建立在更公平的基础上，社会财富能更公平地分配。《工作与时日》告诉他们耐心与勤奋工作的价值，让人们尊重他人，也道出对正义的渴望。字母文字时代让赫西奥德辛辣的抗议声得以保留下来。尽管——也许是幸亏——他辱骂了国王，这本诗集却变成了经典，后来还成为课本。阿提卡西北的穷村子阿斯克拉有一小块卷入诉讼的田产，那里是社会题材诗歌的源头。

艾里克·A.哈弗洛克认为，起初，字母文字是闯入者，没有社会地位。社会精英仍在朗诵和表演；文字推广的速度非常慢，温和渐进。一开始的多少个世纪里，故事是在大脑这张白纸上成型的，再通过大声讲述流传开。因此，从某种意义上讲，编故事还是为了口头讲述。书的文字版本的存在只是作为保险，避免遗忘。最古老的文本充当语言的乐谱，只有专家（作者和讲述者）才会去看和使用。对大众而言，文字的音乐要用耳朵去听，不是用眼睛去看。

大约在公元前6世纪，散文诞生了，随之诞生的还有真正意义上的作家。他们不再用神秘的脑回路组织文章，而是坐下来，将文字写在泥板上或莎草纸上，要么自己写，要么口授，让秘书写。即便做了抄本，册数也不会多，基本不流通。因此，远古时代没有留下图书产业或贸易的痕迹。

然而，在与字母文字接触的过程中，口语本身发生了变化。一旦被写下来，文字的顺序就会固定下来，如同五线谱上的音符一样。于是句子的旋律永远不变；张口就来、灵活应对、自由表达，这些通通都没有了。在古老的迈锡尼文明时期，吟游诗人惯于一边弹奏乐器，一边吟唱英雄传说，兴致来了常常还会即兴发挥。但是在书本出现后，他们被吟诵者取代。这些人只要记住永远不变的文本，也不用伴奏，拿手杖敲个节拍，背出来就好。

在苏格拉底的时代，书写文字尚不是日常工具，而且仍在引发质疑。它被视为口语的代用品，"插翅语言"才是轻盈、神圣的东西。尽管公元前5世纪的雅典已经有了新生的图书贸易，但直到一个世纪后的亚里士多德时代，读书的习惯才不会让人觉得奇怪。苏格拉底认为书是记忆和知识的辅助工具，但真正的学者不会信任它。这个问题激发柏拉图写出了对话录《斐德罗篇》，该对话发生在伊利索斯河畔一棵枝繁叶茂的梧桐树下，离雅典城墙只有几步之遥。午觉时分，天气酷热难耐，蝉鸣声不绝于耳，一场关于美的对话就此诞生，随后话题神秘地转到了书写文字的好坏难辨上。

许多个世纪前，苏格拉底对斐德罗说，埃及的古神塞乌斯——就是骰子、跳棋、算术、几何、天文和书写的发明者——去觐见埃及国王，把各种发明拿给他看，建议他把它们传给他的臣民。我将苏格拉底的话翻译如下——"于是，萨姆斯国王问：书写有什么用？塞乌斯回答：哦，大王，这项技艺可以使埃及人更加聪明，能够改善他们的记忆力，使他们博闻强记。萨姆斯道，哦，塞乌斯，现在你是书写之父，由于溺爱儿子的缘故，你把它的功用完全弄反了。如果有人学了这种技艺，就会在他们的灵魂中播下遗忘，因为这样一来他们就会依赖写下来的东西，不再去努力练习记忆，因为他们相信书写，借助外在的符号来回想，要知道这些符号是属于其他人的，而记忆才是从内心来的，完全属于他们自己。所以，你给你的学生们提供的东西好像是智慧，但不是真正的智慧。他们会想象自己懂得很多，实际上一无所知。再要和这些人打交道是困难的，因为他们只是显得有智慧，而不是真正有智慧。"

斐德罗听完这个具有异国风情的埃及神话，说他同意老师的观点。苏格拉底谦卑的追随者们总是这样，从不敢反驳他。在柏拉图的对话录中，弟子们确实在不停地说诸如"你说得很对，苏格拉底""我同意，苏格拉底""我觉得你又说对了，苏格拉底"之类的话。尽管对话者已经认输，哲学家还是给出了最后一击："书面文字也一样。你可以认为它们会说话，好像有智慧，但若你向它们提问，想要学习更多的东西，那么它们只能用老一套来回答你。书本无力为自己辩护。"

苏格拉底担心有了文字，人们会放弃思考的努力。他担心有了文字，知识就会被交托给它，人们会认为反正知识唾手可得，便不再费神彻底搞懂它们。于是智慧不再属于我们自己，它们没有融入血液，留下难以磨灭的印象，而只是外部的附属物。其言辞之犀利，到今天仍让我们震动。如今，我们正处于另一个转变时期，其激烈程度堪比古希腊人接受字母表。因特网正在改变我们使用记忆的方式以及知识的机制。2011 年，社会心理学先驱丹尼尔·韦格纳（D. M. Wegner）做了个实验，测试志愿者们的记忆力。只有一半人知道需要记住的信息被存储在计算机里，这些人很放松，没有好好去记。科学家们把这种记忆松弛的现象称为"谷歌效应"。我们更记得信息被存储在哪儿，而不记得信息本身。显然，我们可以获得的知识前所未有的多，但几乎所有知识都被存储在脑子之外的其他地方。这样就引发了一个令人不安的问题：在海量信息之下，智慧在哪儿？我们懒惰的记忆力是不是变成了查找信息的地址簿，而丝毫没有记住信息本身？是不是本质上，我们比远古口传时代好记性的祖先更无知？

这件事最大的讽刺之处在于，柏拉图是在书里提到他的老师苏格拉底对书的不屑的，借由书写，苏格拉底对书面文字的批评才得以被保存下来，让我们这些未来的读者看到。

超越特定限制，我们拓展记忆的唯一可能是靠技术。这种变化既危险又迷人。人脑和因特网的界线越来越模糊，以至于我们产生了这样的印象：能用谷歌搜到的，就是我们知道的。只要一群人聚在一起，总有人用智能手机去确认与谈话内容相关的信息，如水鸟般钻进屏幕，快速搜索后，他们"衔着鱼浮出水面"，告诉大家那个演员的名字，或哪些天是逮香蕉鱼[1]的最佳日子。

韦格纳从 20 世纪 80 年代起做了一些实验。他认为，如果能记住重要信息存储在哪里，哪怕没有记住信息本身，我们也是在拓展思维的疆土。这是他交互记忆理论的基础。他认为，没有人能记住全部，我们将信息存储在别人（可以去请教的人）的脑子里、书本里和庞大的互联网记忆里。

字母表是一项比因特网更具革命性的技术，它第一次构建了共同记忆。记忆之网撒开后能覆盖所有人。没有任何一个人的脑子里能装下全部知识或全部文学作品。但是有了书，每个人都能找到通往所有知识和所有现存故事的大门。正如苏格拉底预言的那样，我们变成了一群自命不凡的无知者；又或者，正因为有了文字，我们成了有史以来最大、最聪明的脑袋的一部分。博尔赫斯的想法属于第二种，他写道："在人类所有的工具当中，最令人叹为观止的无疑是书，其他工具都是身体的延伸：显微镜、望远镜是视力的延伸；电话是声音的延伸；犁和剑是手臂的延伸。但书完全不同，它是记忆力与想象力的延伸。"

※

那个阳光耀眼的中午，在雅典城外，苏格拉底告诉斐德罗：

---

1. 美国作家塞林格的短篇小说《抓香蕉鱼的最佳日子》中的虚拟生物。

只有口述才有生命，书面文字是没有生命的幽灵符号，是口述的私生子。

二十三个世纪后，诗人弗里德里希·荷尔德林[1]出生。他想穿过时间隧道，回到遥远的那一天，来到那片宁静的草地，"在梧桐树的树荫下，伊利索斯河从两岸鲜花中流过，苏格拉底正在征服心灵，阿斯帕西娅在爱神木之间散步，蝉鸣聒噪，我的柏拉图正在打造天堂"。

常会发生这样的事：生活其中的人眼中的没落时代，却是另一些人缅怀的世界。荷尔德林认为自己是古代雅典人，却被错置于冷淡的德国。他真正的祖国是被苏格拉底嫌弃的黄金世纪。那时，苏格拉底指责文字的出现让真正的智慧荡然无存。

这位德国诗人还不到三十岁就开始饱受精神疾病之苦。据说他会暴怒、激动、焦虑，喋喋不休地讲个不停，完全无法控制。医生说他治不好了，家人就把他送进了精神病院。1807 年夏天，他的热情读者，一位名叫厄内斯特·齐默尔（Ernst Zimmer）的木匠来精神病院看他。由于喜欢荷尔德林的《许佩里昂》，木匠决定把他带回内卡河附近自己家中照顾。就这样，木匠读者及其家人一直照顾荷尔德林，直到他 1843 年去世。

齐默尔在几乎不认识荷尔德林的情况下，只因为喜欢他写的小说，便决定在他失智时收留他、供养他、照顾他。在近四十年的时间里，书中无声的文字成为两位陌生人之间最牢固的纽带。

---

1. Friedrich Hölderlin（1770—1843），德国诗人，诗作《自由颂歌》《人类颂歌》表现了古典主义和浪漫主义精神。《许佩里昂》是他创作的一部小说。

也许，书面文字只是没有生命的幽灵符号，是口述话语的私生子，但是，作为读者，我们会赋予其生命。如果可以，我很乐意将这个故事告诉牢骚满腹的老苏格拉底。

华氏 451 度是书会着火燃烧的温度，雷·布雷德伯利[1]将其选中，作为自己未来主义幻想小说的书名——或许，并没有那么"未来"。

故事发生在某国禁止读书的黑暗时代，消防员们已经不再忙着灭火，而是负责去烧不听话的市民私藏在家里的书。政府下令所有人必须快乐。书里充满有害的想法，独自读书还容易忧郁。作家散布邪恶思想，国民应当被保护起来，免受荼毒。

被追捕的异议分子躲到城市周边的森林里、马路边、被污染的河岸上、废弃的铁轨边，他们扮成流浪汉的模样，在星光下不停地赶路。他们背书，将整本整本的书装进脑袋里，谁也看不见，谁也猜不到它们的存在。"起初并没有经过计划。每个人都有一本自己想要记住的书，而且也确实记住了。然后，二十多来年里，我们在旅途中相互碰面，于是就建立了这个组织，制订出一个计划。我们把背下来的书讲给我们的孩子，然后让我们的孩子去等待另一代人。等战争结束了，某一年的某一天，他们又可以把书重新写下来。人们会被召集起来，一个接一个地背出自己知道的

---

1. Ray Bradbury（1920—2012），美国科幻小说作家，代表作为《华氏 451》《火星编年史》。

那部分，我们会把它印出来。倘若遇上另一个黑暗时代，我们也许就得把这件该死的事情重新再做一遍。"他们目睹心爱的书被烧毁，只好踏上漫漫逃亡路。他们始终担惊受怕，唯一笃定的便是冷静眼神后装在脑袋里的书。

小说看似反乌托邦寓言，其实不然。类似的事情真的发生过。公元前213年，当一群古希腊人想在亚历山大港收集全世界所有的书时，中国的秦始皇下令将王国之内的所有书，除农业、医药及卜筮类，尽数焚毁。他想让历史从他开始，想抹掉过去，因为反对者们总是对过去的皇帝念念不忘。据史料记载，计划被无情地完成了。（"以古非今者，族。令下三十日不烧，黥为城旦。"）秦始皇恨书，于是千万卷书被焚，包括所有儒家典籍。皇帝的爪牙们挨家挨户地搜，将抢走的书扔进火堆里烧。四百多位文人因抗命惨遭活埋。

公元前191年，新王朝建立，那些被焚毁的书，许多都被重写下来。读书人冒着掉脑袋的危险，将整本整本的书悄悄装进脑袋里，对抗战争、追捕和负责烧书的人。

无独有偶，亚历山大占领珀赛玻里斯后，放火烧城，一把火烧掉了拜火教圣典《阿维斯陀》的所有抄本。信徒们之所以能把圣典重写下来，也是因为他们一字一句全都记得。在布雷德伯利创作反乌托邦小说的同时，苏联正处于斯大林铁腕统治时期，安娜·阿赫玛托娃正在创作令人心碎的长诗《安魂曲》。她一点点地写，她的十一位朋友一点点地背，这样万一安娜遭遇不测，还能帮她把作品留下。其实，书写与记忆并不矛盾，在历史上，两者互相救助：文字保住了过去，记忆则保住了遭受迫害的书。

在古代，当口头文化的光芒仍在闪耀，或书不多，可以一读再读时，背下整本书并不足为奇。我们知道，吟诵者可以分好几场背完一万五千行的《伊利亚特》和一万两千行的《奥德赛》，普通人也可以一字不落地背出长篇文学作品。希波的奥古斯丁在一本书里回忆同学辛普里丘，说他能背出西塞罗的所有演讲和维吉尔[1]的所有诗——多达成千上万首——而且是从后往前，倒背如流。读书时，他把打动自己的句子刻在"记忆蜡板"上，随时记忆和背诵，就像在翻读书页一样。公元2世纪的一位名叫安提鲁斯的古罗马医生更夸张，他号称背书有益健康。对此他有一套古怪又有趣的理论。他说，从未努力记住一篇文章、若干首诗、一篇对话的人很难从体内清除某些有害物质。相反，能背诵大段文章的人可以轻而易举地通过呼吸排出有害物质。

也许我们无意之间，也像布雷德伯利的逃犯、秦始皇时代的中国文人、拜火教的信徒或安娜·阿赫玛托娃的朋友一样，将在意的某些文字记在了脑袋里，使它们幸免于难。"我是柏拉图的《理想国》。"《华氏451》里的一个角色说。"我是马可·奥勒留[2]。""梭罗《瓦尔登湖》的第一章住在格林河，第二章在缅因州的柳树农庄。""马里兰有一个小镇，镇上只有二十七个人，战火永远不会烧到这儿，贝特朗·罗素的所有论述就在那儿，这么少的人，可见每个人均摊了很多页数。"有一位衣衫褴褛的反叛者，

---

1. Virgil（前70—前19），古罗马诗人，代表作有《牧歌集》《农事诗集》《埃涅阿斯纪》。作品对欧洲文艺复兴和古典主义时期的文学影响较大。
2. Marcus Aurelius（121—180），古罗马帝国皇帝，161至180年间在位，有哲学家皇帝的美誉，著有《沉思录》。

头发脏兮兮的，指甲里黑乎乎的，开玩笑地说："不要从封面来判断一本书。"

从某种意义上讲，所有读者的心里都藏着一座私人的秘密图书馆，里面的那些文字曾在我们的生命里留下印记。

十二　学认字

　　书需要培养自己的读者，在这个过程中，它也改变了古希腊人的生活方式。

　　书面文字开始在战士的世界生根。过去只有贵族子弟能接受军事、体育、音乐方面的教育：小时候由家庭教师在家里教；到青少年时期，十三到十八岁的少年开始跟成年情人学习打仗。古希腊的男同性恋关系承担了教育的功能，社会认可成年战士和他们挑中的少年学生——往往系出名门——之间的爱情。古希腊人认为情欲的张力可以提升双方的勇敢：老练的战士希望在心爱的少年面前大展雄风，被爱的少年希望跟选中他的杰出战士一样出色。当女性被放逐到深闺，城邦变成了男性俱乐部，沉迷于战争英雄主义的男人们互相观察，互相模仿，互相爱慕。在战争间歇，他们则将精力投注于举办宴会，组织比赛，外出打猎。他们将骑士的理想施展在血腥的战场上。历史学家修昔底德说，古希腊所有民众都会随身携带武器，因为无论在城里还是在路上，人人都感觉不安全。他还说，是雅典人率先将武器留在家里的，并开始表现得不那么野蛮。

公元前 6 世纪的某个时候，教育的内容不再只是军事和体育。即便如此，他们还是要习武打仗，因为古代城邦和邻近城邦天天打得没完没了，动辄将手中的矛掷向居住在城邦外不远的人。但渐渐地，语文和数学后来居上。只有在斯巴达这样的尚古城邦里还有十三年的强制兵役和军事训练。

这时，意想不到的事发生了，对书面文字的狂热蔓延到了贵族圈外，而贵族们一直认为教育是专属于他们的特权。骄傲的贵族们不得不忍受越来越多的暴发户，这些人吃了熊心豹子胆，妄想让孩子掌握书写的奥秘，愿意出钱让他们去学。于是，学校诞生了。教练或情人那种一对一的授课方式已经无法满足所有人的需要，变得越来越小众，而越来越多的年轻人——没有贵族姓氏的自由人渴望接受教育。在他们强烈要求的压力之下，第一批集体学习的场所出现了。

想知道这个决定性的事件到底是在何年何月发生的，我们要到古老的文献中去找一找线索。在一篇令人不安、感觉非常现代的文章里，我们瞥见了一所最古老的学校的影子。那是一篇罪案报道，发生在遥远的阿斯提帕利亚岛。作家保萨尼亚斯 [1] 在《希腊志》中提到了一起发生在公元前 492 年的大规模杀人案，这一事件震惊了整个佐泽卡尼索斯群岛。公元 2 世纪，这位旅行作家听人说起这个阴森的故事，几百年过去了，它依然活在小岛居民的

---

1. Pausanias，公元 2 世纪的希腊旅行家、地理学家，代表作《希腊志》（10 卷）描写了当时希腊各地的风土人情、古迹景点、史实传说等。

记忆中。这个案子是《科伦拜校园事件》[1] 和《旧约》里参孙 [2] 故事的混合体。保萨尼亚斯写道，一个心怀怨恨、有暴力前科的年轻人闯进了一所学校，杀害了一群儿童以发泄心中的愤恨。"据说，阿斯提帕利亚岛的拳击手克莱门德在一次比赛中打死了对手，来自埃皮达鲁斯城邦的伊科。因克莱门德过于凶残，奥林匹克运动会裁决该场胜利无效。他气疯了，回岛后闯进学校，那里有六十名学生。他两条胳膊一起使劲，推倒了支撑屋顶的柱子。房子轰然一声倒下，压死了所有人。"

除了血腥的结局，这个故事向我们揭示了，早在公元前 5 世纪初，爱琴海一座十三公里宽的小岛上，就已经有了一所学校。这所学校随便一天就有六十名学生在学习。其他证据似乎也能证明故事的真实性。当年，哪怕在遥远的村庄，书面文字也已经深入古希腊人的生活。这些村庄往往只有在遭受自然灾害或爆出令人发指的罪案时，才会从历史的幕后走到台前。

※

妈妈想教我认字，我拒绝了。我怕。学校里有个叫小阿尔瓦罗的孩子，他的爸爸妈妈是老师，所以他在家学会了认字。当其他人还在结结巴巴地念画着音节的大卡片时，他已经可以读得惊

1.《科伦拜校园事件》(*Bowling for Columbine*) 是迈克尔·摩尔自编自导的美国纪录片，2002 年上映，源于美国哥伦比亚中学的校园枪击事件，获得了第 75 届奥斯卡金像奖最佳纪录长片奖。

2. 参孙是《圣经》中的大力士，他曾抱住柱子使房子倒塌，与多名敌人同归于尽。

人地流利和完美，而且如此轻而易举，让人忍无可忍。复仇在课间的操场爆发，其他孩子追着他，叫他"小四眼""小胖墩"，踩他的书包，把他的厚外套挂在他够不到的无花果树上——他身手不够敏捷，爬不上去。小阿尔瓦罗坏了不成文的规矩：他太聪明了。他的爸爸妈妈只好帮他转学。

我得意地想，这种事不会发生在我身上。而且，我一点也不想先人一步。妈妈每天晚上都会给我讲故事。只要我不识字，母女俩夜间小小的舞台剧又不会惹出什么祸来。我真心想学的是写字，但我不知道识字和写字是彼此关联，互相需要的。

一天，我终于用手指握起了一支铅笔。铅笔挺不好拿的，需要训练，让它听话些。我紧紧地攥着它，顶在纸上，不让它逃跑，但它有时候会造反，把"鼻子"（铅笔芯）在作业本上撞成两截，我只好找削笔刀再把它削尖。我能看见自己的样子：跟别的孩子一起围坐在香草色的圆桌旁，身子稍稍前倾，画出棍状、桥状、圆圈状、曲线状的字母笔画。我的舌尖抵住双唇，随着手指在纸上移动，将它念出声来。一排排的 m 和它们的左邻右舍挤在一起；一排排的 b 挺着大肚子；我不喜欢 t 上的横杆（真是麻烦得很）。

过了一段日子，我进步了，可以把字母连在一起写了：m 向 a 伸出一只小尾巴。一开始，看起来一团糟，尽是一堆乱七八糟的笔画。我继续写。我是左撇子，一边往前写，拳头一边跟着蹭，把写的字全蹭花了，留下一道灰色痕迹，手也蹭得黑乎乎的。我继续写，直到一天早上，我无意间破解了写字的奥秘，令我喜出望外。太神奇了，我写出了 Mamá（妈妈）。棍状和圆圈状的笔画在默默欢唱。我用字母做成的网捕捉住了现实，它们不再是一行行的字母，而是妈妈跃然纸上：美妙的声音、栗色的鬈发、炽热的眼神、永远腼腆的微笑——因为她对她的龅牙感到不好意思。我用铅笔呼唤她，她就在那儿。Mamá（妈妈）！这是我刚写下的一个单词，是我看懂的第一个单词。

在所有使用文字的社会里，学习阅读就是入会仪式。孩子明白，识字就意味着离大人更近一步。这是迈向成年激动人心的一步，好比签了盟约，褪去童年的一部分，是非常愉悦和幸福的经验。新能力时时刻刻都在接受考验，谁会不同意全世界都装饰着由字母手牵手连成的彩带，像在开一场盛大的狂欢晚会呢？现在，该上街去解谜了：药—房，面—包—师，出—租。音节如烟花，在口中绽放，迸出火花。在家里，在饭桌上，到处都会蹦出信息，问题像连珠炮：什么叫低热量？天然矿泉水？使用期限？

在中世纪的犹太社会，当孩子开始学习阅读时，会举办一场庄严的启蒙仪式，庆祝他从此刻起成为群体记忆和共同历史的参与者。在五旬节上，老师把即将启蒙的孩子抱在腿上，让他看木板，上面写着希伯来语字母，还有《圣经》里的一段话。老师大声朗读，学生跟着重复。然后，老师把蜜抹在木板上，让孩子去舔，让文字象征性地进入孩子体内。他们也会把字母写在剥了壳的煮鸡蛋上或蛋糕上。文字变成了甜的、咸的、可咀嚼、可食用的东西，成为身体的一部分。

字母表可以解释世界、反映思想，这怎么会不神奇？古希腊人也感受到它的魅力。当时，字母除了应用于书写文字，也用来表示数字和音符。七个元音分别代表七大行星和主宰行星的七大天使。它们常被用于咒语或护身符。

在年代久远的古希腊学校——阴冷的下午，绵绵细雨，雨声单调[1]——孩子们齐唱字母歌："有 α、β、γ 和 δ，还有 ε，还有 ζ……"，然后拼音节：β 加 α，是 ba。老师先把字母写下来，再抓着学生的手，让他在上面描红。孩子们要照着样子写上千遍。他们要抄写或听写一行字的简短格言；跟我们一样，背诗（属于他们的"一边十门炮""葡萄牙人吓一跳"）和一连串奇怪的单词。记得我小时候念过的一串单词是叽喳叫，哇啦喊，吱吱啦啦，之后我再也没遇到过这么多吱吱呀呀的动词。

教学方法是强制性的，让人厌烦：老师或培训师念一遍，学生们跟着念一遍，学习进度很慢（十岁或十二岁的孩子还在学写字并不出奇）。一旦能力够了，他们会开始读书、复述、概括、评论，以及抄写经典文本的精编，基本总是那些，主要是荷马、赫西奥德，以及其他必读作家的作品。古人将孩子看成没有喜好、没有才能的迷你型成人，给他们看的是成人看的书，没有任何类似于现在的儿童文学或青少年文学的作品，没有任何对孩童来说轻松易读的书。那时候童年的说法还没有被发明出来，还没有弗洛伊德来告诉大家早年时期是多么关键。因此那时候对孩子最有益的做法就是把他一头按进成人世界，像洗污垢一样，洗掉他身上童年的痕迹。

字母表也许很神奇，但教学方法往往很残暴。对古希腊儿童来说，体罚是学校生活不可或缺的一部分，埃及或犹太抄写员也

---

1. 西班牙著名诗人安东尼奥·马查多的诗歌《童年的回忆》。

吃过同样的苦头。赫罗达斯[1]在一篇短小的喜剧中写道，塾师在咆哮："硬牛皮呢？牛尾巴呢？在哪儿？我要去揍那些不听话的小子。趁我还没发火，赶紧拿给我。"

---

1. Herodas，生活在公元前3世纪左右，古希腊诗人、拟剧作家，代表作为《媒婆》《塾师》等。

十三　叛逆文字的胜利

在书面文字渐渐流传开来的几百年里，古希腊人继续吟唱诗歌，但方式已经不尽相同。过去诗歌中没人敢说的话，如今有人敢说了。遗憾的是，只有只言片语流传下来。公元前 500 年前的哲学书或诗集没有一部被完整地保存下来，能读到一首完整的诗或对散文作者完整的文本引用，已经是一件很难得的事。然而，这些保留下来的片段威力很大，尽管它们不完整，仍令我们感动不已。

那是抒情诗的黄金时代。比起《伊利亚特》，这些诗篇幅很短，写出来就是被唱的，主题不再回望过去，讲述古代的历史传说。抒情诗写的是新近发生的事，关注的是当下的感受。此刻，此地，我。

文字头一回跟不听话、大不敬、有悖时代的价值观扯上了关系。这股令人惊讶的潮流始于阿尔基罗库斯（Archilochus）。他是雇佣兵、诗人，是希腊贵族和蛮族女奴的私生子。在短暂的一生里（公元前 680 年到公元前 640 年），他什么都只能靠自己，既没钱，又没特权，只好豁出性命替别人打仗。正如他自己所言，每天用矛挣来一点点面包和一点点葡萄酒。他是身处文明与野蛮边界的幸运士兵，知晓战争理想背后的龌龊现实。

荣誉法则规定：战场上，士兵要坚守阵地，不能后退，不能逃跑。在一次对抗色雷斯军队的战役中，阿尔基罗库斯不得不做出选择：是死在又高又重的盾牌后面，还是扔下盾牌赶紧跑路，保住一条小命。古希腊有一句十分恶毒的骂人话，叫"扔下盾牌的人"。斯巴达母亲送孩子上战场前，会嘱咐他们："拿着盾牌回来或被放在盾牌上抬回来"，意思是要么英勇作战，要么马革裹尸还。

阿尔基罗库斯做了怎样的决定？他选择了脚底抹油，还把这种行为写进诗里："我很不情愿地把盾牌扔进了灌木丛，那是一块上好的盾牌，现在它落到了色雷斯士兵的手里。但至少我保住了性命。盾牌对我有什么要紧的？丢了就丢了，我可以买个更好的。"在荷马史诗里，没有哪个战士敢于承认自己做过这样的事，也没有足够的幽默感把它说出来。但阿尔基罗库斯很高兴以反英雄的面目示人，并毫无羞愧地取笑社会规范。他虽勇敢——不然也不会靠打仗养活了自己几十年——但也惜命，"要是最后一口气从齿间吐出，命就找不回来，也买不回来了"。他知道一个及时逃跑的士兵才能留得青山在，才能继续打仗，继续写诗。恰恰因为他大逆不道地说了大实话，我才无法把他想象成懦夫，他只是活得更现实、更刻薄罢了。

他的诗语言朴实，不遮遮掩掩，甚至有点残忍。因为他，扎实的现实主义风格闯入了古希腊抒情诗，为倨傲无礼的新诗打开了大门。他毫不掩饰自己爱报复、爱激动、爱嘲讽的个性，表达性欲时也很直白："但愿我能摸到内奥布拉的手……能扑到她身上，肚子贴肚子，大腿贴大腿。"从流传至今极短的一段话中，我们也能看出他并不忌讳在诗里提到口交："她低下头，像色雷斯人或弗里吉亚人用麦秆吸啤酒那样，忙活起来。"

阿尔基罗库斯跟阿喀琉斯一样，战死在了沙场上。但他明确表示，死后的荣耀只能用来夸口："谁死后都不会被同胞称颂。我们更乐意活着，被活人赞扬。"牛津大学教授理查德·詹金斯认为他是"欧洲第一个讨厌鬼"。我想这个墓志铭一定会让阿尔基罗库斯放声大笑。

十四　第一本书

　　欧洲最古老的书并没有留下考古学上的遗迹。莎草纸是脆弱易腐的材质，在潮湿的环境下难以保存超过两百年。今天，我们只能在古希腊作品中寻寻觅觅，看有没有提到真正的实体书，有没有人在某个地方看到过、摸到过，还愿意提及地名[1]。这番搜寻把我带到了公元前 6 世纪与前 5 世纪之交。据说当时，哲学家赫拉克利特[2]将一本《论自然》放进了以弗所的阿尔忒弥斯神庙。

　　以弗所城邦位于安纳托利亚，即古代的小亚细亚，今天的土耳其。公元前 6 世纪初，今天被我们称为哲学的东西突然毫无理由地出现在了那片被古希腊人占领的、挨着亚洲大陆的狭长海岸上。最早的哲学家们生活在边境地区，身上流着不同种族的血脉。当希腊本土还死死地抓着过去不放时，外围地区的混血居民已经开始酝酿颠覆性的新思想。

---

1. 此处戏仿了《堂吉诃德》的开头："在拉曼却的某个村上，村名我不想提了……"
2. Heraclitus（约前 544—前 480 与前 470 之间），古希腊哲学家，爱菲斯学派的创始人。相传他本应继承王位（一说祭司职位），却选择在神庙附近隐居。其著作有《论自然》。

古希腊哲学的诞生适逢书籍刚起步的时期，这绝非偶然。口头交流基于广为人知、容易记住的传统故事，书面文字则不同，它允许使用复杂的语言，读者可以定下心来去吸收、思考。此外，一书在手，人们可以中断阅读，可以一读再读，也可以停下来想想。相比吟诵者吸引的听众，阅读者更容易培养批判精神。

赫拉克利特的绰号是"谜一样的哲学家"，后来他又被称为"晦涩哲人"。在他的作品中，生命的晦涩与其不可思议的矛盾似乎渗透进了文字。于是，艰深文学从此起步，读者必须绞尽脑汁才能看懂句子的含义。他是普鲁斯特的父亲，因为他迷宫般的句子永远充满了转折；他是福克纳的父亲，因为他的个人独白令人迷惑，时常离题；他是乔伊斯的父亲，因为乔伊斯的《芬尼根守灵夜》给人的印象是似乎同时使用了好几种语言，有些还是他自创的。我并不是说因为他们风格类似，故而沾亲带故。事实上，赫拉克利特只有一些简短、奇怪、有力的箴言流传下来。不，他们的共同点是对文字的态度：如果世界是个谜，那么表现世界的语言理应是浓稠、神秘、费解的。

赫拉克利特认为现实可以被解释为永恒的张力，他称之为"战争"，或对立面之间的斗争。白天与黑夜、清醒与睡眠、生与死，所有这些都是互相转化的，只有对立面存在，自身才能存在，说到底，它们是一枚硬币的正反两面（病了，才知道健康有多重要；饿了，才知道吃饱有多好；累了，才知道休息时有多放松……不朽的会腐朽，腐朽的会不朽；每个人都活在他人的死亡之中，也在他人的生命中死亡）。

根据出身，赫拉克利特本该继承王位，但他把位子让给了弟弟。自从民主制度建立后，王位其实更像是祭司之位。他似乎认为魔术师、传道士、占卜者只是单纯的"贩卖神秘的人"。据说他拒绝为以弗所人立法，宁愿在神庙中与孩子玩耍。人们还说他高高在上，目空一切，既不在乎荣誉，也不在乎权力，一心只想找到宇宙的逻各斯（logos），意味着"语言"，也意味着"意义"。在《约翰福音》的开头"太初有逻各斯"中，我们听到了赫拉克利特的声音。

对他而言，变化是万事万物的关键。事无定事，万物皆流。人不可能两次踏进同一条河流。如水般流动的始终不断变化的世界——让柏拉图印象深刻——如今已经成为我们思想的一部分。我们千万遍地一写再写，一提再提。从豪尔赫·曼里克[1]的"我们的生命是一条条汇入死亡之海的河流"，到齐格蒙特·鲍曼[2]和他的流动的现代性。博尔赫斯也为赫拉克利特的河流着迷，写诗献给他，下面这首诗是其中之一："赫拉克利特漫步在以弗所的黄昏，无意中走到一条静静流淌的河流旁。他高声说：'没有人能两次踏进同一条河流。'他停住脚步，发觉自己也是河流、也在流逝。这神圣的恐惧令他震惊。他想找回那个清晨和此前的夜晚和白天，却做不到。"

我觉得，赫拉克利特古怪的句子抓住了神秘与惊骇，哲学由此产生。现在看依然如此。为了写这一章，我重读了他奇崛思想为数不多的残篇，感觉它们同样可以解释如地震般撼动我们的当下现实。我们始终身处暴力的边缘，在两种极端间论战：全球化

---

1. Jorge Manrique（1440—1479），西班牙前文艺复兴时期军人、诗人，最终战死沙场，代表作为《悼亡父堂罗德里格斯·曼里克》。
2. Zygmunt Bauman（1925—2017），波兰裔英国社会理论家，他提出了"流动的现代性"这一概念，代表作有《流动的现代性》《现代性与大屠杀》等。

与边境管理；种族融合与惧怕少数族裔；希望接纳与愤而排斥；渴望自由与梦想建造高墙下的堡垒；努力求变与怀念失去的伟大。

这些矛盾之间的张力大到几乎让人无法忍受。因此，我们感觉被困住了。但是，根据赫拉克利特的理论，当各种力量让世界保持动态平衡时，微小的调整就能改变一切。也正因为如此，对改变的期盼总有其道理。

他想不惜一切代价成为名人。他一无所长，但不想寂寂无闻。他暗自梦想走在街头会被认出，众人会在他背后窃窃私语、指指点点。内心的声音悄悄地对他说，总有一天，他会像奥林匹克运动会冠军，或让观众张口结舌的演员那样，成为名人。

他决定干件大事，但干哪件，他还没想好。

一天，他终于想出一个计划。不能流芳百世，他总可以搞点破坏，遗臭万年。世界七大奇迹之一就在他居住的城市，国王和游客不远万里慕名而来。阿尔忒弥斯神庙耸立在高高的石岗之上，插进云朵间，俯瞰以弗所全城。这座神庙足足花了一百二十年才建成。入口处是一片密集的柱林，神庙里镶金嵌银，安放着从天而降的阿尔忒弥斯女神的珍稀画像、波利克里托斯[1]和菲迪亚斯[2]价

1. Polykleitos（约前490－前420），古希腊著名雕塑家，著有论述人体比例的《法则》一书，传世之作有《持矛者》等。
2. Phidias（约前480－前430），古希腊著名雕塑家，世界七大奇迹之一的宙斯巨像和雅典帕特农神庙内的雅典娜巨像都是他的作品。

值连城的雕塑，还有各种奇珍异宝。

　　公元前 365 年 7 月 21 日的夜晚，看不见月亮，当了不起的亚历山大在遥远的马其顿刚刚出生时，他从阴影中溜过，爬上了通往阿尔忒弥斯神庙的台阶。夜间守卫都睡着了，周遭一片寂静，只能听见他们的鼾声。他取了一盏灯，泼洒灯油，点燃装饰神庙内部的帘幔。火苗舐舐着布料，往房顶上窜。一开始，火势蔓延得很慢，可一烧到房梁，火焰便开始疯狂起舞，似乎神庙盼着燃烧殆尽已盼了好几百年。

　　他着迷地看着火苗呼啸前行，咳嗽着离开神庙，欣赏夜晚被点亮的场景。守卫们不费吹灰之力便将他捉住了，他被铐上链子，扔进了牢房。他独自待了好几个小时，闻着烟味，感到幸福。受刑时，他坦言道，计划烧毁世上最美的神庙是为了扬名立万。历史学家们说，小亚细亚的所有城市都禁止透露此人的名字，违令者斩。即便如此，还是没能把他从历史中抹去。他的名字出现在所有百科全书上，包括电子版的；作家马塞尔·施沃布[1]在《假想人生》中专门辟出一章，为他列传；萨特也曾为他写过一个短篇故事。他的名字被用于急切成名的心理疾病：这类患者只为了上几分钟电视或在 YouTube 上播放量最高，就可以做出最骇人的行为。不惜一切代价出风头并不只是现代社会的专利。

　　这个可恶的纵火犯的名字是黑若斯达特斯。由于他的恶行令人难忘，病态成名欲被称为黑若斯达特斯综合征。

---

1. Marcel Schwob（1867—1905），法国象征主义作家，超现实主义风格的先驱，代表作为《假想人生》。

他为了一夜成名放的这把火让赫拉克利特献给女神的那卷莎草纸化为灰烬。讽刺的是，赫拉克利特认为，火会周期性地让宇宙毁灭。他在作品中预言宇宙最后会葬身于熊熊大火。我不知道宇宙会怎样，但书——各种材质的书都很易燃——的确有悲惨的毁于火焰的历史。

十五　流动书店

　　古希腊黄金时代有多少本书？识字人口的比例是多少？我们不得而知。我们手头只有偶然保存下来的零星史料。单凭在空中飞舞的几片草，估计不出整片草地有多大。此外，大部分史料说的都是同一个特别的地方：雅典。其他地方都在阴影之中。

　　为了追踪看不见的识字状况，我们开始观察陶器上画的读书人。从公元前490年起，花瓶上的红色图案中就出现了儿童在学校读书、写字，或成人坐在椅子上，膝上放着一卷书，正在阅读的场景。艺术家往往会将画中莎草纸上的文字放大，有时清楚到可以直接读出来：是荷马的诗，或萨福[1]的诗……几乎所有画面上，书里的文字都是诗；有一本书里是神话故事。最引人瞩目的是，这些小幅画面中的主人公通常都是女性；但矛盾的是，在学校的场景中从来都看不到女孩。这组矛盾给我们留下了一个未解之谜。也许女读者均家世显赫，上的是家塾。又或者这只是主题画面，

1. Sappho（约前630—约前570），古希腊著名的女抒情诗人，生平和作品在后文中有详细介绍。

而非日常现实。我们永远不会知道了。

在公元前 430 到前 420 年之间的一块碑上，刻着一位年轻男子，他侧身坐着，聚精会神地在看放在膝上的一卷书，头微微倾向一边，双腿在脚踝处交叉——就是我现在写作时的姿势。椅子模样的浮雕下有一块破损的凸起，像是一条蜷在椅子下面的狗。浮雕呈现出与书为伴的宁静时光。这位故去的雅典人爱书至此，将读书的场景刻在了墓碑上，让阅读陪他入土。

公元前 5 世纪与前 4 世纪之交，此前从未有过的人物书商登场。正是在这一时期，新词"售书者"（bybliopólai）第一次出现在雅典滑稽诗人的作品中。他们在诗中写道，城市中心广场的集市设文学书摊，跟卖蔬菜、大蒜、熏香、香水的摊位在一起。在柏拉图的一篇对话录中，苏格拉底说，只要一个德拉克马，就能在市场上买到一本哲学书。书这么容易买到，尤其是艰深的哲学书这么容易买到，实在令人惊讶。价格这么便宜，肯定是小开本或二手书。

我们对书价了解不多。莎草纸书卷的成本决定了一卷书的价格应该在 2 到 4 德拉克马，相当于 1 到 6 天的短工工钱。古罗马作家琉善[1]提到过一卷珍本高达 750 德拉克马。珍稀版本的高书价无法为一般图书的正常书价提供线索。对于殷实人家，哪怕只是小康之家，书也是相对买得起的商品。

公元前 5 世纪末，对"图书馆里的老鼠"——典型例子恐怕是堂吉诃德——的嘲讽便开始出现了。阿里斯托芬用嘲讽的语气

---

1. Lucian of Samosata（约 125—180），生于叙利亚的萨莫萨塔，罗马帝国时代的希腊语讽刺作家，最主要的作品有《诸神对话》《海神对话》《死人对话》等。

"欢迎"互文，笑话那些"从其他书里拼命榨出自己作品"的作家。另一位喜剧作家将私人藏书馆作为他的舞台背景之一。舞台上，一位老师正在骄傲地向著名英雄赫拉克勒斯展示自己的书架，上面堆满了荷马、赫西奥德、悲剧作家和历史学家的作品，"随便拿一本你喜欢的去读。慢慢挑，看书名。"赫拉克勒斯在古希腊喜剧中一直很贪吃，他挑了一本菜谱。我们知道，那时候的确有各种各样的手册用以满足读者的好奇心，其中便有这本很棒的菜谱，是西西里岛的一位当红大厨写的。

雅典书商拥有海外客户，已经开始做起图书出口贸易。古希腊王国的其他地方寻求雅典创作的文学作品，特别是悲剧的剧本——当年舞台上最受欢迎的就是悲剧。雅典戏剧甚至迷住了那些厌恶雅典帝国主义的人，如同今天强大的美国电影工业。公元前4世纪上半叶，历史学家色诺芬[1]写道，在今天的土耳其境内，撒尔米德索斯危险的海岸上，发现了许多遇难船只的残骸，有"床、小木匣、许多书，还有其他商人常会装在木匣里的东西"。

当时一定存在一些特定的组织，来向图书市场供货。此外还有人运营抄本作坊。但是，我们没有足够的史料来了解当年的规模和运作方式，只能战战兢兢地胡乱猜想。作坊肯定在得到作者的同意后，方能制作抄本。作者希望他的作品除了自己的朋友圈子之外，还能有更广泛的读者群。但是，也存在没跟作者打招呼就私自制作抄本的情况。古代并没有知识产权这一说。

---

1. Xenophon（约前430—约前355），古希腊历史学家，苏格拉底的弟子，著有《远征记》《希腊史》《回忆苏格拉底》等。

柏拉图的一位弟子请人制作了老师作品的抄本，乘船去西西里岛出售。精明的他预见到苏格拉底式的对话在那里会有市场。同时代的人认为，他的卖书创举让他在雅典声名狼藉，不是因为他盗窃了老师的知识产权，而是因为他从商。这个行当很卑贱，不适合出身良好的人，更何况他还是柏拉图的弟子。

柏拉图学园当然有自己的图书馆，但亚里士多德学园的藏书应该远超之前所有的图书馆。斯特拉波称亚里士多德是"我们所知的第一个收藏图书的人"。据说，他斥 3 塔兰特（18000 德拉克马）的巨资，买下了另一位哲学家的所有藏书。我想象亚里士多德经年累月持续不断地砸钱，收入当时科学和艺术所有领域的重要文本。如果没有持续不断的阅读，他永远不可能写出他的那些作品。

欧洲的一个小角落开始被图书热席卷。

亚里士多德说，悲剧作家创作是为了读者，而不是为了剧场中的观众。他还说，他们的书"流传很广"。在图书萌芽时期，流传很广是什么意思？

亚里士多德说的另一句话揭开了一个隐藏的世界。他说书商用大车拖着大量的书到处跑。也许，他说的是带着书沿着大路兜售、走村串巷的书贩。

其实，正如西班牙作家豪尔赫·卡里翁（Jorge Carrión）所言，有固定位置的书店是诗意盎然的传统流动书店的现代变体。是旅行者为亚历山大图书馆提供了丰富的手稿，是纸墨商人像车轮一样推动着思想在丝绸之路上前进，是流动的二手书商——也卖别的商品——载着大大小小的箱子和活动摊位架，长途跋涉，来到旅馆与集市，临时搭个小摊。这一切仿佛昨天还在发生。今天，根据不同的地理环境，图书漫游的古老习俗由流动图书车和马背上的图书馆延续。

克里斯托弗·莫利[1]的《车轮上的帕尔纳索斯》(*Parnassus on Wheels*)说的就是流动书店的故事。20世纪20年代，米夫林先生驾着一辆由白马拉着的酷似有轨电车的古怪马车，走遍了美国乡间。掀起两侧的盖板会发现，长长的车厢其实是个书铺，架子叠架子，上面摆满了书。车里生活设施完备：一只烧油的炉子、一张折叠桌、一张行军床、一把藤椅、两扇窗户的小窗台上还摆着天竺葵盆栽。

米夫林先生做过多年的乡村小学教师，"累得腰都断了，工资少得可怜"。因为健康原因，他只得搬去乡下，亲手打造了这辆马车，起名为"流动的帕尔纳索斯山[2]"，然后在巴尔的摩的一家二手书店采购了大量图书。尽管商人的精明和口才他一样不缺，但米夫林视自己为行走的传道士，受到召唤，要传播好书的福音。他带着书奔波于农庄与农庄之间。灰尘满天的道路上，木头马车和最早量产的汽车同行。走到农家门廊前，他会跳下马车，穿过满

---

1. Christopher Morley（1890—1957），美国记者、小说家、散文家和诗人，《车轮上的诗坛》是其处女作，他还著有《闹鬼的书店》等。

2. 希腊品都斯山脉的一个石灰岩山岭，在神话中是祭祀阿波罗和缪斯女神之地，因此也含有诗歌和诗坛之意。塞万提斯也写过长篇叙事诗《帕尔纳索斯山之旅》。

是母鸡的鸡圈——鸡正在地上啄食——努力向正在削土豆的女人解释读书的重要性。他试图让住在农庄的人跟他一样，兴致勃勃地信仰知识。"当你卖给人一本书，你售出的不仅是十二盎司的纸、墨和胶水，还售出了一种全新的生活方式。爱情、友情、幽默、夜航船。书里什么都装得下，装得下天空，装得下大地，我指的是在一本真正的书里。天哪！要是我卖的不是书，是面包、肉或扫帚，人们会跑出来迎接我，迫不及待地买走我带去的东西。而我现在拉的货是永恒的救赎。没错，对他们渺小痛苦的灵魂的救赎。但想让他们明白这一点太难了。"

经受风吹日晒、满手冻疮的人从来没有机会买到文学作品，更不用说有人给他们解释文学作品意味着什么了。米夫林说，越深入农村，就会发现他们接触到的书数量更少，质量更差。他凭三寸不烂之舌，宣称需要像他这样的书商组成一支队伍，亲自去农户家，给他们的孩子讲故事，跟乡村学校的老师交谈，给农业杂志的编辑施压，让书能流淌在国家的每一条毛细血管里，总而言之，要将圣杯送到缅因州最偏远的农庄去。

如果说20世纪初北美的情形都如此不堪，那么，当书诞生不久，一切都只是第一次发生时又如何呢？亚里士多德提到的那些在阳光下的橄榄林中穿行的书商们又会遇到怎样的情形？

十六　文化的宗教

亚历山大开启了令人目眩和胆寒的全球化浪潮。那时，大部分希腊人只是小小城邦的公民，而那时的城邦只包括一座城市及其周边地区。每个小城邦都有让自己引以为豪的政治与文化，极力保持独立，时常打着热爱自由的旗号和邻国起冲突。当古希腊城邦被并入全新的君主制国家后，公民们发现自己集体变成了孤儿。骄傲的社群不知所措，他们发现自己不再是独立的中心，而成了广袤帝国的边缘。昨天还是公民，一夜之间便成了臣民。他们还在互相打来打去，继续结盟、缔约、仲裁、宣战。但是，城邦失去独立后，打仗就变得索然无味了。新的国家政权刚刚起步，专制独裁，斗争不断，给不了他们安全感。于是，漂泊无依的古希腊人开始寻找别的救命稻草，他们拥抱了东方信仰、异国仪式和哲学救赎。有些人躲进了刚刚成立的宗教——文化与艺术的宗教中。

公民生活黯然失色后，有些人决定将精力投入到学习上，他们接受教育，希望能在被压迫的世界里继续保持自由和独立，将其才能发挥到极致，成为最好的自己，将内心刻成一座雕像，将生活打造成一件艺术品。这就是深深打动米歇尔·福柯的生存美学，当时，他正在为撰写《性经验史》研究古希腊人。在最后一次采访中，福柯提到这一令他深深着迷的古老思想："令我备受打击的是：在我们的社会里，艺术已经沦为只与物品有关，而与个人或生活无关。为什么普通人不能将生活变成一件艺术品？为什么一盏灯或一栋房子可以是艺术品，而我们的生活不能是艺术品？"

尽管这并不是什么新观念，但在古希腊后期，对那些失去自由、迷失方向的人来说，它成了避难所。当时，有些人认为，教育（希腊语为 paideía）是生活中唯一值得投入心力去做的事。该词的意义随着时间的推移变得越来越丰富，当古罗马人瓦罗[1]或西塞罗需要将它译成拉丁语时，他们选择的词是 humanitas。这是欧洲人文主义（humanism）以及其在日后大放异彩的起点。这组群星璀璨的单词至今仍在回响。《插图版百科全书》收录了古老的 paideía（源自 en kyklos paideía）；如今，在维基百科（Wikipedia）全球多语种页面上仍能听到它的回响。

有时我们会忘记，对文化的古老信仰是作为一种宗教信仰诞生的，有神秘的维度和对救赎的承诺。信徒们认为，中选者死后的灵魂会生活在清泉浇灌的草地上。那里有给诗人提供的剧场、舞蹈团、音乐会，还有围坐在桌边的对话。那里有永不停止的宴

---

1. Marcus Terentius Varro（前116—前27），古罗马作家、学者。奉恺撒之命建造古罗马第一座国家图书馆。著有《拉丁语论》《论农业》。

席，无限量供应的葡萄酒。对滔滔不绝的哲学家们来说，那里是天堂，谁也不会生他们的气，让他们闭嘴。

因此，我们会在那么多墓碑上——墓志铭、浅浮雕或雕像上——找到亡者对文化的怀念。他们以文人、演说家、哲学家、艺术爱好者或音乐家的姿态告别尘世。一开始，我们以为那些墓是职业文人、教师或艺术家的；今天我们知道，大部分墓属于商人、医生或公务员。但他们只希望以这种方式被记住：他们开始了脑力劳动和艺术活动，而这些知识深受缪斯眷顾。

"教育是唯一值得去做的事。"2 世纪，一个文化崇拜的追随者这样写道，"别的都不重要，它们皆属人性，不值得花大力气去追求：贵族头衔是老祖宗留下的；财富是命运馈赠的，可以给你，也可以拿走；荣耀并不长久；美貌转瞬即逝；健康也不永恒，病了、老了，体能都会下降。唯有教育是神圣的永恒之物。时间会夺走一切，唯有智慧能永葆青春，还会随着年龄的增长而增加。就连如激流般卷走一切的战争，也不能卷走你脑中的知识。"

古老的信仰已经崩塌，永恒却通过文化、语言和书籍，让所有人触手可及。别忘了，亚历山大博物馆，包括其中的亚历山大图书馆，是一座由祭司主持缪斯仪式的神庙。想想那些古希腊人梦想捧着书卷去敲开天堂的大门，着实令人感动。

公元前 3 世纪到公元前 1 世纪，情况变了，书在更多的地方安了家。埃及莎草纸书卷显示，古希腊后期，识字虽然没有完全普及，但人数大增，已经不限于统治阶级。不用说，富人最早进学校，最晚出学校，受教育时间最长。然而，至少在古希腊的欧洲领土范围内，自由民家庭的孩子比以往任何时代都更有机会接受到基础教育，米莱托或提欧斯的学校法可以证明这一点。提欧斯的学校法明确指出，基础教育平等面向男童和女童，这貌似已经成为其他地方的惯例。更有甚者，爱琴海和小亚细亚的许多城市为富裕家庭的女儿们提供了越来越多的受教育机会。历史终于打开了几条缝隙，让我们能窥见女孩进入教室当学生的情形。最早的几代女性读者由此诞生。

受教育的可能性在辽阔的版图上蔓延开去。我们可以列一张长长的单子，有许多声名远扬的知识分子都出生在这些不起眼的偏远城市中，如库提艾欧（Cotieo）、艾乌卡尔皮亚（Eucarpia）、罗迪亚波利斯（Rodiápolis）、阿马西亚（Amasia）、塞硫西亚（Seleucia del Euleo）[1]……人们不仅在首都建立了图书馆，比如亚历山大图书馆和其对手帕加马图书馆，外围地区也诞生了小规模的文化机构。人们在科斯岛上发现的公元前2世纪的铭文记载，当地图书馆接到了若干笔私人捐赠。

在马其顿人入侵的两个新大洲——非洲和亚洲，剧场、体育馆和书都表现出自我认同为希腊人的意识。对当地人来说，通过阅读修昔底德和柏拉图的书掌握统治者的语言，有助于他们提升社会地位。当然，征服者们会将自身文化强加于人，他们确信这么做是在开化蛮人。在阿富汗境内阿伊哈努姆这么遥远的地方，石

---

1. 本段地名均为西语原文。

头上都刻着希腊语文字。毫无疑问，文字是跟着运书的车千里迢迢来到此地的。书的移动版图越来越大了。

有一点非常引人瞩目，在这片广袤的地理版图上，所有作家们阅读和引用的是同一批人的作品——从荷马到亚里士多德和米南德[1]。一个出生在今天伊朗的希腊人和另一个出生在埃及的希腊人，两人离希腊都十分遥远，而通过这些书学会读书写字是他们俩唯一的共同之处。

对这些文学作品的呵护与保存不能交给命运。这项任务是由居住在亚历山大港美妙的图书迷宫中的学者们来完成的。

---

1. Menander（约前342—前291），古希腊新喜剧作家，现仅存《恨世者》《萨摩斯女子》和残篇《评判》等。剧本大多以爱情故事和家庭生活为题材，侧重描写人物心理，语言接近口语，对欧洲喜剧尤其是风俗喜剧有一定影响。

十七　一个记忆超群的男人和一群女性先锋

从前，在亚历山大图书馆，有个记忆超群的人。他按顺序读纸莎草卷，一天又一天，一卷又一卷，一架又一架，将目光抚触过的所有文字都印在脑海里。渐渐地，他的脑袋变成了所有图书的神奇档案。

他就是拜占庭的阿里斯托芬。他的父亲是雇佣兵将领，训练他去从事既冒险又危险的雇佣兵行当。但他更乐意身体不动，思想神游，以读者的身份去体验多种多样的人生。他额头上的几绺灰发像苔藓一样，遮住平行的皱纹，好似那一行行无法辨认的文字。这位发如苔藓的瘦削男子，整日沉默，耳边却有无尽的幽灵在对他说悄悄话。在众人眼中，他越来越像他如饥似渴地看过的那些书了。

一天，亚历山大港举办诗歌大赛，国王挑选了城里的六位杰出人物当评委。评委人数必须是单数，还少一个，有人随口说出了阿里斯托芬的名字。七位评委听着参赛者吟诗。别人鼓掌时，阿里斯托芬面无表情、一言不发，任他人讨论，自己并不参与。

到最后，他才请求发言，说所有参赛者里头只有一个没作假。他站起身，走进图书馆门廊，单凭记忆就在不同的架子上找出了一大堆书，当场一句句地指出，参赛者是如何暗中剽窃的，每首诗都抄袭了哪些句子。文字扒手们骗不过阿里斯托芬。在他眼里，每个句子就像一张脸，不可能搞混。他记得每本书在架子上的位置，就像有些人能记住每颗星星在夜空中的位置。

传说埃及国王任命这位记忆超群的读者担任亚历山大图书馆的馆长。

维特鲁威[1]讲述的这则逸事表明，剽窃和丑闻跟文学竞赛本身一样古老。也许正因为如此，我们会把评委会决议称为 fallo（既是"决议"，又是"错漏"之意）。此外，拜占庭的阿里斯托芬的故事也向我们揭示了亚历山大图书馆的扩张速度：在建馆一个世纪后，只有记忆超群的人才能把藏书全部记在脑子里。该有书目和书单了。

实际上，正如散文家菲利普·布罗姆（Philipp Blom）所言，每个收藏家都需要一份清单。苦心收藏的物品某一天可能会再次失散，被出售或被掠夺，让原主人投注的热情和知识留不下半点痕迹。哪怕是最不起眼的收藏邮票、书籍或唱片的人，想到将来有一天，这些因个人原因被选中的物品又一件件流落到旧货商店，跟别的乱七八糟的东西混在一起，也会心痛不已。只有在物品总目中，收藏品才能逃过一劫。总目可以证明，它们曾被勤勉地收

---

1. Vitruvius，生活在公元前 1 世纪，古罗马建筑师、建筑理论家，所著《建筑十书》对后世具有重大影响。

集过，作为一件艺术品，作为一个整体存在过。

总目能体现出数字的威力。前文提到，史料称，托勒密国王每隔不久就会去亚历山大图书馆巡视书架，询问负责人："我们现在有多少本书了？"图书管理员口中的数字可以体现他宏伟的计划是成功还是失败。这一幕有点像唐璜·特诺里奥[1]故事中的一段情节。唐璜可以说是永不满足的收藏家的文学原型。在歌剧《唐·乔万尼》中，作曲莫扎特和编剧达·朋特加入了著名的《情人名目咏叹调》，通过仆人莱波雷诺之口历数唐·乔万尼的情场战绩："这是我家主人爱过的所有女人的名目，是我亲手制作的。你来瞧瞧，跟我念：意大利640人，德国231人，法国100人，土耳其91人，西班牙已经有1003个了！"跟唐璜一样，托勒密历代国王需要提供会计服务的仆从向他保证，藏书总量正持续增长。他们有理由觉得自己越来越强大，越来越重要。同理，社交网络就是我们虚拟世界中的莱波雷诺，帮我们数数有多少个朋友、多少粉丝、多少人点赞，来填补我们心中的自恋与收藏欲。

追求无限的亚历山大图书馆也有一份伟大的书目。据我们所知，目录至少长达一百二十卷，比荷马的《伊利亚特》多五倍。单从这个数字本身就可以看出，我们遗失的藏书数量有多么巨大；它也证明了，当时，海量的图书已经漫出了人类记忆的堤坝。知识、诗歌、故事的总和再也不可能装进某一个人的脑袋里，就像当年阿里斯托芬那样。

---

1. 西班牙文学史中多位作家笔下的著名文学人物，曾被莫扎特写进歌剧《唐·乔万尼》，被拜伦写进长篇叙事诗《唐璜》。

这份伟大的书目是公元前 3 世纪，由出生在今天利比亚境内的诗人卡里马科斯负责制作的，他是首位文学地图绘制员。亚历山大图书馆架子上的书多到根本摆不下的地步，回廊、门厅、内室、过道众多，人很容易在其中迷路。人们需要一份地图、一个秩序、一个指南针。

卡里马科斯被视为图书管理员之父。在我的想象中，他正在对史上第一批图书卡片——很可能是泥板——进行分类，在创建索书号的某个遥远祖先。也许，他了解巴比伦图书馆和亚述图书馆的奥秘，从它们的管理方法中获得了灵感。但是，他比任何一位前辈都走得更远。他为所有作家及其作品绘制了一本地图册，他解决了书的真伪问题和错误署名的问题，找出了没有书名、需要确认的书。如果两位作家同名，他会去调查其身份，将他们区别开来。有时，名字和绰号会被搞混。比方说，柏拉图的真名叫阿里斯托克勒斯，但这个名字已被世人遗忘。今天，我们只记得他在体育方面的绰号。"柏拉图"在希腊语中的意思是"宽阔的背部"，这位哲学家恐怕对自己在沙地上的摔跤技能深感自豪。

简言之，新的图书地理学家必须要用耐心和对细节的爱面对无数难题。卡里马科斯替每位作者写了一篇简短的自传，调查能将其区分开的个人情况——父亲的名字、出生地、绰号，并按字母顺序，列出其所有作品名；他会在每本书的书名后注上开篇的第一句话——如果有这本书——以便识别。

将作品按字母表排序及归档的方法是亚历山大港学者们做出的伟大贡献。日常生活中，我们会觉得这一做法司空见惯。这么普通、有用又显而易见的方法，看起来完全不像一项发明。然而，它跟雨伞、鞋带、图书封面一样，是某人在漫长寻找后灵光一现发明的工具。有些研究者认为，恐怕如此简便易行的天才方法一定是亚里士多德教给亚历山大图书馆的管理员的。这个假设很诱人，但无法证实。不管怎样，多亏了博物馆里的智者，该体系才得以存在。我们仍然在照搬他们的方法，只不过用了另一套字母表。

卡里马科斯的书目叫"要目"（Pínakes，即"木板"），它没有被保存下来。但是，接下来几个世纪的文献多次提到过这份书目，描述也足够详尽，足以让我们知晓它大概是什么样子。况且，从"要目"中抄出的书单也流传到了我们手里。比方说，按字母表排序的埃斯库罗斯的七十三个剧本名和索福克勒斯的一百多个剧本名。今天，我们只能读到两位剧作家各七部完整的悲剧——这份书单成了名副其实的失物清单。

卡里马科斯影响最深远的决定之一是将文学作品分为不同的体裁。由此，书被永远地分为两大国度：诗歌和散文。随后，他又把这两大文学国度细分为省：史诗、抒情诗、悲剧、喜剧；历史、演讲、哲学、医学、法学。最后，不属于上述任何主要体裁的作品全部被归入杂集，比如四本跟甜品有关的书。按体裁、字母表排序的方法，今天的图书馆仍在采用，它仅遵循形式上的标准，虽然实用，但终究有些武断。因此，从那时起，混合型、试验型、骑墙型、不符合体裁分类的作品——自古有之——都被不合适地冠名为"无法分类"。

"要目"尽管形式主义，但它仍然成了一个重要的搜索工具。它是第一幅伟大的文学地图，一幅畅游亚历山大图书馆书海的港口图表。它是在亚里士多德的影响下，对知识和创造所做的大胆分类。纵观古代，卡里马科斯的书目经常被查询、不断被更新，获得了巨大的成功，奠定了图书馆学和百科全书学的基础——这两个知识分支是为所有其他学科服务的。

我猜，卡里马科斯梦想拯救藏在书里、哪怕最隐秘角落里的各种小小世界，以免它们被遗忘。因此，他对这项工程投入了极大的耐心和精力。毕竟，他本人也是作家，担忧所写下文字的未来。然而命运跟他开了个玩笑：他自己的作品几乎全部遗失。

据我们所知，他是一位开创性的诗人，奋力捍卫创造性的文学实验。文学的辉煌过往已不可追，那些亦步亦趋的模仿让他厌烦。他喜欢简洁、嘲讽、独创性和碎片化。有时，透彻了解经典作品后，人们才知道如何开辟出新的道路。

图书馆悄无声息地逐渐占领世界。

公元前 1500 年到公元前 300 年，近东的某些城市曾经有过55 家图书馆，只对极少的读者开放，但欧洲一家都没有。根据西班牙 2014 年的统计数据，97% 的人口的居住地至少拥有一家图书馆，全国共有 4649 家图书馆。这些数字讲述了历史的巨变和非同寻常的增长。尽管很少有人留意，但图书馆是古代社会最高效地

"殖民"现代社会的明证。如果我们像电影《布莱恩的一生》中犹太人民阵线那些衣着褴褛的成员那样问自己，古希腊人和古罗马人对我们有何贡献？我们想必会毫不犹豫地回答：道路、下水道、法律、民主、剧场、引水渠；也许还会在单子里列上角斗士的史诗，那群半裸着、吵吵嚷嚷地互相打来打去、让好莱坞编剧着迷的家伙，或是驷马双轮战车的驾车人，但谁也不会想到公共图书馆默默取得的成就。今天，它们前所未有地生机勃勃。

我永远不会忘记童年去过的第一家图书馆。很小的时候，我就知道每个故事里都会有一座森林；只要走在神秘的林间小路上，主人公就会遇到魔法，最终会有神奇的发现。七月漫长的下午，我也会拉着爸爸的手，走在林间小路上。我们俩总会一起去格兰德公园里的那家小图书馆。它是一栋小房子，看它的模样和屋顶，感觉要么是从故事里走出来的，要么是从阿尔卑斯山那边的某个国家搬过来的。我走进昏暗的室内，挑一本连环画，将宝贝书紧紧地抱在怀里，来到阳光明媚的公园，挑一张长椅坐下来阅读。我看得很仔细，从第一个字看到最后一个字，享受着每幅画、每个字。下午慢慢地过去，只听见脚踏车经过时叮叮当当的声音。这本连环画成为我好几个小时的战利品，看完后，我将书还回去，走出森林，在黄昏的凉意中，我满脑子里想象着故事走回家。

在身为小女孩的我眼中，公园的奇迹被上升到森林级别，这自然都是我的想象；书和书里的主人公们；杨树窸窸窣窣，神神秘秘，像要悄悄地给你讲个故事；图书馆。我成了连环画迷，每天下午都要去看，胃口越来越大。

西班牙有一万多名图书管理员，全球有几十万名，负责满足我们对文字的瘾头。他们是精神药品的守卫者，我们把知识和梦想都托付给他们，从童话故事到百科全书，从最博学的论著到最通俗的漫画。如今，许多出版社在销毁库存书，以省下仓储费用。图书馆就是许多绝版书的宝库，装着文字的宝藏。

每个图书馆都独一无二。正像别人跟我说过的那样，图书馆总是像它的图书管理员。我敬佩那几十万名图书管理员，他们依然相信书有未来，或更确切地说，相信书能打败时间。他们会建议、鼓励人们，设计各种各样的活动，找各种各样的借口，让读者的目光唤醒沉睡的文字。有时，那本书已经在书架上沉睡多年。他们知道如此日常的行为，如同耶稣呼唤"拉撒路出来"[1]，本质上是在唤醒一个世界。

图书管理员的历史很长，始于美索不达米亚的新月沃土地区，但我们对这一行遥远的前辈几乎一无所知。第一个用自己的声音与我们对话的是卡里马科斯，我们可以清晰地想象出他的模样：他耐心地编目，在漫漫长夜里奋笔疾书。卡里马科斯之后，许多作家都在人生的某一阶段当过图书管理员——歌德、卡萨诺瓦、荷尔德林、格林兄弟、刘易斯·卡罗尔、穆齐尔、奥内蒂、佩雷克、斯蒂芬·金——生活在书墙之间，接受书的邀请和诱惑。"上帝让我成为诗人，我却让自己成为图书管理员。"西班牙女诗人格洛丽亚·富埃尔特斯写道。

博尔赫斯这位盲人图书管理员[2]几乎把自己变成了一种文学体

---

1. 出自《圣经·约翰福音》。拉撒路病危，没等到耶稣救治就死了。耶稣站在拉撒路的墓前说了这句话之后，拉撒路就复活了。
2. 博尔赫斯有家族遗传的眼疾，后来视力变得越来越差，最终完全失明。

裁。他的一位朋友说，有一次，他和博尔赫斯一起漫游布宜诺斯艾利斯国家图书馆。博尔赫斯在书架间行走，仿佛那就是自己的家。他用目光拥抱每个书架，尽管他已经看不太清楚了。他知道每本书在什么地方，打开书，立刻就能准确翻到那一页。他消失在书架间的过道里，游走在几乎看不见的地方。他在昏暗的图书馆里前行，好似走钢丝的高手，行动十分精准，如同布尔戈斯的豪尔赫，《玫瑰的名字》中那位修道院图书馆里的盲人守卫，那名隐藏杀手。翁贝托·埃科从博尔赫斯身上汲取灵感，想象出这个人物，既是致敬，也是冒犯。

20 世纪初，从尼尼微、巴比伦、亚历山大港之后始终由男性从事的这项职业，开始过渡为女性可以和平进入的领地。1910 年，近八成的图书管理员是女性。由于只有单身女性才能工作，集体想象中的这个群体都是夸张的老处女形象：暴躁、讨人厌、梳灰色发髻、戴眼镜、穿着过时、咕咕哝哝。那个时代离我们并不遥远，不久之前，人们还普遍认为整天跟书待在一起的女人只会倒苦水，抱怨男友永远不给她戴上戒指，结婚生子遥遥无期。在1946 年上映的电影《生活多美好》(*It's a Wonderful Life*) 中，就有对女图书管理员刻板印象的反映。我觉得那一幕极其讽刺，可惜拍摄时不带一丝讽刺意味。詹姆斯·史都华饰演的主人公乔治·贝利打算在平安夜自杀。这时，守护天使降临，向他展示如果他没有出生，世界会是什么样子，以此来说服他，他的生命并非毫无意义。乔治看到如果没有自己，所有的亲朋好友都会过得更悲惨。这时，他问起自己的妻子玛丽在哪儿。天使的回答吞吞吐吐："别……别问起她。"乔治想到了最坏的场景，他痛苦地抓住天使的领子问："如果你知道我妻子在哪儿，告诉我。""我不能告诉你。"
"拜托你，告诉我。""乔治，你听了不会高兴的。""她在哪儿？她
在哪儿？"乔治近乎绝望地问道。"乔治，她一个人，没结婚……
她正要关上图书馆的门。"乔治丢下天使就往图书馆跑。这时，玛
丽出现在银幕上。她正在关上波特斯维尔公共图书馆的大门，她的
穿着完全符合刻板印象：一身单调古板的套装，顶着发髻，戴着厚
厚的眼镜。走路时，她把包紧紧地抱在胸前，神经兮兮，很不快
乐，电影配乐也烘托出悲凉的气氛。再看乔治的表情，他吓坏了。
至此，观众们应该双手抱头，心想：哦，不，别去当图书管理员！

这些俗套依然出现在当代电影中，研究者胡丽亚·威尔斯
（Julia Wells）已经证明了这一点 [1]。许多虚构作品中的女图书管理
员依然动不动就发火，对胆敢在她领地开口说话的人恶狠狠地
说"嘘！"。这让我想起历史上的一个悲伤的讽刺事件。就在弗兰
克·卡普拉的《生活多美好》拍摄之前，在内战后的西班牙 [2]，大部
分在第二共和国担任图书管理员的女性被视为危险的革命者，遭
到了大清洗。总体而言，她们完全是电影中玛丽形象的反面：摩
登、前卫，是西班牙大学里的女性先锋。佛朗哥政府对她们的公
共活动、职场生活和私人行为展开了调查。那些在公共部门保住
图书管理员或档案员职位的女性忍受了屈辱的待遇，她们被降薪，
被强制发配到别处，而且永不被提拔。我想起被连降十八级、终

---

1. 详见《电影中的女图书管理员：六十年里，这个形象变过吗？》，刊登于《SLIS 学生研
究期刊》2013 年第 3 期。——作者注
2. 1936 到 1939 年发生的西班牙人民反对国内武装叛乱、保卫共和国的战争。1939 年 3 月，
首都马德里沦陷，共和政府失败，开始了佛朗哥统治时期。

身不得被提拔或委以重用的玛利亚·莫利内尔[1]，她先被发配到巴伦西亚财政厅档案馆，后被发配到马德里工程师学校，独自编纂了令人难以置信的字典。妈妈的童年图书馆不是森林里的魔法小屋，而是一栋有两个遭受打压的女性管理员的大楼。

图书馆和图书管理员们都曾有过自己不堪的历史：攻击，轰炸，审查，清洗，迫害。他们为许多虚构人物提供了灵感，如《玫瑰的名字》中的布尔戈斯的豪尔赫，他能将亚里士多德的书变成凶器；同时生活在两个时空下的玛丽：一边是幸福的母亲，一边是饱受折磨的图书管理员（不知道她更乐意选择哪种生活）。但最令人惊讶的是这一路走来的旅程：从东方的源头，也就是抄写员行会和祭司的知识守护所，到今天向所有愿意读书、学习的人开放的图书馆。

图书馆的书架上，敌对国家的人（甚至有些国家还在交战中）写的书被摆在一起；有摄影指南和对梦的解析；有写细菌的书和写银河系的书；将军传记旁是逃兵回忆录；有被误解的作家满怀希望的作品和畅销作家的灰暗作品；有女性游记作家的笔记和足不出户的作家事无巨细地描述他的白日梦的五卷本；昨天刚印出来的书旁边是问世两千年的书。图书馆没有时间和地理的界限。如今，它的大门终于向所有人敞开：本地人和外地人；戴眼镜的、戴隐形眼镜的、有眼屎的人；盘发髻的男人或打领带的女人。这里就是乌托邦的模样。

---

1. María Moliner（1900—1981），西班牙图书管理员、词汇学家，除了毕生都在担任图书管理员，她还以一己之力编纂了备受赞誉的《西班牙语用法词典》。

马拉美[1]在 19 世纪写道："肉体哀伤，唉！我读过所有的书。"也许，诗人是对饱和而枯萎的生命感到厌倦。然而，在亚马逊和电子书阅读器 Kindle 的时代，他的话会讽刺地提醒我们，读过所有的书只是最疯狂的爱书人才能抱有的不可能实现的梦。每半分钟就有一本新书出版，假设每本二十欧元、两厘米厚，那么，马拉美的藏书室每年需要花费两千多万欧元买书，扩建二十多公里长的书架摆书。

卡里马科斯的书目是第一份已知书籍的地图总册，他绘制的区域很广，古希腊人至少会跟我们一样，感觉力有未逮。没有人能读完保存在亚历山大图书馆的所有书卷，没有人能掌握所有知识。个人的知识越来越像一个小小的群岛，周围是茫茫大海，一片未知。

选择焦虑症由此而生：在为时已晚之前，我们该读什么？看什么？做什么？出于同样的理由，今天，我们依然沉迷于各种清单。几年前，彼得·博克索尔[2]推出了第 N 份此生必读书单，这回有一千零一本，跟山鲁佐德讲故事的天数一样。如今，值得听的唱片、不可错过的电影、必须要去的旅游地点，各种清单满天飞。因特网是这个时代的巨大清单，可以无限细分下去。如何成为百

---

1. Mallarmé（1842—1898），法国象征主义诗人，作品充满神秘主义色彩，代表作为《牧神的午后》等。
2. Peter Boxall，英国学者、作家，因主编《有生之年一定要读的 1001 本书》而广为人知。

万富翁、如何获得成功、如何减肥等各种自助类书籍都包含列清单这一基本建议。坚持完成列出的各项目标，你的生活会更美好。列清单的冲动应该跟秩序让人安定有关，也就是说，属于自我防御机制，以抵御混乱的扩张；它也跟烦恼、恐惧、痛苦地知道人生苦短有关。于是，我们试图将永远做不完的事精简到十件、五十件、一百件。

无疑，亚历山大图书馆的学者们在看到这份巨长无比的书目时，也感染了同样的书单病毒。每种体裁里，哪些书是必读的？哪些文、哪些诗、哪些思想应该传给下一代？

在手抄书稿的时代，保存一本古书要花大力气，因为其材质会损坏，所以每隔一段时间，人们就要将它们重新抄一遍。抄写员必须检查这些接替的抄本，并进行说明，免得随着时间流逝，其原本的意义被湮没。亚历山大图书馆的学者们在其短暂的人生里，无法保证研读书目中的所有书，只能有所取舍。他们列的单子和我们列的大部分清单一样，是一个工作计划，但也开创了一种沿用至今的检索方法。翁贝托·埃科在《无限的清单》一书中说，清单其实是文化的起源，是艺术史和文学史的一部分。他还说，百科全书和字典其实就是详尽的清单。所有的汇编、参考书目、索引、表格、目录、词汇表等，都在让无限的知识变得更容易理解。

古希腊语中专门有一个词，来指称被收入清单的作者：enkrithéntes，意为通过了筛选的人。这个词表示的是动作"筛"的比喻含义，后者原本指的是将谷粒从谷糠中筛出来。古代也有许多所谓此生必读的作家清单，只不过比我们现在的规模要小。我们知道帝国时期的某些手册的名字，听起来跟现在出版的书差不多：帕加马的忒勒福的《了解图书》，埃伦尼奥·菲隆的《关于图书的选择与获取》，比提尼亚的达莫菲洛的《藏书家》。这些专著列出了必读书目，指导读者选书。某些古老的书单流传至今，尽管因为时常更新有许多差异，但大背景相同。在追踪和比较了这些书单后，我感觉到，追根溯源，它们都与亚历山大港的学者和卡里马科斯的书目息息相关。我想，挑选的初衷就是让大家集中精力，免得那些深受大家喜爱的精彩杰作被渐渐遗忘。

从某种方式上讲，选择就是保护。今天，我们制作景点和文物清单，公布世界文化遗产名录，也是为了保护它们免遭破坏。

亚历山大港是起点。在那儿，国王出钱，学者出力，共同完成了一项伟大的保存和拯救工作。也许，古希腊人第一次意识到，书中脆弱的文字是一份可以留给子孙后代的遗产，助他们理解存在的意义。为了子孙后代，如此转瞬即逝的东西——表达思想的空气和声音震动——应该被保存下来。古老的历史、传说、故事、诗歌是梦想的见证，是理解那个拒绝死去的世界的一种方式。

在我眼里，亚历山大图书馆的学者们的伟大创新不是出自对过去的热爱。他们之所以远见卓识，是因为他们意识到安提戈涅、俄狄浦斯、美狄亚，这些用墨水写在莎草纸上的人物不应被遗忘，而应该走到未来的世纪；千百万尚未出生的人不应该被剥夺接触他们的权利。这些人物会激起我们的反叛精神，提醒我们某些真相多么让人痛心。他们会揭示我们最阴暗的一面。每当我们对时代的进步过于自豪时，他们会一巴掌将我们打醒。对我们来说，他们仍然很重要。

这是第一次，古希腊人考虑到了未来的人类——我们——应该拥有某些权利。

✻

写这本书时，正值 12 月底。跟往常一样，各种清单又相继蹦了出来，从年度最畅销商品到年度最佳穿着人士。刚刚过去的十二个月被总结成林林总总的清单，印在所有报纸上，释放到互联网上。现实世界变成了一场大型比赛，我们激动地想知道谁是最后的赢家。

这股风潮的罪名不能让互联网来担，古希腊人才是列清单的始作俑者：古希腊七贤、世界七大奇迹。他们跟我们一样被美食征服，创造了属于自己的美食品鉴书，堪称米其林指南的前身。我们在公元 2 世纪一篇名为《餐桌上的健谈者》的奇文中，找到了一份古希腊七大名厨的名单。书中有位博学的厨师，向学徒历数了七大名厨及其各自擅长的菜品：罗德岛的阿吉斯和他绝妙的烤鱼；希俄斯岛的内雷奥，他烧的鳗鱼是一绝，神仙见了都会流口水；雅典的卡利亚德斯做的白汁鸡蛋；兰普里亚斯炖的黑肉汤；阿夫托内托发明的肉肠；欧蒂诺煮的宾豆；阿里斯通自创了许多蒸菜，如今我们会称之为他的招牌菜。主厨总结道："他们是我们的第二批古希腊七贤。"文中也不乏非常现代的讽刺艺术，一位著名的厨艺大师揶揄道："厨房所有调料中，最重要的一味叫吹牛皮。"

当然，作家也会被列成清单。早在亚历山大图书馆建立之前，在公元前 4 世纪，伟大的悲剧家名单就已经固定下来：埃斯库罗斯、索福克勒斯和欧里庇得斯。他们三人中的最后一位去世半个世纪后，重演他们的名作已经成为戏剧舞台上的重头戏，他们比在世的剧作家对观众更有吸引力。雅典政府决定设立国家档案馆，将他们三人的悲剧原作作为公共财产加以保护，且档案馆中只收入了他们三人的作品。

因此，古希腊悲剧家永远是三人组。当然，亚历山大图书馆也推出过其他著名的清单，如九大抒情诗人、十大演说家。从远古时代起，清单就偏爱各种带有魔法色彩的数字，如三、七、九、十。

无疑，列举会带来快乐。我知道，因为我经历过。爸爸在生命最后几个月里，用仅剩的力气花很多时间去浏览体育网站，寻找美好年代——当然是他年轻的时候，也就是 20 世纪 50 年代末、60 年代初的足球比赛的照片。在爸爸看来，过去随便哪场球踢得都比现在好。最让他激动的是他找到了小时候记在脑子里的阵型图。首先，他会对着屏幕大声念出来，细细品味每个名字的确切顺序；然后，他会把它们抄到格子线圈本上，这个本子我至今还留着。他会骄傲地给我看他列的清单、昔日的球队、一排排的名字，他用漂亮的手写体把它们一一抄写下来。字迹因为生病有点颤抖。歌词——他迅速记住但后来又遗忘的十一名队员的姓氏——能让他回到童年。各种清单也是每个人生命故事中非常私密的一部分。

专家们认为，书写的诞生是为了记账，也就是说，为了列清单：一个人有多少只山羊、多少柄剑、多少瓶葡萄酒。也许正因为如此，文学作品总是在发明新的列清单的方式。《伊利亚特》第二卷有一张长长的和特洛伊人作战的希腊战船的清单。如果没有十诫和无穷尽的家谱，《圣经》不会是现在这个样子。10 世纪的日本女作家清少纳言在《枕草子》中列了一百六十四个清单，按降序把所有能列的清单都放进了书里，并加上意味深长的标题，如"快心的事""短得好的东西""画不如实物者""近而远的东西""看上去满意自己的人""云和特别喜欢的东西"。

在《尤利西斯》的倒数第二章，乔伊斯细数利奥波德·布卢姆厨房抽屉里的所有物品。我对伊塔洛·卡尔维诺[1]有关新千年的六个备忘录没有抵抗力；对博尔赫斯的列举，尤其是《关于天赐的诗》中的列举没有抵抗力；对坐在圣叙尔皮斯广场咖啡馆，尝试将巴黎的一处地方说尽的佩雷克[2]没有抵抗力。

美国作家乔·布雷纳德（Joe Brainard）于 1975 年出版了《我想起》，他用一百五十页的篇幅列了一张感人的清单，串起了点点回忆。"我想起当我以为旧东西没用时。""我想起每个夏天读十二本书，以得到市图书馆给我发的一张证书。读书这事我一点也不在意，但我很爱获得证书。我想起我会挑那种字大、画多的书看。""我想起我有一张清单，上面记下了我去过哪些州。""我想起曾经痴心妄想，某天能读完一整套百科全书，变得无所不知。"

我不能漏掉维斯瓦娃·辛波丝卡的诗《对统计学的贡献》："一

---

1. Italo Calvino（1923—1985），意大利作家，代表作为《树上的男爵》《看不见的城市》等。他的《新千年文学备忘录》共六章，分别为轻、快、精确、形象、繁复和开头与结尾。
2. Georges Perec（1936—1982），法国小说家，《尝试说尽巴黎的一处地方》是他的一本短小的观察记录，写于 1974 年。

百人当中 / 凡事皆聪明过人者——五十二人；/ 步步踌躇者——几乎其余所有的人；/ 如果不会费时过久，乐于伸出援手者——高达四十九人；/ 始终很佳，别无例外者——四，或许五人；/ 能快乐者——二十来人；/ 个体无害，群体中作恶者——至少一半的人；/ 为情势所迫时，行径残酷者——还是不要知道为妙，即便只是约略的数目；/ …… / 终须一死者——百分之一百的人。/ 此一数目迄今未曾改变。"

我们终其一生都在列举清单，阅读清单，记录清单，撕毁清单，把清单扔进垃圾箱，划去已完成的事项，热爱并嫌弃着清单。而最好的清单会认可所列项目的重要性，并赋予它们意义；会拥抱世界的细节与独特，以免我们看不到真正珍贵的东西。即便现在，由于年末各种清单的狂轰滥炸，我们看得太多了，真想把它们通通打入黑名单。

十八　编织故事的女人

古希腊文学界中只有一位女性：萨福。很容易将这一明显的男女不均衡现象归咎于古希腊女性不写作。这话只说对了一部分。尽管女性读书更难，受教育更难，但克服障碍的不在少数。有些女性还有诗的残篇留下，但大部分只剩下一个名字。这些几乎被抹去痕迹的女作家有柯丽娜、特雷西纳、米尔蒂斯、普拉西拉、欧梅蒂斯（也叫克里奥布莉娜）、贝欧、艾丽娜、诺希德、梅洛、阿尼特、莫斯吉娜、艾迪拉、费丽娜、梅里诺、塞西莉亚·特雷布拉、胡利娅·巴尔比拉、达莫、特奥塞比亚[1]。

我很好奇她们每个人写的诗是什么样的，尽管永远无法读到。我和希腊语的第一次接触，是通过一个女性的声音，她是我的中学老师。记得一开始，她的课并没有给我留下很深的印象。对于哪些人会改变我们的生活，我们总是后知后觉。那时候，我十几

---

1. 名字依次为 Corina, Telesila, Mirtis, Praxila, Eumetis（Cleobulina），Beo, Erina, Noside, Mero, Anite, Mosquina, Hedila, Filina, Melino, Cecilia Trebula, Julia Balbila, Damo, Teosebia（均为西语）。——编者注

岁，决定不去轻易崇拜别人。我期待的是自信、有人格魅力的老师，像电影里那样，桀骜不驯地走进课堂，屁股靠在桌边，直接开讲，见解睿智，妙语连珠，精彩绝伦，引人入胜。从外形上看，皮拉尔·伊兰索不是我想象的这种老师。她个子超高，身材纤瘦，肩膀微微前倾，似乎在为身高向其他人道歉。她穿着一件普通的白色罩衫，说话时，钢琴家般修长的手指紧张地在空中挥舞。她讲课文会不时磕巴，似乎脑子里突然没词了。她听人讲话很专心，提出的问题比陈述的观点更多，似乎在问号的庇护下感到特别舒坦。

很快，出人意料的皮拉尔突破了我的怀疑主义铁丝网。跟她学习的那两年的回忆里，充满了发现与翱翔的乐趣，我发现学习居然能让人如此愉快。我们的班级很小，大家围坐在桌旁，像一群在密谋的共犯。我们靠感染力和启发学习。皮拉尔并不会躲在词尾变化、冰冷的日期和数字、抽象的理论、堆砌的概念后面。她很坦荡，不搞噱头，不作秀，不摆架子，而是直接让我们看到她对古希腊的热情。她把心爱的书借给我们，她给我们讲年轻时看过的电影、出门旅行的经历、让她照见自我的神话。她讲安提戈涅时，她自己就是安提戈涅；她讲美狄亚，让我们感觉自己从未听过这么恐怖的故事。翻译古典文学作品时，我们感觉作品就是为我们而写的，混然忘了自己原本还担心会看不懂。作品不再是强压在我们身上的沉重负担。因为皮拉尔，我们中的某些人将异国希腊纳入了内心世界。

多年以后，当我自己要走上讲台授课时，我已经明白你得爱你的学生，才能把你爱的东西展示给他们看，才能冒险向一群少年讲述你真正的热情、你自己的想法和那些让你激动的诗，明知他们可能会笑话你，或完全无动于衷地望着你。

大学期间，我常会在皮拉尔老师上班时，去希腊语学院看她。她退休了，我就去她家附近的咖啡馆跟她碰面。我要感谢她那种毫不设防、对我们完全信任的教法，认为我们配得上去了解那些知识，将她用来倾听过去声音的那种神秘又私密的方式与我们分享。

我们俩见面时会聊上好几个钟头，从当下境况跳回到将我们联系到一起的古希腊。但我们总会遇到一个悖论：我们都明白，如果真的生活在那个让我们如此着迷的时代，会是一件很可怕的事。那时候，女性远离权力，没有自由，永远被当作未成年人看待。皮拉尔多年教授灿烂的古希腊遗产，她明白那个时代会将自己完全埋没在黑暗中。她怀念那些遗失的女作家们的文字，那些在沉默中孕育出的诗歌。

文学史以一种意想不到的方式开场：世界范围内第一位在自己的文本上署名的作家是一名女性。

早于荷马一千五百年，诗人兼女祭司恩西杜安娜创作了一系列颂诗，并骄傲地署上了自己的大名。这些颂诗依然在《圣经》的诗篇中回响。她是萨尔贡一世 [1] 国王——他统一了美索不达米亚

---

1. King Sargon I of Akkad，约公元前 2371—前 2316 年在位，阿卡德帝国的开创者，美索不达米亚最早的统治者，古代近东地区最伟大的帝王之一。

的中部和南部，建成了伟大的阿卡德帝国——的女儿，未来的纳拉姆辛国王[1]的姑姑。颂诗遗失千年，在20世纪才重见天日。破译她诗歌片段的学者惊叹于其出色的文采和复杂的铺陈，称她为"苏美尔文学的女莎士比亚"。恩西杜安娜写道："吾为古人之所未及就。"她还做过最古老的天文记录。恩西杜安娜既有权势，又有胆识，她参与了当时跌宕起伏的政治斗争，结果遭受被流放的惩罚，只得忍受思乡之苦。她从未停止为爱和战争女神，也是她的保护神伊南娜写颂歌。在最私密也最著名的颂歌中，她揭秘了自己的创作过程：月亮女神会半夜造访她家，帮她"孕育"新诗，"分娩"诗句。这是一件神奇、色情，只会在夜晚发生的事。据我们所知，恩西杜安娜是首位描述诗歌如何神秘诞生的人。

这个充满希望的开头并没有延续下去。前文提到，《奥德赛》中的少年忒勒马科斯让妈妈闭嘴，因为她不该在大庭广众之下说话。玛丽·比尔德[2]曾经以细腻的幽默分析过荷马史诗中的这个片段。"谈话是所有男人们的事情。"忒勒马科斯说。他指的是当众说的权威性话语，不是聊天、闲扯、流言蜚语。这些话谁都能说，尤其是女人能说。

纵观整个古希腊古罗马时期，让珀涅罗珀闭嘴的这个场景开启了一张长长的规则清单。比如，哲学家德谟克利特是民主与自由的捍卫者，他的思想在许多方面都极具颠覆性，却毫不犹豫地

---

1. King Naram-Sin，公元前2291—公元前2255年在位，萨尔贡一世的孙子，在位时国力达到巅峰，自称"天下四方之王""神圣的纳拉姆辛"等，王权开始神化。
2. Mary Beard（1955—），英国古典学家，剑桥大学古典学教授，代表作为《罗马元老院与人民》《庞贝：一座罗马城市的生活》《女性与权力》等。

建议："女人还是别说话了，很可怕"。他写道，在公众场合保持沉默应被视为女性最美好的姿态。在古希腊文明中，这个想法根深蒂固：在公众场合，只有男人才能说话。政治领域、演讲领域，绝大部分的文学领域都是男人的领地。别忘了，雅典民主建立在将女人、外国人、奴隶，即大部分人口排除在外的基础上。正如20世纪80年代的英国电视剧《是，大臣》（Yes, Minister）中的主角所言："我们有权提拔适合工作岗位的最佳人选（男性），不论性别。"[1]

确实，在古希腊境内，将女性排除在外的做法并不都这么严重，于是产生了另一个悖论：以政治实验和思想大胆著称的首都雅典，或许是女性在其中最受压迫的城市。在这个我们如此向往的地方，有钱人家的女性几乎大门不出二门不迈，只是在闺房里织织布，远离公众场合和城市广场的喧嚣。不必说，穷苦人家既没钱，又没条件实施"家庭隔离"。但另一方面，艰苦的生活、贫困、繁重的劳作和习俗的限制也让女性无法拥有多少自由。

跟雅典所有的娱乐方式一样，剧场是男性俱乐部。从剧作家到演员，再到合唱团成员，通通都是男性，不管今日的我们有多难想象，如何由一个大胡子雅典男人去饰演安提戈涅或伊莱克特拉？在古典时期，雅典是希腊文化的灯塔时，女性创作者的缺失更让人触目惊心。

安纳托利亚海岸和爱琴海附近岛屿（莱斯沃斯岛，希俄斯岛，

1.这里运用了文字游戏，用"男人（man）"去替代男人和女人的总和，既表达了真实想法，又让人抓不着把柄。

萨摩斯岛等）位于亚欧边境，是希腊移民的居住地。那是一个更开放的世界，这些地方的禁令没那么严，限制也不那么令人窒息。有钱的贵族人家的女儿普遍接受过教育，有些女性还能发出自己的声音。有些研究人员试图在此一区域寻找失落的母系氏族的最后一点余烬。据柏拉图说，在克里特岛上，"祖国被称为母国"。在著名的萨拉米斯海战[1]中，唯一一位女性指挥官率领其中一支舰队作战，她名叫阿提米西亚，来自小亚细亚的海滨城市哈利卡纳索斯，那里由她统治。尽管她是希腊人，却与波斯入侵者结盟。据说，雅典悬赏一万德拉克马取她的人头，"一个女人向雅典开战，简直不可接受"。

在附近的罗德岛，我们惊讶于一件骇人听闻的事：一位不是妓女的年轻姑娘，居然参加了男性宴会。她名叫欧梅蒂斯，意思是"冰雪聪明的人"，但所有人都叫她克里奥布莉娜，因为她是古希腊七贤之一克里奥布拉斯的女儿。跟恩西杜安娜一样，她也是国王之女。克里奥布莉娜很有政治智慧，知道如何施展影响力。据说她使父亲成为更关爱臣民的温和君主。她自小就会一边编丝带和发网，一边玩似的编谜语。她用六韵步诗写了一本谜语书，许多个世纪后还有人记得。一篇古文献说她参加了一场座谈会，自由地与男性交谈。她玩得很开心，参与谈话，跟古希腊七贤之一开玩笑，将他的头发梳好了又弄乱，弄乱了又梳好。在一个社会希望女人安静的时代，克里奥布莉娜思维敏捷，妙语连珠，

---

1. 希波战争中的一次海战，也是历史上有记载的第一次大海战，公元前48年秋发生在阿提卡半岛西面的萨拉米斯海峡，希腊海军在这里大败波斯舰队，成为希腊人转守为攻的开始。

因此容易被人讽刺和丑化。我们知道，一位雅典喜剧作家在他的剧作《克里奥布莉娜们》中嘲讽地模仿她，而且用的是复数。该作品已遗失。可以想象，这出喜剧一定塑造了一些类似于莫里哀《可笑的女才子》中的人物：愚蠢的年轻姑娘们热衷于玩文字游戏，自以为很聪明，其实就是一帮女学究，让人无法忍受。从事写作的女人的形象会被人扭曲丑化，面临遭人耻笑的威胁。也许正因为如此，她们喜欢秘密行事，暗示，设谜，提问。正如卡洛斯·加西亚·瓜尔[1]所言："在古希腊世界里，女性总会用谜语进行自我表达，她们也是文字的编织者。"

据萨福自己描述，她个子不高，皮肤黝黑，毫无魅力。她出生在没落的贵族家庭，和克里奥布莉娜不同，她不是国王的女儿，仅剩的家产也被哥哥败光了。按照当时的惯例，她嫁给一个陌生人，生了一个女儿，所有这些都将她引上了寂寂无名的人生道路。

古希腊女性当然不会去创作史诗，她们没有战争的经验，打仗是男性贵族的危险运动。此外，她们不能像吟游诗人那样过着自由、漂泊的生活，从一座城市游荡到另一座城市，去推销自己的诗歌作品。她们也不能参加宴会、体育竞赛或参与政事。那她们能做什么？留住回忆。就像那些讲着格林童话的保姆和祖母们，她们将古老的传说一代代地传了下去。她们也为女性合唱团创作

---

1. Carlos García Gual（1943—），西班牙作家、翻译家、语言学家、评论家，编纂了《神话词典》。

诗歌（婚礼曲、敬神曲、舞曲）。她们在诗歌中写关于自己的事，独唱出来，用里拉琴（希腊语为 lira）伴奏。"抒情（lírica）诗"这个词就是这么来的。她们的创作只在当地很小的圈子里流传，尽管如此，某些女人还是奇迹般地从自己的角落投出独特的目光，穿透了囚禁自己的高墙。萨福便是如此。艾米莉·狄金森[1]、珍妮特·弗雷姆[2]这些离经叛道的女人如果生在当年，也会这么做。

萨福写道："有些男人说：黑色大地上最美的是一队骑兵、一队步兵或一支舰队。可我要说：最美的是所爱之人。"简单的话语里蕴藏着思想的革命。公元前 6 世纪的这些诗，完全打破了传统。在高度专制的世界里，这首诗令人震惊，它包含了多重视角，甚至像在赞美可以持不同意见的自由。此外，对大多数人赞叹的阅兵、军队、调兵遣将、炫耀武力，她竟敢提出质疑。如果她有机会，一定会像法国歌手乔治·布拉桑（Georges Brassens）那样，唱出自己的劣迹："国庆节到了 / 我还是躺在床上， / 军乐奏响 / 从不会让我起床。"面对战士无聊的大秀肌肉，她宁可去感受和召唤欲望。"最美即所爱。"这一令人意想不到的诗句肯定美首先在爱人的目光里；我们不是因为对方有吸引力而喜欢他们，是因为喜欢他们，才会觉得他们有吸引力。根据萨福的观点，爱创造美，而非如常人所想，爱折服于美。喜爱跟写诗一样，是富有创造力的

---

1. Emily Dickinson（1830—1886），美国传奇诗人，25 岁开始拒绝社交，埋头写诗 30 年，生前只发表过 7 首，留下了近 1800 首诗稿。

2. Janet Frame（1924—2004），新西兰著名小说家、诗人，代表作为《猫头鹰在哀叫》《水中面影》。童年经历过贫困、疾病、家庭成员死亡等不幸，成年后曾被送进精神病院，但她坚持认为自己从未丧失过理智。写作风格新颖怪诞，描写的多是被社会排斥的怪僻人物。

行为。因为有音乐天赋，矮小、丑陋的萨福可以用她的热情装扮周围的小世界，让它更美好。

萨福的人生在某一刻出现了转折。她的婚姻结束了，她不用再忙于家务事，可以过上另一种生活，我们并不十分了解其中细节。通过她的诗歌残篇以及有关她的史料，我们可以重建那些年她所生活的非传统环境。我们知道她带领着一群名门闺秀；我们还知道她在接下来的时间里爱上了其中几位，依次是阿提斯、迪卡、伊拉娜、安娜科托利亚。她们一起作诗，一起向阿芙洛狄忒敬献祭品，一起编花环。她们感受情欲，互相爱抚，唱歌跳舞，远离男性。不时会有少女离开，也许女孩要去结婚，分离让所有人痛苦。最后，我们还知道，在莱斯沃斯岛上有其他类似的团体，也由女人指导，萨福视她们为敌人。如果少女们弃她而去，加入对方团体，她会痛心疾首，感觉遭到了背叛。

人们认为——只是猜测——这些是女性提亚索伊（thíasoi），类似于宗教俱乐部。少女们在一位具有人格魅力的女人的指导下，学习诗歌、音乐和舞蹈，敬奉神灵，或许在婚前进行一些情欲探索。不管怎样，萨福对门下少女的爱不会遭到谴责，而是被认可，甚至被鼓励。古希腊人认为爱是教育的主要动力。他们不大尊重为钱教书、追着学生要学费的老师。贵族们的想法是，接受一份有报酬的工作是穷人才会干的事。他们更喜欢这种老师：他们挑选新弟子，只是因为在后者身上发现了特别的闪光点。他们压根不会提报酬，而是爱慕他们，吸引他们，也就是苏格拉底那种。在古希腊，人们认为教育上的同性恋关系甚至比异性恋更崇高，更值得称颂。

　　萨福最著名的一首诗写于年轻女友的婚礼，女友不会再回到团体中来了。对萨福来说，那是一场告别会："我觉得那个男人就是神 / 他坐在你面前 / 你甜蜜地跟他说话 / 他入神地听你说。/ 你动人的笑 / 让我的心怦怦乱跳：/ 如果我看着你，声音会不听使唤；/ 舌头断了 / 皮肤底下，微火烧遍全身，/ 我看不见了，耳朵嗡嗡响，/ 汗水连连，浑身发抖；/ 面色苍白，比叶子更柔弱。/ 感觉即将死去。"

　　这些搏动着欲望的诗句让许多读者大惊失色。多个世纪以来，萨福经受了一大堆不理解、丑化讽刺和针对她私生活的恶意评论。塞涅卡[1]提到过一篇文章，名叫《萨福是妓女吗？》。这是一个极端。另一个极端是，19 世纪一位矫揉造作的语文学家写道，"萨福在管理一所贵族少女寄宿学校"，试图用文字粉饰伤风败俗的行为，让世界免受污染。1973 年，教皇格里高利七世下令烧毁萨福的所有诗作，理由是作品伤风败俗，危害社会。

　　在一首只剩下一行，偶然传到我们手里的残篇里，萨福写道："我肯定：有人会记住我们这些女人的。"尽管当时可能性看起来微乎其微，但近三十个世纪后，我们的确仍在倾听那位矮个子女人微弱的声音。

✻

　　我愿意想象当年的雅典有一股女性反叛潮流，尽管没有任何

1. Seneca（约前 4—65），古罗马哲学家、戏剧家，晚期斯多亚学派主要代表之一，著作有《论道德的书简》等。

一位古希腊作家提到过，史书上也没有任何记载。该运动虚无缥缈，被人遗忘。为了寻找这个臆想中已被遗忘的运动的蛛丝马迹，我一头扎进史料，徜徉于字里行间，仔细研读。尽管我们永远不会知晓它是否存在，但这种假设总是很吸引我。接下来我陈述的只是假设，但它让我着迷。

最先反叛的应该是交际花，也就是高级妓女，古雅典唯一真正自由的女性，许多方面类似日本的艺伎，社会阶层地位模糊，坏名声对她们来说有利有弊。她们居无定所，却保持独立，大部分出生在小亚细亚，因此没有雅典公民权。她们在故乡受到过音乐和文学教育——雅典公民是不会让女孩接受这些教育的。她们可以像男人那样管理个人财产，也得像男人那样缴税。她们可以借情夫打入政界和文化界，不必承受雅典妻子们所承受的压力，但她们心知肚明自己受到双重的排挤，因为她们既是外国人，又是妓女。

这些女性移民属于少数族群，被需要但又是社会弱势群体，她们比退居深闺的雅典女人更有反抗能力。十多年里，因为一场离经叛道、撼动权力场的爱情，她们的声音被人听到了。

对公元前 5 世纪的雅典人来说，角色分配的模式不容争辩。当年一位演讲者说得十分直白："召妓（高级妓女）是用来享受的，纳妾是用来每天照顾我们的，娶妻是用来合法繁衍后代、忠心守护家庭的。"不难想象，当雅典最有权势的男人打破这种模式时，引发了全城群情激愤。

伯里克利跟一个"门当户对"的女人结了婚，生了两个孩子，但夫妻俩关系并不好，他决定离婚，跟出生于小亚细亚的高级妓女阿斯帕齐娅同居。当年的文献对这位搅坏规则的雅典第一夫人一顿臭骂，说她厚颜无耻，出身妓院，是长了一张婊子脸的小妾。近五个世纪之后，历史学家普鲁塔克转述了其中一些话。

在人类历史的大部分时间里，婚姻首先是经济体，是利益共享的联盟。对古希腊政治家而言，哪怕在民主时期，结婚也是在巩固大家族之间的结盟，牢牢维系住政权的统治。婚姻的解体也是出于商业或战略原因，发生在另一个势力更强的家族出现，需要与之联姻的时候。可是，伯里克利偏偏挑中了阿斯帕齐娅这个没有家世背景且声名狼藉的外国人，原因荒唐至极：因为爱情。普鲁塔克说，雅典公民目瞪口呆地看着"他每天从中心广场回来，拥抱她，甜蜜地亲吻她"。正如普鲁塔克所言，如此秀恩爱在当年的雅典是个丑闻，会引起轩然大波。我们可以想象雅典公民抱怨并嘲笑首领如此自甘堕落的行为。爱上这个女人已经相当愚蠢，当众秀恩爱简直堪称下流。许多人认为人心不古，世风日下，怀念过去的体面。公元前5世纪的雅典，对我们而言的黄金时代，对他们而言，是一个动辄同居、混血、纵欲的黑暗时代。

流言蜚语只字不提阿斯帕齐娅的智识对伯里克利政治生涯的助益。我们对她知之甚少，其形象被神秘和丑闻包裹，但史料表明，她是个真正的演说家，只是见不得光。苏格拉底常携弟子登门拜访，与她交谈甚欢，甚至称她为"老师"。柏拉图说，她替伯里克利写演讲稿，那篇激情维护民主的著名悼词[1]就出自她之手。甚至到了今天，奥巴马总统演讲稿的写手们，更早之前肯尼迪总

---

1. 指公元前430年，伯里克利在阵亡将士葬礼上的讲话。

统演讲稿的写手们，或许都从她的文字中汲取过灵感。然而，她并没有出现在文学史上，她的作品要么遗失了，要么被挂在别人名下。

在十五或二十年时间里，直到公元前429年伯里克利去世，阿斯帕齐娅始终在政界拥有巨大的影响力。她是如何利用这出人意料的主导地位的，我们不得而知。但是，在那段时间里，发生了前所未有的事：悲剧作家、喜剧作家、哲学家都开始在作品中讨论或嘲笑女性解放这个匪夷所思的想法。之前，没有一个古希腊人提过这个。

在那灿烂辉煌的几十年里，舞台上的安提戈涅敢于以人道主义的名义，单枪匹马向暴君不公正的法律发起挑战；吕西斯特拉忒在战争打得如火如荼之时，居然奇思妙想，和敌对阵营的女性一起组织联合罢工，直到签署和平协议为止；普拉克萨哥拉斯带领一群雅典女性在公民大会上取代男性，用她们的女性选票建立了共产主义、平等主义政权；还有叛逆的外国女人美狄亚。

谁也没有欧里庇得斯笔下的美狄亚走得那么远。我能想象公元前431年首演那天早上，剧场里坐满了男性观众，他们盯着舞台，越看越怕，越怕越看，看一个被伤害、意欲复仇的女人，如何干出了最恐怖的事。眼前的场景无以名状：女人被丈夫抛弃并放逐，于是便亲手杀死自己的孩子，来惩罚他。他们听到了全新的话语。美狄亚大声说出雅典家庭主妇们的愤怒与苦闷，这还是历史上头一遭："我们女人是最悲惨的。先要花大价钱买个丈夫，让他们成为我们身体的主人，这堪称所有不幸之最。离婚对女人来说非常丢脸，对男人来说却并非如此。他们在家待烦了就出门找乐子。可是，如果我们也这么做，他们就不让，说我们应该照顾孩子。他们说女人待在家里，远离危险，而可怜的男人还要去打仗呢。"被关在家里养孩子的美狄亚最后说，她宁愿去打三场仗，也不愿意去生一回孩子。

在美狄亚的感染下，合唱团的女人们也纷纷不再谨言慎行，胆小怕事。其中一位斗胆指出，女人不该被排除在哲学、政治、说理和辩论之外。"我们也有一位伴我们寻找智慧的缪斯。"古希腊悲剧中，合唱团代表的是大众的声音。因此，不是那个不听话的外国女人在发声，而是居家过着安稳日子的雅典女性在发声。让情况变得更微妙的是，美狄亚和女子合唱团的大胆言论在舞台上都是通过男人之口说出来的。演员们男扮女装，戴着长长的假发，脚蹬硕大的粗底高跟鞋。古希腊发明了"变装皇后（drag queens）"，却不接受任何女演员，真是历史的悖论。

我想象着新思潮飘浮在空气中，某种社会运动使雅典广场的辩论热烈起来。剧场往往是集体讨论的舞台，尤其在古希腊，喜剧和悲剧折射出社会热点矛盾。剧作家们在中心广场、大街小巷、公民大会上寻找灵感，将当时的政治关切搬上舞台。我们可以想象安提戈涅、吕西斯特拉忒、普拉克萨哥拉斯和美狄亚在当年的雅典生活中，以某种方式真实存在着。

我愿意相信这股基于阿斯帕齐娅个人魅力的变革潮甚至影响了柏拉图。后者怎么也算不上两性平等的支持者，这位哲学家曾在一本著作中宣称，不公正的男人会遭到惩罚，来世生为女人，由此女性便开始存在。几乎令人难以置信的是，我们读到宣称生为女人是惩罚、是赎罪的这个人，会在《理想国》中写出如此让人咋舌的文字："没有哪一种城邦管理的职位是专属于女人的，或专属于男人的，只因为其性别使然。男性和女性拥有相似的自然禀赋。女人可以按其天性从事各种职业，就和男人一样。"

阿斯帕齐娅是古文献中最大的缺失和谜团之一，其行为、思想、言语都是通过他人传到我们这里的。据说她既写书又教书。我愿意相信，除此之外，凭借超强的演讲能力，她还推动了历史上第一次女性解放运动。我愿意想象，因为她，雅典和其他城市的女性敢于跨进几所哲学学校的大门。柏拉图学园至少有两名女弟子，曼提尼亚的拉斯特尼亚和弗里乌斯的阿克希奥迪亚。据说，阿克希奥迪亚着男装。一位名叫莱昂西亚的高级妓女是花园学派[1]的女哲学家，是伊壁鸠鲁的情妇。她写了一本众神之书，现已遗失，无迹可寻。她在书中试图推翻备受尊敬的哲学家们的理论，几个世纪之后，还被西塞罗尖刻地贬损："就凭莱昂西亚那样的小婊子也有胆量撰文攻击狄奥弗拉斯图[2]？"

最著名、最离经叛道的女人是马若涅亚的希帕基娅，她属于犬儒学派。据我们所知，她是唯一由古人撰写了人物小传的女哲学家，虽然没有留下任何著作，但她以当众无视各种行为规范而声名远扬。她放弃了家产，跟情人克拉特斯衣着褴褛，露宿街头。两人都认为自然需求是美好的，不应以此为耻，于是便当街做爱，旁若无人。一天，一个男人指着希帕基娅问："这就是那个放下织

---

1. 即伊壁鸠鲁学派，古希腊罗马的唯物主义哲学学派，公元前307年哲学家伊壁鸠鲁在雅典一座花园里创办学校后形成，一直存在到4世纪。

2. Theophrastus（约前371—约前287），古希腊逻辑学家、哲学家、植物学家，亚里士多德之后逍遥派的领袖。

布梭子的女人吗？"她回答："没错，就是我。我把时间用来自我教育，而非浪费在织布机上，你觉得这有什么错？"

毕竟，也许希帕基娅幽默地认为，脑袋是一台巨大的语言织布机。今天我们使用的文学术语依然将用"编织壁毯"这个场景来比拟讲故事，我们依然在用跟织布有关的比喻，什么"情节"（原意"纬线"）、"阴谋"（原意"经线"）、"编故事"（原意"纺纱"或"织布"）。对我们来说，文章可不就是一堆用语言之线编织出来的物品吗？

葡萄牙女诗人索菲娅·安德雷森这样形容自己："我属于那些穿越迷宫，永远不会丢下语言之线的人。"

神话被织了拆，拆了织，就像传说中的珀涅罗珀一样。她苦等二十年尤利西斯归来，期间伊萨卡的王宫挤满了求婚者，他们希望宣布国王已死，自己可以取而代之。珀涅罗珀向他们承诺，在织完公公拉厄耳忒斯的寿衣后便会择夫而嫁。整整三年，她白天织，晚上偷偷拆。她坐在织布机前，移动梭子，编织那个用于自保的谎言，每天早上又从头开始。

古代作家很快意识到最迷人的道路往往诞生于故事的裂缝、盲点和人为操弄。珀涅罗珀是守身如玉还是红杏出墙？海伦在不在特洛伊？是忒休斯抛弃了阿里阿德涅，还是她被人掳走了？是俄耳甫斯爱欧律狄克甚于生命，还是他是史上第一个恋童癖？在古希腊神话错综复杂的迷宫里，不同版本的故事并存着。如同电影《罗生门》，我们必须在相互矛盾的叙述中做选择。从欧洲远古文学里，我们继承对了多重视角的喜爱，它为我们提供了不同的变体和文本，那些不断被织了拆、拆了织的故事。

　　一个又一个世纪过去，古希腊人为我们讲述的模糊的万花筒似的神话传说，仍如线团般被我们缠绕又拆开。乔伊斯《尤利西斯》中的歌手摩莉·布卢姆是特立独行又口无遮拦版的珀涅罗珀，她用一个没有句读的长句将神话重新演绎了一遍。该长句没法以行计，只能以页计，共计九十多页，里面有各种不堪入目的行为。全书以她躺在床上——躺在丈夫身边——的那段意识流式的内心独白作结。她回忆了自己在直布罗陀度过的童年、她的爱情、母亲身份、欲望、身体、声音乃至不可言说之事。小说的最后一个单词"是的"由她说出。最后，她终于果决、痛快地释放她的情欲："……首先我用胳膊将他环抱是的我引他爬到我身上来让他闻我乳房上的香水味是的他的心狂跳是的我说我想要是的。"

　　加拿大女作家玛格丽特·阿特伍德[1]也重游了一遍荷马《奥德赛》中的场景，女妖怪们幽默地重新演绎了这个故事，让读者有机会再次阅读。玛格丽特让塞壬做叙述者，她是一个爱嘲讽的半人半鸟形象。神话中，她住在一个无名的石头岛上，岛上遍地骷髅和尸体。可怕的诱惑者在诗中道出了甜美声音的索命秘诀。水手们听到她的歌声，会不顾一切地靠近礁石，遭遇海难，无法生还。如此强大的魔咒究竟是什么内容？"这首歌谁都想学，它让

---

1. Margaret Atwood（1939—），加拿大小说家，女权运动在文学领域的重要代表人物，代表作为《使女的故事》等。她对荷马作品的重新演绎指的是其中篇小说《珀涅罗珀记》。

人无法抗拒。男人们成群结队地跳下甲板，哪怕看见海滩上满是骷髅。这首歌没人会唱，因为听过的人都死了……我要把秘密告诉你，告诉你，只告诉你一个人。你凑过来一点。这首歌是在求救，它唱的是：救救我！只有你，只有你才能救我，因为你是独一无二的。哎！这首歌无聊得很，却每次都能奏效。"塞壬讽刺地承认，想要迷住英雄，根本不需要是什么具有致命吸引力的神话人物，只要轻声细语地呼唤他们，求他们帮助自己，满足他们的虚荣心就好。

女诗人露易丝·格丽克[1]则给了美狄亚的姑姑，女巫喀耳刻一个为自己辩解的机会。荷马指控她用魔药将尤利西斯的同伴变成了猪，而她以无尽嘲讽的语气说："我从未把任何人变成猪。有些人本来就已经是猪了，我只是让他们看上去像猪而已。我受够了你的世界，总是用外表伪饰内心。"当情人尤利西斯决定离她而去时，女巫独自在海滩上，对大海诉说一切："大英雄离岛而去。如今，他不会死在天堂了……如今，他重又倾听大海说故事的声音去了。黎明时海浪拍打的声音最为强烈。将我们吸引到这里的，也会带我们离开。我们的船摇曳在港口肮脏的水里。如今魔法消失了。大海啊，把他的生命还给他吧，你只能继续前行。"

传说来自远古世界，但我们能用新的丝线再织一遍。无论忒勒马科斯如何坚持对话语的掌握，试图让妈妈闭嘴，以珀涅罗珀和其他女性视角书写的神话迟早都会出现。她们是编织故事的女人。

---

1. Louise Glück（1943—），美国诗人，2020年获得诺贝尔文学奖。1985年出版的诗集《阿喀琉斯的胜利》对古希腊罗马神话、寓言等进行重构。

十九 我的故事，由他人讲述

　　雅典的戏剧舞台上能听见令人瞠目结舌的话语。在舞台上发声的有绝望的女人、弑亲者、病人、疯子、奴隶、自杀者和外国人，观众的目光很难从这些奇特的角色身上挪开。"剧场"一词在希腊语里正是"观看的地方"。古希腊人世世代代听故事，可是，像间谍似的透过门缝看故事是一种迥然不同的体验，令人奇怪地神经紧绷。从那时起，视听语言开始后来居上，时至今日依然让我们着迷。悲剧被打包成三部曲，跟现在的电视连续剧和长篇故事一样，让人欲罢不能。亚里士多德认为，悲剧全是恐怖片。而且，最优秀的悲剧都是在茫茫黑夜漫游[1]，其间充斥着远古的恐惧、禁忌、血腥、家庭犯罪、无法解决的冲突所造成的痛苦和诸神的沉默。

　　那些让人不寒而栗的悲剧所剩无几：埃斯库罗斯的留存下来七部，索福克勒斯的留存下来七部，欧里庇得斯的留存下来十八

<hr />

1.《茫茫黑夜漫游》是法国作家路易－费迪南·塞利纳出版于1932年的代表作，被称为"描写罪恶的杰作"。

部。据悉，这三位剧作家的作品加起来有好几百部，但它们大多数都遗失了。我们还知道其他作家至少三百部遗失作品的名字。古希腊悲剧早已风光不再，传到我们手里的屈指可数，却都是当年雅典人的最爱。他们非常清楚哪些剧作家最优秀。公元前330年，三大悲剧作家的铜像被放置在雅典卫城山麓的狄奥尼索斯大剧院门前。前文提到，他们决定只保留这三位剧作家作品的官方版本。破坏无处不在，但并不是无差别的。

幸存下来的悲剧将暴力的情节和精巧的辩论奇异地融合在一起。作品中，美丽的文字和染血的兵器共存。悲剧以一种神秘的方式做到了既野蛮又精致。通常来说，故事讲述的是传奇过往的原始神话，如特洛伊战争、俄狄浦斯王的宿命——它们的回声依然在公元前5世纪回荡。不过也有例外。很奇怪，居然有一出悲剧基于真实事件，它也是世界范围内现存最古老的剧本，名叫《波斯人》[1]。埃斯库罗斯不仅为莎士比亚开辟了道路，还在不经意间开创了历史小说的先河。

在埃斯库罗斯的一生中，波斯帝国曾数次发兵，试图攻占古希腊那一大群永远在彼此混战的小城邦。守护雅典全靠公民组成的军队。埃斯库罗斯上过几次战场，其中有马拉松战役（他在战场上失去了兄弟），或许还有萨拉米斯海战。当年的战争跟现在完全不同。我试图想象在还没有发明子弹和炸药的时代那种近身肉搏的场面。战士们杀敌时，互相盯着对方的眼睛。他们使劲将矛和剑刺进敌人的肉体，砍断对方的肢体，踩着尸体，听着死亡的哀

---

1. 上演于公元前 472 年。

号，身上沾着泥土和他人的内脏。据说埃斯库罗斯在墓志铭中提到了参加过的诸次战役，却只字未提他自己伟大的文学作品。比起文字，更让他自豪的是帮助弱小的希腊抵抗强大的波斯侵略者。

我想，如果他们听见我们口中的文化冲突，一定不会觉得陌生。东西方之间的战争由来已久。雅典人民时时刻刻感受到专制独裁国家波斯的威胁。如果波斯成功打败希腊，那么希腊的民主制度和生活方式将荡然无存。希波战争是当时十分重要的一场冲突[1]，埃斯库罗斯决定趁希腊刚刚取胜，记忆犹新时，将它搬上舞台。

他完全可以写一个爱国主义剧本，但这位亲自上过战场的诗人做出了一系列出人意料的决定。最让人大跌眼镜的是，他居然采取了战败者视角，跟克林特·伊斯特伍德在《硫磺岛的来信》中的做法如出一辙。故事发生在波斯首都苏萨，作品中一个希腊角色也没有。埃斯库罗斯应该研究过波斯社会，他会说伊朗语，了解皇室族谱、宫廷规矩和排场。最引人注目的是，我们从作品中察觉不到一丁点的恨，只有意想不到的理解。剧本的开场在波斯皇宫前的空地上，远征军没有消息，波斯人忧心如焚。这时一位信使到来，报告波斯大败，许多英雄战死沙场。最后，波斯皇帝薛西斯出场。他无功而返，不再趾高气扬，而是破衣烂衫地回到家，身后尸横遍野。

这是一个不同寻常的视角，是差点让希腊亡国的敌方视角。波斯人没有被描述成邪恶轴心或天生杀人狂。埃斯库罗斯带我们

---

1. 古希腊诸城邦反抗波斯侵略的战争，从公元前 499 年持续到公元前 449 年。

看到反对战争却无人理睬的年长谋士们的无力；看到守在家中、苦等大军归来的人的焦虑；看到政权内鹰派和鸽派之间的斗争，还看到了母亲和遗孀们的痛苦。我们能感受到，皇帝的妄自尊大导致士兵白白送命，实为悲剧。

《波斯人》中的信使痛心疾首讲述了萨拉米斯海战——在当代成了一个象征。哈维尔·塞尔卡斯[1]笔下"萨拉米斯的士兵"指的既是那些阻挡波斯帝国入侵的希腊人，也是那些抵抗纳粹的士兵。塞尔卡斯明白，萨拉米斯海战中的士兵哪个时代都有。为了捍卫祖国、民主和各种愿望，他们选择直面一场似乎必败无疑的决战。萨拉米斯不再是爱琴海里距比雷埃夫斯港两公里的小岛，地图之外，它存在于任何挺身而出、以少胜多、抗击侵略的地方。

早在埃斯库罗斯之前，古希腊就有剧场表演。他本人在《波斯人》之前也写过其他剧本，但都遗失了。因此，这部作品对我们而言是个起点。埃斯库罗斯与波斯人互相盯着对方的眼睛近身肉搏之后，在战场上看着自己的兄弟就在近处倒下之后，还能选择将敌方战败者的痛苦搬上舞台，这一点永远让我着迷。不嘲笑，不怀恨，不怪罪。于是，在哀悼、伤痕、试图理解陌生人的背景下，戏剧史拉开了帷幕。

埃斯库罗斯和同时代的人认为希波战争非常鲜明地代表了东

---

1. Javier Cercas（1962—），西班牙当代知名作家，代表作有长篇小说《骗子》《萨拉米斯的士兵》等。

西方之间的冲突。由于战争的惨痛经历，他们将敌人视为一帮嗜血成性，只想攻城略地的家伙，将胜利视为文明对野蛮的胜利。

安纳托利亚半岛位于几大文明的交叉路口，那里诞生了一位希腊人，他是个混血儿，思想活跃，对古老的冲突十分着迷：为什么欧洲和亚洲这两个世界总是打得你死我活？为什么从远古时期起它们就视彼此为敌？它们到底想要什么？它们如何为自己辩解？因为什么原因打来打去？一直都是这样吗？以后也会这样吗？

这位爱提问的希腊朋友穷其一生都在寻找答案。他写了一部长长的游记和见闻记，将其命名为 Historíai，希腊语的意思是"调查"或"研究"。如今我们仍在直接使用他在起书名时重新定义的这个词——"历史"，并未对其进行翻译。这部作品开启了一门全新的学科，也许是一种不同的看待世界的方式。因为《历史》的作者有永不满足的好奇心，爱冒险，爱猎奇，他走南闯北，是最早能以全球视角进行思考的作家之一。基本可以这么说，他是全球化的先行者。我说的这位希腊朋友，当然是希罗多德。

在绝大部分希腊人从未离开过家乡的时代，希罗多德就已经是个不知疲倦的旅行者。为了在陈述战争时熟悉地形和拥有广阔的视野，他在商船上做过海员，跟随过缓慢前行的车队，跟许多人交谈，去过波斯帝国的许多城市。他在和平时期的日常生活中了解敌人，于是能提供跟任何作家都不一样的视角，比任何作家都要准确。用雅克·拉卡里埃[1]的话说，希罗多德在努力去除古希

---

1. Jacques Lacarrière（1925—2005），法国古典学家、哲学家、作家，代表作为《诺斯替教徒》。

腊同胞的偏见，告诉他们文明与野蛮的分水岭从来都不是国与国之间的地理边界，而是民族内部的道德边界，更是每个人心中的道德边界。

几千年过去了，我们惊奇地发现，希罗多德撰写的第一部历史著作的开头是如此现代：讲到了东西方战争、绑架、互相指责、对相同事件的不同版本，以及各种另类事实[1]。

在作品的头几段，历史学家首先提出问题：欧洲人和亚洲人是从什么时候开始打来打去的？他在古神话中找到了答案。一切源于一个名叫伊娥的希腊女人被绑架。一群商人，更确切地说，是一群人贩子——在古代，两者之间的区别总是可以忽略不计——将商船停靠在希腊城市阿尔戈斯，展示船上的货物。几个女人来到岸边，被那些稀奇古怪的货物迷住了，好奇地拥到船尾去看。腓尼基商贩突然扑了过去，大部分女人又抓又咬，拼命挣脱；伊娥运气不好，被捉住了，自己也变成了商品，被强行带往埃及。根据希罗多德的描述，这次绑架引发了之后一切暴力冲突。不久，希腊人派出了一支复仇突击队，在腓尼基——今天的黎巴嫩——登陆，掳走了提尔国王的女儿欧罗巴。这下打了个平手，可惜形势没有维持多久，埃及人又在今天的格鲁吉亚境内掳走了亚洲女人美狄亚。到了下一代，帕里斯决定去抢女人，强行掳走了美丽的海伦，带往特洛伊。这种挑衅行为让希腊人彻底失去了耐心，于是特洛伊战争爆发，亚欧之间陷入了无法化解的敌对状态。

---

1. 由美国总统特朗普的顾问凯利安·康威于 2017 年 1 月 22 日在《会见媒体》（Meet the Press）节目中首次使用，很快成为社交网络流行语，意思更偏向"假的""胡说八道"。

《历史》开篇便呈现了古老心态与现代得出奇的思想的精彩融合。希罗多德显然认为，传说、神谕、神奇故事，以及诸神的参与，都应该跟史料一起被记录在册。在他生活的世界里，一个国王因消化不良做噩梦都会被解读为神谕，从而改变帝国的前进方向或战争策略。理性和非理性之间的界限非常模糊。然而，希罗多德既不轻信，也不盲从。他能不客气地将本国文化中的伟大神话故事——掳走欧罗巴、阿尔戈号的英雄们出海去找金羊毛、特洛伊战争爆发——描写成一系列卑劣恶行，实在让我惊叹不已。他拥有真知灼见，能拨开传奇的美好表象，控诉在发生暴力冲突时，女人总会轻而易举地成为战争与复仇的牺牲品，这让我钦佩万分。

接下来，希罗多德出人意料地交代了信息来源。他说刚刚介绍的这段冲突的由来，是听波斯有学问的人说的。腓尼基人则说了一个不同版本的故事，希罗多德说："我没有在他们之间自行决定，说事情到底是这样的还是那样的"。在旅行多年、和人交谈多年之后，希罗多德发现，向不同的人询问同样的事，总会听到相互矛盾的答案。他们常会忘记发生了什么，只会记住在符合他们心意的平行世界里发生的事。于是他发现，真相会随时逃脱，基本不可能被原原本本地挖掘出来，我们只会对事实有不同的、不完整的、从个人出发的、相互矛盾的看法。《历史》中充斥着这样的句子："据我所知""我觉得""根据我从某某口中听闻""我不知道是不是真的，只是记下了别人说的话"。在当代多视角主义诞生几千年前，古希腊第一位历史学家早已意识到，记性靠不住，记忆会消失，人在回忆时总会歪曲事实，用来自我辩护或寻求安慰。因此，如同在《公民凯恩》和《罗生门》中一样，真相究竟如何，我们永远无法知晓，能了解的只有表象、变体、说法、深远的影响、无尽的阐释。

最不可思议的是，作者写的不是古希腊人的观点，而是波斯人和腓尼基人的观点。就是说，西方历史的诞生，是从讲述他人、对手、陌生人的观点开始的。即便在二十五个世纪后看来，这仍然是革命性的创举。我们需要了解遥远的、不同的文化，才能看见自身文化在其他文化中的映影。只有和他人进行比较，我们才能理解自己的身份。我的故事，由他人讲述。他们会告诉我，我是谁。

許多个世纪过去了，跟希罗多德在学术上颇有渊源的哲学家伊曼努尔·列维纳斯[1]——犹太人，生于立陶宛，后加入法国籍——在奥斯威辛集中营失去了所有亲人，当自己成为集中营的幸存者之后，他写道："他者对我的接受才是决定性事实，它点亮一切。"

我想停下来，说一说希腊版本的"掳走欧罗巴"的故事。对希罗多德而言，这只是愚蠢的传奇绑架事件中的一个回合。但对

---

1. Emmanuel Levinas（1906—1995），法国哲学家，他反对自古希腊以来的整个西方哲学传统，并在此基础上提出了最激进的真正意义上的"他者"理论，著作有《从存在到存在者》《时间与他者》。

我而言，我所生活的大陆以她的名字命名，这个神秘女人的故事对我很有吸引力。

所有希腊人都知道，宙斯是个贪恋女色的神，总是在追求凡间的年轻女人。当他看上某个喜欢的女子，他就会换上最疯狂的伪装，去把人家弄到手。他扮过天鹅、金色的雨水、公牛，去诱奸心上人。他扮成公牛就是为了诱拐提尔国王的女儿欧罗巴。

古罗马诗人奥维德[1]讽刺地写道，在众神之父宙斯的宫殿里，恰恰没有爱与和谐。宙斯和妻子赫拉在家里吵了一架后摔门而出，离开了奥林匹斯山，决定去凡间找个姑娘，扫去因吵架和婚姻不幸导致的不快。他来到提尔海滩，看上了国王漂亮的女儿欧罗巴公主。她正在跟侍女们散步。为了接近猎物，宙斯化身成一头公牛，皮毛像雪一样白，脖子上肌肉发达（奥维德语），威严的垂肉一直坠到前蹄上。欧罗巴盯着这头奶白的公牛，见它在水边安安静静地吃草，完全没有怀疑眼前的公牛其实是个心术不正的禽兽，如同许多个世纪后，赫尔曼·梅尔维尔[2]笔下的那头白鲸。

勾引开始了。公牛用白色的鼻子蹭欧罗巴的手，在海滩上跳跃、蹦跶，露出肚皮让她摸。欧罗巴笑了，不再害怕，开始跟它一起玩耍。她身边的年老侍女招呼她，提醒她千万小心，她却乐得忘了形，居然胆大包天，骑上了公牛背。公牛一感觉到姑娘的大腿搭在它的两肋，就拔腿往海里跑，面不改色地在海水中发足

---

1. Ovid（前43—约17），古罗马诗人，代表作为长诗《变形记》，其他诗作还有《爱的艺术》《恋歌》《岁时记》等。

2. Herman Melville（1819—1891），美国小说家、散文家、诗人，代表作为长篇小说《白鲸》。

狂奔。欧罗巴被吓坏了，回头望着海滩，薄薄的长衫在风中飘扬。从此，她再也没回过自己的家和城市。

宙斯踏浪狂奔，将她带到了克里特岛。后来，两人的孩子将在岛上创造出耀眼的文明，有宫殿、迷宫、吓人的牛头怪弥诺陶洛斯[1]和许多明亮鲜艳的壁画，如今吸引了一大堆游客，他们会乘坐豪华游轮前去，在克诺索斯宫殿的废墟间拍照。

欧罗巴的哥哥卡德摩斯奉命去找她。父王命他纵使找到天涯海角，也要把妹妹找回来，威胁他如果带不回欧罗巴，就将他流放。卡德摩斯只是一介凡人，不可能发现宙斯择定的隐匿罪行之处。他呼唤着欧罗巴的名字，走遍了希腊的每个角落，直到她的名字被刻在岩石上、橄榄树上、这片当时还不为人所知的大陆上的麦田里。无止境的寻找令他筋疲力尽，于是他建立了底比斯这座城市——俄狄浦斯家族的不幸之源。传说是卡德摩斯教会了希腊人书写。

自从语言学家欧内斯特·克莱恩[2]提出词源学的概念，许多语文学家认为"欧洲（Europa）"一词确实源自东方，跟阿卡德语的Erebu有关，与今天阿拉伯语词汇ghurubu是近亲。这两个词的意思都是"太阳落山的国家"，日暮之地；在居住于地中海以东的人眼里，那里是西方。在古希腊神话还没出现的年代，伟大文明的惠及之地是东方，位于底格里斯河和尼罗河之间的区域。相比之

---

1. 在古希腊神话传说中，宙斯和欧罗巴的儿子米诺斯国王的妻子帕西准生了一个牛头怪。宙斯命能工巧匠修建了一座迷宫，让牛头怪居住，任何人进去都走不出来。

2. Ernest Klein（1899—1983），罗马尼亚裔加拿大语言学家，1971年出版了《英语词源大词典》。

下，我们所在的欧洲大陆是蛮荒之地，是黑暗、野蛮的"远西"。

如果这一假说属实，欧洲大陆居然有个阿拉伯语名，那可真是语言的悖论。我试图想象名叫欧罗巴的女人的模样：她是腓尼基人，也就是今天的叙利亚或黎巴嫩人，她一定皮肤黝黑，五官鲜明，头发鬈曲。换到今天，在那些会对难民潮皱眉的欧洲人眼中，她就是那种让人起疑的外国女子。

其实，欧罗巴被掳的传说只是一个象征。在公主被掳的故事背后，隐藏着遥远的历史记忆：东方的知识和美从新月沃土来到西方，尤其是腓尼基人的字母表来到古希腊的土地上。欧洲拥抱了字母、书籍和记忆，并得以诞生。欧洲存在的基础正是将东方智慧拿来，为其所用。我们必须记住，曾经有一段时间，从官方意义上讲，我们才是蛮夷。

20世纪50年代中期，欧洲被铁幕一分为二，想去盟国领土之外的地方旅行比希罗多德时期还要难。1955年，一位名叫雷沙德·卡普钦斯基[1]的波兰年轻记者无论如何都想"跨越国界"，不管穿越的是哪段边境，位置在哪儿。他并不是渴望前往笼罩着资本主义光环、高高在上的伦敦或巴黎，不是。他只是渴望完成跨越国界这种几乎称得上神秘且具有重大意义的行为，走出被封锁的区域，体验另一边的世界。

---

1. Rjszard Kapuściński（1932—2007），波兰记者、作家，主要著作有《皇帝：一个独裁政权的倾覆》《与希罗多德一起旅行》。

他运气不错，《青年旗帜报》派他去做驻印度记者，报社的决定配得上这个激情洋溢的报纸名。出发前，总编辑送给他一本厚厚的希罗多德的《历史》的精装本。这本书有好几百页，着实不容易携带，但他还是带上了。每当他感到困惑或惊慌时，这本书总能让他安心。飞往新德里的航班第一站停靠在罗马，他即将"踏上西方的土地"。根据他在共产主义祖国接受的教导，对西方国家，他应该如瘟疫般避之唯恐不及。

在探索神秘的外部世界时，希罗多德的书始终陪伴在他左右。他在世界各地跑了一大圈，几十年后，他写了一本了不起的书，名叫《与希罗多德一起旅行》，书中洋溢着对这位不安分的古希腊人深深的好感。希罗多德是他的旅伴和灵魂伴侣："我对他十分感激。在我不安和失落时，他总是在我身边，帮助我……多年来我们一起走遍世界。这位经验丰富、学识渊博的古希腊朋友始终是一位优秀的向导。诚然，最好的方式是独自旅行，但我不觉得我们俩互相妨碍。毕竟，我跟他相隔两千五百年。此外我对他的敬意也让我与他保持了一定的距离。但我始终觉得，我是在与巨人携手同行。"

卡普钦斯基在希罗多德身上发现正在成形的优秀记者的素质：一个真正的报道者的直觉、观察力和倾听力。他认为，《历史》是世界文学史上第一部报告文学。英勇无畏的作者跋山涉水，远渡重洋，深入沙漠，对知识充满激情、执着与渴求。他给自己设定了一个了不起的目标——将世界历史永远保留下来，而且他永不气馁。在遥远的公元前5世纪，国外资料不可能在档案馆或图书馆里查到。因此，他本质上采用了记者的做法：旅行、观察、询问，在他人陈述和亲眼所见的基础上得出结论。就这样，他的知识一点点积累起来。

波兰记者兼作家卡普钦斯基想象他的古希腊导师旅行时的情形：在尘土飞扬的道路上，跋涉一整天后，他抵达了海边的一座村庄，他将手杖放在一旁，抖抖鞋里的沙子，立刻开始找人聊天。希罗多德诞生其中的地中海文化热情好客，在炎热的午后和傍晚，人们会与他一起围坐在桌旁，吃奶酪和油橄榄，喝清凉的葡萄酒，谈天说地。晚饭要么在炉边吃，要么在露天的千年大树下吃。他们聊着聊着，谈及各种历史、逸闻、古老的传说、故事。要是有客人来，大家会邀请他上桌。要是这位客人记性好，希罗多德就会收集到无数信息。

我们对旅行家希罗多德的个人生活几乎一无所知。值得注意的是，他在书中提到了许多人、许多事，唯独很少提到自己。我们只能确定他来自哈利卡那苏斯，就是今天土耳其境内的港口城市博德鲁姆。那里海湾绝美，人口众多，商道连通亚洲、中东、希腊。希罗多德十七岁那年，他的叔父带头造反，试图推翻亲波斯的暴君，但惨遭失败，他被迫去国离乡。年纪轻轻便成了没有国家的人，在当时，这是希腊人面临的最悲惨境遇之一。于是他不再考虑将来，决定冒险出海、上路，从印度到大西洋，从乌拉尔山到埃塞俄比亚，去看未知的世界。不知他在流亡中以何为生。他四处旅行，将巨大的精力投入到调查研究中，全身心地去了解各个国家的魅力。他结识好客的外国人，了解他们的传统、习俗，更新自己的想法。他书写有关遥远民族、敌对民族的事，没有一丝侮辱或贬损。就像卡普钦斯基所想象的那样，他一定直率、亲切、善解人意、开朗、话多，总有办法让人开心、让他们打开话匣子。尽管他被放逐，但他不愤怒，不记仇。他试图理解所有行为，弄明白为什么每个人会这么做，而不那么做。他从不将历史灾难怪罪到个人身上，他明白应该怪罪的是他们的教育、习俗和政治体制。因此，跟他造反的叔父一样，他狂热地维护自由与民主，反对专制、独裁和暴政。他认为只有在自由与民主的制度下，人才会活得有尊严。希罗多德似乎在说，要记住，一群小小的古希腊城邦，力量微不足道，居然能战胜伟大的东方势力，只因为古希腊人知道自己是自由的。为了自由，他们可以献出所有。

《历史》中有个片段很吸引我，第一次读到时我倍感惊艳。这段话说，不管人们愿不愿意承认，每个人的个性都是由思维习惯、重复和沙文主义决定的——"如果让所有人在所有的习俗中挑选出最完美的那些，那么每个人都会选自己的习俗，因为每个人都深信自己的习俗最完美。在大流士统治时期，他曾召集国境内的所有希腊人，问给多少钱他们就愿意吃掉父母的遗体。希腊人回答给多少钱都不吃。随即，他又召集名为卡拉提亚人的印度民众，他们的习俗是吃掉父母的遗体。他当着希腊人的面问他们——当然，对话时有翻译在场——给多少钱他们就愿意火葬父母。印度人纷纷嚷嚷，请大流士不要说亵渎的话。品达说的没错：习俗乃万物之主宰。"

有些作家认为，希罗多德的这段话包含了宽容的种子，让我们知道需要去理解、认识和反思。许多个世纪之后，这些将构成民族学的基础。不管怎样，这篇文章反映出他敏锐的洞察力：他既观察所到之处的人，也观察自己的同胞希腊人。文化习俗差异巨大，但无论在哪儿，其力量都是惊人的。说到底，各群体的共同点是他们认为自己的习惯是最好的，而这恰恰不可避免地让他们彼此为敌。见多识广的希罗多德发现并讽刺地道出了这一点：我们都以为自己胜人一筹。在这一点上，我们倒是平等的。

如果对卡普钦斯基来说，把希罗多德的书装在行李里都嫌太重，那对当年的读者来说则要不方便得多。确实，它是已知最早的大部头之一，而且可以确定的是，它是用希腊语创作的第一部散文体鸿篇巨制。传到我们手里的《历史》共九卷，以九位缪斯的名字命名，每卷对应一部完整的莎草纸书卷。想将九卷书一次性全部带走，真的需要找一名奴隶来负责搬运。

无疑，莎草纸书卷的发明是当年的一大进步，它比之前的任何书写材料都更实用：比泥板容量大，比烽火信号和石板铭文容易携带。即便如此，它依然麻烦得很。前文提到，莎草纸只能单面使用，因此，书卷会拉得很长，可用的那一面被写得满满当当，一行行地挤在一起。要在杂乱无章的文字迷宫中杀出一条路来，读者可费劲了，要不断地将几米长的书卷展开、合拢。还有，为了让昂贵的莎草纸物尽其用，词与词之间、句与句之间没有空格，章与章之间也没有分开。如果有时光机，让我们能够手捧一本公元前5世纪希罗多德的《历史》，它看起来会像是一个单词没完没了，长得没有尽头，足足写了近十卷莎草纸。

只有篇幅短的作品，比如一部悲剧或苏格拉底的一则对话，可以宽裕地写在一卷莎草纸上。莎草纸书卷越长，就越易碎，易破损，读起来越不方便。想在四十二米长的莎草纸书卷里——已知最长的莎草纸书卷——查找具体的一段文字，真的很容易胳膊抽筋加脖子僵硬。

因此，大部分古书不止一卷。公元前 4 世纪，古希腊书商和抄写员发展出一种方法来保证多卷本作品之间的联系。同样的方法已经在中东泥板上使用过，即在前一卷的结尾写上后一卷的开头，方便读者找到下一卷。可即便各种防范措施再多，作品的完整性永远受到威胁，因为弄散、弄乱、遗失的风险无法控制。

那时也有专门的匣子，用来存放和运输莎草纸书卷。把书放进匣子里，可以防潮、防虫咬、防自然破损。每个匣子根据大小，可以存放 5 到 7 卷书。说来也怪，许多古代作家被保存下来的作品数量往往是五和七的倍数。比方说，埃斯库罗斯留存了七部悲剧，索福克勒斯留存了七部悲剧，普劳图斯[1]留存了二十一部喜剧、提图斯·李维[2]的部分历史著作也是以十本为单位被保存了下来。有些学者认为，这么多年，经历一路坎坷、意外不断后，作品之所以还能保存下来，正是因为它们被集中放在了一个或若干个匣子里。

我又深入了解了一些细节，可以解释当年的书是多么脆弱易损、难以保护。每本书只有很少量的抄本在流通，要费老鼻子的劲才能将它们保存下来。火灾和水灾这样的自然灾害在当时相对频繁，它们会将书完全毁掉，无法补救。使用时的损耗、胃口大开的蠹虫、太过潮湿的天气，这些因素都意味着人们每隔一段时

---

1. Plautus（约前 254—前 184），古罗马喜剧作家，相传著有 100 多部喜剧，现存《俘虏》《一罐金子》等。
2. Titus Livius（前 59—17），古罗马历史学家，代表作为《罗马自建成以来的历史》，简称《罗马史》。

间就要将图书馆里的书和私人藏书一本本重抄一遍。老普林尼[1]写道，在条件最理想、呵护最仔细的情况下，一卷莎草纸的使用期限可达两百年。但大多数情况下，书的寿命要短得多。损失持续发生。一本书幸存的版本越少，找出来重抄就越麻烦。纵观整个古代和中世纪，在发明印刷术前，书始终在不断地遗失，或在濒临消失的边缘摇摇欲坠，即将落入深渊。

试想一下，每个人一生用好几个月的时间，把最心爱的书一字一句地抄下来，避免它们消失，这么做能挽救多少本书？

因此，一部像希罗多德的《历史》这样的鸿篇巨制——因为篇幅长，所以更脆弱——能够走过几千年的时光峡谷，来到我们身边，真是个小小的奇迹，是喜爱它的众多无名读者集体创造的。正如库切[2]所言，所谓经典，正是"那些从最糟糕的野蛮状态中幸存下来的作品，是一代代人不允许自己漠视它们，不惜一切代价也要拼命保留下来的作品"。

---

1. Gaius Plinius Secundus（23—79），古罗马作家，今仅存一部百科书式的著作《自然史》（亦译《博物志》，37 卷）。
2. John Maxwell Coetzee（1940—），南非当代著名小说家、文学评论家、翻译家，2003 年获得诺贝尔文学奖，代表作为《耻》。

二十　喜剧和我们对垃圾场的亏欠

意大利山区一座中世纪修道院的高墙之内，发生了一系列令人毛骨悚然的命案，命案的线索指向了伟大的修道院图书馆。如同一棵树藏在树林里，或一颗钻石藏在冰块里，有一册书藏在了图书馆里。为了它，修士们愿意去死或去杀人。修道院院长将这个棘手的案子交给了一位访客——巴斯克维尔的威廉去调查。威廉修士是宗教法庭裁判官，学过审讯术。这一切都发生在风起云涌的 14 世纪。

《玫瑰的名字》是一本令人惊讶的黑色小说，背景是一座修道院，那里隐秘，充满仪式，有许多不为人知的角落。翁贝托·埃柯巧妙地改变了这一类型的套路，他向所有时代的爱书人致意，将惯常的"蛇蝎美人"换成了一本不祥之书。这本书会诱惑读者，祸害读者，甚至取读者的性命。读者当然会好奇：禁书中到底藏着什么危险的秘密？据说这本书有"一百只蝎子那么毒"。是一本被藏起来的、具有煽动性的福音书？还是中世纪某个诺查丹玛斯[1]撰写的灾难性预言？是巫术？色情？亵渎？秘传？黑弥撒？不，不是这些小儿科的东西。当巴斯克维尔的威廉整理完各种错综复杂的线索，完成整个拼图，我们这才发现，哦，天啊！是亚里士多德的一篇文章。

真的吗？有的人恐怕会觉得自己上当受骗了。毕竟，亚里士多德不是什么激进作家或持叛乱思想的名人。如今我们很难想象，提出中庸之道哲学的理论家、细致的百科全书学者、吕克昂学园的创立者会写出一本邪恶之书。然而，翁贝托·埃科臆想出了一本谁也没读过的亚里士多德的作品，书中蕴藏着危险的含义。它是关于喜剧的论著，是早已失传的《诗学》传奇的下半部。据亚里士多德本人暗示，此书探索了革命性的喜剧世界。

快到《玫瑰的名字》大结局时，我们会读到典型的连环杀手的冗长自述，那是所有自负浑蛋的高光时刻。那时，他们明明可以干掉侦探、获得胜利，却选择愚蠢地炫耀自己的聪明才智。在这本书里，杀人修士用耸人听闻的末世口吻解释为什么亚里士多德关于笑的文字是危险的，应该让它消失："在这本书里，笑被提升为艺术，成为哲学之物，背离正道的神学。笑使农奴免除对魔鬼的惧怕：在愚人的狂欢中，魔鬼也显得可悲而愚蠢，因而可以控制。这本书教导人们，免于惧怕是智慧之举。当农奴大笑时，酒在他的喉间滚动，他觉得自己就是地主，因为他把自己和地主的地位颠倒了。但是这本书将告诉学者，从那一刻起，这种颠倒

---

1. Nostradamus（1503—1566），犹太裔法国预言家，代表作为预言集《百诗集》，预言了许多历史事件及重要发明。

可以合法化。这本书可以诱发魔鬼的火花，让全世界燃起新的火焰。如果有一天，由于文字不可摧毁的见证，人们接受了笑的艺术……那么，我们便没有武器可以对抗那冒渎了，因为那会招来肉体的黑暗力量，如放屁和打嗝。那时，不管在哪里，屁和嗝都会肆无忌惮地往外冒！"

翁贝托·埃柯想象出来的凶手给我们提供了线索，让我们明白，诅咒是冲着喜剧来的。古代幽默曾经遭受灭顶之灾。亚里士多德论喜剧的作品的所有抄本都遗失了，书的另一半关于悲剧的论著却被好好地保存了下来。古希腊众多喜剧作家的作品在剧场上演，场场爆满，观众们兴致勃勃。但作品流传下来的只有一位，那就是阿里斯托芬[1]。亚历山大图书馆书目中收入的大部分文学体裁（史诗、悲剧、历史、演讲、哲学）都是严肃的，甚至庄严。

直到今天，正统标准还在排斥喜剧。喜剧获奥斯卡奖的可能性很小；要是有喜剧细胞的作家能去斯德哥尔摩领取诺贝尔文学奖，我们会觉得诧异。广告商和电视节目制作人都知道，喜剧很有卖点，但学院派不会让它登大雅之堂。大众文化过分依赖喜剧，导致它降格。真人秀和喜剧小品能让我们开心，但高雅文化总会高高地挑起眉毛，排斥这种低俗美学。如此不重要的娱乐，以及大笑疗法的成功，似乎将笑局限于个人发泄或短暂的娱乐。

研究者路易斯·贝尔特兰（Luis Beltrán）认为，我们视幽默为奇怪的边缘化现象，这是错误的。他还认为，真正奇怪的是严肃，

---

1. Aristophanes（约前448—前380），古希腊喜剧之父，相传写过40部喜剧，现存《阿卡奈人》《骑士》等。

它居然在我们称之为"历史"的近代文化与经济不平等时期大获全胜。别忘了，这一阶段只是冰山一角，在上万年的时间里，我们以另一种方式生活着。早于文字、君主制、财富积累的原始文明，从根本上讲，是平等的、欢乐的。据苏联文艺理论家米哈伊尔·巴赫金（Mikhail Bakhtin）描述，节庆时，我们的远古祖先们戴着面具，乔装打扮，热热闹闹地过节，共同庆祝在这场生存之战中取得了胜利。当社会的贫穷无可避免，组织体系十分简单时，类似平等的精神就会存在。然而，一旦新的农业文明和货币文明让致富成为可能，粮仓更满的人就会赶紧去创造社会等级制度。从那时起，不平等社会的领导阶层就偏爱严肃的语言，因为单纯的笑容里蕴含着对统治、权威和等级的反叛，是可怕的蔑视。

巴赫金理论吸引我的是他对笑的平反，但我不认为那个世界是平等、欢乐的。在我的想象中，它恐怖、专制、暴力。我更认同库布里克的电影《2001 太空漫游》中想象的场景，当第一个原始人发现可以拿骨头当工具时，他无疑会迅速地将它砸向同类的脑袋。部落不是什么众生平等的天堂，它有首领。确实，跟我们这个时代相比，群体内部各人拥有的财产几乎没有区别。但我估计，这恐怕不会阻止有人专横霸道：你不准进来；我要最大的那块肉；我们打猎老是运气不好，全怪你；我们要把你们赶出部落；我们要把你们通通杀掉，等等诸如此类的行为。我也不认为笑总能恢复平等，也有残忍的笑、反动的笑：校园里霸凌者对弱者的嘲笑，或纳粹分子聚在一起，一边抽烟一边说笑。然而……

然而，有一种反叛的幽默，它挑战了统治关系，让专制世界的光环生出裂缝，它谴责皇帝的错误，将他批得体无完肤。如米兰·昆德拉[1]在小说《玩笑》中解释的那样，笑的能耐可大了，它能让权力失效。因此，它令人不安，常常遭到惩罚。通常，每个时代受人敬爱的领袖都会厌恶并迫害敢于讽刺自己的喜剧作家或喜剧演员。喜剧人总是跟政权、跟最铁腕的人发生冲突。即便在当今民主社会，幽默和侮辱的界限也常常引起激烈的辩论。一般来说，人们的态度取决于所涉及的信仰是自己的还是他人的。忍耐程度因人而异：我很生气，你很容易受影响，他很教条。

跟卓别林一样，阿里斯托芬总是展现出持不同意见的叛逆笑容。其实我一直认为，两人的幽默有家族传承之感，卓别林是亲切的表兄，阿里斯托芬是爱讥诮的祖父。两人都对普通人、脆弱的人感兴趣，作品中的主人公从来不是贵族。依据不同场合，卓别林电影中的夏洛特可以是流浪儿、逃犯、移民、酒鬼、失业者或饿肚子的淘金汉。阿里斯托芬喜剧中的人物，无论男女，都既没钱又没有贵族头衔。他们债务缠身，想尽办法钻空子逃税，厌倦战争，渴望性爱和欢庆，嘴巴不干净，也许不至于饿肚子，但总是幻想能饱饱地吃一顿扁豆、肉和甜点。夏洛特同情孤儿和单亲妈妈，爱上女乞丐，有机会就淘气地踢一下警察屁股。他有胆量嘲讽阔佬、大企业家、移民警察、"一战"中不可一世的军人或希特勒本人。阿里斯托芬笔下的人物也差不多德行，希望通过性罢工阻止战争，占领雅典公民大会以宣布财产公有制，嘲笑苏格

---

1. Milan Kundera（1929—），捷克裔法国小说家，代表作为《不能承受的生命之轻》。1967年出版的《玩笑》曾被苏联列为禁书。

拉底，提议要治好财富之神的近视眼，好让他将财富分配得更公平。两人的所有作品中都有各种闯荡和胡来，最后以热闹、丰盛的群众宴会收场。

阿里斯托芬和卓别林都遇到了法律问题。

阿里斯托芬的喜剧时时都在影射政治人物，各种丑化讽刺，如同电视上的讽刺木偶剧。演员们在舞台上指名道姓地——更确切些，指的是名，道的是父姓——拿坐在位子上的观众开心，笑这个有眼屎，那个太小气，这个太丑，那个太贪。作品在雅典城上演，这里是当时的国际化大都市、世界上最重要的城市，尽管当年的雅典仅有十万人口，在今天看来只是个小小的省会城市。在那里，大家彼此相识，并且跟任何时代一样，互相嚼舌根。阿里斯托芬在城市广场上与市民碰头，早上一起去买东西，批评统治者，监视邻居，说说闲话。他跟怀念过去的保守派关系特别好，对新趋势没什么好感。晚些时候，他在舞台上，基本跟在街上一样，随便议论人，笑话伯里克利，给另一位政治领袖起绰号，叫他"卖腊肠的"。他觉得拥向雅典城的知识分子、新晋教育家和学者尽是些没脑子的家伙。不过，他们给他的喜剧提供了许多素材。剧本中出现了各路名人，在他的安排下做着极其荒唐的事。他用的是街头语言、乡村语言，也会突然戏仿悲剧或史诗中那种浮夸的句子。正如安德烈斯·巴尔瓦[1]所言，他在用唯物主义的方法回答唯心主义的问题："阿里斯托芬通过舞台魅力为我们开启了一条新的道路：笑着迈向和平，笑着迈向自由，笑着参与政治。"这种喜剧

---

1. Andrés Barba（1975—），西班牙作家、翻译家，代表作为《光明共和国》。

被称为旧喜剧，一直存续到雅典民主终结，在此期间常常对其进行攻击。

阿里斯托芬的幽默后继无人。应该说不是后继无人，而是在他生前就已终结。公元前 5 世纪末，斯巴达支持了雅典的一场寡头政变，进而征服了雅典。接下来是几十年的政治动荡和因溃败破碎的心灵，无所顾忌地批评的时代一去不复返。阿里斯托芬本人倒是笔耕不辍，继续创作喜剧。但他下笔已经十分谨慎，情节上的隐喻越来越强，不再明显地指向个人，也不再对统治者冷嘲热讽。

到了下一代，希腊人则被并入了亚历山大帝国及其继任者们的王国。那些君主开不起玩笑，于是新喜剧诞生了。新喜剧更加多愁善感、风俗主义、情节复杂。奥尔特加·伊·加塞特[1]在写下"喜剧是保守党们的文学体裁"时，心中所想的一定是新喜剧的那种幽默方式。据我们所知，新喜剧的剧情元素单一、重复，讲的无非是年轻的主角、狡诈的奴隶、偶然的相遇、被认错的双胞胎、严厉的父亲和好心的妓女。当年最有名、最受欢迎的喜剧作家是米南德。

米南德在古代文学传播中是一个孤例。他的作品在许多个世纪里被人兴致勃勃地阅读，到头来居然渐渐遗失殆尽。在古埃及莎草纸书卷复原他的喜剧的大量篇目之前，我们只看到过别人对他作品的引用。他是手稿时代唯一一个作品遗失殆尽的重要作家。

---

1. Ortega y Gasset（1883—1955），西班牙哲学家、思想家、文学评论家，著有《大众的反叛》《艺术的非人性化》等。

他跟许多其他作家一样，同属于被夷为平地的喜剧界。失语的喜剧作家名单很长，有马格涅斯、穆罗、欧波利斯、克拉提努斯、埃庇卡摩斯、斐莱克拉特斯、柏拉图（不是哲学家柏拉图）、安提法涅斯、阿莱克西斯、狄菲洛斯、菲莱蒙、阿波罗多罗斯等。

尽管新喜剧作家试图以无害的方式为大众提供娱乐，但到头来还是不讨好。随着古代社会变得越来越清教徒化，喜剧中那些重复的不道德剧情就变得越发碍眼，纵情玩乐的年轻人、妓女、受骗上当的父母教不了下一代任何有用的东西。在学校里，老师们只挑米南德的金句或作品选段给学生阅读，小心翼翼地不去污染他们纯真的心灵。于是，米南德的作品和大部分古代喜剧作品一样，一点点地被审查，一点点地遗失。在漫长的历史进程中，《玫瑰的名字》中那位破坏作品的修士有许多同道。我们看到了喜剧的悖论所在和悲剧所在：最好的喜剧作品迟早会遇上敌人。

"课本（textbook）"这个词就跟"木制木板""出去外面""最终结局"，以及"不必要的残忍"一样累赘。尽管多此一举地同义重复，但其实所有人都明白课本指的是教学用书。古希腊人已经有了课本，也许课本就是他们发明的。课本中收入了文学作品选段，用来听写、评论和练习写作。作为作品选，课本对书籍的保存起到了至关重要的作用。绝大部分流传至今的作品在某个时期都曾经做过课本。

古希腊全球化时期的孩子何其幸运，他们除了学习最基本的知识，还能接受真正的文学教育。首先，他们的父母重视语言，按现在的说法叫沟通能力。阅读伟大作家的作品能扩大人的词汇量，让人讲话更加流畅。古代世界的人坚信，不会口头表达就不会思考。古罗马谚语称："读书造就口才。"

其次，课本的风行与怀旧有关。许多希腊人跟随亚历山大的脚步，迁往未知的领土。从利比亚沙漠到中亚大草原，无论是法尤姆、巴比伦，还是胡泽斯坦的村子，都出现了前来定居的希腊人。很快，他们建立了各种机构、小学和体育馆。文学作品可以使移民保有共同的语言、文化体系和身份认同，是散居在广袤帝国领土上的希腊人彼此接触和交流时最可靠的工具。在偌大的地理版图上迷失方向的他们，在书本中找到了精神家园。也有不少当地土著居民希望通过学习希腊语和希腊人的生活方式获得个人提升。演说家伊索克拉底对文化国民的新概念总结得最到位："我们视与我们有相同文化的人、而非相同血缘的人为希腊人。"

希腊人接受的是哪种类型的教育？通识文化的陶冶。和我们不同，他们对专业教育完全不感兴趣，瞧不起技能性的知识。他们对求职谋生没有执念，毕竟有奴隶负责干活。只要条件允许，谁都不会自贬身价去学一门手艺。悠闲才是体面的，换言之，要充实思想，缔结友谊，与人交谈，过勤于思考的生活。只有社会不可或缺的医学才能要求从业者接受相应的职业教育，但医生也会有明显的文化自卑感。从希波克拉底到盖伦，所有人都在著作中反复强调医生也是哲学家。他们不想被困在专业领域内，努力地想表现出自己很有文化，在著作中也会引用那些重要诗人的诗句。对其他人来说，教学内容和阅读内容基本上是相同的，整个帝国的疆域内皆是如此，这一情况构成了强大的殖民地凝聚力。

这种教育模式运行了好几百年——罗马人只是在同样的理念上适当变通，成为欧洲教育学的基础。尤利安皇帝[1]曾经撰文，解释接受古希腊罗马通识教育的学生有何职业出路。他说，接受经典教育，即文学教育的学生，可以推动科学进步，成为政治领袖、军人、探险家和英雄。当时，博览群书者工作前景十分广阔。

前文提到，公元前3世纪到前1世纪，统治阶级之外的人也能读书、识字。当时国家开始管理学校教育，但是政府构架过于陈旧，管理机制羸弱不堪，不足以接受挑战，推广真正意义上的公立教育。学校由当地政府自行管理，各个城市便找人捐赠，请他们慷慨解囊，为教育和其他公众服务提供资金。古希腊文明，包括后来的古罗马文明，本质上是崇尚个人主义和自由主义的。当年有许多比尔·盖茨之流捐赠投资公共工程——道路、学校、剧场、浴室、图书馆或音乐厅，负担地方庆典活动，展现他们巨大的财力。捐赠被视为富人在道德上的义务，如果他们希望承担公职，那么更要如此。

小亚细亚的海滨城市提欧斯出土了一块公元前2世纪的铭文，记载一位捐赠者捐了一笔款项，以确保"所有自由人的孩子都能接受教育"。捐赠者规定，要聘用三位教师，分别教三个年级；此外他还明确指出，三位教师必须既教男生，又教女生。在帕加马，人们发现了一块公元前3世纪或前2世纪的铭文，铭文也记录了

---

1. Julian（331—363），罗马帝国君士坦丁王朝的皇帝，361至363年间在位，由于对学问的热爱，赢得了"哲学家"的称号，著有多部诗歌及杂文作品。

学校里有女生，因为她们的名字出现在学校阅读比赛和书法比赛的获胜名单里。我很乐意想象那些小女孩表情严肃地写字，双唇微启，舌头微露，即将赢得史上第一批颁给女孩的奖项。我自忖，她们知道自己是先锋吗？她们大胆地梦想过，二十五个世纪后，我们依然会记得她们曾经战胜过愚昧，取得过胜利吗？

二十一　一段与文字的热恋

　　幸亏有那些古老的垃圾场，我们才能目睹埃及普通人书写的文字。前文提到，当年常用的书写材料是莎草纸，它只能保存在异常干燥的环境中，阴雨连绵的潮湿环境会对它造成损坏。在埃及的某些地区——不幸的是，不是亚历山大港所在的尼罗河三角洲——能找到两千年前被当成垃圾扔掉的文字。多少个世纪以来，它们仍在原处，没有损坏，没有解体，只是一点点地被滚烫的沙子封存。这些沙子形成保护层，将它们完好无损地保存下来。于是，农民在垃圾场发现的或考古学家从垃圾场发掘出来的成千上万卷莎草纸传到了我们手里，有的墨迹之新宛如古人当天写就。文字内容各异，从骄傲官员的书信到待洗衣物的清单，不一而足。几乎所有莎草纸上的文字都是希腊语，它是当时的官方语言，也是文化人所使用的语言。日期从公元前 300 年到公元 700 年，从希腊占领埃及到托勒密王朝统治时期、罗马帝国统治时期，最后到阿拉伯帝国统治时期。

　　莎草纸书卷表明，许多不任公职的希腊人也会读书写字。他们无须求助专业抄写员就可以自己办手续，自己撰写商务文件和往来书信。不仅如此，他们还会把读书作为消遣。一位男子住在埃及乡下，生活单调乏味，无聊的他写信给朋友："如果你已经抄好了那些书，请寄给我，让我们好歹有东西可看，能打发下时间，这里连说话的人都没有。"是的，面对沉闷的乡村生活，有人将书视为救命稻草。我们挖出了他们读过的部分书籍，有的是残本，有的居然是全本。在潮湿的亚历山大港，人们没有找到莎草纸书卷，尽管他们吹嘘说此地的读书人比世界其他任何地方都要多。即便如此，在干燥地区的这些发现也能让我们满足一下好奇心，看到当时的人们在读什么书。如果我们能相信基于每部作品能找到的册数估算出的数字的话，我们甚至能知道他们爱读哪些书。

我承认，对于别人的阅读习惯，我总会按捺不住好奇心。公交车上、有轨电车上、火车上，我都会将脖子扭成不可思议的角度，去偷窥周围的人在看什么书。我相信书如其人。因此，能跨越数千年，窥见埃及外省郊区的读者私下里看的书，让人激动不已。从年代上看，或许法尤姆肖像[1]画的正是这些男人和女人。他们用充满乡愁的大眼睛询问我们，如此生动鲜活，让我们依稀想起某个认识的人。

莎草纸书卷能反映出他们的哪些信息？他们最爱的诗人是荷马，他遥遥领先其他诗人；他们喜欢《伊利亚特》甚于《奥德赛》；他们也读赫西奥德、柏拉图、米南德、德摩斯梯尼和修昔底德，

---

1. 指1到4世纪出现在埃及北部法尤姆地区的描绘于木板上的死者的胸像或肖像，被置于棺盖上或覆于木乃伊的尸布上。肖像上的人物往往眼睛很大，凝视前方，颜色鲜明，相当逼真。

但榜单上的第二名是欧里庇得斯。这让我想起一则关于书的力量的绝妙逸事。

让我们回望伯罗奔尼撒战争的动荡年代。雅典帝国的统治者们跟强大的斯巴达兵戎相见，而他们似乎还嫌不够，居然派出一支远征队，渡海来到西西里岛，围困锡拉库萨，结果一败涂地。七千多名雅典士兵连同盟军全部被俘，在战胜国城邦的采石场里做苦役，也就是"石牢"。据修昔底德描述，他们要抡锤子，抡到废了手、丢了命为止。人被困在深深的采石坑里，忍受酷热或严寒，病痛交加，与尸体为伍，跟自己恶臭的屎尿生活在一起，每天只喝一点点水，吃少量大麦，最终渐次死去。普鲁塔克写道，锡拉库萨人很喜欢诗歌，凡是能背诵出欧里庇得斯诗歌的人，即可免罪，当场释放。"据说，许多最终能平安回家的人都万分感激地登门拜谢欧里庇得斯。一些人告诉他，自己因为背诵了他的作品片段被释放而免于奴役；另一些人在最终的大战后漂泊无依，靠唱他写的诗获得了别人施舍的水和食物。"今天，锡拉库萨的采石坑里挤满了游客。圣保罗曾在这里宣扬基督福音，丘吉尔曾在这里画水彩画。

荷马和欧里庇得斯是竞赛的大赢家，他们是塑造希腊人梦想的作家。在童年时代，所有人都是靠抄写他们的诗歌学会读书写字的，这可以解释为什么在出土的莎草纸中有那么多他们的抄本。那时候教孩子读书，不是从"妈妈爱我"这种简单的句子入手的。教育方法是不管不顾，一股脑地填鸭。几乎从一开始，孩子们就被揪着脖子，直接去读欧里庇得斯的美妙但艰深的文字。他们根本看不懂，什么"美妙的睡眠，可以减轻痛苦，快降临到我身上吧"；或者"勿将新鲜的眼泪洒在过去的痛苦之上"。而出土的许多作品片段极有可能是学生抄写下来的。也有读者爱上了诗歌的音乐性，这里有个特别感人的例子。考古学家们在一具木乃伊女尸的脑袋下面几乎碰到她身体的地方发现了一卷莎草纸，是《伊利亚特》中一段特别优美的诗。我想，那位热情的读者是想确保在另一个世界依然有书可读；在渡过忘川——根据他们的信仰，忘川对岸便是冥界——之后，还能想起荷马的"插翅语言"。

人们从埃及沙漠里发掘出几十份文本，均属私人藏书，有喜剧、哲学书、历史书、数学书、音乐书、技术手册，甚至还有在出土前我们并不知晓的陌生作家的作品。我想着那些无名的藏书家，想知道他们是怎么弄到这些小众书籍的。荷马、欧里庇得斯和其他知名作家的作品肯定能轻而易举地在亚历山大港的书店里买到，但那些不常见的书籍的抄本恐怕只能专门订购。以亚里士多德的《雅典宪法》为例，它的主人很可能是在一家作坊订购了抄本，这家作坊可能得派一名抄写员前往亚历山大图书馆，照着馆藏原本抄一份回来。如此奔波忙碌无疑会使订购价飙升。当时，弄到一卷小众书也许意味着要出一趟小小的远门，当然也意味着钱包会大出血。

囊中羞涩的读者只好去图书馆。在亚历山大港和帕加马之外，其他地方也有图书馆，只是规模不大，无法跟皇家图书馆的惊人藏书相媲美，但它们至少可以向读者提供伟大作家的代表作。我们再次通过刻在石头上的铭文了解到这些图书馆的存在。比方说，如今土耳其附近的科斯岛上当年就有一家图书馆，铭文残片列出了私人捐赠的情况。一对父子支付了场馆建设费用，并捐赠了一百德拉克马；另外四人各捐赠了两百德拉克马和一百本书；还有两个人捐赠了两百德拉克马。钱当然是用来买书的。雅典和别处也有类似的例子。

地方图书馆很可能跟所在城市的体育馆有所关联。一开始，年轻人在体育馆练田径和搏击。"体育馆"一词源于"裸体"，因为古希腊人习惯做运动时一丝不挂，浑身抹油，毫不害臊地展示男性的躯体美——这个习惯怕是会让蛮族目瞪口呆。古希腊后期，体育馆变成了教育中心，设教室、阅览室和演讲厅。我们知道，至少雅典的体育馆是自带图书馆的，因为部分刻在石头上的书目被保存了下来。这份馆藏书目似乎是刻在图书馆墙上的，方便读者快速查找，免得要去查阅莎草纸书卷。老是开开合合，书卷也容易损坏。根据书目，该馆专门收入了喜剧和悲剧。欧里庇得斯的作品有二十多部，索福克勒斯的作品有十多部，还有十五部米南德的喜剧，只有两本散文，其中一本是德摩斯梯尼的演讲。而著名的修辞学研究中心罗德岛上的图书馆几乎没有剧本，专门收入政治和历史方面的著作。

如果雅典和罗德岛的例子可以推广到所有设体育馆的城市，那么在古希腊后期，恐怕有一百多家图书馆，构成了一张精致的精神血管图，将文字和虚构的故事输送到国家的各个角落。

德摩斯梯尼七岁时丧父。他的父亲是造武器的，留下了足以让他衣食无忧的财产，可惜被监护人挥霍掉了。母亲破产后没钱让他接受良好的教育。母子俩日子过得很艰难。德摩斯梯尼瘦得皮包骨，病恹恹的，弱不禁风，老是被同街区的孩子们取笑。他们甚至给他起了个绰号，叫 bátalo，意思是"肛门"，等于是骂他"同性恋"。此外他还有个让他自卑的缺陷：说话不利索。可以肯定的是，他要么有口吃，要么发某些辅音有困难。

据说他用自虐式的训练克服了这些困难。他逼自己含着小石子说话；去乡间跑步，增加肺活量；呼哧呼哧地爬山，气喘吁吁地背诵诗歌；在暴风雨天气里去海边散步，在海浪咆哮声中凝神思考；在家面对穿衣镜，反复练习很难发音的句子和击中人心的姿态。普鲁塔克描述的他练习的场面，让人想到罗伯特·德尼罗在《出租车司机》中面对镜子，反复念叨那句"You talkin' me？"[1]。一个穷困、口吃、被人欺负的孤儿多年之后成了史上最伟大的雄辩家。古希腊人跟今天的美国人一样，爱看战胜自我的励志故事。

数字十代表完美，它是我们用的十进制的基础，在学术领域它代表优秀，代表最高标准。对毕达哥拉斯派学者而言，它是个神奇而神圣的数字。难怪雅典有十大顶级演说家，人们认为其作品值得保存和研究。古人认为，迷人的文字力量的最高表现形式正是演讲。

古希腊人是出了名的爱聊天、打官司不嫌累。跟其他文化的虚构作品不同的是，希腊神话中的英雄不单单是四肢发达、孔武有力的战士，在必要时所有人都能口吐莲花，侃侃而谈，因为他

1.《出租车司机》是马丁·斯科塞斯执导的电影，1976 年上映，从一个出租车司机的视角讲述了一个发生在越战结束后的纽约的故事。罗伯特·德尼罗饰演刚从越战归来、患有严重失眠症的出租车司机，台词"你是在和我说话？"是电影史上的经典对白。

们都曾被教育成文字方面的专家。雅典的民主机构开拓了演讲领域：所有雅典人——要符合自由人、男性这两个条件——都可以在投票通过政治决议的公民大会上面对同胞发言，也都可以作为大众评审团评判他人的演讲。他们似乎很喜欢无休无止的闲聊，从中心广场到议会，闲聊是日常生活的主要调味料。阿里斯托芬写过一个讽刺喜剧，说有个名叫菲洛克莱翁的人对打官司超级上瘾。为了帮他克服强迫症，儿子在家中私设公堂，让父亲自任庭长。无人可告时，他们就审家里的狗，说它偷吃了厨房里的一块奶酪，随即即兴发表洋洋洒洒的控方发言和辩方发言。对菲洛克莱翁来说，自编自演一出法庭剧大大缓解了他的症状，宛如瘾君子又吸食了一份毒品。

希罗多德写道，在关键的萨拉米斯海战前夜，将士们本该休息充分，神清气爽地应战。结果将领们吵了起来，一直吵到后半夜；士兵们纷纷抱怨，批评长官们行事荒唐。尽管架也吵了，仗也打赢了，但希罗多德似乎对爱打口水仗这个国民性格十分不满。按他的想法，这正是希腊永远建不成强大、统一国家的原因所在。没错，他们热爱文字和深入的讨论，所以他们能写出美轮美奂、精雕细琢的诗歌，但也能将任何讨论升级为无意义、破坏性的争吵。

古希腊律师和政治家的演说方式跟现在截然不同。那时候，没有法律可以制裁诽谤和中伤，于是演说家们竭尽侮辱谩骂之能事来互相伤害。无休止的个人攻击和无底线的控告，为辩论增加了一种病态的、拳击比赛般的乐趣。他们的功力已臻化境，变着法地互相攻击，把文字玩出了新花样，众人也都听得如痴如醉。

当时法庭均设陪审团，法律之争没有辩论的精彩程度重要。审理个人案件时，司法程序要求诉讼人准备接连两场法庭自辩，不像现在，律师可以代表当事人发言。当年的做法是：如果诉讼人没有自信写出合适的辩词或控书，通常会找人代笔，请他去研究案子，用尽量口语化的方式简单地写出令人信服的讲稿，自己记在脑子里去法庭上背诵。大多数雄辩家以此为生。此外，他们也会借案子提高知名度，希望能在政界大展宏图。

优秀的政治或司法讲稿会在演讲后不久——当论战还是热点话题时——被发表出来。人们会去兴致盎然地读，就像现在津津有味地追律政剧。的确，我最钟爱的一部律政电影《杀死一只知更鸟》就有对那个时代的致敬。哈珀·李塑造的主人公律师——我们总会想起格列高利·派克那张汗津津的、慈父般成熟的脸——名叫阿蒂克斯·芬奇，显然呼应了雅典的十位正典雄辩家。[1] 当然，跟所有优秀的雅典雄辩家一样，小斯各特的英雄父亲知道如何在持敌对态度的陪审团面前说出那篇振聋发聩的辩词，为黑人辩护。毕竟这是在种族主义盛行的亚拉巴马州，20世纪30年代的经济大萧条让这里陷入了贫困。

十位传奇雄辩家都先后出生在一百年里，公元前5世纪到公元前4世纪之间。大家彼此相识，恶语相向。他们的光辉岁月正值雅典民主时期，古希腊后期的君主制已经走向穷途末路。事实上，德摩斯梯尼最著名的讲稿就是《致腓力书》系列，他在其中

1.《杀死一只知更鸟》于1962年在美国上映，主角律师芬奇，也是小斯各特的父亲，名叫阿蒂克斯（Atticus），意思是"古希腊雅典人"，且用了复数。作者认为意在呼应雅典的十位雄辩家。

不遗余力地猛烈抨击亚历山大的父亲、腓力二世的帝国主义行径。从那时起，任何抨击别人的人都只是咄咄逼人的德摩斯梯尼的小徒弟罢了。

十位雄辩家之一的安提丰[1]是一位真正的先驱，他率先使用了精神分析和语言疗法。他在职业生涯中发现，有效的演讲可以让人感动、让人高兴、让人激动、让人平静，总之，可以对人的精神状态产生很大的影响。于是，他有了一个新奇的主意，发明了一种堪比药物治疗的方法，使人们避免痛苦和难过。他在科林托城开了家铺子，招牌上写着"可以用合适的话语抚慰伤心的人"。病人上门时，他会无比认真地倾听，弄明白是什么让他伤心，再用宽慰的话"将忧伤从他心里抹掉"。他用具有说服力的话语之药医好了病人的痛苦。古代作家称他因宽慰性话语而出名。后来，有些哲学家断言，安提丰的工作是"通过讲道理驱赶不听话的悲伤情绪"。然而，安提丰毕竟是第一个凭直觉意识到用话语疗伤可以成为一种职业的人。他还意识到，治疗方法应该是一种探索式的对话。经验告诉他，应该想办法让痛苦的人说出令他痛苦的原因，在寻找措辞的过程中往往就能找到对策。许多个世纪之后，奥斯威辛和达豪集中营的幸存者、弗洛伊德的学生维克多·弗兰克尔[2]发展出一种类似的疗法，用来医治那段时间在欧洲大陆发生的残忍行径留下的精神创伤。

被文字之美吸引的古希腊人开创了演讲这种体裁，并在古代

---

1. Antiphon（前480—前411），古希腊雄辩家，柏拉图的同母兄弟，著有《论真理》等。
2. Viktor Frankl（1905—1997），奥地利神经学家、精神病学家、维也纳第三心理治疗学派——意义治疗与存在主义分析的创始人，代表作为《活出生命的意义》。

取得了令人叹为观止的成功。这些雄辩家、演讲教师们游走于城市之间，招揽学生。他们开办展示会介绍自己，公开展示教学质量，在听众面前表现口才。他们有时备好讲稿，有时由听众现场出题，进行即兴演讲，诸如蚊子颂、秃头颂之类的题目简直匪夷所思。有些演讲面向大众，谁想听就去听；但通常来说，演讲会只对购买门票的部分听众开放。雄辩家们会精心设计舞台效果，有时甚至会以衣衫褴褛的古代吟游诗人的怪模样出现，以表明自己继承了那些凭借唱诗既迷住了王公贵族又迷住了村野农夫的诗人的衣钵。到了古希腊后期，该现象更加普遍，一大群知识分子——当然有演说家，还有艺术家、哲学家、医生——奔波在帝国的各条道路上，将操练娴熟的才能从东带到西，从南带到北，坚信即便在已知世界最偏远的角落也能找到热心的听众。演讲成了最具生命力的文学体裁，按照某些专家的说法，它最圆满地定义了当年文化的原创性。而彼时开启的道路也通往如今的 TED 演讲和前总统们价值百万的演讲生意。

公元前 5 世纪，了不起的雄辩家高尔吉亚写道："语言是强有力的君主，它以小到不可见的身躯完成最神圣的使命：消除恐惧，缓解痛苦，带来快乐，增加同情。"古希腊思想回荡在福音书中我觉得最美的句子之一里："只要你说一句话，我就必好了。"[1]

然而，对语言发自内心的热情衍生出一系列修辞技法，最终一点点地腐蚀掉了演讲的自然性。演讲者们建立了一套书写讲稿的方法，包含格式、准则和步骤，规定得事无巨细。文体上套用

---

1. 出自《马太福音》。

这一严格的规定，再加上让人透不过气来的引言、正论、反驳等，往往会导致很可怕的结果。不幸的是，纵观整个古代，卖弄口才的老师和废话连篇的艺术家比比皆是。人们对华丽辞藻的热爱渗透和毁掉了许多文学作品。我在翻译古希腊或古罗马作品时，有时会忍不住哈哈大笑。作者明明在说最基本、最深刻的情感——痛苦、欲望、遗弃、放逐、孤独、畏惧、自杀冲动，却在最不合适的时候露出了熟记修辞格式的用功学生的马脚，破坏了好好营造出来的氛围。在使用对照、词尾重复、形音相近时，世界正在他脚下陷落。

从那时起到现在，我们对"生命处方"的天真信仰供养了许多巧言令色、夸夸其谈的人。如今，所谓的人生自助十诫铺天盖地，开出了各种迈向成功的神奇方子——挽救婚姻、塑造身材或成为高效人士的十种方式；成为优秀父母的十个关键；做出完美排骨的十个窍门；精彩地完结一章的十句话。不幸的是，最后这本我没买。

2011 年，路易威尔的一家出版社在出版马克·吐温最著名的两本小说《哈克贝利·费恩历险记》和《汤姆·索亚历险记》时，删掉了贬义词"黑鬼"，替换成了中性词"奴隶"。负责该项文学预防方案的是一位大学教授、马克·吐温研究专家。他表示，应许多中学教师的要求，他做出了修改原文的艰难决定。《哈克贝利·费恩历险记》原文使用了"侮辱性的、种族歧视性的语言"，让许多学生产生明显不适，因此不宜在中学课堂上使用。这位教授说，为了避免美国经典文学彻底被当今学校所摒弃，做个小小的外科手术是最好的办法。这不是孤例。近年来，陆续发生了一连串跟青少年文学经典作家相关的争议，尤其是作品被纳入课本的作家。

一大群焦虑的父母担心格林兄弟或安徒生可能会给娇弱的孩子带来无法医治的精神创伤，他们问道，《灰姑娘》《白雪公主》或《坚定的锡兵》会让 21 世纪的孩子沾染上多么错误的价值观啊？还会把他们吓着。不难看出，这些保护未成年人的倡导者更乐意接受迪士尼工厂的加糖版改编，而不是残忍、暴力、父权制且过时的原著童话。他们中的许多人就算不想将在不完美的过去写就的传统文学禁掉，也希望至少能按照后现代良好的道德观对它做些改动。

美国幽默作家詹姆斯·芬恩·加纳于 20 世纪 90 年代中期出版了一本书，名叫《政治正确的童话故事》，用诙谐的笔调参与了这场论战。加纳的讽刺作品不是给儿童看的，而是夹杂着 21 世纪成年人委婉语的幽默独白。他以无懈可击的讽刺，几乎是荒谬地重写了《小红帽》的开头："从前有个小女孩，名叫小红帽，她和妈妈住在森林旁边。一天，妈妈让她送一篮新鲜水果和矿泉水到外婆家，请注意，不是因为这原本就是女孩子应该做的事，而是因为如此为他人着想的举动可以增强群体意识。"

其实，争议出现的时间比我们以为的更早。对文学审查的热烈支持者感到愤怒和其他提倡正派体面的军团可以把刀挥向一位享有盛名的同道——哲学家柏拉图。年轻人的教育始终是这位雅典贵族哲学家最关心的问题之一，最后甚至变成了他的职业。柏拉图原本想从政，或至少想对统治者施加一定的影响。政治生涯受挫后，他在雅典郊外的小树林里创建了柏拉图学园，全心全意地教书育人。据说上课时，他坐在高高的椅子上，弟子们围坐在他身旁，他们的椅子象征性地小一号。课堂上有一块大白板、一个天球仪、一个行星的机械模型、一座号称他亲手制作的时钟，还有若干份重要地理学家们绘制的地图。柏拉图学园试图为古希腊城邦培养统治社会的精英，而在今天看来，他培养的更像是反民主智库。

我认为，柏拉图的教学内容精神分裂到让人吃惊，可以说是自由思想与专制冲动的爆炸性组合。其作品最广为人知的片段之一是洞穴神话，理应是批判式教育过程的理想故事。洞穴里，几个人被链子锁在墙上，背对着一堆火，只能看见投在洞穴墙壁上的影子。那些影子对他们而言是唯一的真实。后来，其中一个人挣脱了锁链，冒险走出岩洞，向催眠性投影之外的世界走去。故事包含一个美丽的邀请，邀请大家切勿满足于表面现象，而是去质疑，去挣脱羁绊、摒除偏见、直面现实。《黑客帝国》系列电影将该寓言中的叛逆信息运用到了当今世界，如虚拟现实、媒体村、广告与消费主义的平行世界、因特网上的假消息、为社交网络粉饰出来的自我介绍等。

然而，在柏拉图最著名的乌托邦《理想国》中，即包含洞穴神话的那本书里，恰恰隐藏着启蒙思想阴暗的对立面，该书的第三卷堪称受训中的独裁者的行为指南。文中指出，在理想社会中，教育应该首先教学生严肃、体面和勇气。柏拉图赞成对年轻人阅读的文学作品和欣赏的音乐进行极为严格的审查。母亲和保姆应该给孩子讲官方认可的故事，连儿童游戏都应被规范。荷马和赫西奥德的作品应被列为儿童禁书，理由有若干个。其一，书中有些神举止轻浮、纵情享乐、行为不端，因此不能作为榜样。应该告诉年轻人，邪恶从来不会从神那里来。其二，两位诗人在某些诗里提到了对死亡的恐惧，这让柏拉图感到不安。他认为，应该设法让年轻人毫无怨言地战死沙场。他写道："我们有理由把著名英雄的痛哭勾销，把这些事情交给女人们。"他对戏剧的印象也不好。他认为，大部分悲剧和喜剧情节里都设置了反派，因此，演员们——跟英国伊丽莎白时期一样，全都是男演员——只好去饰演令人不齿的罪犯、低人一等的女人或奴隶。与这些贱民共情，对孩子和年轻人的教育都极为不利。如果可以，戏剧作品应该只包含出身高贵、无可指摘的男英雄。由于没有一部剧作能符合这些条件，他决定将剧作家和其他诗人一起逐出理想国。

岁月的流逝没有平息柏拉图文学审查的勃勃雄心。在最后一篇对话《法篇》中，他几乎明白提议设立诗歌警察去盯防任何新文学："诗人不得创作与城邦认可的正义、善、美的观念相冲突的作品。不得在作品送审并得到批准前就随意向他人展示。事实上，我们已经任命了审查官……我们已经任命了教育总监。"传递的信息极其清晰：诗歌作品必须接受严格的审查，做出相应的删改，有必要的话——会时常很有必要——应该重写。

柏拉图的乌托邦是反乌托邦作品《1984》的双生姐妹。乔治·奥威尔设想出来的唯一政党英格兰社会主义下设小说司，是所有新文学的出产地，女主人公裘莉亚就在那里工作。我们见她成天握着扳手，满手油污地在办公室里转悠。她负责保养机器，而机器会根据部里的指示进行小说创作。政权也没有放过文学经典，在这里，奥威尔似乎将柏拉图专制主义的意淫变成了现实：真理部启动了一个伟大的计划，要将过去所有的文学作品重写一遍，这项了不起的任务预计将于 2050 年完成。"届时，"其中一位执行者热情高涨地说，"乔叟、莎士比亚、弥尔顿、拜伦……他们的作品只会以新话版本存在，变成跟它们以前意义相反的东西。整个思想的氛围都将变得不一样。实际上将不再有思想了，照我们如今的理解。正统意味着不去想，不需要去想。正统就是无意识。"

尽管柏拉图的论断已经十分激进且不容置疑，但我还是觉察到有人不乐意接受他的这些明确表态。当柏拉图的仰慕者遇到诸如此类的段落时，会王顾左右，找寻出路。怀特海[1]写过一个被反复提起的著名句子："两千年的西方哲学不过是柏拉图的一系列注脚。"为了打圆场，他们说柏拉图写作时整个人都很激动，就像周日一家人吃完饭讨论政治时一样，人一激动就会说些极端的话。

然而，柏拉图很清楚自己在说什么。他向来不喜欢雅典民主，在他看来，民主的表现就是处决苏格拉底。他想建立一种永恒不变的政治模式，永远不需要社会变革，也不需要那些破坏社会道德墙角的下流文章。他在雅典度过了一段让他留下精神创伤的动荡日子。他渴望稳定，渴望由智者、而非愚昧的大多数组成的政府。如果永恒不变只能由专制政权去捍卫，那他就支持专制政权。

---

1. A.N. Whitehead（1861—1947），英国数学家、哲学家，提出过程哲学，与罗素合著的《数学原理》标志着人类逻辑思维的巨大进步。

卡尔·波普尔[1]就是这么理解的——他将专著《开放社会及其敌人》的第一章命名为《柏拉图的影响》。

柏拉图关心年轻人读什么书，既有教育上的原因，也有金钱上的考量。作为第一所培养精英子女的学园的创办人，他试图抹杀竞争的意义。他不喜欢那个时代的教育制度，由思维飘逸、没有什么启迪性想法的诗人做希腊人的老师，教不出什么好东西。新一代的老师应该是哲学家，也就是说，应该是他。在对话《法篇》中，他说，让年轻人学习诗人的作品"有很大的危险"。于是，他毛遂自荐——简直谦虚得让人吃惊——说课堂上不妨学习自己的作品："当我回顾我著作中的这些思想时，我感到强烈的快乐，从我在诗中或散文中读过的种种论理来看，没有比它更睿智、更适宜年轻人聆听的作品了。所以我确实认为，我不可能给我们的立法者和教育者提供更好的样板了，最好是由老师来教孩子学习这些演讲，以及其他相关或类似的东西。"说到底，这是一场古希腊人才争夺战，教育成了战场，教育家顺便赚点学费。

说到这里，明眼人都能看出，我对柏拉图又爱又恨。面对柏拉图的思想，我常常想破口大骂，用上从阿道克船长[2]那里学来的一连串精妙绝伦的骂人话：见习小子！木虱子！颠三倒四的家伙！非正规军！外胚层质！我不禁要问，一个如此智慧过人的哲学家怎么会去维护这样一种教育制度，只让学生去读净化过的文章和宣扬美德的寓言呢？他的教学大纲抹去文学中的灰色地带，将堕

---

1. Karl Popper（1902—1994），英国科学哲学家，原籍奥地利人，主要著作有《历史决定论的贫困》《猜想与反驳》等。
2. 比利时漫画家埃尔热创作的系列漫画《丁丁历险记》中的人物。

落、不安、痛苦、矛盾、让人心烦意乱的直觉尽数删去，大刀阔斧的删减让人不寒而栗。如果他自己写作时也完全遵循这些美学原则，一定会把我们闷死。对我们而言，他的作品依然引人入胜，恰恰是因为他反其道而行之，他的文字尖锐、矛盾、令人不安。

然而，时至今日，挑战尤在，正如路易威尔的教师们删掉了马克·吐温作品中侮辱性的字眼"黑鬼"。儿童和青少年文学究竟是复杂的文学作品还是行为指南？一本净化过的《哈克贝利·费恩历险记》可以教给小读者们许多东西，却漏掉了一个基本教学内容：曾经有一个时期，几乎所有人都管奴隶叫"黑鬼"。正因为有那段压迫的历史，"黑鬼"才会变成禁忌词。不是说，删掉书中我们觉得不合适的东西，就能让年轻人不接触那些坏思想。相反，我们只会让他们丧失识别邪恶的能力。跟柏拉图的想法不同，坏人是传统故事中非常关键的因素，它们能让孩子们意识到邪恶的存在。通过校园霸凌或施行种族灭绝的暴君，他们迟早会知道这一点。

文字惊艳又令人不安的弗兰纳里·奥康纳[1]写道："如果一个人只读正派的书，那么他走的是一条保险的路，却是一条没有希望的路，因为他缺乏勇气。如果某天机缘巧合，他读到一本好小说，应该会很清楚自己身上发生了什么。"感觉到某种不适是读书时的正常反应，不安比轻松更有教育意义。我们可以将过去的所有文学作品都推进手术室，做个整形手术，不过届时，它们就不会再

---

1. Flannery O'Connor（1925—1964），美国小说家、评论家，著作有《智血》《暴力夺取》《好人难寻》等，小说因有着荒凉、神秘、腐朽、离奇的特征而被归类于"南方哥特式小说"。

为我们解释这个世界。如果我们真的走了这条路，那么，年轻人不读书时就不要觉得奇怪，正如秘鲁作家圣地亚哥·龙卡格利奥洛所言，他们会去玩 PlayStation 游戏机，在游戏中大开杀戒，没有任何人会干预他们。

一篇最新的报纸文章摆在我面前，说伦敦大学亚非研究学院的学生工会要求从课程中移除柏拉图、笛卡尔、康德等哲学家，因为他们是种族主义者、殖民主义者。

太讽刺了，柏拉图身为猎人，却遭人猎捕。

二十二　书里有毒与书的脆弱

亚历山大图书馆的管理员们没有驱逐古希腊诗人，也没有驱逐柏拉图。尼罗河岸这座书籍的宫殿对双方阵营均持欢迎态度。书架间是一片不同寻常的休战区。在这里，边界变得模糊，仇恨不再，书架上不分敌我，阅读成为另一种和解的方式。

我们知道，亚历山大图书馆收入了柏拉图的思想、发现和牢骚。但《要目》的作者、博物馆著名学者卡里马科斯试图让柏拉图的作品蒙上一点犯罪色彩，未必不是出于讽刺。

下面这则趣闻很短，采用了诗歌的形式。也许，诗人卡里马科斯希望代表诗人群体向柏拉图报一箭之仇。诗中描写了一个名叫克里奥布洛图的人从城墙上一跃而下，试图自杀。没有发生任何导致他去寻死的事，除了一件——"他读过一篇柏拉图的文章，只有一篇，是《论灵魂》"。我们知道，让可怜的克里奥布洛图产生轻生念头的是《斐多篇》。许多人要问，为什么读完《斐多篇》他要自杀？《斐多篇》讲的是苏格拉底在服毒身亡前最后几小时发生的事。有人说，他接受不了苏格拉底的死；还有人说，他凌空一跳，是因为柏拉图说，只有通过死亡才能获得完整的智慧。不管怎样，卡里马科斯在评论中狡猾地指出，也许对年轻人来说，读柏拉图的作品比读其他诗人的作品更危险。

我们不知道克里奥布洛图的举动是个案，还是《斐多篇》也像多少个世纪之后的《少年维特的烦恼》那样，导致了一系列的轻生行为。歌德这部让人饱受折磨的小说于1774年出版后，欧洲有许多失恋的年轻人效仿主人公开枪自杀。歌德惊恐地看到，随着一版再版，他的作品成了社会现象，弥漫着死亡气息的社会现象。据称，某些国家的政府为了公众健康着想，决定将它列为禁书。

歌德的创作灵感来源于一位真实自杀的朋友和自己少年时对死亡的幻想。五十多年后，他在自传《诗与真》中承认，只有让维特象征性地一枪射死自己，才能按捺住自我毁灭的冲动。然而，作者用文学创作驱除的心魔转而去折磨他的读者，使某些人受到影响，屈服于死亡的诱惑。两百年后的1974年，社会学家戴维·菲利普斯总结出"维特效应"这个术语，用来描述神秘、会传染的自杀模仿行为。即使虚构人物也会成为感染源，引发一连串的类似事件。另一本了不起同时也让人焦虑的小说，杰弗里·尤金尼德斯[1]的《处女自杀》，探讨了模仿自杀的深邃心理谜团。

不管怎样，《斐多篇》的读者跳下城墙——古希腊版本的高架桥——无意中开启了文学作品新的主题：关于杀人之书的故事。其

---

1. Jeffrey Eugenides（1960—），希腊裔美国作家，《处女自杀》是他1993年出版的首部长篇小说，故事的主人公是五姐妹，她们在一年内相继选择了自杀。

中最著名的作品《死灵之书》(*Necronomicón*)的名字是希腊语就一点也不奇怪了。无论是谁，只要读一遍这册受诅咒之书，便不是发疯就是自杀。它其实是 H.P. 洛夫克拉夫特在《克苏鲁神话》的恐怖世界中虚构的一部作品，内容我们当然无从知晓，因为看过它的人非死即疯，无一幸免。始终有这样的传言，说这册书里有神秘知识和巫术魔法，能与具有邪恶力量的外星人"旧日支配者"取得联系。他们因在亿万年前施展了黑魔法被逐出地球，在太空中昏睡已久，正等待时机，重新征服原本属于他们的世界。

洛夫克拉夫特兴致勃勃地用文字将有关《死灵之书》及其译本的历史细细道来，列出的参考书目也丰富极了，以至于有读者盲目地相信这本书真的存在，也有古董骗子佯称手里有这本书，把它卖给容易上当受骗的读者。玩笑从作者的名字开起，是个虚构的名叫阿卜杜拉·阿尔哈萨德的阿拉伯疯子诗人。其实这是洛夫克拉夫特儿时的绰号，灵感来源于《一千零一夜》。阿尔哈萨德(Al Hazred)暗指英语"什么都读过的人"(all has read)。

《克苏鲁神话》系列小说反复提醒，阅读《死灵之书》会导致灾难性后果，因在中世纪造成了一系列恐怖事件，这本书于 1050 年遭到教会的禁止。根据洛夫克拉夫特的说法，尽管被诅咒，这本亵渎神明的书还是在 17 世纪的西班牙出版了拉丁语译本。该版本仅存四册，一本在大英博物馆，一本在巴黎国家图书馆，一本在哈佛大学，最后一本在美国虚构城市阿卡姆的米斯卡塔尼克大学。洛夫克拉夫特粉丝们跟着作怪，他们伪造了图书卡片，悄悄放进了世界各地好几家图书馆的书目，写明这版禁书的源头在西班牙城市托雷多。不管哪里冒出这本书的伪造版本，借阅量都会激增。虽然该书所到之处留下了一堆疯子和死人，但看来，好奇心还是战胜了恐惧。

柏拉图、阿拉伯疯子诗人阿尔哈萨德、歌德都写出了让人着魔并可能从此万劫不复的作品。另一种有趣的阅读致死的方式是浸了毒药的书。据我所知，最早的杀人之书出现在《一千零一夜》里。山鲁佐德在第四夜的最后以及第五夜说的是国王尤南和神医鲁扬的故事。神医鲁扬治好了国王的麻风病后，发现国王忘恩负义，居然想除掉自己。于是，他想出了惩罚的办法。他送给国王一本书，说这本书是"精华中的精华，珍本中的珍本，蕴藏着无法估量的神奇宝藏"。整本书浸过毒药，国王被毒死了。"尤南惊讶极了，他迫不及待地拿过书来，翻开，可是书页都黏在一起。于是，他将手指放进嘴里，沾上吐沫，揭开第一页；他重复这个动作，揭开第二页、第三页，越揭越费劲。就这样，国王揭开了六页，想要阅读里面的内容，可是页面上一个字都没有。没过一会儿，毒药便扩散至国王全身。因为这是一本浸过毒药的书。"

如果说看过电影《惊魂记》[1]，许多人会在酒店浴室独自冲澡时感到脊背发凉，那么，《一千零一夜》里的这个故事会让许多习惯用手指沾吐沫翻书的人心有余悸。我屡次读到浸了毒药的书，这似乎已经成为爱书类恐怖故事的经典桥段。记得大仲马的《玛戈王后》里，有一本美轮美奂的有关驯鹰术的书，美第奇家族歹毒的凯瑟琳王后用它误杀了儿子卡洛斯。前文提到，《玫瑰的名字》

---

1. 希区柯克代表作之一，1960 年在美国上映，该片讲述了玛莉莲在浴室中被精神分裂的狂人杀死的故事。

里亚里士多德那本关于喜剧的书在阴森恐怖的修道院里引发了一连串的血案。我特别喜欢秘密揭晓的那个场景：方济各会修士威廉破解此案之谜时，对凶手的仰慕之情油然而生。他承认，书是悄无声息的完美凶器，"受害者独自阅读时毒死了自己，正确的剂量正好在他想阅读之处"。

不幸的是，杀人之书历史的最后一章的确真实发生过。我想到了图书炸弹：书里藏了威力很强的炸弹，收书人打开书时就会被炸死。白宫每年会收到几百个图书炸弹，由安全部门负责拆弹。世界各地成百上千的邮局职员、记者、门卫、秘书，各行各业的男男女女，都曾因此丧命。谁都可能是图书炸弹的受害者。学者费尔南多·巴埃斯[1]说，网上有许多地下教程，教人如何制作图书炸弹。恐怖分子似乎也偏爱某些作家，有大量书名、类别和大小的清单。有些人认为《圣经》不合适——天知道为什么，而《堂吉诃德》更合适。2003 年 12 月 27 日，欧洲委员会主席罗马诺·普罗迪收到了一本加布里埃尔·邓南遮[2]的《愉快》，差点被图书炸弹炸死。显然，不读书的政治家和高官可以幸免于难。

我们喜欢把书想象成危险品、凶器，是令人不安的物品，但

---

1. Fernando Báez（1947—），委内瑞拉作家、诗人、散文家，图书馆学博士，以研究 2003 年美国入侵伊拉克造成的伊拉克书籍和艺术品的破坏而闻名。
2. Gabriele D'Annunzio（1863—1938），意大利诗人、记者、小说家、戏剧家和冒险者，思想上被认为是墨索里尼的先驱。事实上，正因为他是拥护法西斯主义的作家，罗马诺·普罗迪才没有打开《愉快》这本书，逃过一劫。

书首先是脆弱的物品。在你阅读这几行文字时，世界上某个地方的图书馆正在着火；出版社正在将卖不动的库存打成纸浆；离你不远处，洪水正将某套珍贵的藏书浸泡；几个家伙正在将祖传藏书扔进附近的垃圾箱；你身边的虫子大军正用嘴巴在书堆里开路，以将幼虫藏在无尽书架的小小迷宫中；有人正在下令清洗让当权者不舒服的作品；某个政局不稳定的地区正在经历破坏性的劫掠；有人觉得某本书不道德、亵渎神明，正在将它扔进火堆。

火与书的纠缠由来已久，充满恐怖又迷人的魅力。盖伦写道，对书而言，火灾和地震是两大杀手。火灾有时是意外事故，但更常是蓄意纵火。古往今来，从美索不达米亚文明至今，荒谬的烧书之事反复发生。所谓烧书的理由是要在旧秩序的灰烬上建立新秩序，再生和净化被作家们污染的世界。

当审查官们执意要一把火烧掉许多册《尤利西斯》时，乔伊斯语带讽刺地说，这把火烧起来，他肯定能在炼狱里少待几年。也是在那些年里，野蛮的纳粹分子在几十座德国城市的中心广场开展了焚书行动。成千上万本书被卡车运过来，堆在广场上，然后被一把火烧掉。人们排着队，手手相传，将书传送至火堆。据研究人员估计，纳粹的焚书行动共焚毁了超过五千五百名作家的作品——都是新上台的领袖们认为腐化堕落的作家，为后来的焚尸炉拉开了序幕。海因里希·海涅于1821年预言道："焚书之处，必会焚人。"其实，这句名言出自一部名叫《阿尔曼索》(*Almansor*)的剧本，剧中被烧的是《古兰经》，焚书者是西班牙宗教裁判所法官。

2010年，在国际社会打算纪念"9·11"恐怖袭击九周年之际，美国佛罗里达州一个小基督教堂的牧师宣布，他将在恐怖袭击纪念日当天焚烧若干本《古兰经》，确切时间为收视高峰时间晚上六点至九点。这位激动的神职人员名叫特里·琼斯，蓄着马掌形的小胡子，气质介于 19 世纪显贵和古铜色地狱天使之间。那几天，空气紧张得一点就着，牧师天天出现在电视新闻和各国报纸上，宣称要将 9 月 11 日变成国际《古兰经》焚书日（Burn a Koran Day），号召阖家欢庆这个欢乐的破坏性节日。当局无法制止这种挑衅式的号召，因为没有任何一条法律禁止在私人空间烧毁一本合法获得的书籍。为了避免伊斯兰国家爆发抗议和骚乱，奥巴马总统和中情局局长试图以美国驻阿富汗和伊拉克部队安全的名义对他进行劝阻，以免事态升级为国际事务危机。起初琼斯牧师迫于压力决定屈服。然而，到了 2011 年 3 月，他终究承受不住妥协的重负，跟阿里斯托芬笔下私设公堂、审理家犬偷吃奶酪的菲洛克莱翁一样，他也在家私设公堂，假模假样地审判了《古兰经》，在慎重审议了八分钟后，以反人类罪判处该书火刑，并当即焚书一本。他将录像挂到 YouTube 上，传遍了全世界，在阿富汗引发多起骚乱，导致若干人死亡或重伤。

令人尊敬的琼斯牧师声名——骂名——鹊起。这一事件表明，将书投进火堆，哪怕作品没有一丁点彻底消失的可能，也是有很强的象征意义、近乎魔幻的行为。我们这个精密复杂且高科技的全球化社会，依然会因如此原始野蛮的焚书行为受到冲击和引发震荡。

焚烧莎草纸、羊皮卷或纸书的火堆象征着一再上演的古老苦难。最早出现的书籍，它们的结局往往是葬身火海。博尔赫斯笔下一位多愁善感的人物感叹道："亚历山大图书馆每隔几个世纪就会被焚毁一次。"下面是一条有关巨大灾难的简短记录：位于尼罗河三角洲的首都亚历山大港被烧过好几次，直到这个古代社会的伟大梦想彻底葬身火海，化为灰烬。焚书的火焰只会带来蒙昧与黑暗。

二十三 三毁亚历山大图书馆

克里奥帕特拉是埃及末代王后，也是最年轻的王后，她刚满十八岁就戴上了王冠。女人想统治尼罗河岸的埃及，就必须循旧例，满足一项小小的要求：跟兄弟结婚，就像伊希斯嫁给奥西里斯一样[1]。克里奥帕特拉不会被这种小事困扰，于是她嫁给了年幼的弟弟、仅十岁的托勒密十三世，以为能将他管得服服帖帖的。尽管两人此前已经共同生活多年，婚后仍然无法和平共处。当上国王和王后的两个孩子很快开始争权。小法老比她会算计，篡权成功，将她驱逐出境，若返回就处死。克里奥帕特拉年纪轻轻就被流放在外，她学到了一条宝贵的家族教训：亲人和旁人一样能置她于死地。

同年，尤利乌斯·恺撒来到了亚历山大港。此时，罗马已经是个伟大的强国，自诩为世界警察，负责调停他国矛盾。克里奥帕特拉意识到，要想夺回王位，她必须得到恺撒的支持。弟弟派

---

1. 伊希斯是古埃及神话中的生命、魔法、婚姻和生育女神，奥西里斯的妻子和妹妹。奥西里斯是古埃及神话中的冥王。

人监视她，只要她一只脚踏上埃及的土地，便格杀勿论。她甩掉密探，偷偷地从叙利亚潜回国。普鲁塔克幽默地叙述了被废黜的王后和恺撒见面时喜剧性的一幕。公元前48年10月一个酷热的晚上，一艘船悄悄地停靠在亚历山大港。地毯商人小心翼翼地扛着一卷长长的地毯下船，来到王宫，要求面见恺撒呈送礼物。他走进罗马统帅的房间，展开地毯，结果从里面跳出了一位姑娘。二十一岁的克里奥帕特拉身材娇小，热得满身大汗，她冒死独闯龙潭虎穴，完全是出于对权力的野心。普鲁塔克说，恺撒被"姑娘的不顾一切迷住了"。那一年，恺撒五十二岁，身经百战，满身疤痕。克里奥帕特拉主动送上门，不是因为欲望，而是出于求生的本能。她的时间不多了，如果被弟弟找到，她将必死无疑；如果恺撒不站在她这边，她也必死无疑。当晚，克里奥帕特拉来了，克里奥帕特拉看见了，克里奥帕特拉诱惑成功了。[1]

恺撒自在地在王宫住了下来，在这位势力强大的情人的庇护下，克里奥帕特拉夺回了王位。她将小托勒密留在身边，与其说是国王，不如说是人质。那段日子，亚历山大港觥筹交错，钩心斗角。年轻的法老不甘心做傀儡，开始策划埃及暴动，抗击罗马士兵。暴动的火焰燃起时，恺撒和手下不多的士兵被困在了王宫内。前文提到，托勒密王朝的王宫临海而建，高墙内有博物馆、图书馆和其他建筑。被关在缪斯金笼子里的学者习惯了安安静静地做研究，毫不留情地互相嘲弄，现在他们突然发现自己跟罗马统帅一起被围困，战略地位极为不利。围城的人海陆夹攻，恨不

---

1. 此处戏仿了恺撒大帝的名言："我来了，我看到了，我征服了。"

得将王宫夷为平地。学者们慌乱地看着带火的抛射物来势汹汹，在空中划出明亮的弧线，接连落在宝藏书库附近。

恺撒的士兵发起反击，向准备进攻的战船上投掷浸了沥青的火把。火势很快在打了蜡的甲板和绳索上蔓延开来，战船稀里糊涂地陷入火海，随后沉没。战火殃及了海港和附近的房屋。火被风一吹，如流星般在屋顶上飞跃。埃及军队跑去灭火，给了恺撒喘息的机会。恺撒趁机跑到法罗岛，扼住海上入口，等待援兵。和往常一样，卓越的罗马统帅的战术取得了胜利。托勒密十三世识趣地在尼罗河中溺亡，让他的姐姐克里奥帕特拉成了大权在握的寡妇。

事件发生一个半世纪后，普鲁塔克声称，恺撒手下人放的那把火从战船上烧到了亚历山大图书馆，将其付之一炬，亚历山大的梦想遽然奏响了安魂曲。一切就这样结束了？

人们有理由提出质疑。恺撒在《内战记》中提到了火烧战船，但没有提到火烧图书馆，更没有为自己开脱。他的副将、撰写了《亚历山大战史》的希尔提乌斯也对此只字未提。相反，他说城里重要建筑的材料均为大理石加灰浆，是烧不着的，而且屋顶和地面都没有用木料。同时代的人谁也没有为图书馆的损毁而哭泣。反恺撒暴动发生仅仅几十年后，地理学家斯特拉波来到亚历山大港。他细致地描绘了博物馆的模样，没有提到它近期遭受过什么灾难。其他古希腊和古罗马作家（卢卡努斯[1]、苏埃托尼乌斯[2]、阿忒

---

1. Lucanus（39—65），古罗马诗人，著有《法尔萨利亚》，描写了恺撒与庞培之间的内战。
2. Suetonius（69—122），罗马帝国早期著名历史学家，著有《罗马十二帝王传》。

纳乌斯[1]）也是如此。但哲学家塞涅卡添了乱子，他写道："亚历山大港被烧毁了四万卷书。"

这就好比一本侦探小说：每出现一个新的声音，就会有一种不同的说法，提供各种相矛盾的线索。这个让人不知所措、大伤脑筋的问题能不能理出头绪？隐藏在故事背后、沉默背后的模糊真相到底是什么？谜底也许就藏在两位时代非常偏后的作者随口提到的细节中，他们是卡西乌斯·狄奥[2]和奥罗修斯[3]。他们说，恺撒放的那把火烧毁了船坞、粮仓和几个码头仓库，仓库里碰巧放着几千卷书。也许是图书馆新进的书卷，还未来得及入馆珍藏；也许只是空白书卷，是商人打算沿地中海商道出售的货物。

也许，普鲁塔克理解错了"存放图书的仓库"——希腊语里跟"图书馆"一样，也叫 bibliothéke——的意思，想象博物馆燃起末日般的大火。也许亚历山大图书馆的第一次毁灭只是一个杜撰出来的回忆、一场未卜先知的噩梦、一次想象的火灾。但它最终象征着一座城市、一个帝国、一个王朝的衰落。这个王朝始于亚历山大的梦想，终于克里奥帕特拉的溃败。

克里奥帕特拉先跟恺撒、后跟马克·安东尼缔结了政治同盟

---

1. Athenaeus（170—230），古罗马作家，擅长以希腊文写作，代表作为前文提到的《餐桌上的健谈者》，曾撰写史学著作一部，现已失传。
2. Cassius Dio（150—235），古罗马政治家、历史学家，著有《罗马史》（80 卷）。
3. Orosius（380—420），罗马帝国末期历史学家、基督教神学家，著有《驳斥异教徒历史》（7 卷）。

和性同盟，试图避免罗马帝国胃口太大，一口把埃及吞了。结盟只能延迟这一切的发生。公元前 30 年，克里奥帕特拉自杀，埃及随即被新兴的罗马帝国吞并。亚历山大港不再是骄傲国家的首都，而成了新全球化态势下的边缘城市。

一直以来，学者还是全靠托勒密历代国王资助。这一下，他们全成了罗马皇帝的责任。博物馆和图书馆虽然挨过了王朝危机，但显然最好的时光已经过去。在财富、虚荣心和马其顿人的帝国筹划的三重加持下，那个雄心勃勃的知识和创造力的中心已经度过了它的黄金时代。罗马皇帝的财富和虚荣心要用在亚历山大港之外的许多地方。我们不知道恺撒放的那把火有没有殃及亚历山大图书馆，但无疑，罗马帝国的资金不到位导致了图书馆渐渐衰落。

公元 1 世纪和 2 世纪，图书馆还能遇到慷慨的庇护者，如哈德良皇帝[1]。3 世纪，它厄运临头，被卡拉卡拉皇帝[2]无端威胁。他认为是亚里士多德毒死了亚历山大大帝，尽管已经隔了七个世纪，他却还要追究。为了替偶像报仇，他要将依然游荡着哲学家魂灵的博物馆一把火烧掉。该史料来源于历史学家卡西乌斯·狄奥。卡拉卡拉是否真的这么胡来，卡西乌斯没有明确说明。但他明确表示，卡拉卡拉取消了学者们的免费餐厅，剥夺了他们的许多特权；后来他又找了个不起眼的罪名，派兵洗劫了亚历山大港，杀

---

1. Hadrian（76—138），罗马帝国皇帝，117 至 138 年间在位，在不列颠颠筑"哈德良长墙"，作为帝国西北边界。他提倡法学研究，奖掖文化艺术。
2. Caracalla（186—217），罗马帝国皇帝，211 至 217 年在位，修建了著名的卡拉卡拉浴场，颁布了著名的《安东尼努斯敕令》。

了几千无辜民众，如冷战时期柏林的地中海版本，用墙将亚历山大港一分为二，派人定时巡逻，不许两边居民自由互访。

3世纪后半叶，罗马帝国危机加剧，经济形势逐渐恶化。皇帝们疲于应付严峻的战局和政局，文化兴趣越发萎缩。亚历山大港的荣光不过是远方的一个光点，图书维持费被一而再，再而三地削减，图书馆越来越没钱去修补破损的、陈旧的或遗失的书卷，也没钱去获取新的书卷。颓势已无法阻挡。

接下来是一段互相掠夺、彼此征战的混乱时期。伽利埃努斯皇帝[1]在位期间，埃及的地方长官自立为王，并切断了对罗马的粮食供应。伽利埃努斯断不能舍弃亚历山大港的产粮区，便派特奥多西奥将军前去收复失地。猛攻之下，亚历山大港遭到重创。不久，据称是克里奥帕特拉后人的阿拉伯女王、帕尔米拉的齐诺比亚夺下了这座城，后来又丢了。再后来，奥勒良皇帝以及之后的戴克里先皇帝都加入围城毁城的血与火的狂欢中。士兵兼历史学家阿米安努斯·马塞林努斯也许想略施笔墨，增加戏剧效果。他写道，3世纪末，围墙之中的王宫，包括曾经矗立其中的博物馆已经彻底被从地图上抹去了。

找不到任何详细记载亚历山大图书馆垂暮时分的史料，但我愿意认为那就是保罗·奥斯特在后末日小说《末世之城》中描绘的场景。小说中，一个名叫安娜·布鲁姆的女人去了一座无名城市，那里发生了一系列冲突和洗劫，已经满目疮痍。在这片令人

---

1. Gallienus（约218—268），古罗马皇帝，253至268年间在位，是3世纪危机中有所作为的一位军人皇帝。

压抑的土地上，有托勒密大道、尼禄观景台、第欧根尼航站楼、金字塔公路，地名处处让人想起那座惨遭劫掠的幽灵城市亚历山大港，但它已经只存在于残留的回忆之中。

安娜来到这座城市，寻找她唯一的哥哥。她的哥哥是名年轻的记者，毫无缘由地在这里失踪。重逢的希望注定会落空，毕竟这里什么都不确定，离最后的灾难只有一步之遥。一天，安娜到处乱转，走过托勒密大道，意外地走进已经被毁的国家图书馆（"这幢建筑物雄伟堂皇，有着一排排意大利风格的圆柱与美丽的大理石镶板，是本城的地标建筑。然而，一如其他所有事物，其极盛时代已经过去。二楼有一处天花板已经凹陷，圆柱倒塌断裂，书籍和文件散落一地。"）

她在图书馆阁楼住下，一起的还有山姆，他是个外国记者，认识她哥哥。尽管找到哥哥的希望十分渺茫，他还是为她鼓劲。伟大的图书馆基本已是一片废墟，却依然可以为穷途末路的人遮风挡雨。一小群被迫害的学者住在这里。他们互有分歧，吵得很凶，暂时停火时就会通力合作，保护最后一点点文字、思想和书籍。（"我不晓得当时图书馆里住了多少人，应该有一百多吧，说不定更多。居民都是经历过净化运动残留下来的学者、作家，净化运动发生在之前那场动乱的十年期间。图书馆里的不同派系于是培养出某种同舟共济的精神，他们彼此交谈、交换意见。他们每天早上会进行两小时谈话会，所谓的'逍遥学派时光'，图书馆里的每位居民都受邀与会。据说国家图书馆曾拥有一百多万本藏书，我来到这里时，藏书量已大减，不过仍有好几十万本，书海浩瀚真叫人眼花缭乱。"）

无序和灾难也渗入了图书馆。安娜发现，分类系统已经完全乱了，基本不可能在七层书库中找到任何书。书迷失在由众多发霉房间组成的迷宫里，它等于不存在：没有人能再找到它了。

突然，一股超强寒流侵袭了这座城市，图书馆里的难民有冻死之虞。他们没有别的燃料，便决定在铸铁炉里焚书取暖。安娜写道："我知道这听起来大不敬，可是我们真的别无选择，不烧书就只有冻死一途。怪的是我始终不觉得后悔，老实讲我还蛮喜欢把那些书丢进炉火中的。这说不定是因为我心中暗藏的一些怒气得以释放，也或许是因为这样做只不过在承认一个事实，那就是，这些书有何下场都无关紧要。它们所属的那个世界早已终结。反正大部分的书已不值得翻开。我只要一发现有本书好像还算好看，就会捧起来阅读。记得我就是这样看了部分的希罗多德的书。然而到头来，每本书都进了炉子，一切都化成了青烟。"

我想象着博物馆里的科学家与学者们便是这般惊恐地看着他们找来的宝贝被有条不紊地烧掉，最终化为灰烬。在不可原谅的时代错乱中，我仿佛看见学者们卖弄着他们的黑色幽默与虚无主义，模仿在被纳粹围困的列宁格勒过着苦难日子的巴赫金。据说纳粹天天轰炸，这位苏联作家只好躲在家里，而他的烟瘾又极大。他在家里囤了一些烟草，但搞不到烟纸。于是，他用一本花了十年时间写成的书稿卷烟抽，一页又一页，一口又一口，他就这样抽完了差不多整部书稿。他笃定得很，以为另一份副本被安全地保存在莫斯科，谁知那份也遗失在战乱中。我记得威廉·赫特在精彩的电影《烟》中讲了这个几乎成为传奇的趣闻，编剧正是保罗·奥斯特。我想，亚历山大图书馆的管理员们会很喜欢这个绝望中求生的喜剧故事。毕竟到最后，他们守护的书也变成了一缕烟、一阵风、一声叹息、一个幻影。

✳

4世纪的亚历山大港是个动荡之地。居民们以有文化、好享乐、爱胡来闻名。在这里，街头暴乱经久不息，社会问题、宗教分歧、争权夺位，动辄引发当街斗殴、流血冲突。可以想象，当时的亚历山大港类似于斯科塞斯执导的《纽约黑帮》所展现出的暴力横行的都市街区。

罗马帝国的巨大危机所引发的骚乱正在埃及首都上演。因为某种神秘的规律，某些地区总是被世界的紧张局势和无法化解的冲突波及，厄运盘桓不去。从远古时代起，地中海东岸就是地缘政治的引雷区之一。

信仰不同宗教的狂热暴民蜂拥到亚历山大港的主干道上，他们分属犹太教、多神教、基督教；基督教里又分成彼此对抗的教派：尼西亚教派、阿里乌斯教派、奥里根教派、基督一性论教派和其他教派。群体间常常相互攻击争斗不休，组合不同时，就会有不同的敌人。然而，这里并非只有混乱、狂怒与喧闹。表面看上去是一片混战，实则正在酝酿重大的历史变故。世纪之初，君士坦丁大帝将基督教合法化；公元391年，狄奥多西一世颁布一系列敕令，禁止多神教公开祭祀，将其主要祭拜场所全部关闭。在这风云变幻的几十年里，迫害者和被迫害者互换了身份。

一切都跟从前不一样了：国家转向了新的信仰，开始着手消灭多神教。

博物馆和塞拉皮斯神庙子图书馆成了宗教战役的主战场，这两处都是圣殿，图书管理员们都是祭司；在两处工作的知识分子构成了"提亚索"（thíaso），即崇拜缪斯的群体——缪斯是庇护人类创造力的九位女神；由于托勒密历代国王坚守在神庙中守护书籍这一东方古老传统，学者们日日都在神像、祭坛和其他多神教象征物之间工作。图书馆是为多神教经典文化服务的，如今政权迫害多神教，那么图书馆的存续自然会十分艰难。

塞拉皮斯神庙——或塞拉皮斯宙斯神庙——子图书馆是亚历山大港的一处建筑奇观，有美丽的带柱廊的庭院、众神的雕像、各种艺术品，尽显往日奢华，是正在输掉历史之战的多神教教徒聚会和祭拜的场所。如同被遗忘的沙场老兵，教徒们会聚在一起发牢骚、怀念过往，以及跟所有时代一样，感慨今不如昔。

公元 391 年，这一切都灰飞烟灭了。

亚历山大港的基督教精神领袖泰奥菲洛主教下令，暴力推行狄奥多西一世的敕令。于是，成群的狂热基督教徒纷纷去迫害多神教徒。空气中弥漫着恐怖与仇恨，火药味很浓，冲突一触即发。此时，一个丑闻将冲突引爆。在整修建于米特拉神礼拜堂之上的基督教大教堂时，施工人员挖出了若干件神秘的多神教物品，泰奥菲洛主教命人将神秘的祭拜物在市中心游街示众。想想二十年前，阿里埃勒·沙龙因参拜伊斯兰教第三大圣地圣殿山点燃第二次巴以战争的导火线，就明白该举动会有什么样的后果了。亚历山大港的多神教徒——据史料记载，尤其是哲学老师们——见自己的信仰被当街亵渎，遭众人嘲笑，愤而向基督教徒发起猛烈的进攻，街道血流成河。暴动者怕被报复，便逃往塞拉皮斯神庙避难。为保平安，他们劫持了基督教徒作为人质，一进神庙，就逼他们跪在所谓非法的古老神祇面前。对垒的另一边，人群举着斧头包围了神庙。

　　紧张对峙了几天后，包围解除，一场看似不可避免的大屠杀居然被成功化解。皇帝下诏，追认冲突中殉教的基督教徒为烈士；对叛乱的多神教徒不予追究；按照新的宗教法规，清除塞拉皮斯神庙中的神像。一队穿越沙漠抵达此地的罗马士兵和一群勇猛的隐修教士冲进圣殿，砸碎了著名的用大理石、象牙和黄金雕成的塞拉皮斯神像，并破坏了所有设施。愤怒的人群七手八脚地将一块块碎片移至露天剧场，当众烧毁。后来，他们在神庙的废墟上建起了一座教堂。

　　塞拉皮斯神像被肢解，神庙被洗劫，让埃及的多神教徒，甚至不那么虔诚的教徒深感震惊。这是比亵渎古祭坛、破坏珍贵藏书更严重、更具有决定性的事件，他们视之为集体命运的审判。他们明白，所有人，以及他们的多神教信仰、哲学热情和经典学识，都被抛进了历史的垃圾桶。

　　当年的一位流亡者、信仰多神教的诗人及教师帕拉达斯的声音仍在感动着我们。他于 4 世纪和 5 世纪之交生于亚历山大港，死于亚历山大港，他那深深的失落体现在一百五十多首被收入《希腊选集》的讽刺诗里。他眼睁睁地看着亚历山大大帝创建的这座东西方融合的城市因为不妥协的宗教态度陷入腥风血雨的骚乱；眼睁睁地看着他所信奉的神祇落败，雕像被砸成废墟；眼睁睁地看着亚历山大图书馆被毁，希帕提娅[1]——他在诗中称她为"纯洁无瑕的智慧星"——被残忍杀害。他得知匈奴人进犯，日耳曼蛮族攻进罗马。今天读他的作品，他所经历的世界末日依然历历在目，令人震撼。面对塞拉皮斯神庙的悲剧，他心碎地写下《幽灵》一诗："希腊人啊，在这深邃的夜里，当一切都落入深渊时，我们难道不是看起来活着，想象着生命只是一场梦？又或者，虽然生命本身已经死了，但我们还活着？"

博物馆的最后一个居民名叫赛翁，他是数学家、天文学家、音乐家，生活在 4 世纪下半叶。很难想象古老璀璨的博物馆当时已经变成了什么模样，但他试图保住最后一点火苗。博物馆外是野蛮的巷战、派系之间的冲突；博物馆内，他潜心研究，预言日食和月食，准备欧几里得的《几何原本》的最终定版。他教女儿希帕提娅——名字的意思是"最了不起的人"——科学和哲学，当她是儿子那样教。女儿与父亲合作，按同时代人的说法，她的学术造诣青出于蓝而胜于蓝。

希帕提娅决定终身从事教学与研究工作，永不嫁人。无疑是因为她想保持独立，而非如史料所言是想保住处女身。尽管她的作品除了若干很短的片段外都遗失于那混乱的几个世纪，但我们知道她写过几何、代数、天文学方面的著作。她身边的学生都是精挑细选的，后来都成长为精英，在埃及高层担任要职。她信奉诺斯替教，加上贵族偏见，所以不收出身于较低阶层的学生，认

---

1. Hypatia（约 370—415），古埃及著名的数学家、天文学家、哲学家，世界上第一位女数学家，出生于亚历山大港，惨死在野蛮的基督教徒手中。

为他们理解不了自己精妙的学说。所有迹象表明她是阶级论者，而非教派论者。她不信多神教，只把它当成自己所隶属的希腊文化的一部分。她的弟子中有基督教徒——其中两人当上了主教，如辛奈西斯（Synesius），还有多神教徒和哲学无神论者。她希望所有弟子都能成为好朋友。然而，不幸的是，在那个时代，向往沉静思考、赞成和解的温和派人士——即狂热派口中的温吞派人士——很容易成为靶子，得不到那些站队者的保护。希帕提娅直到惨死前都始终按照自己的原则生活，享有不同寻常的自由。年轻时，她美丽动人，但她对男人的想法十分明确。据说有个弟子爱她爱得发疯，向她求婚。作为柏拉图和普罗提诺[1]的追随者，她告诉弟子，自己只想徜徉在高尚的思想领域，对物质领域低俗的感官愉悦不感兴趣。追求者长跪不起，于是，她用奇特而污秽的方式去堵他的嘴。我们是在雅典新柏拉图学园负责人大马士革乌斯那里听到这则逸闻的。他用既恶心又崇拜的方式描述了那奇特的一幕："她拿起脏污的月经带，对他说：'年轻人，这就是你爱的东西，它不美。'弟子一见吓坏了，羞愧得无地自容，心灵发生转变，很快成长为更优秀的人。"故事的寓意为：希帕提娅的弟子被月经带吓住，不再爱腐臭的肉体，转而坚持用哲学去寻求极致的美。

不管怎样，希帕提娅坚持单身，热爱学术，绝不分心。她是亚历山大港许多官员的恩师，积极参与公众生活，备受市政当局

---

1. Plotinus（205—270），古罗马哲学家，新柏拉图主义最重要的代表，著作由其门徒波菲力汇辑成《九章集》。

的尊重。众所周知，高官们会向她咨询。这个无比自信的女人所拥有的政治影响力开始招人嫉妒，诋毁她的谣言不胫而走，说她有所谓的魔法，对天文学和数学的兴趣恐怕只是幌子，其实她掌握的是邪恶的巫术和撒旦的妖术。

在日渐污浊的环境中，地方长官、温和派基督徒奥列斯特跟泰奥菲洛的侄子西里尔主教闹翻了。电影《城市广场》[1] 完美刻画了当时一触即发的紧张社会气氛。那是悲惨的公元 415 年，已近不惑之年的希帕提娅还在给学生上课。亚历山大港爆发了新一轮骚乱，这回是基督教徒对抗犹太教徒，习以为常的暴力场面又出现在露天剧场、街头、基督教堂和犹太教堂门前。西里尔要求驱逐居住在城里的众多犹太人，而奥列斯特在希帕提娅和多神教知识分子的支持下，拒绝主教的横加干涉。流言四起，人们都说，希帕提娅才是奥列斯特和西里尔不和的真正原因。

四旬斋期间，愤怒的人群在西里尔的追随者佩德罗的命令下劫持了希帕提娅，说她是女巫。人们气势汹汹地冲进她的马车，她自卫，大叫，可是没人敢帮她。无人阻挡的狂热信徒们一路将她拖到西塞隆教堂——这里曾经是古老的多神教神庙，当众残忍地用瓷砖碎片砸她，挖她的眼珠，割她的舌头，等她死了，还将她的尸体拖到城外，掏出内脏，剔下骨头，最后一把火烧掉。他们如此残忍地对待她的遗体，是想从她身上抹去她代表的女性、教师、多神教徒身份。

西里尔作为教唆者到底应该负多大责任，史料说法不一。今

---

1. *Ágora*，2009 年上映的历史传记电影，由西班牙导演亚历杭德罗·阿梅纳瓦尔执导。

天所谓的教唆罪的证据总是相当难找，但所有人都立即怀疑到了他头上。而在当时，没有人对此进行过真正意义上的调查，奥列斯特被调动到新地方，暴徒犯下的可怕罪行未受惩罚。几年后，另一帮暴徒谋杀了新的地方长官、奥列斯特的继任者。如今，西里尔被天主教会、东正教会、科普特教会、路德教会尊为圣徒。

希帕提娅被私刑处死标志着希望破灭，博物馆及其汇聚所有书籍、所有思想的梦想终结于亚历山大港野蛮的骚乱。从那时起，再无人提起亚历山大图书馆，它伟大的藏书似乎也永远消失了。

我们不知道在那些沉默的世纪里，残留的书籍命运如何。图书馆、学校、博物馆都是脆弱的机构，在暴力环境下熬不了多久。在我的想象中，古老的亚历山大港有那么多温文有礼、有学识、爱好和平的人愁肠百结，在狂热主义盛行的那些年里，面对恐惧孤独无依，明明身处自己的城市，却感觉失去了家园。年迈的文学教师帕拉达斯写道："我一生都在书籍的和平世界里与逝者对话，我想在对知识不屑一顾的时代传播我对他们的崇敬之情。从头到尾，我只是逝者的传声筒。"

当我们不再指望能得到更多消息时，亚历山大图书馆最后一次出现了在两部阿拉伯编年史中。叙述采取的既不是多神教视角，也不是基督教视角，而是伊斯兰教视角。让我们直接跳到伊斯兰历20年，即基督教公历642年。阿慕尔·伊本·阿斯将军[1]在给穆罕默德的第二位继任者、哈里发欧麦尔一世的信中写道:"我已武力占领了西方伟大的城市亚历山大港,且没有签订条约。"他在捷报中列举了城市的财富和美景:"这里有四千座宫殿、四千座公共浴场、四百座剧场或娱乐场所、一万两千家水果店和四万名纳税的希伯来人。"

编年史家兼思想家阿里·伊本·基夫提(Ali ibn al-Kifti)和学者阿卜德·拉蒂夫(Abd al-Latif)言之凿凿地说,几天后,一位年迈的基督教学者向阿慕尔将军提出请求,想要使用亚历山大港图书馆里的图书——它们在城市被占领后已被没收。阿慕尔好奇地听老人讲博物馆过去多么风光,藏书量虽日减,但仍价值连城。阿慕尔不只是一介武夫,他明白那座宝库虽然蒙了尘、被虫蛀,但非常重要。他不敢擅自做主,又修书一封,向欧麦尔一世请示。

在继续往下讲之前,我有必要提醒大家,阿慕尔确实于公元640年占领了亚历山大港,事情的大致框架似乎并没有错。但许多专家认为,基夫提和拉蒂夫杜撰了亚历山大图书馆的悲惨结局。两人是在事发好几个世纪后写下这些文字的,他们恐怕是想在有学识的苏丹萨拉丁[2]面前贬损哈里发欧麦尔一世。也许,故事与现实的雷同纯属巧合,又或许并非巧合。

一封信平均要在海上走十二天,陆上再走十二天,才能到达

---

1. Amr ibn al-As(约573—664),阿拉伯将军、政治家,曾率阿拉伯军队征服埃及,并两度担任埃及总督。他还在埃及建立了以他名字命名的清真寺。
2. Saladin(1137—1193),伊斯兰世界著名的军事家、政治家,埃及阿尤布王朝首任苏丹,1174至1193年在位。在文化上,他庇护学者,发展教育,奖励著书立说,倡导自由讨论。

美索不达米亚。阿慕尔和老人等哈里发的回复等了一个月。其间，将军要求去参观斑驳陈旧的图书馆。他被带着走过蛛网般的小巷和污浊不堪的街道，来到一座荒废已久的宫殿前，一队士兵正在把守。走在图书馆里，脚步声在墙壁间回响，几乎能听见沉睡文字的低语。手稿躺在书架上，像巨大的蛹躺在灰尘与蛛网包裹的茧里。老人说："书应该由君主及其继任者们保管和守护，直到时间尽头。"

阿慕尔爱上了跟老人交谈，每天都去拜访他，听他说希腊国王想把世上所有的书都找来一本，收进他的王宫，而他勤勉的仆人萨米拉——基夫提是这么称呼法勒鲁姆的德米特里的——派人前往印度、波斯、巴比伦、亚美尼亚等地四处搜寻书，这简直像《一千零一夜》里的故事。

欧麦尔一世的使者终于带着哈里发的回复抵达亚历山大港，阿慕尔悬着心阅读回信："至于亚历山大图书馆的书，回复如下：如内容与《古兰经》吻合，系多余；如不吻合，则亵渎神明。请尽数毁之。"

幻想破灭的阿慕尔服从命令，将书分散到亚历山大港的四千家公共浴场，充当炉子的燃料。据说他们花了足足六个月才将这座由想象力和智慧铸成的宝库焚烧殆尽，只有亚里士多德的作品被赦免。在公共浴场的蒸汽中，其弟子亚历山大最后的乌托邦就这样噼里啪啦地被烧掉了，直到化为灰烬，归于无声。

2002 年 10 月，新亚历山大图书馆于老图书馆原址盛大开幕，该工程耗时十二年，耗资 1.2 亿美元。图书馆代表照亮全世界的知识之星；它内设遍布七层楼、硕大无比的阅览室，屋顶由几千块彩饰面板组成，白天可以调节日光。埃及总统及全球约三千名贵宾参加了开幕式，所有发言均恰当地强调，对埃及人民而言，这是值得自豪的一刻；一个对话、理解、理性的古老空间得以重生，批判的精神从这里展翅高飞；这是古老的荣耀复活的明证。然而，不妥协的幽灵也执意要光顾开幕式。BBC 特派记者在簇新的书架上寻找埃及作家纳吉布·马哈福兹[1]的书——被宗教当局禁了，结果一本也没找到。当被问到纳吉布的书为何缺席时，一位高级官员回答："难啃的书将会慢慢陆续购置。"看来马其顿年轻人亚历山大的疯狂梦想要继续跟古老的偏见没完没了地缠斗下去了。

---

1. Naguib Mahfouz（1911—2006），埃及作家，1988 年获得诺贝尔文学奖，是第一位获得诺贝尔文学奖的阿拉伯语作家，代表作为三部曲小说《宫间街》《思宫街》《甘露街》。他曾因小说《我们街区的孩子们》（1967）险遭伊斯兰极端分子的暗杀，小说也因"渎神"引发宗教风波。

二十四　救生艇与黑蝴蝶

三毁亚历山大图书馆也许可以轻松地被视为古代发生的事，然而很不幸，在人类历史的长河中，对书的厌恶是根深蒂固的传统，对书的破坏从未过时。正如 El Roto[1] 在漫画中所言："文明老去，野蛮焕新。"

事实上，20 世纪确实是书的恐怖世纪：两次世界大战中被炸毁的图书馆、纳粹烧书的火堆、苏联的若干次大清洗、猎巫行动、欧洲和拉丁美洲的独裁政权、被烧毁或轰炸的书店、极权主义、种族隔离、某些领袖的救世主意识、宗教激进主义、塔利班或针对萨尔曼·拉什迪[2] 的伊斯兰教令，以及其他种种图书灾难。21 世纪的大幕刚刚开启，美国大兵就在得到首肯后洗劫了伊拉克的博物馆和图书馆。而人类正是在伊拉克首次用文字书写世界。

---

1. 原名 Andrés Rábago García（1947—），El Roto 为其笔名，roto 意为"破碎的"。他是西班牙最著名的漫画家之一，获得过漫画界多个重量级奖项。
2. Salman Rushdie（1947—），印度裔英国作家，获得过布克奖和安徒生文学奖，代表作为《午夜之子》。因小说《撒旦诗篇》被视为亵渎伊斯兰教之作，被伊朗宗教领袖霍梅尼悬赏追杀。

这一章写于 2017 年 8 月底，正值野蛮袭击萨拉热窝图书馆二十五周年。当年我还小，在我的记忆中，那场战争意味着发现了比想象中更大也更黑暗的世界。记得那年夏天，我开始对大人们手中沙沙翻阅的书籍产生了兴趣，之前我对它们毫不在意。没错，从那时起，我开始看报纸，模仿动画片中的间谍，张开手臂，将报纸支在眼前。最开始让我震撼的报道和新闻照片是 1992 年夏天发生的大屠杀。与此同时，在西班牙，巴塞罗那奥运会和塞维利亚世博会盛大召开，人们欢天喜地，一个匆忙走上现代化致富道路的国家突然间洋溢着必胜心。对于那场催眠似的梦，我记得的东西不多，但灰蒙蒙的、千疮百孔的萨拉热窝始终在我眼前晃荡。记得有一天早上上学，伦理学老师意外地让我们合上作业本，聊一聊前南斯拉夫战争，当时班上也就三四个孩子。当时我们说了什么，我已经全忘了。但这让我们感觉自己已经长大，变得很重要，离资深国际事务专家也就一步之遥。记得有一天我打开地图，用食指从萨拉戈萨[1]一路走到萨拉热窝，觉得这两座城市的名字读起来调子差不多。我记得萨拉热窝图书馆被燃烧弹击中、受伤的画面。西班牙记者赫瓦西奥·桑切斯（Gervasio Sánchez）拍摄的照片——一束阳光穿过被毁的庭院，照在断壁残垣和瓦砾堆上——是那个破碎的八月最真实的模样。

波斯尼亚作家伊万·洛夫雷诺维奇（Ivan Lovrenovićhas）讲述道，在一个夏日的漫漫长夜，萨拉热窝被米利契卡河边宏伟的国家图书馆的火光照亮。先是二十五枚榴弹炮落在屋顶——尽管文

---

1. Zaragoza，西班牙城市，是作者的家乡。

化遗产所在的建筑都挂着蓝旗。伊万说，火光冲天后，他们又开始持续不断地轰炸通往图书馆的道路，意图阻挡入口。瘦弱、疲惫的萨拉热窝市民从藏身处跑出来，想去抢救那些书。狙击手们卧在俯瞰城市的小山上，冲他们射击。攻击强度之大，连消防员都难以靠近。最后，摩尔式的柱子倒了，窗户碎了，火苗直往外窜。天亮时分，几十万本书已被烧毁，其中有珍稀版本、城市档案、全套的文集、手稿和世上仅存的孤本。"这里什么都没留下。"图书管理员维科斯拉夫说，"我看见一股烟腾起，纸飞得到处都是。我想大哭，我想大叫，但我只是双手抱头，跪在地上。我一辈子都会记得他们是怎么烧掉萨拉热窝国家图书馆的。"

当时的西班牙战地记者阿图罗·佩雷斯－雷维特[1]目睹了炮火和火灾。第二天早上，他在被毁的图书馆地上、断墙上、楼梯上，看见再也不会有人去阅读的手稿残骸和支离破碎的艺术书籍。"当一本书被烧毁、一本书被破坏、一本书死去时，我们的内心也不可避免地少了一点点。当一本书燃烧时，让它存在的所有生命、书中包含的所有生命也一并死去了，未来原本可以从它那儿获得温暖、知识、智慧、欢欣与希望的所有生命都一并死去了。毁一本书的确相当于谋杀人的灵魂。"

余烬继续燃烧了数日，烟雾弥漫，书化成灰漫天飞舞，像下了一场黑色的雪，萨拉热窝的市民们称之为"黑蝴蝶"。灰烬落在行人身上，落在被炸毁的平地上，落在人行道上，落在半毁的建

---

1. Arturo Pérez-Reverte（1951—），西班牙著名作家，曾有二十多年的记者生涯，其中有数年担任战地记者。代表作有《大仲马俱乐部》等。

筑上，最终分解，与亡灵融为一体。

这里有个奇异的巧合，《华氏451》中负责焚书的消防队队长也用了同样的比喻。他捧着一本书，用诗一般的语言下令将它烧毁："点燃第一页，点燃第二页，每一页都变成一只黑色的蝴蝶，很美，不是吗？"在布雷德伯利小说中描绘的阴郁未来里，阅读是被绝对禁止的，所有书都会遭到检举，被销毁。在那里，消防队的工作不是灭火，而是纵火，将火点旺，去烧私藏这些危险品——书籍——的房子。只有一本书可以合法存在，那便是负责放火烧书的消防队队员的纪律手册。在这本唯一的非禁书中，我们可以得知，消防队成立于1790年，负责在美国境内烧毁英文书；首位消防队队员是本杰明·富兰克林。任何持不同意见的书都不存在了，也无人对此提出质疑。在史料被清除殆尽、书籍无法自由流通的地方，肆意篡改历史不费吹灰之力，可以任意妄行。

在前南斯拉夫，抹掉过去是因为种族仇恨。自1992年至战争结束，共有188座图书馆和档案馆遭到破坏。联合国专家委员会一份令人扼腕的报告表明，前南斯拉夫存在"无法用军事理由解释的对文化财产的蓄意破坏"。胡安·戈伊蒂索洛[1]在苏珊·桑塔格[2]的号召下前往波黑首都。他在《萨拉热窝札记》中写道："蛮横无理的火箭炮击中了图书馆，贫瘠的仇恨将它点燃，这比死更糟糕。那一刻的痛苦和愤怒将会伴随着我，直到生命的尽头。围

---

1. Juan Goytisolo（1931—），西班牙作家、思想家，长期生活在摩洛哥，熟练掌握阿拉伯语，2014年获得塞万提斯文学奖，代表作为《手的游戏》《马戏团》。
2. Susan Sontag（1933—2004），美国作家、艺术评论家，代表作为历史小说《在美国》等，是当代西方深具影响力的著名女知识分子，也是一位反战人士。

攻者的目的是抹掉这片土地的历史，筑起谎言、传奇和神话的大厦，这实在伤害我们至深。"

文字化为灰烬后，人们便可以随意捏造对自己有利的事实。无疑，被榴弹炮烧毁或破坏的书籍也包含有偏见的解释。图书馆里的藏书、书店里出售的作品观点也会有失偏颇，有的甚至只以宣传为目的。我想起伦敦一位书商的趣事，他在纳粹轰炸伦敦的几个月里，将书店正在售卖的《我的奋斗》[1] 堆在屋顶上做掩体。然而，恰恰因为有各种不同的声音通过无数页书在说话，在表明态度，在互相反驳，我们才会相信死角并不存在，恶意操纵会被察觉。而那些毁掉图书馆和档案馆的人，他们主张让未来少一点不同、少一点分歧、少一点讥讽。

尽管亚历山大图书馆被烧了好几回，直到所有文字都被烧成灰烬，但并非所有藏书都石沉大海，无迹可寻。多少个世纪抢救其充满想象力的遗产的努力没有白费，在许多保存至今的书籍上，我们还能看见亚历山大港语文学家常用的版本符号和文字烙印。这意味着，尽管一路坎坷，终究有抄本的抄本的抄本流传到我们手里，而它们最早可以追溯到已经被毁的亚历山大图书馆。几百年、几千年里，亚历山大图书馆精心收藏的版本被复制，抄本散落在许许多多更简陋的图书馆和私人藏书馆中，惠及的读者范围越来越广。增加抄本数量是保存作品唯一可能的方法。如果某部作品躲过了无数浩劫，留存下来，那是因为付出巨大努力制作和传播的抄本缓慢地、温柔地滋润了隐秘、偏僻、安全的角落，那

---

1. 由纳粹德国元首希特勒口授，同僚鲁道夫·赫斯执笔的自传。

些永远不会成为战场的不起眼的地方。我们今天依然能读到的那些作品始终待在那些角落里，在那么多个世纪的水深火热中，它们藏身于偏远的边缘地区，躲过了杀身之祸。与此同时，通常集中于权力中心的大量图书，则毁于破坏、劫掠和火灾。

在古希腊罗马时期，欧洲诞生了一个永恒的群体，他们像火苗一样，即便微弱，也永不熄灭；人数不多，却始终存在。从那时起，在历史的长河中，无名读者们的热情保住了脆弱的文字遗产。在亚历山大港，我们学会了如何从蠹虫、腐蚀、霉变，以及攥着火柴的野蛮人手中保护书。

夏季的文学副刊上，总会有人问文学大师建议带什么书去荒岛。我不知道是谁第一个想出这个著名的荒岛问题的。是出于什么奇怪的模仿冲动，非要放这么一个异国情调、八竿子打不着的岛进去？G.K. 切斯特顿[1]的回答最妙："没有比《小艇制作指南》更让我觉得幸福的书了。"我跟切斯特顿一样，也会只想逃离那个地方。我可不想在荒岛上待着，连卖《奥德赛》《鲁滨孙漂流记》《一个海难幸存者的故事》《海洋，海》[2]的书店都没有。

奇怪的是，人们几乎可以在世界任何地方，甚至在最邪恶的

---

1. G. K. Chesterton（1874—1936），英国作家、文学评论家、新闻记者，代表作为《文学中的维多利亚时代》、侦探系列作品《布朗神父探案集》等。

2. 四本书都与海有关，分别为荷马、笛福、加西亚·马尔克斯、亚历山德罗·巴里科的作品。

地方看到书拯救人的故事。赫苏斯·马查马洛[1]在那本颇为令人愉快的《碰碰书》中写道，诗人约瑟夫·布罗茨基[2]犯下"社会寄生虫罪"，被关押在西伯利亚时，靠读奥登[3]寻求安慰；雷纳多·阿里纳斯[4]被关进卡斯特罗的监狱时，靠读《埃涅阿斯纪》寻求安慰。我们还知道利奥诺拉·卡林顿[5]战后立刻被安排住进了桑坦德精神病院，靠读乌纳穆诺[6]忍受污糟的环境。

纳粹集中营里也有图书馆，馆藏是这么来的：先从新囚犯身上没收一批书，再靠搜刮囚犯的钱购置新书。尽管党卫军将大部分钱用来购置宣传类书籍，图书馆里还是不乏通俗小说、文学经典、字典、哲学书和科学书，甚至还有禁书——充当图书管理员的囚犯们在封面上做了手脚。集中营图书馆从1933年开始出现，到1939年秋天，单单布痕瓦尔德集中营里就有六千本书，达豪集中营里甚至有一万三千本书。党卫军只是单纯拿它做道具，向参观者表明劳改营很人道，连囚犯们的知识需求都能照顾到。在集中营早期，似乎囚犯们是可以拥有个人书籍的，但很快这项特权就

---

1. Jesús Marchamalo（1960—），西班牙作家、记者。《碰碰书》出版于2004年，是一本谈论书和私人藏书的经典作品。
2. Joseph Brodsky（1940—1996），俄裔美国诗人、散文家，1987年获得诺贝尔文学奖，代表作为《韵文与诗》《致乌拉尼亚》等。他曾多次入狱，1964年因"社会寄生虫罪"被判服苦役5年。
3. W.H.Auden（1907—1973），英裔美国诗人，被公认为艾略特之后最重要的英语诗人。
4. Reinaldo Arenas（1943—1990），古巴诗人、作家、剧作家，代表作为《夜幕降临前》《不检点行为》。
5. Leonora Carrington（1917—2011），英国出生的墨西哥艺术家、超现实主义画家和小说家。
6. Unamuno（1864—1936），西班牙哲学家、文学家，1924年因指责军事独裁而遭流放，主要著作有《生命的悲剧意识》《迷雾》等。

被剥夺了。

图书馆里的书——近在咫尺却求之不得——能给囚犯们带来某种安慰吗？更本质的问题是，对遭受虐待、忍饥挨饿、面对死亡的人而言，文化能算是救命稻草吗？

我们有个发自肺腑的强有力的例子。《歌德在达豪》的作者尼克·罗斯特是一名德语文学的荷兰语译者。"二战"中，甚至在德国入侵他的祖国荷兰后，他始终致力于出版让纳粹不悦的德国作家的作品。此外，他还是共产党员，这简直是双重挑衅。1943年5月，他被逮捕并送往达豪集中营，先是进医务室看病，后来被留在医务室做行政工作，不用在露天做苦力，累得半死，或在军工厂做牛做马。但是，在医务室工作既幸运又危险。要是被人注意到，发现你其实是个没用的寄生虫，你很容易就会被送上开往灭绝的火车。

囚犯们日子过得很苦，对盟军的推进毫不知情，很多人因伤寒肆虐和食品短缺死亡。尼克说，一位狱友瘦得脱形，连假牙都嫌大，套不上去。囚犯们越来越觉得自己快熬不下去了。在这种情况下，尼克做了好几个危险的决定。第一，写日记。他千辛万苦地弄到纸，每天躲起来写几行，再藏好。集中营解放后，这本日记出版了。奇怪的是，里面记录的不是贫苦的生活，而是他自己的想法。他写道："说饿肚子的人就会饿肚子，说死亡的人会第一个死亡。我觉得维生素 L（Literature，文学）和 F（Future，未来）是最好的养料。"他写道："我们所有人都会互相感染，我们所有人都会死于营养不良。因此，更要多读书。"他写道："这话终究没错：经典文学能帮你，能赐予你力量。"他还写道："当一个人别无选择时，最体面的方式是跟修昔底德、塔西佗[1]和普鲁塔克这样的逝者一起生活在马拉松或萨拉米斯斯。"

尼克第二个危险的决定是组建地下读书小组。一个友善的囚犯头子和几个医生答应从图书馆借书出来，给读书小组的成员看。要是弄不到书，他们就回忆过去读过的句子，一起讨论。大家原本来自欧洲不同的国家，可以就本国文学做简单的介绍。他们担惊受怕，偷偷摸摸地站在床间，派个人望风，只要有德国人出现就立刻示警。一次，平常对他们睁一只眼闭一只眼的囚犯头子生气了，让他们赶紧散了，还说了些难听的话："闭嘴！别再废话啰唆了！要是在毛特豪森，非得为这事把你们毙了不可。这里简直没规矩，就是个该死的幼儿园！"

读书小组的两名成员在脑子里写书，一本是有关专利权的著作，另一本是个儿童故事，写给即将在废墟中成长的儿童。当囚犯们住的大棚在轰炸中颤抖时，伤寒肆虐，有些医生为讨好党卫军索性让病人大量死亡时，他们在聊歌德、里尔克、司汤达、荷马、维吉尔、利希滕贝格[2]、尼采，还有阿维拉的特蕾莎[3]。

死亡一直在改变读书小组的人员组成。最大的凝聚力来自尼克，是他在支撑小组，努力试探和争取陆续前来的病人，朋友们叫他"吃纸的荷兰疯子"。集中营里不让读书写字，他就偷偷写日记，作为反抗。死亡的人越来越多，但他坚持行使思考的权利。

---

1. Tacitus（约55—约120），古罗马历史学家，主要著作有《历史》《编年史》等。
2. Lichtenberg（1742—1799），德国启蒙学者、思想家、讽刺作家、政论家，代表作为《格言集》。
3. Teresa de Ávila（1515—1582），西班牙神秘主义作家，出生于阿维拉，代表作为《内心的灵魂城堡》等。

1945 年 3 月 4 日，离解放还差一个月——解放指日可待，但他并不知情，他感觉自己正在生与死之间徘徊。他写道："我拒绝谈论伤寒、虱子、饥饿与寒冷。"他知道所有这些痛苦——他全都亲身体验过，但他认为纳粹在利用这些痛苦，不把他们当人，让他们陷入绝望。罗斯特不想去关注杀人机器，他迫不及待地、深信不疑地抓着文学这根救命稻草不放。在这位共产党员身上存在着自相矛盾之处：他宣扬最激进的唯物主义，但他之所以能在极端条件下顽强地活下来，却是靠着对思想的信仰。

跟他一起读书、一起交谈的，是来自各个国家（苏联、德国、比利时、法国、西班牙、荷兰、波兰、匈牙利）的异见者。1944 年 7 月 12 日，他在开篇写道："我们组成了一个欧洲共同体——虽然是被迫的，我们可以通过接触其他国家的人学到很多东西。"虽然博学的历史书上不是那么写的，但我更乐意认为，欧盟其实诞生于纳粹集中营铁丝网里一个危险的读书小组。

同样在那几年里，在欧洲范围之外——无论想象中的欧洲的边界在哪儿，在苏联的古拉格劳改营，另一些声音也发现了面临死亡威胁时文化的意义。20 世纪 40 年代，加莉亚·萨弗诺夫娜出生在西伯利亚劳改营的简陋营房里，随后以囚犯身份在一个令人胆寒的矿区边度过了她的童年。这里终年为冰雪所覆盖，外面成天寒风怒号。她的妈妈是享有盛名的传染病学家，因拒不揭发实验室同事被判劳改。在那个冰冷的监狱里，她们一年只能写两封信，还缺笔少纸。小女孩只认识古拉格这几个字，女犯人们就为她偷偷制作手工故事书，在黑暗中为她抖抖索索地画图，歪歪扭扭地写字。"那些书每一本都让我非常幸福！"年迈的加莉亚对捷克作家莫妮卡·兹古斯托娃[1]说，"小时候，那些书是我唯一的文化源泉。我一辈子都留着，它们是我的宝贝！"埃莱娜·克雷布特在位于北极圈内极地冻原的沃尔库塔矿区服刑十多年，她给兹古斯托娃看了一本普希金的书，插图是古老的版画。"在劳改营里，这本来历不明的书经过几百人，甚至几千人之手。谁也想象不到一本书对于囚犯的意义：它是野蛮环境中的美丽、自由与文明！它是救赎！"莫妮卡·兹古斯托娃采访从古拉格侥幸生还的女性，写出了一本精彩的作品，名为《雪中舞》。她告诉我们，哪怕身处深渊绝境，人类仍然会无比渴望精彩的故事。因此，我们去哪儿都带着书，或把书装在脑子里，甚至带它们进到恐怖之地，因为书是医治绝望的灵药。

尼克、加莉亚和埃莱娜都不是个案。心理学家维克多·弗兰克尔在奥斯威辛消毒室被抢走了终生研究成果的手稿，重写一遍的执念保住了他的命。哲学家保罗·利科（Paul Ricoeur）被维希政府逮捕后，为狱友们上课，建图书馆。年纪轻轻的作家米歇尔·德尔·卡斯蒂略（Michel del Castillo）在奥斯威辛只有一本——具有象征意义——托尔斯泰的《复活》，后来他说："文学是我唯一的传记和真理。"坎塔布连一名社会党领袖的儿子欧拉里奥·费雷尔进法国集中营时才十八岁，有民兵提议用一本书换他的烟。那本书是《堂吉诃德》，许多个月里他一读再读，"反复读，不断被激励。它在我被疯狂包围时安慰着我。"他们都像山鲁佐德，靠

---

1. Monika Zgustova（1957—），捷克作家、翻译家，将大量捷克文学作品翻译为西班牙语，著有《雪中舞》等。

想象力和对文字的信仰自我拯救。弗兰克尔后来写道，看似矛盾的是，在奥斯威辛，许多文弱书生比其他强壮的囚犯更能熬过那段苦日子。这位犹太裔心理学家说，毕竟，能与周围可怕的环境自我隔离，逃匿到内心世界的人，会少受点苦。

书帮我们熬过了历史上的大灾难和生活中的小悲剧。另一位隐秘世界的探寻者契弗[1]写道："文字是我们唯一拥有的意识……文学可以拯救受苦的人，激励和指引相爱的人，驱散绝望。也许在这点上，文学可以拯救世界。"

最糟糕的是沉默。那时候，没有词可以形容这一切。你可以说，他们在课上笑我。或者更严重些：他们在学校打我。但这些只是触及了现实的表面。无须做 X 光，你就能看见成年人在脑子里即刻做出的诊断：小孩子闹着玩的。

那是原始的部落掠夺机制的早期表现。我被移出了群体保护的圈子，有一道想象的铁丝网，而我被排除在外。如果有人骂我，或把我从椅子上拽下来，其他人不会在意。这种侵犯会变得习以为常，司空见惯，不被人注意。我不是说这种事会天天发生。有时候，不知怎么的，突然有一阵子风平浪静，好几周都平安无事，课间休息时，这群人也不往我身上砸球了。直到有一天，老师突然在课上骂了欺负我的那群人中的一个，下课后，小孩子们吵吵

---

1. John Cheever（1912—1982），美国短篇小说作家，被誉为"城郊的契诃夫"。

闹闹，迫不及待地想出去玩。在漆成蓝色的走道上，他们又开始羞辱我：死读书的，婊子养的，看什么呢？找打呀？我又被欺负上了。

欺负我的那帮人是有角色分配的：有一个是老大，其余的都是她忠实的手下。他们给我起各种绰号；恶心地模仿我戴牙齿矫正器的模样；冷不丁地往我身上砸球，砸得我很蒙，到现在都能感觉到；在体育课上掰断我的小指头。他们将快乐建立在我的恐惧上。我想，这些事他们一点都不记得了。也许，拼命想一想，他们会说，哦，我们跟她开过几个过分的玩笑。他们一起整我时，就是这么不当回事。

在最糟糕的那段日子里，八到十二岁，不只是我，还有别的女孩子受欺负：一个留级生、一个不怎么会说西班牙语的中国移民、一个提前发育的女生。我们是典型的弱者，欺负我们的掠夺者老远就能看出这点，然后把我们隔出群体。

许多人将童年理想化，将它变成一去不复返的纯真岁月，可我一点也不记得别的孩子有多纯真。我的童年很奇怪，乱极了，既贪婪又恐惧，既懦弱又抗拒，既有晦暗无光的日子，也有欣喜若狂的日子，既有各种游戏、好奇心、最早的一批朋友、父母发自内心的爱，又会时常被欺负。我不知道经历中这破碎的两部分怎么才能合到一起，在我的记忆中，它们是被分开保存的。

但我依然认为，最糟糕的是沉默。我接受小孩子之间的既定规则，接受闭口不言。所有人都知道，从四岁起就知道，告密是最坏的行为。告密者是软蛋，是坏同学，谁都可以瞧不起他。校园里发生的事就留在校园，不许告诉大人，或只告诉一点点，别让大人掺和就好。身上有伤，要说是自己弄的；东西被偷了，要说是自己弄丢的，虽然后来发现它漂在便池里。我打心眼里觉得，唯一能做的有尊严的事，就是扛着。不说，不在别人面前哭，不找人帮忙。

我不是唯一的一个。儿童之间的暴力、青少年之间的暴力，都在阴暗的沉默的保护之下发展。那些年，我不是班上的告密者，我没供出别人，我不是胆小鬼，我没那么下贱，我从中感到安慰。出于被曲解的自尊，出于难为情，我遵守了规则：有些事是不能说的。想当作家是一种后知后觉的叛逆行为，不能说的事我偏要说，我决定变成当年避之唯恐不及的告密者。写作的根源常常就是黑暗。这是我内心的阴暗面，是它滋养了这本书，或许，也滋养了我的所有文字。

被欺负的那些年里，除了家人，还有四个素未谋面的人帮助过我。他们是罗伯特·路易斯、米切尔、杰克、约瑟夫。后来我才发现，他们的姓更有名气：史蒂文森、恩德、伦敦和康拉德[1]。因为他们，我明白我的世界只是同时存在的许多个世界的一个，既有真实的世界，也有想象的世界。因为他们，我发现可以将舒服的幻想收藏在自己内心的房间里，当外面下起冰雹时，可以进去躲一躲。这个发现改变了我的一生。

我在旧文稿中里找到了一篇名叫《野蛮部落》的故事，是我刚刚尝试文学创作时写的。时隔多年拿出来重读，虽然觉得文笔

---

1. 分别是 Robert Louis Stevenson，Michael Ende，Jack London 和 Joseph Conrad。四人均为著名作家。

幼稚，但我决定一个字也不去改。这是奇怪的个人考古行为，往前追溯到过去的某一层，因为还没那么久远，还不至于回忆里自带欺骗性的滤镜，把什么都往好里想。在不成熟的文字里，我发现经历了小小苦难的自己也曾经在书中找到过救命稻草。

　　我是女船长。听到叫声时，我正在甲板上。看到陆地了！我去船头，拿出望远镜。岛上有棕榈树、椰子树，还有奇形怪状的石头。这里是金银岛！舵手，右舷转三度，松帆，停船靠岸。我将一个人进岛，因为船员们都害怕。水手们说，岛上住着野人，有许多关于他们可怕的故事。

"你干吗呢？"

"她在吃三明治。她得多吃，才能变得最聪明，什么都知道。"

"拿来。哟，瞧瞧，奶酪三明治。"

"好吃吗？"

"呸。你尝尝，现在应该好吃了。"

"很好很好。"

"来，你也啐一口，像这样。"

"行了，还给她吧，让她吃掉。"

"就是，吃了它。快吃啊，让我们瞧瞧！你可别哭鼻子啊！"

"哪儿呀，她才不会哭呢！所有人都说她聪明。她会全吃掉的，她不会去告密。"

　　我遇到了一个部落。我鼓起勇气，一定要穿过去！最好别惹他们生气。他们用自己的语言，叫我们狡猾的白魔鬼。现在，他们带我去见头儿。有两个头儿，请我吃他们的食物。不吃就要杀了我。他们可以很和善，也可以很残忍。我见周围全是受害者的骸骨。他们把活生生的虫子放在一片热带植物的大叶子上，让我吃。我恶心得胃里翻江倒海，但我得忍着，嚼一嚼，咽下去。我全都吃完了。他们高兴地笑了，放我走了。我得救了！根据地图，部落离藏宝贝的地方不远。我来到一个岩洞，墙壁湿乎乎的，凹凸不平。我小心翼翼地走，怕有陷阱。我在岩石凿出的巷道中转悠了好几天，找到了宝贝。这时，我正好听见上课铃响，课间休息结束了。

二十五　我们就这样变得奇怪

其实，我们相当奇怪。哲学家阿米莉亚·巴尔卡塞尔（Amelia Valcárcel）说，我们是从希腊人起开始变得这么奇怪的。在亚历山大港，第一次大规模地发生了一些怪事，现在却已成了我们日常生活的一部分。托勒密历代国王在尼罗河岸的首都所做的事对我们而言，既不可思议又十分熟悉。当年的科技革命以字母表和书面文字为代表，之后，亚历山大的继任者们雄心勃勃地启动了一个大项目，用来积累知识和获得智慧。博物馆吸引了当年最优秀的科学家和发明家，承诺他们可以毕生从事研究工作；此外，还配套激励政策，照顾到他们的钱袋子，给他们免税。亚历山大图书馆和塞拉皮斯神庙子图书馆开启了守护所有思想和发现的大门。图书馆雄伟恢宏，海量藏书令人兴奋，类似于今天因特网和硅谷的创造力大爆炸。

此外，图书馆负责人还开发出行之有效的系统，让读者在漫出记忆边界的信息中不至于迷失方向。他们发明出按照字母表排序和整理书目的方法，培养专业人士，对书卷进行日常维护，请语文学家纠错，请抄写员复制抄本，请笑容可掬的博学管理员指导初学者们在文字的迷宫中穿行，这跟创造书面文字同样重要。不同时空、不同文化中独立出现了多种书面文字，但流传下来的并不多。考古学家们发现了许多被遗忘的文字遗迹，它们之所以会消失，是因为没有掌握整理书目、方便查找的有效方法。如果资料乱七八糟地堆在一起，任何时候想要找什么都无异于大海捞针，那收集资料又有何用？亚历山大图书馆当年之所以能脱颖而出，如同今天的因特网，要归功于非常先进、非常简便的技术，能在书面知识的混乱线团中准确地找出需要的那根线。

新科技时代和托勒密时代一样，整理信息依然是主要挑战。法语、加泰罗尼亚语、西班牙语等好几种语言里，把电脑称之为"整理机"绝非偶然。1955 年，在 IBM 公司打算投放新机器到法国市场之际，索邦大学古典语言教师雅克·佩雷向法国分部高层建议，用"整理机"（强调更重要、更关键的整理数据的功能）替代英语名"计算机"（只指出计算功能）。从发明书面文字到发明计算机技术，一路走来的科技进步史归根结底，是一部关于创造获取知识、储存知识、查找知识的方法的历史。这条对抗混乱与遗忘的进步之路始于美索不达米亚，在古代的亚历山大图书馆攀上了高峰，之后又一路蜿蜒，走到了今天的数字网络。

酷爱藏书的国王们还走了另一条不同寻常的天才之路：翻译。此前，从未有人会带着如此强烈的好奇心，动用如此众多的资源，着手进行一项全球文学翻译计划。作为亚历山大勃勃雄心的继承者，托勒密历代国王不满足于将尚未探索的世界绘制在地图上，还希望开辟通往他人思想的道路。这是一个关键的转折点。欧洲文明建立在翻译的基础上，从希腊语、拉丁语、阿拉伯语、希伯来语，从巴比伦的各种语言进行翻译。没有翻译，我们不会是现在这个样子。没有翻译，居住在欧洲各地的人们，隔着山河大海、语言的国界，会对他人的发现一无所知。自身的局限也会让我们更孤立。我们不可能掌握承载文学作品或知识的每一种语言，而且不幸的是，大部分人并没有骄人的语言天赋。但古老的翻译习俗搭建了桥梁，汇聚了思想，开启了无尽的复调式交流，避免我们被沙文主义的巨大危险毒害，告诉我们母语只是语言中的一种，实际上，人类可以表达不止一种语言。

众所周知，翻译行为包含了种种神秘之处。保罗·奥斯特在自传《孤独及其所创造的》中，对这种镜子游戏、这种几乎称得上魔幻的经历进行了思考。翻译是如此地难以捉摸，让他着迷。许多年里，他靠翻译其他作家的作品为生：坐在书桌前，读一本法语书，然后再努力地用英语把这本书写出来。其实，这两本书既是同一本，又不是同一本。因此，翻译工作始终让他惊叹。有那么一刹那，每一次翻译都让人接近眩晕，面对面地与分身相遇令人不安，不同量子态的叠加让人产生微妙的困惑。奥斯特坐在书桌前，翻译别人的书。尽管房间里只有一个人，但其实有两个人。奥斯特把自己想象成另一个人的幽灵——许多情况下，这个人已经死了——他既存在又不存在。其作品既是此刻翻译的这本，又不是这本。于是，奥斯特告诉对自己，同一刻，一个人可以既是一个人，又不是一个人。

语言互译在很大程度上源于亚历山大的一个理念。对此，我们仍用一个希腊语名词在定义它：cosmopolitismo（世界主义）。亚历山大宏伟梦想的主要内容为：让世界（希腊语 oikoumene）各国人民永远团结在一起，创造全新的政治形式，为所有人提供和平、文化及法律保障。当然，它跟所有乌托邦似的想法一样，在实行时常常步履蹒跚。普鲁塔克写道："亚历山大没有听从亚里士多德的建议，认为希腊人尊贵，认为应该对蛮族好好管教，也没有视别人为动物或植物。相反，他命令所有人把世界当成自己的祖国，亲近好人，远离恶人。"无疑，普鲁塔克的总结只说好不说坏，他将帝国扩张时残暴的那一面小心翼翼地藏了起来。这一视角虽然有失偏颇，但依然能反映出亚历山大开启了非同凡响的全球化进程。

亚历山大英年早逝，导致其普天之下莫非王土的计划随之破灭，但他的征服为人与人之间的交流拓展出巨大空间。在当年，古希腊文明的确是世界编织出的最庞大的文化交流与商业交往网络。亚历山大及其继任者们兴建了许多新城市，也在古典文明的黄昏引入了新的生活方式，见证了帝国的荣耀。当地处欧洲的希腊还在依照传统按部就班地生活时，亚历山大在中东和小亚细亚建造的大城市里，街道上熙熙攘攘，来自不同地方、拥有不同习俗和信仰的人们日常混居，开辟出大胆的文化混血之路。

许多学者认为，最能体现希腊化新视野的人是埃拉托色尼。公元前 3 世纪，托勒密三世任命他为亚历山大图书馆馆长。新馆长根据亚历山大远征队带回的信息修正了古老的地图。研究者卢卡·斯库奇马拉（Luca Scuccimarra）认为："埃拉托色尼以前所未有的清晰完整呈现了人类种族和语言的多样性。"在绘制全新世界地图的埃拉托色尼眼中，亚历山大港是未来世界的缩影：一座位于非洲的希腊城市，所有巴比伦城市中最不同寻常的一座，旧世界思想、艺术和信仰最奇妙的交汇处。

在地中海沿岸的亚历山大港，这里的文化首次希望将全人类的知识收入囊中。如此野心勃勃，令人难以置信。它继承了与人接触的欲望，希罗多德一生四处奔波，亚历山大策马奔向世界的尽头，都是为了与他人接触。乔治·斯坦纳[1]追述，希罗多德曾指出："我们冒着极大的生命危险，耗费极大的财力，每年派船前往非洲，去问他们：你们是谁？用什么法律？说什么语言？可他们从来不派船来问我们。"古希腊文化提出并推广了两种获取知识的方式：行万里路（跟车队、坐船、乘车、骑马亲自前往）；读万卷书（身不动，通过笔墨文字窥见广袤的世界）。亚历山大港的灯塔和博物馆就是这两种"在路上"的象征。在这座大熔炉般的城市里，我们找到了欧洲的根基。欧洲经历过好的时代，也经历过坏的时代，局势紧张过，荒诞错乱过，甚至有过向野蛮靠拢的时期，但从未失去过对知识的渴求、对探索的渴望。拉斐尔·阿古洛[2]在《海底观感》中为自己撰写了一篇墓志铭，简单到只有四个字："他旅行过！"之后又做了补充说明："我旅行，是为了逃跑，为了从另一个视角审视自身。当你跳出去看自己时，态度会更谦卑，目光会更敏锐。不会像傻子似的，因为被其他傻子赞扬，便将你自己想象为最棒的自己，将你的城市想象为最棒的城市，将你所谓的生活想象成唯一可能的生活。"

---

1. George Steiner（1929—2020），文学评论家、翻译理论家，掌握多种语言，博学多才，是当代最杰出的知识分子之一，著作有《巴别塔之后》《悲剧之死》《语言与沉默》等。
2. Rafael Argullol（1949—），西班牙作家、诗人、散文家。

　　亚历山大港因其身份模糊率先从外部审视自身。作为希腊城市，它不在希腊本土；作为欧洲的种子，它不在欧洲地理范围内。在亚历山大图书馆的黄金时代，跟随着亚历山大的脚步，斯多葛派哲学家们斗胆第一次告诉大家，所有人都是无国界社群的一分子，在任何地方、任何环境下都必须尊重人类。让我们记住位于尼罗河三角洲的希腊首都亚历山大港。在那里，各种思想喷涌而出，他人的语言和传统，以及对世界的理解，对作为共同领地的知识的掌握都开始变得重要。在这些追求中，我们发现了世界公民的伟大欧洲梦的前身。文字、书籍以及将书籍收入图书馆，是这些技术使这个乌托邦的想法成为现实。

　　遗忘、文字遗产的消失、沙文主义和语言障碍都是再正常不过的事。因为亚历山大港，我们变得非常奇怪，现在我们成了译者、世界公民和博闻强记的人。我曾经是萨拉戈萨小学受人排挤的小女孩，亚历山大图书馆之所以让我着迷，是因为它为所有时代没有祖国的人创造出了书籍中的家园。

II

条条大路通罗马

一　声名狼藉的城市

　　新的世界中心是一座声名狼藉的城市。从一开始，古罗马人就有一段可怕的黑暗传奇，更特别的是，这还是他们自己创造出来的。一开始是手足相残。根据神话，阿尔巴隆加城国王的两个孙子——罗慕路斯和勒莫斯，在传奇的公元前 753 年 4 月 21 日出发前去建立属于自己的城市。他们达成一致，要将未来的城邦建在台伯河畔。但很快，两人便开始夺权。他们是双胞胎，年龄上谁也不占优，都说神谕向着自己。各路神仙哪儿会不知道明哲保身的道理。罗慕路斯开始自顾自地砌城墙，勒莫斯挑衅地跳过壕沟。根据历史学家提图斯·李维的叙述，在接下来的争斗中，升腾的野心引发了流血的杀戮。罗慕路斯杀死了兄弟，带着愤怒的颤抖大叫道："谁敢跳过城墙，格杀勿论！"就这样，他为罗马日后的对外政策定下非常好用的先例：明明是自己打别人，偏说是别人挑衅或违法在先，为自己正名。

　　接下来是组织一个真正的罪犯集团。新兴城市需要有人居住，年轻的国王不假思索，直接宣布该城为罪犯和逃犯的避难所，进城后他们便不会再被追究。提图斯·李维写道，一大帮罪犯和来历不明的人一股脑地逃离周边地区，成为最早的罗马城市居民。而罗马最迫在眉睫的问题是：没有女人。于是，不光彩的第三幕上演了：集体强奸。

罗慕路斯以敬海神的名义，邀请附近村庄里的人前来参加庆祝活动，周围居民似乎很想来看一看这座新城。尽管当年它只是泥潭边一堆用土砌成的茅屋，外加几头供人观赏的绵羊，但那天，罗马城还是涌进了许多好奇的人。附近村民携妻带女，从各种名字稀奇古怪的村子里前来——什么凯尼纳、安泰姆奈、克鲁斯图麦里亚（Crustumerium）。如果不是罗马，而是克鲁斯图麦里亚发展成帝国，那么今天，我们所有人都将是克鲁斯图麦里亚人（Crustumerians）。但宗教庆典只是个圈套。活动开始，当来访的萨宾人[1]在全身心投入地观看表演时，罗马人一声令下，掳走了随家人前来的年轻女子。李维说，几乎所有人都将抢到手的第一个女人占为己有，但毕竟尊卑有序，名门望族预定了最漂亮的女人，出钱将她们买回了家。女人们被绑架，她们的父亲和丈夫都懵了，无奈敌众我寡，只好仓皇逃走，悲痛之余，也只能痛骂动粗的邻居。

为了避免误会，李维又赶紧解释，罗马人想让这座年轻的城市延续下去，所以只好掳人。他还说，女子们都被吓坏了，罗马男人承诺会爱她们，善待她们，跟她们和睦相处。他补充道："丈夫们温存之余，说自己的行为完全是因为情不自禁。他

---

1. 古意大利的一个民族，和罗马人相邻而居。

们抓住了女性心理，这一招总管用。"更过分的是，"青史留名"的集体动粗居然成了罗马婚礼的固定模式，多少个世纪以来，掳人的场景总会在婚礼上出现。仪式要求新娘躲进妈妈怀里，新郎佯装强行将她掳走，新娘不从，挣扎着又哭又叫。

1954年，神话故事被改编成一出并无恶意的浪漫主义喜剧《七新娘巧配七兄弟》（*Seven Brides for Seven Brothers*），里面有一首关于萨宾女子让七位粗鲁的男主人公一次性脱单的有趣歌曲。七位连襟松了一口气，开心地齐唱道："萨宾女人们哭啊哭，心里其实乐开了花。她们在罗马田野上呐喊又亲吻，亲吻又呐喊。别忘了那些心甘情愿的萨宾女人。没见过比这更温馨的居家场景：双膝上各坐着一个罗马孩子，取名叫克劳迪奥或布鲁托。那些好哭的萨宾女人，当男人出门打仗或交际时，她们晚上给孩子缝小衣服，过得开心极了。"《海斯法典》[1]禁止吻戏和床戏出现在让人难为情的好莱坞大银幕上，却认为集体劫持的古老戏码终会促成幸福温馨的美满家庭。

然而，古罗马的敌人已经从其不光彩的建城史中看到其掠夺的本性。几百年后，一位对手写道："罗马人从一开始就一无所有。房子、妻子、土地、帝国，全是抢来的。"据波利比乌斯[2]估算，卑鄙无耻的罗慕路斯的后代们在短短五十三年的时间里，就征服了已知世界的大部分土地。

1.《海斯法典》是美国电影制片人和发行人协会主席海斯等人起草制订的限制影片表现内容的审查性法规，1934年正式实施，后于1966年被正式取消。

2. Polybius（约前200—约前118），古希腊政治思想家、历史学家，晚年才成为罗马公民，著有40卷的《通史》。

事实上，建立一个庞大的地中海帝国需要好几个世纪。在公元前2世纪的那五十三年里，其他地方的人民渐渐惊恐地意识到罗马已经建成了前所未有、无坚不摧的战争机器。

罗马最早的战役稀松平常，是自公元前5世纪起与邻国之间发生的日常小规模冲突，时攻时守。到了公元前4世纪，罗马人的扩张才引起当时最强大的希腊人的注意。公元前240年，在陆续取得一连串令人目眩的胜利后，罗马人的领土已经囊括几乎整个意大利和西西里岛；一个半世纪后，罗马占领了几乎整个伊比利亚半岛、普罗旺斯、意大利、亚得里亚海沿岸所有地区、希腊、小亚细亚西部，以及今天的利比亚和突尼斯之间的北非海岸；公元前100年至公元前43年，它吞并了高卢、阿纳托利亚半岛的剩余部分、黑海沿岸、叙利亚、犹地阿、塞浦路斯、克里特岛、今天的阿尔及利亚沿海地带和摩洛哥部分地区。台伯河边沼泽地小城的居民原本住在恶臭的泥潭边，如今却将整个地中海作为内湖，可以由他们独享。

对罗马人来说，军事行动已是家常便饭。5世纪的一位西班牙历史学家认为这实在罕见：在漫长的帝国扩张时期，罗马人居然有一年没打过仗。未动干戈的这几个月发生在公元前235年，雷古卢斯（Gaius Atilius Regulus）和提图斯·曼利乌斯（Titus Manlius）任执政官期间。然而，司空见惯的是，罗马人将大量的人力和财力用来四处征战，尽管打了不少胜仗，但也一路损兵折将，就甬提敌人的伤亡有多惨重了。玛丽·比尔德认为，在征战期间，每年必须有 10% 到 25% 的成年男子在军团服役，这一比例比工业化前任何一个国家战争动员的人口比例都要高，估计最高相当于第一次世界大战时的征兵指数。坎尼战役[1]中，罗马人对阵汉尼拔[2]，只打了一个下午，而罗马军队的死亡节奏是大概每分钟一百人。我们还应该意识到，后续还会有许多战士因重伤不治去世。古代兵器未必会让人立刻毙命，但很容易致残，等伤口感染后才会导致身亡。

牺牲是巨大的，但收益远远超过了不可阻挡的罗马军团最贪婪的想象。公元前 2 世纪中叶，多场胜利的战利品让罗马人变成了已知世界的超级大富翁。战争极大地推动了当年最赚钱的买卖：奴隶贸易。成千上万的俘虏变成奴隶，在罗马人的农田、矿井和磨坊里充当劳力。从东方城市和王国掠夺来的金锭被装车运往罗马，把国库堆得都要溢出来了。公元前 167 年，因为金子多到令人发指的地步，政府决定暂免罗马公民的直接赋税。当然，突如其来的财富对罗马人来说，尤其对得不到财富的罗马人来说，是不稳定因素。常见的情形又出现了：富人更富，穷人更穷。贵族靠大庄园致富，奴隶就是他们的廉价劳动力；而自由民小农们的土地在第二次布匿战争[3]中被汉尼拔夷为平地，不公平竞争让他们

---

1. 第二次布匿战争中的重要战役。公元前 216 年 8 月，汉尼拔率迦太基军同罗马军队会战于阿普里亚境内的坎尼（今意大利奥凡托），汉尼拔在此役中采用两翼包抄战术大败罗马。

2. Hannibal Barca（前 247—前 183），迦太基统帅、行政官、军事家，曾在特拉西米诺湖战役和坎尼战役中重创罗马军队。

3. 古罗马和古迦太基为争夺地中海西部统治权而进行的战争。第一次布匿战争发生在公元前 264 至前 241 年，第二次布匿战争发生在公元前 218 至前 201 年，第三次布匿战争发生在公元前 149 至前 146 年。布匿战争的结果是迦太基被灭，罗马夺得了地中海西部的霸权。

越发贫困。理想的世界永远不会为所有人而设。

自古以来，大量战争之所以爆发，就是为了抓获俘虏、拥有俘虏、买卖俘虏。世界的财富往往来源于奴隶制，它是真正连接古代和现代的纽带：从中国的万里长城到被称为"幽灵之路"的科雷马公路[1]，从美索不达米亚的灌溉系统到美国的棉花种植园，从罗马的妓院到今天的女性买卖，从埃及的金字塔到孟加拉制造的廉价服装。无疑，奴隶是古代社会远征的主要目的，甚至往往是唯一目的。奴隶代表了强有力的经济资源，强大到无人尝试去掩饰这一点。据称，"慈悲为怀"的尤利乌斯·恺撒刚在高卢打下一个村庄，就当场卖掉了全境不少于五万三千人。买卖可以迅速成交，因为奴隶贩子组成了第二支队伍，就跟在军团后面。战场上夜幕降临，他们就立刻去购买新鲜的商品。

罗马帝国组织效率之高，俘虏、居民、对手都亲身领教过。新兴的罗马帝国将大一统的野心变成现实，希腊人没做到的，他们做到了。因为一动真格的，希腊人就成了无能的政客。前文提到，亚历山大的继任者们创建了彼此对立的王朝，互相争斗，使继承来的帝国分崩离析。盟友始终在变，冲突持续发生。交战各方都习惯拉拢罗马人，要么结盟作战，要么仲裁评理，结果到头来，自己却被这个危险的朋友一口吃掉。

但也不能说全球化是罗马人开创的。毕竟，在分崩离析的古希腊后期，全球化已经存在。但罗马人将它完善到了时至今日依

---

1. 一条连接俄罗斯马加单和雅库茨克的干线公路，全长 2032 公里，从 1932 年一直建到 1953 年，其间动用了大量古拉格政治犯，死伤无数，尸骨被埋在公路之下或四周，因此这条路也被称为"尸骨之路"。

然让我们惊叹的程度。从帝国的一端到另一端，从西班牙到土耳其，灿若群星的罗马城市彼此相连。当年精心规划并扎扎实实修建的道路，许多至今还在。所建的城市都特征鲜明，非常都市化且适宜居住：那里街道宽敞，横平竖直，有体育馆、公共浴场、中心广场、大理石神庙、露天剧场、拉丁语碑文、引水渠、排水渠。异乡人无论在哪座城市，都能发现这些标准化的特征，如同今天的游客在地球上任何一座城市的商业街上都能看见同样品牌的服装、IT 产品、汉堡的专卖店。

这些变化使得熙熙攘攘的人群来往穿梭，这在古代世界可以说是前所未有。一开始，主要是军队远征，或强制性集体移民。据估计，公元前 2 世纪初，平均每年有八千人在战争中被俘，沦为奴隶，来到古意大利半岛。同时，古罗马旅行家、商人和冒险家经地中海离开意大利，长期在外漂泊。他们毫不客气，径直称地中海是自家的海。海上热闹极了，军事征服开辟出的商机，商人们也想赶紧去分一杯羹。买卖奴隶或提供军火成为高需求行业。公元前 2 世纪中叶，一半以上的成年男子出过远门，并沿途开开心心地促进了人种多样性，留下了大量的混血孩子，而后扬长而去。

所有的军力、财力，以及令人瞠目结舌的交通网和工程项目，构成了强大的无可匹敌的国家机器。然而，没有诗歌、故事、符号的滋润，这架机器未免干涩，不太润滑，会出现无法预见的裂纹。俄狄浦斯、安提戈涅、尤利西斯将会沿着这些裂纹，奔向全球化世界的大道。

二　战败的文学

　　古罗马人擅长暴力、适应力极强，并凭借两者的高效结合取得了一连串异乎寻常的胜利——堪称达尔文主义的完美体现。罗慕路斯的大老粗追随者们很快便开始模仿敌人的长处，喜欢的就拿来用，不带一丁点沙文主义的顽固，将依葫芦画瓢学来的点滴融合成属于自己的新方式。从最初的小规模冲突起，他们就习惯从被征服者的手中劫掠：不仅抢来实打实的土地，还占有那些具有象征意义的战利品。在与萨姆尼安人交战时，他们模仿对手的军事战略，尤其是化整为零的方法，将军团支队作为基本作战部队，行之有效地以其人之道还治了其人之身。在第一次布匿战争中，古罗马的农民们想方设法，打造出了一支跟迦太基人高度相似的船队，取得了头几场海战的胜利。家世最古老、思想最传统的古意大利地主们也迅速采用了古希腊后期先进的农耕方式。

　　正因为各种拿来主义，古罗马的军队才跟亚历山大的军队一样所向披靡，而在被征服地区的治理上，他们则更胜一筹。毋庸置疑，他们很残暴，擅长打仗，但他们也谦卑得不可思议，承认古希腊文化遥遥领先于自己的文化。统治阶级中头脑最清醒的人意识到，任何伟大帝国的文明都需要编织具有凝聚力的成功故事，并用象征物、纪念碑、建筑物、身份认同的神话和高超的演讲加以维系。为了尽快编出故事，出于习惯，他们决定先模仿，而且他们也知道最好的模板在哪儿。玛丽·比尔德将当时的情形精准地概括为："希腊造，罗马取。"古罗马人一窝蜂地去说希腊语，仿造古希腊人的雕像和神庙，创作荷马体的诗歌，如同附庸风雅的暴发户。

该悖论被诗人贺拉斯[1]看在眼里，他写道，被征服的希腊占领了残暴的征服者罗马。今天，我们很难断定罗马究竟将希腊文化"拿来"到什么程度。罗马人究竟野蛮到——或不野蛮到——什么程度，直到希腊人带他们走上了文明的道路？然而，双方就是这样讲述这段历史的。古罗马的知识分子与作家总是自诩为古希腊经典作家的弟子，而自身文化的印迹则被边缘化或抹去。许多古罗马富豪学会了古希腊属民的语言，尽管我们知道，真正的古希腊人会无情地嘲笑古罗马人蹩脚的发音。有证据表明，在公元前1世纪初，一支古希腊代表团在古罗马元老院发言，而现场无须翻译。征服者们努力地在各种文化场合说着其众多属地之一的语言，这确实不同寻常，让人大跌眼镜，与宗主国惯有的文化傲慢背道而驰。试想一下，英国人费劲地用梵文参加布卢姆斯伯里文学聚谈会[2]，或普鲁斯特大汗淋漓地用非洲班图语和那些让他着迷的巴黎

---

1. Quintus Horatius Flaccus（前65—前8），古罗马诗人，代表作为《诗艺》，主张写诗须以古希腊诗歌为典范。
2. 布卢姆斯伯里（Bloomsbury）派是从1904年至第二次世界大战期间，以英国伦敦布卢姆斯伯里地区为活动中心的文人团体，包括文学界、艺术界和学术界的多位成员，著名成员有弗吉尼亚·伍尔芙等。

贵族们进行高雅的对话。

　　古代了不起的超级大国第一次将他国——且为其手下败将——的文化遗产视为自我身份的基本组成部分。古罗马人没有气急败坏，他们大大方方地承认古希腊文化的优越性，敢于去发掘它，学习它，保护它，让它发扬光大。古希腊文化对古罗马人的这种吸引力对我们所有人都产生了巨大的影响。将现在与过去编织在一起的丝线由此诞生，它让今天的我们仍然与璀璨的、已经消失的世界紧密相连。最重要的是，观念、科学发现、神话、思想、情感，还有历史上所犯的错误、经历的苦难都像钢丝上的行走者一样，一个个世纪地走了过来。我们将走过时空的钢丝绳、流传至今的文字称为经典。古希腊作为欧洲文化的起点，依然让我们着迷。

　　拉丁文学是个非常特殊的例子，它不是自然分娩的，而是按需受孕的试管婴儿。为了庆祝古罗马战胜迦太基，它于公元前240年的某一天择日诞生。

　　早在它出生前许多年，古罗马人就开始模仿古希腊人——那是当然——写字。从公元前8世纪起，古希腊人就居住在意大利南部繁荣富庶、被称为大希腊的地区，他们的文化与字母文字经商贸和旅游被带往北部。意大利北部最早学会希腊字母表，并加以改造后用于自身语言的是伊特鲁里亚人。他们在公元前7世纪到公元前4世纪之间统治了半岛中部。尽管南边的邻居古罗马人不愿意承认，但他们曾经被伊特鲁里亚王朝统治过好几十年。古罗马人如饥似渴地扑上去学习神奇的伊特鲁里亚字母表，并再次加以改造，将其用于拉丁语。我小时候学的字母表是腓尼基人的舶来品，如今正排列在昏暗的电脑键盘上注视着我。腓尼基字母们坐船驶往希腊方向，驶向西西里岛，来到今天托斯卡纳的小山丘和橄榄园，在拉齐奥地区转悠，数次易手，逐渐演变成我手指正在抚摸的这些字母。

远道而来的字母表留下的最古老的证据不是天马行空的文学创作。古罗马人是实用主义者，也是天生的组织者，只将字母表用于记事和记录规章制度。最早的文本诞生于公元前 7 世纪，尤其是公元前 6 世纪，是一组简单的铭文（如器皿上潦草书写的产权标记）。在接下来的几个世纪里，我们只看到法律条文和礼仪规范的文本，没有看到任何虚构类文学的痕迹。罗马人正为了夺权在战场上拼得你死我活，这对抒情诗而言不是什么好时机。古罗马文学需要等待，它出现得很晚，要等将士们有喘息之机时才得以酝酿。只有将最危险的敌人消灭，将任务完成，取胜后的古罗马人才能放松下来，在闲暇时分去顾及艺术的游戏和生命的欢愉。第一次布匿战争结束于公元前 241 年，几个月后，古罗马人就迎来了第一部拉丁语文学作品。它于公元前 240 年 9 月罗马节[1] 期间在首都剧场上演。作为庆典的重头戏，上演的作品是从希腊语翻译过来的，名字已被湮没，我们无从得知它是悲剧还是喜剧。古罗

---

1. 罗马节从公元前 366 年开始庆祝，开始为 9 月 12 日至 14 日，后来延长为 9 月 5 日至 19 日，期间会举办各种各样的活动。

马文学的起点是一部译著，这绝非偶然。毕竟，古罗马人始终对古希腊大师们着迷，对他们怀念、嫉妒、致敬，总之怀有各种情结的爱。

首场表演还有个离奇的故事：诗歌是随兵戈从敌方阵营，经异国奴隶之手来到古罗马的。拉丁文学的开创者恐怕叫李维乌斯·安德罗尼库斯[1]，他不是土生土长的古罗马人，而且原本在塔兰托演戏为生。塔兰托是意大利南部希腊文化最兴盛的城市之一，豪华、精致、热爱戏剧艺术。公元前 272 年，这个年轻人在一次攻城战中被俘，遭遇了战败者的悲惨命运，被拉到奴隶市场上出售。我想象他像待售的牲口一样被装进大车运往都城，透过大车的缝隙，他第一次窥见古罗马的面貌。某位能干的奴隶贩子将他卖进了富人李维乌斯家的大宅。他的聪明和好口才让他不用干重活。据说，他教少爷们读书，全家人都很感激，于是在若干年后给他恢复了自由身。按习俗，获释奴隶会沿用前主人家的姓氏。他在此基础上又加上了象征原身份的希腊语绰号[2]。买下他、给他自由的李维乌斯家有权有势，有老东家庇护，他得以在首都开馆授课。在没有本土诗人的情况下，只能由这位被迫掌握双语的外国人来满足古罗马的文学需求。我不禁好奇：他用打败自己的敌方语言写作，心情会有多么矛盾复杂？我们知道，他翻译了在罗马帝国首都上演的最早的一批悲剧和喜剧，还翻译了荷马的《奥德赛》。因为他的存在，大批作家和演

---

1. Lucius Livius Andronicus（前 280—前 204）：古罗马诗人、剧作家，获释的古希腊奴隶，首次将荷马史诗译成拉丁文。

2. 安德罗尼库斯这个姓氏源于希腊语，是个复合名词，意思是"获胜者"。

员聚集在阿文提诺山的密涅瓦神庙。一开始创作的诗歌只有个别片段被保留下来，作品《奥杜西亚》的残句"险峻的山峰，尘土飞扬的田野和广袤的大海"，我喜欢将它高声念出后引发的联想。

还有一个小小的谜团尚未解开。所有史料表明，当年的罗马是一片文化沙漠，基本没有书，没有公共图书馆，也没有书商，李维乌斯·安德罗尼库斯是怎样弄到原著，将作品译成拉丁语的？有钱的罗马贵族可以派使者去意大利南部的希腊城市购买，那里有书商。但对于卑微的获释奴隶而言，这种办法是不可想象的。

今天的文学爱好者几乎无法想象手稿时代没有书的日子。21 世纪，书籍被排山倒海地印出来，漫出了所有堤坝。每半分钟就有一本新书被印出来，每小时 120 本，每天 2800 本，每个月 86000 本，普通读者一辈子只能读完出版业一天生产的书。每年有几百万本无人需要的图书被销毁。然而，如此繁荣的景象只是最近发生的事。多少个世纪里，买书要有关系，甚至要找到合适的人，费时、费力、费钱，有时还要面对路途艰险。

李维乌斯·安德罗尼库斯如此出身，仅凭个人资源，没有有权有势的人撑腰，是不可能读书、译书、开馆授课的。也许是李维乌斯家族为了彰显财力，炫耀自己有文化，斥资兴建了收藏古希腊经典的小型图书馆。过去做家奴的他，恐怕要每天早早地去请安，百无聊赖地在前厅候着，等主人有空赏脸来见自己。他要像年轻时做演员那样，低眉顺眼，用合适的腔调，每天感恩戴德，感谢主人能让自己这名希腊旧奴将他珍贵的藏书捧在手中。

古罗马贵族很迷恋书，但那时书是稀有品、专属品，不可能人人拥有。一开始，他们会很安分地派仆人前往亚历山大港或其他大的文化中心，找专门的商人订购抄本。很快，他们发现在希腊领土上远征作战时将图书馆连窝端的做法要可行得多。于是，文学作品变成了战利品。

公元前 168 年，埃米利乌斯·保卢斯[1]将军打败了马其顿王国的最后一个国王，他准许小西庇阿[2]和他另外一个儿子（两人均为文化爱好者）将亚历山大所属的马其顿王室的所有藏书全部运往罗马。这次掠夺的战利品价值连城，西庇阿家族因此拥有了全城第一家私人藏书馆，并作为赞助人提携了古罗马文学的新一代作家。许多作家像卫星般绕着书打转，剧作家泰伦提乌斯[3]就是其中一位。据说他是奴隶出身，绰号"非洲人"，他的肤色和出身可想而知。当年，文化使命是有分工的：有权有势的贵族们负责抢书——有时，为了展现诚意，他们甚至会出资购买，以此丰富私人藏书，汇聚最才华横溢的作家；而真正意义上的作家，除了极少

1. Lucius Aemilius Paulus（前 229—前 160），古罗马政治家、军事统帅。他结束了第三次马其顿战争，爱好希腊文化。

2. Scipio Aemilianus（前 185—前 129），罗马共和国将领，两次出任执政官，结束了古罗马和迦太基的百年争霸，征服了西班牙。埃米利乌斯·保卢斯是其生父，将他过继给著名的大西庇阿之子。

3. Terentius（前 190—前 159），古罗马喜剧作家，出生于迦太基，代表作为《两兄弟》《婆母》。

数例外，全都是为他们服务的穷光蛋，包括奴隶、外国人、战俘、打好几份工的穷人和其他无名小卒。

眼见西庇阿家族如此这般，其他将军纷纷效仿，干起了舒坦的抢书勾当。冷酷无情的苏拉[1]抢到了也许是最令人艳羡的战利品——亚里士多德的藏书。这些藏书被藏匿多年，重见天日后却沦为战利品。在罗马城，卢库卢斯[2]的私人藏书也享有盛名，那是他在安纳托利亚北部一边打仗一边有条不紊地抢来的。公元前66年，卢库卢斯失权，他靠昔日四处掠夺逐渐积累的财富过起了既奢侈又悠闲的日子。据称，他的私人藏书馆仿照亚历山大图书馆和帕加马图书馆的建筑样式建造：书卷被分别保存在一个个不大的书库中。馆内设有若干条长廊用来看书，若干个大厅用来聚谈。卢库卢斯是个慷慨的强盗，他的私人藏书既对亲友开放，又对居住在罗马城的学者开放。普鲁塔克说，他家的宅子里，知识分子济济一堂，高谈阔论，好似缪斯女神家永不散场的聚会。

装点西庇阿家族、苏拉和卢库卢斯私人藏书馆的大部分书籍都是希腊语作品，随着时间的流逝陆续有拉丁语作品加入，但它们只占其中的一小部分。古罗马人的文学创作起步较晚，他们的所有作品加起来占藏书比例极小，颇为尴尬。

我想象着，当年的古罗马作家看见贪婪的征服者们带回来一

---

1. Lucius Cornelius Sulla（前138—前78），古罗马著名统帅，古罗马第一个终身独裁官，开创了军事独裁的先例。
2. Lucius Licinius Lucullus（前118—前56），出生于著名的李锡尼政治世家，凭借出色的军事才能受到苏拉的赏识，后来成为古罗马执政官。他热爱美食，时至今日，豪华宴席还被称为卢库卢斯式宴席。

大堆艺术品，会感到不知所措，自惭形秽。大部分战利品都是令人瞠目的杰作。那时候，古希腊文学和艺术已经发展了五百多年，要与五个世纪的热情创作相匹敌，着实不易。

古罗马藏书家的掠夺让人想起美国资本主义暴发户的类似行径。他们对欧洲多个世纪发展起来的艺术惊叹不已，手中攥着一把美元便开始洗劫祭坛装饰品，拆走壁画、整条整条的回廊、教堂的门廊，搬走易碎的古玩和大师们的画作，当然也包括整座图书馆。斯科特·菲兹杰拉德[1]就是这样想象笔下年轻的百万富翁杰伊·盖茨比的，他的财富源于来路不明的走私。他在长岛上的豪宅彻夜灯火通明，精美奢华到极致。盖茨比挥金如土，他举办各种各样稀奇古怪的晚会，自己却从不参加。其实，他财大气粗的背后隐藏着他早期感人至深的爱情。而他的一掷千金、夜夜笙歌、招摇过市的豪车和欧洲艺术品只是绚烂的烟火，只为吸引心上人的目光。当年他还没那么阔绰，所以心爱的姑娘离他而去。在盖茨比为庆祝社会地位提升而建造的俗气的个人宫殿里，少不了"一座哥特式的图书馆，英国橡木雕成的书架，这些恐怕是在大洋彼岸某个废弃的宅子里整个搬来的"。

古罗马人和古希腊人对彼此的印象，类似于美国人和欧洲人对彼此的印象。一边是实用主义的，拥有经济实力和军事实力，而另一边是历史悠久的，文化灿烂，缅怀着昔日的辉煌。一个是火星，一个是金星。尽管一般说来，两边互相尊重，但不免会背

---

1. Scott Fitzgerald（1896—1940），美国作家、编剧，代表作为《了不起的盖茨比》。

地里笑话对方、讽刺对方。我能想象古希腊人私底下嘲笑粗鲁的、没脑子的古罗马士兵，后者写点铭文都要犯拼写错误。而在壕沟另一边，保守的古罗马人也会骂骂咧咧。尤维纳利斯[1]在讽刺诗中写道：满城都是希腊人，他们取代了真正的罗马市民，真让人受不了。这帮人只会夸夸其谈，就是些社会寄生虫，成天说啊说，带来一大堆坏毛病，伤风败俗。

确实，并非全都是钦慕。全球化进程总会激起各种复杂、矛盾的反应。在公元前3世纪和前2世纪，有一些刻薄的声音对外国文化，特别是希腊文化的影响展开抨击。他们担心哲学、美食或剃毛等新鲜事物成为危险的时尚。这其中老加图[2]批判得最狠，他跟大西庇阿[3]同时代，两人是对头。他嘲讽大西庇阿在古希腊体育馆大呼小叫，在西西里岛剧场跟贱民混在一起。在这位脾气火爆的官方人士眼里，外国人高雅的习惯会削弱古罗马人性格中的力量。另一方面，我们知道老加图亲自教儿子希腊语，其被保存至今的演讲片段表明，其实他自己在迫不及待地学那些他当众所不齿的古希腊修辞技巧。

古罗马人矛盾的身份认同反映在早期的文学创作中。普劳图斯和泰伦提乌斯的剧本已经不再是单纯从希腊语翻译过来的作品，而是在忠实于原文的基础上做了改编，既尊重了希腊语原文的情节，把故事背景依然设置在古希腊，又迎合了吵闹、欢腾的

---

1. Juvenalis（约60—约140），古罗马诗人，作品常讽刺罗马社会的腐化和人类的愚蠢。
2. Marcus Porcius Cato（前234—前149），罗马共和国时期的政治家、演说家，也是罗马历史上第一个重要的拉丁语散文作家。代表作为《创始记》《农业志》。
3. Scipio Africanus（前235—前183），古罗马统帅、政治家，因在第二次布匿战争中打败迦太基统帅汉尼拔而闻名于世，获得了"非洲征服者"的绰号。

古罗马民众的喜好。罗马和雅典不同，戏剧要跟自由摔跤、走钢丝、角斗士搏斗等大众娱乐项目竞争。因此，几乎所有喜剧都有"男子俘获女子芳心"这一万无一失的基本故事线。观众期望每出剧里都能出现典型的狡猾奴隶的形象，因为他会搞出一大堆故事。为了让观众开心，结局总是皆大欢喜。不过，这些外表欠严肃的古罗马作品也包含了新元素在里头。通过这些剧作，观众们能看见广阔的古罗马新世界在文化上的复杂性。

所有喜剧都发生在古希腊，因此，观众要对远方的国度有基本的地理概念。在一个剧本中，普劳图斯大胆地安排迦太基人做主角，让他说地道的迦太基语。迦太基语已失传，如今的语言学家也的确只能从那个剧本里找到它过去的模样。另一个剧本中的两人乔装打扮成波斯人。在好几个喜剧的序曲里都有关于改编的玩笑话。说起翻译，普劳图斯写道："这是希腊人写的，普劳图斯将它野蛮化了。"按照玛丽·比尔德的解读：此乃高明之语，为博观众一笑。古希腊出生的观众听见会在心里微微一笑，谁让这帮野蛮人成了新世界的主人呢！

戏剧有助于观众在笑语与玩笑间开阔眼界，更好地理解幅员辽阔的新世界。观众们意识到，旧传统已经无法保持古老的纯粹性。尽管保守派人士竭力反对，但对行走在新世界的道路上的人来说，最聪明的做法是适应和调整，学习已征服世界的智慧。社会的混血现象越来越明显，年轻的混血文学只是先行一步。古罗马正在发现全球化的机制及其根本悖论：我们从他人那儿学来的东西，让我们变成了现在的模样。

凡是年轻的帝国，胃口都很简单：什么都想要。他们既想推动军事力量、增强经济实力，又想获得旧世界的文化繁荣。于是，西庇阿家族便将马其顿的王室图书馆搬到罗马城，凭借珍贵的藏书，吸引了一大批希腊语和拉丁语作家。他们有武力，又有财力，想借此将文学创作的重心也转移过来。政治局势改写文化版图，这种情况在历史上已经发生过多次。

从根本上讲，财大气粗的罗马人想将一切据为己有的想法跟20世纪40年代美国人佩姬·古根海姆[1]将欧洲抽象主义绘画搬到美国，并绘制全新艺术版图的热情没什么不同。佩姬的父亲是矿业和铸造业巨头，死于泰坦尼克海难，留下了百万家产。她搬到巴黎，舒舒服服地过起了波希米亚式的生活。在那里，她开始收藏著名的先锋派艺术作品。纳粹突然入侵法国时，她待在巴黎没逃走，反而趁机大肆收购艺术品，仿佛明天就是世界末日。她的口号是"一天一幅画"。德军正在入侵法国北部，卖家遍地都是。犹太家庭绝望地走上逃亡路，她经常从他们手里或直接从艺术家手里三文不值二文地买进。巴黎沦陷前两天，她将艺术品藏到朋

---

1. Peggy Guggenheim（1898—1979），美国著名艺术品收藏家，纽约古根海姆美术馆创始人所罗门·古根海姆的侄女，以她的名字命名的博物馆位于意大利威尼斯。

友家的谷仓中，逃往马赛，跟集中营的逃犯马克斯·恩斯特[1]发展了一段恋情。她花钱将恩斯特和一帮艺术家朋友救出，一起逃往美国。

佩姬在纽约开了一家画廊，展出巴黎画派的作品。许多欧洲艺术家去她的画廊避难，有杜尚、蒙德里安、布勒东、夏加尔、达利等。有了展品和艺术家，美国先锋派应运而生。当时，年轻的艺术家们欣赏到新艺术流派的作品，感到十分震撼。美国政府想从欧洲手里夺走艺术桂冠，于是设立了联邦艺术计划项目，每周给失业画家发 21 美元工资，让他们去给公共机构做美化装饰。波洛克、罗斯科或德·库宁由此出名，成为佩姬麾下的新艺术家门客。波洛克在采访中表示："近一百年来最重要的绘画作品都是在法国完成的。总体而言，美国画家对现代绘画一无所知。伟大的欧洲艺术家们能跟我们在一起，这非常重要。"在许多个下午，年轻画家们相聚在现代艺术博物馆，欣赏毕加索的《格尔尼卡》。这幅名画因为西班牙独裁政权和欧洲战争在此避难。美国的抽象表现主义是在欧洲先锋派的影响下诞生的。

1940 年 5 月，巴黎沦陷前三周，另一名流亡者乘坐尚普兰号逃往美国，这是该船在被击沉前的倒数第二次航行。和许多被迫害的欧洲作家一样，弗拉基米尔·纳博科夫在美国大学找到了避难所。此外，他还主动放弃母语，自我挑战——他的代表作全是用英语写的。他甚至宣称自己完全是地道的美国人，就像亚利桑那

---

1. Max Ernst（1891—1976），德裔法国画家、雕塑家，达达主义和超现实主义的灵魂人物。代表作为《自然史》《百头女》等。

州的四月一样。同时，他在新家园里感受到欧洲的气息，革命与战争已经把那个欧洲从他身边夺走了。他在给文学代理人的信中写道："美国文化吸引我的恰恰是尽管它外表光鲜、夜生活丰富，它有最新款的洗手间、闪闪发光的广告及其他东西，但它还有旧大陆那抹已经过时的范儿。"

电影诞生地明明在法国，但其圣地也移到了美国。在好莱坞经典影片的大工作室创作人员中，大部分人是中欧移民，他们许多人在美国公司的牌子底下隐姓埋名。这些人原本出身卑微，他们在马甲内衬里缝了一点美金便坐船来纽约，涉足伟大的电影工业。这一行很快吸引了一大批欧洲导演、演员和技术人员，有弗里茨·朗格[1]、茂瑙[2]、刘别谦[3]、卓别林、弗兰克·卡普拉[4]、比利·怀尔德[5]、普雷明格[6]、希区柯克、道格拉斯·塞克[7]等。有趣的是，约翰·福特这位美国电影的开路先锋却反其道而行之，将自己伪装成欧洲人[8]。这位美国西部片的荷马明明出生在缅因州，却想象过去

---

1. Fritz Lang（1890—1976），奥地利裔德国著名导演、编剧，表现主义学派的代表人物，曾获得德国电影荣誉奖，代表作为《M》《大都会》等。

2. F.W.Murnau（1888—1931），德国电影先驱，著名默片导演，代表作为《浮士德》《诺斯费拉图》等。

3. Ernst Lubitsch（1892—1947），德国导演、编剧、演员。他对喜剧电影影响甚大，代表作为《璇宫艳史》《妮诺奇嘉》《天堂可以等待》等。

4. Frank Capra（1897—1991），意大利裔美籍导演，曾获得三届奥斯卡最佳导演奖，代表作为《一夜风流》《富贵浮云》《浮生如梦》等。

5. Billy Wilder（1906—2002），犹太裔美籍导演，曾获得两届奥斯卡最佳导演奖和两届奥斯卡最佳原创剧本奖，代表作为《控方证人》《双重赔偿》等。

6. Otto Preminger（1906—1986），奥地利裔美籍导演、制片人，代表作为《出埃及记》。

7. Douglas Sirk（1897—1987），德裔美籍导演，代表作为《天堂所允许的一切》《苦雨恋春风》《沙场壮士赤子心》等。

8. 指约翰·福特执导的1952年上映的电影《蓬门今始为君开》（Der Sieger）中的情节。

曾住在爱尔兰并不存在的茵梦湖村，有意识地编出带有神话色彩的家族史故事。他不止一次表示：自己出生在茅草屋，在那里能看见整个高威海湾。福特是美国电影教父，他明白：在很大程度上，好莱坞的黄金时代是欧洲人的杰作。

在此基础上，我们还可以加上汉娜·阿伦特等哲学家，爱因斯坦或玻尔等科学家，胡安·拉蒙·希梅内斯[1]或森德尔[2]等因佛朗哥独裁统治而移民到美国的西班牙作家。所有这些例子都表明：在 20 世纪中叶，美国煞费苦心地敞开怀抱、提供资金，将文化艺术中心从欧洲大陆迁移到美洲大陆。在古希腊罗马时期，文化迁移是在更无情的条件下完成的。那时没有罗马梦，也没有求贤若渴、欢迎外国人才的画廊与大学，只有一大批古希腊知识分子和艺术家被当作奴隶卖进了罗马城。

---

1. Juan Ramón Jiménez（1881—1958），西班牙诗人、散文家，1956 年获得诺贝尔文学奖，代表作为《一个新婚诗人的日记》《小银与我》《三个世界里的西班牙人》等。
2. Ramón J. Sender（1901—1982），西班牙作家，20 世纪流亡文学的代表人物，代表作为《黎明记事》等。

三　奴隶制的隐形门槛

对古希腊和古罗马人来说，奴隶制就是藏在床下的魔鬼，潜伏在近旁伺机而动，让所有人惴惴不安，提心吊胆。不管出身多么富贵，谁也不能笃定有生之年不会沦为奴隶。哪怕对天生自由民来说，通往地狱的门也有许多扇，还都敞开着。如果你的城邦或国家被卷入战争——这在古代基本是家常便饭，那么一旦你方落败，你就会成战利品。"成王败寇（Vae victis）"这一拉丁语格言很有画面感。最古老的传说明明白白地告诉我们：今天所谓的"平民"在过去不会得到任何赦免。在欧里庇得斯的《特洛伊妇女》中，特洛伊废墟硝烟未散，王后和公主们伤心欲绝，攻占方的将领们正在抓阄，看能抓到她们中的哪一个。前一晚，她们还身穿华服，受人鞠躬行礼；经过一晚上的屠杀、破城之后，就被古希腊人揪着头发，拖出来瓜分强暴了。

如果你在海上航行，被海盗（泛指各种乘船而来的敌人或坏人）袭击，那么你不变成奴隶的可能性很小。

如果有人在陆地上绑架了你，那么他很可能不会向你的家人索要赎金，既来钱快又不危险的方法是把你卖给奴隶贩子。这种从自由民家里抓人去卖的残酷买卖来钱快，而且一本万利。普劳图斯的喜剧中经常会出现被拐卖的儿童、失散的兄弟、寻找失踪子女到老的父母，最后观众发现这些人都变成了奴隶或被混蛋轮番糟蹋的妓女。

如果你手头紧，那么债主会把你卖了，换钱抵债。

如果有权有势的人想报复你，那么他们可以把你杀掉，或更残忍一点，把你交给人贩子。哲学家柏拉图本人就亲身经历过这样的事。据说他在西西里岛惹恼了暴君狄俄尼西奥斯，因为他尖刻地批评了后者的执政方式和无知。狄俄尼西奥斯要将他就地正法，可他妹夫狄翁是柏拉图的弟子，坚持要饶柏拉图一命。可狄俄尼西奥斯觉得柏拉图出言不逊，总得吃点苦头，于是命人把他带到埃伊纳岛，在热热闹闹的奴隶市场上公开出售。幸好这事结局美满。他被哲学家同行买下并放走，这位同行属于另一个学派，他的学说跟柏拉图的思想对立，但没争到你死我活的程度。虽说柏拉图吃了点苦，但总算以自由身回到了雅典的自己家中。

古罗马法律规定：奴隶是主人的财产，无合法人权，可以被体罚。许多奴隶的确经常挨打，主人要训练他们守规矩，或单纯出于发泄打他们。买主有权决定让他们跟子女分开，陪自己睡觉，把他们卖掉，毒打他们或干脆处死他们，以及以任何方式盈利，包括让他们去做角斗士，或让她们去做妓女（大部分妓女本身就是奴隶）。在审判时，只有经过毒打后，奴隶的证词才算有效。

晴天霹雳，坠入深渊，受苦受难。当自由人因意外、负债、战败或被无情地拐卖变成奴隶时，该如何去形容生活中这种令人痛苦的改变？过着平安、勤劳、甚至幸福生活的人被狠狠地剥夺了权利和希望，彻底沦为别人的财产。电影《为奴十二年》[1]描绘了许多个世纪后美国种植园里类似的情形。所罗门·诺瑟普被锁在黑暗的地下室，试图将一团乱麻的记忆理出头绪，一头雾水的他慢慢恢复了记忆。这位原本是自由身，受过良好的教育，职业为小提琴手，跟妻子和两个孩子住在纽约州的黑人明白过来：自己被骗了，被人下了药，被拐卖，成了奴隶。他要找唯一可以证明自由身的身份证，可是找不到。他被囚禁在华盛顿地下、国会大厦的阴影中，开始了一段痛苦的经历。看守们教训他，让他听话。他忍受棍打、鞭笞、食物短缺、衣服恶臭和污秽不堪的环境。一天晚上，他被偷偷带上船，运往南方，交给路易斯安那州的人贩子。此后，他再也没有家人的消息。他耗费了十年青春，在美国南方种植园里替不同的主人摘棉花。主人常对他各种虐待，让他屈服。他不知所措，无力自卫——跟我们中的任何人一样，如果得不到任何帮助，失去所有的法律保护，绑架者还试图用恐惧控制他，使他过着非人的生活。电影基于真人真事改编，描绘了主人公的漫漫回家路。

在古代社会，许多人被迫迈过那道看不见的门槛，从自由人变成商品。

在两百年里，罗马帝国在马其顿的各个希腊化王国、希腊本土、土耳其、叙利亚、波斯和埃及所向披靡，导致大批的古希腊

---

1. 12 *Years a Slave*，根据所罗门·诺瑟普（Solomon Northup）在 1853 年所著的传记体小说《为奴十二年》改编，2013 年上映，获得第 86 届奥斯卡金像奖最佳影片奖。

奴隶来到罗马。古罗马征服者的入侵导致地中海东部长年社会秩序混乱，暴力不断，为奴隶的大量获得创造了有利条件。海上海盗扎堆。远征的军队给边远地区造成了威胁。各城邦因古罗马的苛捐杂税负债累累，其数额之巨大令人震惊。公元前1世纪中叶，意大利约有两百万名奴隶，约占总人口的百分之二十。在帝国初期，有人突发奇想，建议让奴隶穿制服。元老院吓坏了，赶紧驳回。谁也不希望让奴隶意识到自身群体有多么壮大。

古希腊人不是唯一被古罗马人奴役的民族，大量的伊斯帕尼亚人[1]、高卢人和迦太基人也沦为奴隶。古希腊奴隶的特点是大部分奴隶比主人有文化。今天，中上层阶级的子女们所从事的高声誉职业，在古罗马都是奴隶在做。当年的医生、银行家、管理人员、公证员、财政顾问、官僚和教师往往都是被剥夺自由的希腊人，这简直让人大跌眼镜。有文化追求的古罗马贵族可以在某天早上带着钱去市场，买个称心如意的希腊文人给孩子当家庭教师，或仅仅为了说起来家里有个哲学家，让自己脸上有光。在家庭之外，大部分学校老师也是希腊人，他们要么是奴隶，要么是获释奴隶。他们擅长所有白领工作和文书工作，此外还负责罗马帝国的行政管理和司法体系。

通过西塞罗书信，我们能看出他家里有二十多个这样的奴隶：秘书、文员、图书管理员、抄写员、"朗读者"（负责高声朗读书籍和文件，让主人舒舒服服地听）、助理、会计和小厮。这位著名演说家有好几个私人藏书馆，一个在罗马城家中，还有几个分散

1.伊斯帕尼亚是罗马人对西班牙的称呼，伊斯帕尼亚人就是今天的西班牙人。

在名下各处农庄。他需要称职的人帮他打理私人藏书和个人作品。奴隶们负责日常事务：将书卷放回到相应的书架上、修补破损的书籍、更新书目。用一手好字誊抄文本是他们的主要工作。如果主人对朋友借给他的书感兴趣，不管书有多厚，他都会让奴隶抄写全文。当主人完成新作时，无论是散文还是演讲稿，他都会要求奴隶火速抄写若干份，让他得意扬扬地分发给朋友和同行。这项工作十分艰巨（西塞罗非常骄傲、非常高产、朋友非常多）。

私人藏书馆的全面管理仅靠普通人还不够。西塞罗嗜书如命，需要找行家来专门打理。于是，他找了提兰尼奥[1]。提兰尼奥也是一位背井离乡、被卖为奴的希腊文人。尽管他的运气很背，但他性情亲切开朗。他之前按照亚历山大图书馆的模式整理过苏拉的著名藏书馆，因此名声大噪。西塞罗在给朋友的信中写道："等你来时，你会看到提兰尼奥将我的藏书整理得有多好。"但是，他手下的文人奴隶并非个个都这么听话，让他称心。公元前46年秋，他暴跳如雷，失望至极，因为藏书馆负责人，一位名叫狄俄尼索斯的奴隶，居然偷他的书去卖，并在事情败露、遭到责罚前，脚底抹油溜了。有个熟人说在伊利里亚见到过他。于是，西塞罗写信给伊利里亚（相当于今天的阿尔巴尼亚、克罗地亚、塞尔维亚、波斯尼亚和黑山的部分地区）的行政长官朋友，恳求当地驻军将领帮他一个小忙——小事一桩——抓住狄俄尼索斯，并把他押回来。然而，在古罗马省级长官眼里，抓偷书贼不是什么要紧事。奴隶

---

1. Tyrannio，生活在公元前1世纪左右，古希腊语法学家，被卢库卢斯俘虏后，作为奴隶被带到罗马，曾替多位将军整理过私人藏书馆。

跑了不可能动用古罗马军团去抓，这让西塞罗很不高兴。

古罗马书籍史的主角是奴隶，从教人读书到制作抄本，他们参与了文学作品诞生的方方面面。当年那么多古希腊奴隶有文化，后来的文明却规定奴隶只能是文盲，两相比较，真是天差地别。1865年废除奴隶制之前，在美国南部的许多州，奴隶学认字或写字是违法的。他们认为农奴要是有文化会对奴隶制的延续造成威胁，因此违法者必遭重裁。丹尼尔·多克·道迪（Daniel Doc Dowdy）在1856年出生时身份是黑奴。他描述道："要是你想读书写字，第一次被抓到，用皮带抽；第二次被抓到，用七尾鞭抽；第三次被抓到，剁食指一节。"尽管如此，有些文盲奴隶依然敢挑战主人，即使会没命，他们也要学认字。因为被明令禁止，所以他们只能悄悄去学，耐着性子学上好几年。有关学习的故事有很多，它们都很励志。在20世纪30年代，贝尔·迈尔（Belle Myers）在接受采访时说：她是在帮主人带孩子时学会认字的。当时孩子在玩字母拼图。主人怀疑她想偷学，踢了她几脚，以示警告。但她坚持了下去，偷学拼图中的字母和儿童识字课本里很少的几个单词。"有一天，我看到一本赞美诗，拼出了'当我清晰地念出我的名字'这句话，当时我幸福极了，飞奔着去告诉别的奴隶。"

在《为奴十二年》中，所罗门必须想方设法地隐瞒自己不是文盲，免得被毒打。与此同时，悲惨的是他无时无刻不想给自己在纽约的家人写信，告诉他们怎么找到他，帮他离开这个吃不饱、受剥削、野蛮当道的地狱。多少年里，他利用每个微小的机会从主人那儿偷来小片的纸。当纸攒够时，他又在晚上偷偷做了一支简陋的钢笔，用桑葚汁替代墨水书写。别人不让他写，但他冒着巨大的风险拼命写出来的求救信代表了他唯一的、渺茫的希望，他希望有朝一日，能过回到原来自由人的生活。阿尔维托·曼古埃尔在《阅读史》一书中写道："在美国整个南部地区，种植园主常会绞死试图教别人认字的奴隶。奴隶主就像独裁者、暴君、绝对专制君主和其他非法持有权力者一样，极度迷信书写文字的力量。他们明白：阅读是一种力量，不消几个字就可以造成风吹草偃之效。能阅读一个句子的人就能阅读一切。文盲群众最容易统治。因为阅读的技巧一旦学会就无法抹消，最好的办法是对其予以限制。为了这些理由，必须禁止阅读。"

然而，在古希腊罗马文明中，人们认为奴隶负责抄书、写文书、整理资料再合适不过，个中原因即使在今天看来也一样让人惊讶。

前文提到，古人的阅读方式跟我们不同，他们不是默读。除了引人瞩目的例外，他们哪怕是自己一个人读书也总是高声朗读。在古人眼里，高声朗读书写文字蕴含着让人不安的魔力。最古老的信仰认为，人之神凝于气息。在早期碑文上，亡者恳求路人："请借声音一用。"这是为了唤醒逝者，以及宣称谁葬在这里。古希腊人和古罗马人认为：书写文字配上人声才是完美并圆满的。因此，当读者用目光扫过文字并念出声时，读者的咽喉被作者的气息占领，其声音和精神都受到了某种控制。读者的声音服从于文字，融合于文字。哪怕作者去世，也能让他人做传声筒，为己所用。作品被高声朗读意味着哪怕时空相隔，它也能对读者施以力量。因此古人认为，专业朗读和抄写的人是奴隶，这再合适不过，因为奴隶的使命恰恰是服务与服从。

　　而且，自由人对阅读的热爱会让人有些担心，但听人朗读除外。听人朗读，无须让声音服从文字。西塞罗等人都有"朗读者"奴隶。这些仆人在读书时被书控制，不属于自己，口中的"我"不是他自己，他们只是单纯的乐器，在演奏别人创作的曲子。有趣的是，柏拉图也好，其他作者也罢，包括卡图卢斯[1]在内，都将"朗读者"奴隶比作卖淫的妓女或性交中被动的一方。"朗读者"被文字鸡奸，朗读意味着将身体借给陌生的作者，属于大着胆子一人侍多夫。该行为虽不与公民身份相悖，但当年思想正统的人倡议：须行之有度，勿沉溺其中。

---

1. Gaius Valerius Catullus（前 87—前 57？），古罗马诗人，他的诗作流传下来了 116 首，其中多为爱情诗。

四　起初是树

书是树的孩子。树是人最初的栖息地，或许也是书写文字最古老的载体。从词源学的角度讲，"书"这个词包含了古老的起源故事。拉丁语的"书（liber）"原意是"树皮"，或更确切些，是树皮和树干间那层薄薄的纤维。老普林尼断定：古罗马人在接触到古埃及书卷前是把文字写在树皮上的。在许多个世纪里，不同的材料——莎草纸、羊皮纸——替代了古老的树皮。然而历史兜兜转转，最后取胜的是纸，书再次源于树。

前文提到，古希腊人将"书"称为 biblíon，这是为了纪念以出口莎草纸闻名的腓尼基城市朱拜勒（Byblos）。在我们生活的时代，该词已被演化成一本书的名字：《圣经》（the Bible）。liber 不会让古罗马人联想起城市或商道，而只会让他们想起神秘的森林。在那里，树叶被风吹得沙沙响，祖先们开始书写。日耳曼语系中的"书"（book，Buch，boek）也源于一个跟"树"有关的单词：beech（白色树干的欧洲山毛榉）。

拉丁语中的"书"（libro）跟形容词"自由"（libre）发音相近，

尽管这两个单词在印欧语系的词根完全不同。许多拉丁语系的语言，如西班牙语、法语、意大利语或葡萄牙语，都沿用了这两个发音碰巧相近的单词，这样可以玩文字游戏，将读书等同于自由。对各个时代的文人来讲，这两种热情总是殊途同归。

今天，尽管我们已经学会在发光的液晶屏幕或等离子屏幕上书写，但我们依然能感受到树的原始召唤。人类在树皮上写下各式各样的情书。安东尼奥·马查多[1]漫步在"卡斯蒂利亚的田野"上时，习惯在河边驻足，去读情人们刻在树皮上的情诗：

> 我又看到了金色的杨树，
>
> 长在杜罗河边，
>
> 在圣波洛和圣萨图利奥之间，
>
> 里面是索里亚古老的城墙
>
> ……
>
> 河边的这些杨树，
>
> 风起时，枯树叶沙沙作响
>
> 伴着水声潺潺，
>
> 树皮上刻着恋人名字的首字母，
>
> 还有表示日期的数字。

当少年用刀尖在杨树银色的树皮上刻下名字的首字母时，他

---

1. Antonio Machado（1875—1939），西班牙诗人，代表作为《孤独》。《卡斯蒂利亚的田野》是他的诗集。

不知道自己正在重复一个十分古老的行为。早在公元前 3 世纪，亚历山大图书馆的管理员卡里马科斯已经提到刻在树上的情话。此非孤例。维吉尔笔下的人物想象着，随着时间的流逝，树皮会被拉扯变大，自己的名字和她的名字会变得模糊不清："把我的爱刻在年轻的树上；树会长大，你们，我的名字和爱人的名字，也会长大。"时至今日，我们还有在树皮上刻字以纪念爱情的习惯。也许这就是书写文字在欧洲最早的表现形式之一。正如马查多所言，也许古希腊人和古罗马人在奔流、经过、梦想的河边，写下了最早的思想和最早的情话。谁会知道那些树中有多少会变成书。

五　没钱的作家，有钱的读者

在古罗马，能否弄到书主要看人脉。古人对知识界形成了独到的看法，这些看法完全基于谁认识谁。

古代文学从未建立像我们今天这样的图书产业和图书市场，图书流通全靠朋友加抄写员。在私人藏书馆时代，有钱人想要古书会先跟朋友借——如果哪个朋友有，再让人抄一本，有时找家奴抄，有时在作坊里找个愿意接活的抄写员抄。他们若想要新书，就得等人赠送。当年没有出版社，作者写完一本书会找人抄若干份，四处赠送。因此新书是否受欢迎全靠朋友圈的广度和知名度，取决于有多少同行和客户愿意出于情分或承诺去读。据说，有一位名叫雷古洛的演说家家境殷实，他写了一本有关已故儿子的书，写得狗屁不通。老普林尼恶毒地评论道：这更像孩子写的，不像写孩子的。雷古洛命人抄了一千份，赠给全意大利各省熟人。此外，他还跟古罗马军团的好几个十人长联系，由他出钱找声音好的士兵，在帝国不同地区组织作品公开朗诵会——相当于图书推介会。推荐、传播文学作品的任务全都落在作者身上——如果财力允许的话，如雷古洛——或贵族赞助人身上，因为作者常常是个困顿的外乡人。

当然，会有人想读新出版的书，但他不认识作者本人，因此不在赠书名单上。遇到这种情况，他便只能向圈内人求助，借书来抄一本。一旦作者将新作"分发"出去，书就成了公版书，谁都能拿去再抄一本。拉丁语动词 edere 被我们译为"编辑"，其实它的意思更接近于"捐赠"或"抛弃"，意味着任书自生自灭。那时压根不存在类似知识产权或版权的东西。在图书推广链上，只有抄写员（不是家奴）会按行数收取报酬，类似于今天我们去复印时按张收费。

英国伟大的文人约翰逊博士[1]说过：谁写书都是为了赚钱，只有傻瓜除外。我们不知道古代作家的脑袋瓜是用什么材料制成的，但他们所有人从一开始就明白，靠卖书一分钱都赚不到。1世纪，幽默作家马提亚尔[2]埋怨道："我的书只能靠免费讨人喜欢。"这位比尔比里斯[3]人来到罗马后便亲身体验到文学这行不赚钱，连成功的作家也未能幸免。他说，有一次，一个不认识的大富翁在街上看见他，盯着他，用手指着他，就像今天追着名人自拍合照的那些人，说："你不是……? 没错，你就是那个说笑、使坏，写的书人人都读过的马提亚尔。"紧接着他又问："你怎么穿这么破破烂

---

1. Samuel Johnson（1709—1784），英国作家、文学评论家和诗人，曾因贫困从牛津大学辍学，后花九年时间独力编出《英语大辞典》(1755)，即《约翰逊字典》而扬名，因此被牛津大学授予荣誉博士学位，人称约翰逊博士。
2. Marcus Valerius Martialis（约38到41—约100到101），古罗马诗人、讽刺作家。其生平及作品在正文中有详细介绍，此处不再赘述。
3. 位于今天的西班牙阿拉贡自治大区萨拉戈萨。

烂的大衣？""因为我是个蹩脚作家。"马提亚尔回答道，其言外之意首开阿拉贡式反讽之先河。

像西塞罗那样，将自己的演讲稿和散文抄那么多份的人到底图什么？是出于政治野心，期望更有名，扩大自己的社会影响力；也是出于私心，试图打造公众形象，确保朋友和敌人了解自己取得的成就。他们跟贫寒才子的资助者差不多，图的无非是荣耀、显摆和恭维。对某些人来说，书首先可以确立或巩固声望。文学作品自由流通，作者自愿以赠送或借阅的方式，将作品传递到感兴趣的人手中，以此圈出一小群文化精英，一个有钱人自组的小圈子。这些人愿意接纳并庇护出生低微、才华横溢的自由民或奴隶。如果受到冷遇，没有身居高位的朋友，读者也好，作者也罢，都会无法生存。

古罗马文学始于外国人、奴隶，后来渐渐出了几个本土作家，但他们只写关于历史、战争、法律、农业或道德等宏大主题的散文。西塞罗和恺撒是古罗马共和国第一代作家中两个最著名的显贵。相对于从古希腊领土带回来的奴隶诗人，他们是就严肃题材进行文学创作的古罗马公民。当时不允许外国人写有关古罗马法律或传统的作品，好出身的古罗马公民如果花时间去写诗，也会被视为不成体统。就像我们这个时代，国家元首要是去写流行歌曲的歌词，许多人也会觉得离谱一样。

因此，在很长一段时间里，两种文学同时存在，各自发展。一方面，古希腊奴隶或获释奴隶写诗，去取悦庇护他们的有文化的贵族；另一方面，受人敬重的古罗马公民中的文学爱好者写散文。"诗歌的地位并不尊贵，要是有人去写诗，大家会喊他叫花子。"老加图写道。从那时起，从卡拉瓦乔到凡·高，从莎士比亚、塞万提斯到热内[1]，杂耍艺人、音乐家和艺术家始终地位低下。

拥有合法权益的古罗马公民如果愿意，是可以从事文学和艺术活动的，条件是偶尔为之，尤其是不能以盈利为目的。相反，对富贵人家来说，以文字为生并不体面。知识只要跟盈利沾上边，立刻就成了有损声名的坏事。前文提到，哪怕是需要大量学识的纯智力型行当，如建筑、医学或教育，都是下等人在做。古代学校的老师大部分是奴隶或获释奴隶，工作低贱，被人瞧不起。"他出身不好。"塔西佗这么说一个刚开始从事教师这种低贱行业的外国人。贵族们尊重知识和文化，但鄙视教书。悖论在于：学很高尚，教就不高尚了。

没想到在伟大的数字革命时代，文化只是爱好者的消遣这一古老思想重新获得了生命力。老调开始重弹，说什么如果作家、剧作家、音乐家、演员、电影人想养活自己，应该去找份正经工作。艺术这玩意，闲暇时搞搞就好。在新自由主义的新框架和网络世界里，居然跟贵族和奴隶生活的古罗马一样，要求人们无偿地提供创造性工作。

当文化开始在财力雄厚的上层社会扎根时，藏书者中出现了女性。通过西塞罗书信，我们认识了卡莱莉亚（Caerellia）。她酷

---

1. Jean Genet（1910—1986），法国诗人、小说家、剧作家，曾因偷盗数次入狱，在狱中写出代表作《殡仪队》《百花圣母》《玫瑰花的奇迹》，另有自传《小偷日记》。

爱读书，拥有私人哲学藏书馆。这位贵妇用了某种手段——也许是贿赂——弄到了西塞罗《论至善与至恶》的抄本。当时，此书还未正式流通。西塞罗气愤之余，讽刺地写道："毫无疑问，卡莱莉亚对哲学兴趣甚浓。"

这位迫不及待的女读者不是特例。在古罗马上层社会家庭，有学问的女性很常见。公元前 2 世纪，格拉古兄弟[1]的母亲科涅莉亚亲自指导儿子们学习，为他们挑选最合适的老师。此外，她还主办了几场文学聚会，当年的政治家和作家济济一堂，堪称斯塔尔夫人[2]法国文学沙龙的前奏。塞薇利娅[3]是后来刺杀恺撒的布鲁图斯[4]的母亲，喜欢阅读拉丁语和希腊语作品。西塞罗说女儿图利娅非常博学。庞培[5]的几任妻子——不是同时娶的——中的一位非常热爱文学、地理和里拉琴音乐，还跟卡莱莉亚一样"乐意参加哲学讨论"。

罗马贵族往往会让女儿接受教育，他们通常的做法不是将女儿送去学校，而是请家庭教师来家里教以时时监看，保证女孩的

---

1. 指提比略·格拉古（前 168—前 133）和盖约·格拉古（前 154—前 121），均为古罗马共和国著名的政治家，平民派领袖。他们的母亲科涅莉亚是大西庇阿的女儿。

2. Madame de Staël（1766—1817），法国小说家、评论家，浪漫主义文学先驱。父亲是银行家，她在少女时代即以才智著称，曾被拿破仑流放，拿破仑倒台后回到法国，组织著名的文学沙龙。

3. 原文为塞姆普罗妮娅（Sempronia），疑似有误。塞姆普罗妮娅是格拉古兄弟的姐姐，嫁给了小西庇阿。刺杀恺撒的布鲁图斯的母亲名叫塞薇利娅·加比奥尼（前 107—前 42），是恺撒的情妇。

4. Marcus Junius Brutus（前 85—前 42），罗马共和国政治家、军事家、元老院成员。作为坚定的共和派，他联合部分元老参与了刺杀恺撒的行动。

5. Pompey（前 106—前 48），古罗马著名的军事家、政治家，他剿灭地中海海盗，征服小亚细亚，被称为"伟大的庞培"。

贞洁。古人总是担心贵族家庭的孩子上街会遇到危险。在猥亵儿童盛行的时代，怎么提防都不为过。因此，他们会专门派一名家奴，每天接送小少爷上学和放学。他们被称为 paedagogus，今意是"教育家"，原意只是"护送陪伴孩子的人"。不过，关在家里也有危险。公元前 1 世纪，名师昆提斯·凯基利乌斯·埃皮罗塔[1]给主人家的女儿上课，师生关系暧昧，招来无数流言蜚语。这位生性放荡的获释奴隶最终被流放。

知识的最高几级台阶是女性的禁区——高等教育只对男性开放。女性也不允许像男性那样去雅典或罗德岛学习一年，这相当于当年的伊拉斯谟奖学金项目[2]。好人家的女儿不上修辞课，不去希腊进修语言，不去雅典卫城旅游，也不远离父母，品尝自由的味道。家中兄弟在欣赏希腊雕像、享受希腊爱情时，少女们正忙着找丈夫，她们会早早地被嫁给成熟男子。古人认为：婚姻之于女性，就像战争之于男性，符合各自真正的本性。

在许多个世纪里，我们找到了有关让女子学文化之利弊的热烈讨论，夜生活在这场争议中起到了至关重要的决定性作用。古希腊男人习惯把女人留在家里，独自去赴晚宴，花钱让高级妓女伺候着，直到天明。相反，古罗马女性可以走出家门，去赴晚宴。对丈夫而言，妻子能与其他赴宴者展开智慧的交谈，这点非常重要。因此，在古罗马贵族家庭，不乏对自己的学识、机智和谈吐

---

1. Quintus Caecilius Epirota，生活于公元前 1 世纪，据说是第一个在公共场合讨论维吉尔诗歌的人。
2. 欧盟发起的一项高等教育交流项目，以欧洲文艺复兴时期著名人文主义思想家、神学家和教师伊拉斯谟（Erasmus）的名字命名。

感到自豪的女性。

我们在尤维纳利斯的诗里找到了对文化女性的辛辣讽刺。1 世纪末，这位喜剧诗人自称出于愤怒开始写诗。这位反动保守的幽默作家十分怀念过去，所以很爱发牢骚。能有这么多其作品《讽刺诗》的中世纪手稿保存下来绝非偶然。诗中对人性堕落的控诉无人能出其右。教士们看了这些诗作满心欢喜，因为它们是布道规劝时无与伦比的好素材。他在其中一首诗里提醒男人婚后会有种种磨难，并列出了女人的种种"恶行"：沉迷于角斗士、跟脏兮兮的外国人出轨——"你会有个埃塞俄比亚儿子，很快，一位黑人继承者会来争你的遗产，大白天的，你都看不见他的人"、大手大脚乱花钱、残忍地对待奴隶、迷信、不要脸、坏脾气、好嫉妒……以及有文化（晚上刚开饭，女人就开始引用维吉尔，拿他跟荷马一较高低，真是烦得要命。大师们退避，教师们败走，律师也好，报子[1]也好，所有人都噤口不言。我厌恶那些自以为博学的女人，她们对语法烂熟于心，说话遵守各种语言规则。她们喜欢的诗我都没听过，她们还爱给没文化的女性朋友纠正表达错误，哪个丈夫会关心那些错？）。

讽刺诗对女人如此恶意满满，专家不禁困惑：尤维纳利斯究竟是保守派的传声筒，还是故意在用最极端的论调讥讽嘲笑他们？他是说正经的，还是在开玩笑？隔了二十个世纪，我们基本不可能判断出来。不管怎样，如果嘲笑的背后没有一丁点真实的影子，他的幽默也不会广受欢迎。毫无疑问，公元后，阅读的乐趣已经

1.指古代宣读口头告示的人。

在许多古罗马女人的心中扎下了根。有些女人深爱语言和文学，甚至让她们的丈夫相形见绌。贵族家庭里首次出现了有文化的母女共同阅读、互相交谈的场面。她们能自由自在地读书，知道如何使用文字"如神或钻石般"坚不可摧的力量。

在古罗马文明时期，谁能识字并拥有图书？没有迹象表明古代有全民教育这回事。只有来到现代社会，直到不久以前，某些国家才实现了全民扫盲，而且这不是自发行为，需要集体付出很大努力才能实现。古罗马人从来没想过要让所有人识字，也没办过一所公立学校。教育全凭自愿，不强制，费用高昂。有人勉强会写名字，有人能啃下塔西佗的艰深文章，我们很难弄清当年的识字率有多高。男性和女性、城市居民和农村居民的读写能力也不一样。专家们的推测往往谨慎、含糊。历史学家 W.V. 哈里斯（William Vernon Harris）大胆给出了准确的庞贝居民识字率。庞贝古城在 1 世纪维苏威火山爆发时被整体掩埋，留在墙上的几千幅涂鸦和图画可供仔细研究，都是日常生活的信息，有租房广告、爱情表白、寻物启事、骂人话和下流话（类似于我们在公厕门上看到的那些）、妓女的价码、粉丝给心爱的角斗士的加油鼓劲……哈里斯认为，该城能看书识字的男性人口不到百分之六十，女性人口不到百分之二十，总人数不超过两千或三千。这个数字在我们看来也许很小，却反映出前所未有的教育水平，和之前任何一个时代相比，当时的人们接触文化的可能性要大得多。

特权阶层家庭的孩子七岁那年是个转折点。七岁前，孩子的教育靠母亲，由古希腊奴隶教授语言课，类似于 19 世纪小说中的外国女家庭教师。七岁时，家庭教育到此为止，孩子要离家去过苦日子，甚至挨打的日子。七岁到十一或十二岁的小学教育枯燥乏味，教学方法单一，一个个阶段——字母、音节、文章往下走，完全不关注儿童心理，也不想激发学生的好奇心。跟古希腊一样，这种教学方法很被动，最看重的是记忆力和模仿能力。

此外，老师几乎不会让学习过程变得愉快，所有古代作家的校园回忆都跟挨打和恐惧联系在一起。4 世纪，诗人奥索尼乌斯[1]给即将上学的孙子写信，鼓励他，让他别怕。他写道："去见老师没那么可怕。哪怕他声音不好听，皱着眉头骂你，威胁你，你总会习惯的。要是在学校老是听到鞭子声，别怕。要是握着戒尺的手在动，听到同学在喊，吓得发抖，连板凳都在摇晃，别怕。"我觉得这些所谓的宽心话，可怜的孩子看了会更容易做噩梦。希波的奥古斯丁对在学校受的罪刻骨铭心，终生难忘。他在七十二岁时写道："如果让你在死亡和回到童年之间二选一，谁不会吓得宁愿选择去死？"

小学老师在拉丁语里叫 litterator，意思是"教字母的人"。那些可怜的魔鬼老师通常要求严格、待人粗暴、薪水微薄，因此许多人兼职，打不止一份工，这一点也不奇怪。他们将职业的名称传给了另一个清贫的行当——文学（literature）。上课的地方也很寒碜，一般是租的便宜房子，有时就是简陋的门廊，用薄薄的布帘

---

1. Decimius Magnus Ausonius（310—395），古罗马诗人，其代表作为《摩泽尔河》。

子隔开嘈杂的街道和好奇的人。学生就坐在小板凳上，没有靠背，连桌子都没有，要趴在腿上写字。贺拉斯描述孩子们上学，"左胳膊底下夹着装小石子的盒子，做算术用，还有一块板，写字用"。这就是学童们最早的文具。

孩子们做作业、听写、练字、打草稿都需要便宜的书写材料。由于莎草纸是奢侈品，从古罗马时代起，蜡板就成为日常书写、儿童书写的主要用具。他们用蜡板学习认字，在蜡板上记录成绩、爱情和回忆。蜡板通常只是木板或金属板，表面平整，一面微微凹进去，可以涂一层混合树脂的蜂蜡，人们可以用细细的铁笔或骨笔在软软的蜡层上写字。笔的另一头是刮铲，可将蜡层抹平，用来改正错误和将蜡板再利用。底板可以无限循环使用，很简单，换蜡层就好。在庞贝古城发掘出了两幅几乎称得上完整的女性肖像画。画中的女人正在若有所思地用笔尖蹭嘴唇，如同20世纪文人戴着眼镜、叼着烟、故意让胡须凌乱的模样。在两幅画中更著名的那幅上——我们幻想了一番，就叫她"诗人萨福"吧——年轻的女子拿笔抵着嘴唇，手上攥着蜡，脑子里正在酝酿一首诗。每当我们全神贯注，眼神迷离地咬圆珠笔头或铅笔头时，其实是在延续古老的书写动作和表情，只是我们并不自知。

庞贝古城年轻的"诗人萨福"手里抓着一沓蜡板，有五六块。通常人们会在蜡板一角钻个小孔，穿上绳子或皮条，把蜡板系在一起，有时还会用合页做成双折页或多折页。在英国哈德良长城附近的文德兰达罗马要塞遗址发现了一个存放物资的大型仓库，里面有笔记本大小的物品，用普通木板或白桦木板制成，被折叠成手风琴的模样。木头要春天从树上砍下，那时候有树浆，木质更软，方便折叠，类似现代的折合式小册子。一沓木板就像一沓木制的纸张，被装订在一起，拉丁语里叫 codices。从它们身上，我们找到了书写文字最遥远的过去和现在之间的联结，它们就是今天我们所说的"书"的前身。

蜡板很常见，用途很广。许多出生证和奴隶解放证——两种开始新生的方式——就是用蜡板开具的。蜡板上也会有个人笔记、家庭账本、小买卖的商业记录、档案、书信、我们今天仍在阅读的诗歌原稿。奥维德在情色手札《爱的艺术》中，提醒地下恋人一定要小心翼翼地擦去蜡板上会给自己带来麻烦的文字，免得蜡板再用时秘密泄露。诗人说，许多婚外情就是因为类似的不小心——用过的蜡层还在，看来跟今天的手机一样，容易泄密——被发现的，无疑，这给前数字时代的祖先们造成了许多麻烦。毕竟，筏磋衍那名下广为流传的印度《爱经》[1]也用了大量的篇幅教女人如何将偷情的文字藏起来。

有时人们会给蜡板涂上石膏，然后用很硬的植物茎秆做笔蘸墨汁书写，笔头中间有个切口，类似现在的钢笔笔尖。这样对生手来说，写字就容易多了。诗人佩尔西乌斯[2]描写一位学龄儿童在抱怨：每次落笔时，笔尖都会落下一大滴墨水，溅得习字册上到处都是，他都绝望了。类似的场景在许多世纪的课堂上一再上演，直到不久前，滴墨的问题才彻底得到解决。妈妈至今还记得那些溅在作业本上的黑色"眼泪"。

---

1. 古印度一本关于性爱的经典书籍，成书于 350 年左右，作者婆罗门教士筏磋衍那并非原创作者，只是编辑了现有的文本。
2. Aulus Persius Flaccus（34—62），古罗马讽刺诗人，早期作品已失传。

　　而我属于圆珠笔时代的学生。圆珠笔是匈牙利记者拉迪斯洛·比罗[1]的天才发明。据说，基本构想是他在看几个小孩子踢球时突然冒出来的，那就是：将硬金属小球放置在空心处，制作出一种新的书写工具。他发现，球经过水洼、在地上滚动时，会留下水痕。我想象着在多雨的城市进行的那场足球赛：孩子们叫啊，笑啊，天阴沉沉的，地上到处都是水洼，球在地上留下了湿漉漉的水痕，就像一套新发明的字母。就这样，我童年时代最难忘的六边形 Bic Cristal 圆珠笔诞生了，它有着蓝色的笔帽，旁边有个小孔。我又想起那些漫长、无聊的下午，我们把笔杆当成吹弹筒，对准同学的后脖颈子发射米粒。少年时的我笨拙得很，我对准哪个人恐怕是因为喜欢他，想引起他的注意。

　　我们以为，血腥美学和对极端暴力的痴迷是现代的新鲜事物，但其实早在古罗马，它们就有了追随者。古希腊神话记载了一系列暴行——强暴、抠眼珠、让秃鹫啄食人的内脏、活剥人皮。但暴行中登峰造极的无疑是那些基督教殉道者的故事，里头仔仔细细地描述了各种酷刑、分尸、肢解、流血，大量的血。

　　其中一位最恐怖变态的虐待狂诞生于 4 世纪中叶的伊斯帕尼

---

1. Bíró László József（1899—1985），匈牙利记者，因对学习和工作中钢笔要不断吸墨感到不便而发明了滚动球珠，圆珠笔由此诞生。后来，他将专利以 200 万美元的价格卖给了 Bic 公司。

亚，恐怕就在塞萨奥古斯塔[1]。也就是说，他的童年应该跟我的童年一样，我们吹过同样的风，见过同样的河。奥勒留·普鲁登修斯·克莱曼斯[2]承父母起了个漂亮的名字，在罗马帝国做过各种安稳岗位的公务员。然而，在日日重复的表象背后蛰伏的是昆汀·塔伦蒂诺或达里欧·阿基多[3]的古罗马祖先。在年近半百时，这位性情平和的伊斯帕尼亚人突然萌生了强烈的创作欲望，于是他辞去公职，在七年里写下了两万首狂热的诗。其中一本诗集的名字是希腊语：《殉道者的王冠》（*Peristephanon*），讲述的是对十四位殉道者施以酷刑，让他们背叛信仰的故事。他巨细无遗地娓娓道来，尽是些风格极致的严刑拷打场面。

圣卡西安（Saint Cassian）是其中一位，他遭受的病态折磨让普鲁登修斯大为震动。他的死亡记事是拉丁语文学中最令人毛骨悚然的篇章之一，却也意外地成为一份不同寻常的史料，让我们从恐怖的视角了解了古代学校的日常和古罗马祖先使用的文具。普鲁登修斯说：卡西安是一位小学老师，对学生态度不怎么样，他教的是最小的那帮孩子，他让他们听写，经常狠狠地责罚他们。学生们天天挨打，又气又怕，萌生了危险的暴力倾向，就像哈内克[4]执导的电影《白丝带》中那群眼神冰冷、让我们寒毛直竖的金

---

1. 位于作者家乡萨拉戈萨的老城区外。
2. Aurelius Prudentius Clemens（348—405 后），普鲁登修斯（Prudentius）源于"谨慎（prudente）"，克莱曼斯（Clemens）的意思是"仁慈"。
3. Dario Argento（1940—），意大利导演、编剧、制片人，制作的多为恐怖片或惊悚片，如《喋血猎杀》《德拉古 3D》等。
4. Michael Haneke（1942—），奥地利编剧、导演。曾多次获得戛纳国际电影节金棕榈奖和最佳导演奖。《白丝带》是他执导的一部战争剧情片，2009 年上映，影片以一位乡村教师的回忆为主线，讲述了一战前夕德国北部某村庄发生的故事。

发孩子。

那时适逢宗教迫害的黑暗年代。当执政当局掀起第无数次迫害基督徒的浪潮时，他们抓了卡西安，说他拒绝信仰异教神祇。根据普鲁登修斯的描述，当局决定将他衣衫尽除、双手反绑在身后，交给班上的小学生，让学生做刽子手。此前的故事都不难预料，但从这里开始突然变得黑暗。死亡和残忍竟长了一张儿童的脸。"所有人都迫不及待地将平时在沉默中积攒的痛苦和仇恨释放出来，将易碎的黑板往老师脸上砸，黑板碎了；用教鞭戳他的额头，教鞭弹了起来；写字的蜡板也被扔了过去，木板开裂，上面红红的，沾的全是血。其他人用在蜡板上写字的铁笔尖去捅老师，两百只手同时去捅，有的捅进了内脏，有的扯下了皮肤。"

普鲁登修斯想让读者印象深刻、深受震撼从而坚定自己的信仰。他娴熟地使用营造恐怖氛围的各种手段：拉长场景、放大细节、动作、声音和冲击力，将日用品变成武器，探索出它们制造疼痛的可能性。他让我们发现：在蜡板上写字的笔像刀子一样锋利，用尖如匕首的笔写字象征着古罗马学校暴力当道，知识和鲜血密不可分。于是，普鲁登修斯的这首诗荒谬地成为至黑至暗的辩护词，被用来反对体罚学生。所有学生似乎都被老师殴打过、嘲笑过，学生报复的可怕故事迫使我们直视学生变成刽子手，无辜者变成凶手的过程。这是令人不安的一幕，道德败坏的一幕。"你在抱怨什么？"一个孩子残忍地问下场悲惨的老师，"是你把笔交给我们，让我们抓在手里。现在，我们把你教书时对我们做过成千上万遍的事还给你。我们写字时，你本不该生气。当我们想休息时，央求你那么多次你都说不行，生怕我们偷一丁点的懒！

来吧，来施展你的权威吧，你有权惩罚最偷懒的学生"。诗的结尾恐怖至极。孩子们开开心心地让老师饱受折磨，让生命的热量一点点地从他千疮百孔的身体中流逝。

尽管普鲁登修斯的本意是控诉迫害基督徒的罪行，但凶残的故事中也透露出学校生活的阴暗面。另一位伊斯帕尼亚人昆体良[1]于1世纪中叶出生在加拉古里斯——现在的卡拉霍拉，是最早质疑残暴教育手段的作家之一。他在《演讲的原则》中指出：学习愿望只取决于个人意愿，"不应包含外在暴力"。他反对学校施行侮辱性惩罚，说"那些做法仅适用于奴隶"，可见其人道主义思想也存在例外和欠缺。他写道：经常挨打的孩子会感到恐惧、痛苦、羞耻，自惭形秽到童年幸福感消失殆尽的程度。他这么写也许是想到了自己挨打挨骂的童年。因此，他还写道，在童年时期，孩子很脆弱。他们没有自我保护能力，此时谁都不应该拥有无限的权利，去凌驾于他们之上。

卡西安令人发指的故事似乎在告诉我们，体罚从未在古罗马教室中消失，但我们也能在凄风冷雨的大背景下找到温暖明亮的地带。公元后不久，仁爱教育、寓教于乐的捍卫者出现了。他们更希望以奖代罚，努力唤醒孩子的求知欲。我们知道有些老师开始为学生制作教学玩具；为了奖励学生刚开口发出的磕磕巴巴的拼读，学生学什么字母，老师就给他们吃什么字母形状的点心和饼干。看到如此宽容的场面，恪守老规矩的人立马跳了出来。佩

---

1. Marcus Fabius Quintilianus（约35—100），古罗马著名律师、教育家、雄辩学家，在教育理论和文学批评方面做出了巨大贡献。在代表作《演讲的原则》中，他提出演讲文字应做到正确、清晰、典雅。

特罗尼乌斯[1]的作品《萨蒂利孔》中的一个人物就对当年 1 世纪尼禄[2]统治时期腐化、温和的做法大肆抨击，并预言道：您等着瞧！如果孩子们边学边玩，那么罗马就要走下坡路。看来新式学校和旧式学校之争自古有之。

---

1. Gaius Petronius（27—66），古罗马作家，著有诗文结合的讥刺小说《萨蒂利孔》。
2. Nero（37—68），古罗马皇帝，54 至 68 年间在位，是历史上著名的暴君。在位期间，他杀死了母亲和几任妻子，处死了多名元老院成员。

六　年轻的大家庭

其实，如果回头看，我们会发现读者这个大家庭十分年轻，是如流星般短暂的新鲜事物。约 38 亿年前，地球上的某些分子聚合在一起，形成了特别庞大、错综复杂的结构体，被称为生命体。250 万年前，近似现代人的动物首次出现；30 万年前，我们的祖先学会了使用火；10 万年前，人类开口说话；公元前 3500 年到公元前 3000 年之间，在美索不达米亚的骄阳下，不知名的苏美尔天才在泥板上写下了最早的文字，突破了声音的时空限制，让语言留下了持久的痕迹。但是在 5000 年后的 20 世纪，写字才成为一种大多数人掌握的普及性技能，人类在走过漫漫长路后新近才掌握它。

直到 20 世纪最后几十年，在即将跨越 21 世纪的门槛时，出身卑微的都市人群、街头帮派成员和亚文化人群才学会了认字，学会了用文字表示抗议、不满和失望。现代涂鸦是古罗马字母表在许多世纪里所经历的最有创意的事件之一，它意外地成为几十年艰苦扫盲的标志。纵观历史，一群非常年轻的人——学龄儿童和少年，他们中的许多人出生在郊区和边缘人群聚居地——第一次有办法、有自信基于凌乱的字母和笔画，创造出全新的艺术，以及属于自己的形象化表达。年轻黑人让-米歇尔·巴斯奎特[1]有海地血统，他活得像个流浪汉，直到 20 世纪 80 年代，他将涂鸦作品挂进了艺术画廊。字母如同白内障，入侵了他的许多画作，也许是作为系统内的一种自我确认——正是这一系统让边缘人群陷入困境。他写下单词，再划去一些，让它们更醒目。他说："一些事物越是被禁止，就越会迫使我们更仔细地观察。"

奇怪的是，在硅谷后院爆发信息革命的那些年里，涂鸦——业内人士叫它"写字"（writing）——在纽约、洛杉矶、芝加哥，后来又在阿姆斯特丹、马德里、巴黎、伦敦和柏林的楼房上、地铁站台上、围墙上和广告牌上迅速蔓延。当新兴科技的专家们在探索网络空间的前沿时，贫民窟里的都市年轻人第一次感受到在墙上、车厢上书写字母的快感，感受到书写行为本身的美感。在键盘掀起革新书写方式的那些年，另类的年轻人文化充满激情地发掘了书法的艺术——此前只有极少数人才能享受到。少年们被文字命名事物的力量所吸引，被文字蕴含的创造力所吸引，被书写文字会带来的危险感所吸引——涂鸦很危险，少年们动不动就要逃。他们将手写字母变成一种全新的表达方式、休闲方式和获得同类尊重的方式。这种情形刚刚才发生，就如同人类的历史很长，文字的历史却很短。文字只是古老人类的最新一次眨眼，古老心脏

---

1. Jean-Michel Basquiat（1960—1988），"二战"后美国涂鸦艺术家，新艺术的代表人物之一，代表作为《超越文字：受涂鸦艺术影响的作品》。

的最近一次跳动。

弗拉基米尔·纳博科夫在《苍白的火》中批评我们对堪称奇迹的发明居然一点也不惊讶。他说的很有道理。"寥寥几个字母，就能留住永恒的文学形象，留住思想的演变，留住人们交谈、哭泣、微笑的新世界。面对如此的奇迹，我们居然荒唐地认为它理所应当。"他抛出了一个令人不安的问题："如果有一天，所有人从睡梦中醒来，发现完全看不懂书了，会怎么样？"那意味着退回到并不遥远的过去，退回到将声音记录下来、变成无声的文字这种奇迹发生之前。

阅读的推广导致感官的新平衡。之前，语言靠听觉开道；但文字发明后，部分交流转向视觉。读者很快开始出现眼睛问题。从某些古罗马作家的抱怨中，我们发现，日常使用蜡板会引发视疲劳，让人眼前"发黑"。蜡板上的笔画只是单纯的凹痕，没有对比度，还得很费劲才能刻上去。诗人马提亚尔在诗中提到看蜡板的人"有双疲劳的眼睛"。昆体良建议所有视力较弱的人只读莎草纸或羊皮纸上的褐底黑字。于是，我们了解到：祖先们用得起的最便宜的蜡板会带来后遗症。

那时候没有办法调整屈光度。因此，过去许多读者和学者的视疲劳往往会演化成不可逆的视物模糊，或是看不到光线和色彩，眼前只有一堆黑点。那时眼镜还没有被发明出来。据说，尼禄皇帝透过一大块祖母绿，能从包厢里看清心爱的角斗士搏命的细节。

也许他眼睛近视，拿打磨过的巨型珠宝当望远镜使。但不管怎样，硕大无比的宝石只有皇帝用得起，钱包干瘪甚至钱包空空的知识分子想都别想。

在许多个世纪后的 1267 年，罗杰·培根（Roger Bacon）通过科学证明，使用精确打磨的镜片可以将小字放大，让人看得更清晰。基于这项发现，意大利穆拉诺岛的工厂开始用玻璃做实验，这里也成为眼镜的摇篮。镜片发明后，还要造出舒服、轻便、防滑的眼镜架。尽管一开始，这些物件被起了"扣鼻子的"这一绰号，但是新装备还是迅速成为社会名望的象征，让人竞相追逐。

小说《玫瑰的名字》中有一幕场景是巴斯克维尔的威廉从僧衣胸前的口袋掏出眼镜并戴上，阿德索见了感觉很神奇。在故事发生的 14 世纪，眼镜可是个稀罕物。修道院的修士们从未见过类似物品，都很好奇地盯着那个奇怪的玻璃"假眼"，却不敢向他发问。年轻的阿德索将它描绘成"一个叉形的扣夹，它的构造使它可以扣在一个人的鼻子上，就像一个骑士跨在坐骑上。在那个叉状物的两边，在眼睛前面，有两个鹅卵形的金属框子，中间嵌着杏仁形的玻璃片，和酒杯的杯底一样厚"。威廉向目瞪口呆的助手解释说，年岁会让眼睛变硬。如果没有这种神奇的仪器，许多学者一旦年过半百便无法再读书写字。两人都感谢天主，居然有人能发明并制造出这种可以恢复视力的神奇圆片。

在古代，读者即使有钱也没办法买到眼镜——毕竟当时没有，但他们买得起市面上最奢华的书卷，以保护视力，让眼睛看得更舒服。大部分书是订制的，跟所有时代的情况一样，一分价钱一分货。首先，有各种质地的莎草纸。老普利尼说，最好的莎草纸用的是埃及纸莎草内茎的薄片。如果藏书家的钱包够鼓，抄写员的字可以写得更大些，更漂亮些。这样的书读起来更容易，保存的时间也更久。

让我们来想象一下最美丽、最精致、最独特的书卷。莎草纸书页的边缘用火山石费力地打磨平整，装饰上一条彩带。为了让书坚固耐用，用象牙或名贵木头制成叫"中轴"的小棍子，有时还会包一层金箔，中轴两端的手柄装饰得十分精美。犹太人教堂中的《摩西五经》还保留着书卷最初的样子。对犹太人来说，圆木中轴和两端的手柄——"生命之树"必不可少，以免在仪式中用手触碰到羊皮卷或圣书上的文字。对古希腊人和古罗马人来说，抚摸书卷从不意味着亵渎神明，中轴的存在只是为了更方便地展开或合拢。

手艺人为任性的爱书人发明了其他贵重的配件，如旅行书匣和皮套，免得莎草纸书卷受损。豪华版书卷的套子会染成紫色，象征权力和财富。我们还知道有一种名贵的油脂——雪松木油，涂在莎草纸上可以驱除啃书的蠹虫。

只有古罗马贵族才会拥有如此奢华的私人藏书馆，他们以此炫富，好比现在的人得意扬扬地开着劳斯莱斯。除非出现特例，否则诗人、学者和哲学家都不属于这个特权阶层。有些人觊觎可望而不可即的美丽图书，不满地写下辛辣的讽刺诗，挖苦那些没文化的藏书家。其中一篇名叫《控诉叶公好龙的购书者》的泄愤文章流传至今："无法从书中受益者买书作甚？为了给耗子找事干，给蠹虫找个家，给不好好照顾书的奴隶找顿打？既然不知道该拿书如何是好，大可以把书借给别人，让别人从中受益。可你就像占着马厩的狗，自己不吃大麦，也不让马儿吃大麦。"这篇气急败坏、愤愤不平的杰作描绘了印刷术发明之前图书匮乏的情形。当年，阅读往往是特权的象征，但有些人不配享有。

很长一段时间里，图书只在闭塞的朋友圈和最尊贵的客户间面对面地交接。在古罗马共和国[1]，只有精英及其周围的亲友才有机会读书。漫长的世纪一点点过去，罗马城不见任何公共图书馆，所以当时能读书的人要么富可敌国，要么善于溜须拍马。

公元前 1 世纪，我们第一次看到没什么钱也不善结交权贵的读者单纯出于热爱去读书。多亏书店打破了藩篱。我们知道古希腊是有图书买卖的，但由于史料匮乏，我们无法得知最早的书摊是什么模样。然而，关于古罗马世界的书店，有翔实的细节（名称、地址、行为、价格，乃至玩笑）传到我们手里。

年轻的诗人卡图卢斯三十岁就英年早逝，因此永远年轻。他讲述了公元前 1 世纪中叶关于朋友和书店的一件趣事，其中透露了许多信息。在寒冷的 12 月末，古罗马的农神节期间——是我们愚人节[2]的前身，他的朋友李锡尼·卡尔乌斯[3]开玩笑地送给卡图卢斯一份礼物：两人心目中当年最糟糕的诗歌合集。卡图卢斯很不

1. 古罗马共和国是古罗马在公元前 509 年到公元前 27 年之间的政体。此前是罗马王政时代（前 753—前 509），此后是罗马帝国时代（前 27—1453）。罗马帝国在 395 年后分为西罗马帝国（395—476）和东罗马帝国（395—1453）。
2. 西班牙愚人节不在 4 月 1 日，而在圣诞节附近的 12 月 28 日。
3. Licinius Calvus（前 82—前 47），古罗马演说家、诗人。

高兴："伟大的神啊！你给你的卡图卢斯一本多么可怕的书啊，他看了会死掉的。"接下来，他决定报复："爱开玩笑的家伙，搞这种恶作剧，有你好看！等到天亮我会跑到书店，把最糟糕、最有毒的文学书全买来，让你也受受罪。与此同时，蹩脚的诗人们，我们这个时代的灾难，你们怎么选这个时候投胎啊？赶紧回去吧！"

从这段俏皮的诗句里我们能看出：当年有从农神节市集上买书相赠的习俗。还有，一心报复的卡图卢斯敢肯定第二天一早罗马城的好几家书店都会开门，他能买到当时最糟糕、最让人头大的诗歌作品来报复朋友，以其人之道还治其人之身。

这些早早开门的书店主要是抄写书籍的作坊，主要客户是一个奴隶都没有的下层民众。他们会用胳膊夹着原版书去订制若干份手抄本，品质则取决于其财力。作坊里的大部分工匠都是奴隶，他们抄写的速度很快。比尔比里斯人马提亚尔习惯创作篇幅短小的诗集，他的第二本讽刺诗按照现在的印刷版本只有三十页，只需等一个小时就能拿到抄本。于是，他盛赞自己的作品具有便捷、环保等诸多优点："其一，我用的莎草纸较少；其二，我那点儿诗抄写员一个小时就能抄完，不怎么费工夫；其三，即便书从头到尾都很糟，也只会浪费读者一丁点儿时间。"

单词 librarius 既指"抄写员"，又指"书商"，因为这原本是一个行当。在印刷术发明之前，书是逐本、逐句、逐字复制出来的，需要买家按件支付材料费和工本费。要是像现在这样一次复制几千册书，也根本不省钱。相反，一下子抄这么多书，却又找不到买家时，卖家的生意就会破产。古罗马人要是看到今天的读者概念和被人为开辟出来的市场，恐怕会难以置信地扬起眉毛。然而，卡图卢斯讲述的趣事也告诉我们：人们无须提供原本也可以去书店买到一些现成的抄本，肯定只限于很少的新书和不可或缺的经典作品。书商们已经开始承担一定的商业风险，对有信心能卖掉的作家的书直接提供"成品"。

马提亚尔是第一个号称跟书商们关系友好的作家。常抱怨赞助人抠门的他，肯定是会在书店里卖他的书的。他有几首诗非常现代，其中植入了商业广告，他也许拿过广告费："在安格鲁彤区（Argiletum）恺撒广场的对面有家书店，门上贴满了海报，你可以迅速浏览所有诗人的名字。去那儿找找我的名字吧！书店老板阿特莱克图斯会从第一排或第二排书架上帮你找到一本马提亚尔的作品：它经过火山石精心打磨，外皮是紫色的，售价五个迪纳厄斯[1]。"

诗人说过，他的书很薄，从书价五个迪纳厄斯来看——作坊的工钱一天一个迪纳厄斯——阿特莱克图斯和作坊里的抄写员制作的是豪华版书卷。尽管我们估计，他们也会制作一些经济实惠的版本，提供给囊中羞涩的读者。

除了阿特莱克图斯，马提亚尔还在诗中提到了另外三位书商的名字：特里芬（Tryphon）、塞昆多（Secundus）、昆塔斯·波利斯·瓦莱里安（Quintus Pollius Valerianus）。因为最后这位始终在卖诗人的早期作品，所以马提亚尔曾经自嘲地向他表示感谢："读者呀，我年轻时写的那些没用的玩意儿，你可以去问昆塔斯·波

---

1. 古罗马从公元前 268 年起参考古希腊著名的德拉克马所铸造的银币。

利斯·瓦莱里安要。幸亏有他，我那些蠢话才没被人忘记。"他帮塞昆多登了一则广告，上面连地址都有："免得你从城这头找到那头，却不知道我的书哪里有卖，听我的，去找塞昆多，有文化的卢森斯门下的获释奴隶，就在和平神庙和帕拉斯广场后面。"在无所谓著作权的社会里，马提亚尔不可能从这些书店——其他书店也一样——的销量中多赚一分钱。也许，他在诗里这么吆喝是收过广告费的。因此，他堪称当今电视剧植入广告的古罗马先驱。此外，也许他喜欢没事去这些书店转悠，希望在诗文里留下它们的名字。相比走仆人通道去不正眼看人的贵族的宅邸，跟聪明的获释奴隶书商聊聊最近的文坛笑话一定感觉舒服得多。

马提亚尔的诗歌为我们重现了早期书店的模样：门上张贴着海报，里面是镶在墙里的内置型书架或一排排书架。基于火山岩浆保存下来的庞贝店铺，我能想象出书店里有一个实木柜台，上面装饰着神话故事的壁画，店主在此招待顾客；书店的后门通往抄写作坊，奴隶们在此制作抄本。他们一小时接一小时地伏在莎草纸或羊皮纸上，强忍着背痛、胳膊抽筋，以惨无人道的节奏在工作。

马提亚尔的诗作通过书商跳出赞助人的朋友圈，开始来到陌生读者的手中。诗人乐意接受文学作品读者芜杂的新局面。然而，作品会不加控制地开放给越来越多的陌生读者，有些作家对此感到害怕和害臊。贺拉斯在一篇跟自己作品对话的书信体诗歌中坦陈了自己的害臊。他呵斥新作，似乎它有生命，或者说得更确切些，似乎它是个一心想上街抛头露面的毛头小伙子。争吵越来越激烈，诗人指责自以为了不起的孩子怎么老是想去索西奥斯家的书店卖身："你憎恨钥匙和火漆，谦逊的书却喜欢它们。你抱怨露面太少，赞美公共的生活，虽然这不符合你的出身。当热切的情人腻烦地将你推到角落，你会问：'可怜的我做了什么？'你被没文化的人反复抚弄，满身污渍。"

在这些情色玩笑的背后，历史正在发生改变，向阅读大众化迈进。在公元前 1 世纪到公元 1 世纪之间，罗马帝国诞生了新的受众：无名读者。出版一本只被亲朋好友们阅读的书在今天会显得凄惨，但对古罗马作家而言，情况再正常不过，还更保险，让人心里舒坦。废除朋友圈的边界，允许任何人只要出点钱就能读到自己的所思所想、喜怒哀乐，这对许多作家而言相当于赤裸裸地示人，如此经历会让人留下精神创伤。

贺拉斯的书信体诗歌预示着贵族垄断书籍时代的结束，也表达了对陌生读者乃至平民读者的严重不信任：他们跟自己没关系，相隔遥远的时空。作者最后用屈辱的结局去威胁"不贞洁"的书："你会默默地成为粗鄙虫子的食物，或者被用来教孩子们识字。在不起眼的角落里终老，或者被装进包裹送往伊勒达（今天的西班牙莱里达省）。"除非"不贞洁"的书能本本分分地待在家里，或只在可信任的人群中活动，否则它便会遭受无法忍受的屈辱，它会变成课本，甚至更糟，沦为粗鲁的伊斯帕尼亚读者的私人藏书。

与贺拉斯相比，马提亚尔开放、不恭敬的态度更为引人注目。他出生在比伊勒达更遥远的比尔比里斯（今天的卡拉塔尤），是凯尔特伊比利亚人的聚居地。因此他对外省人没有偏见。无须巴结有钱人就能弄到书的新时代从此开启，马提亚尔和书商对开辟了更大的战场额手相庆。

七　书商：危险的职业

海莲[1]出生于移民家庭，她父亲是个身份低微的衬衫师傅，他常常用卖衬衫赚来的钱购买费城剧院的入场券。于是，在美国深陷经济大萧条之际，海莲还能舒舒服服地坐在剧场破旧的扶手椅上看戏。大灯一熄，舞台一亮，她的心就怦怦乱跳，像黑暗中一匹脱缰的野马。二十岁时，她靠一份微薄的奖学金在曼哈顿住下，开启了作家生涯。几十年里，她一直住在破破烂烂的房间，用着歪歪倒倒的家具，厨房里到处都是蟑螂。她永远在发愁下个月的租金该怎么付。她靠写剧本艰难度日，一部接一部地写了几十部，却没人愿意将它们拍成电视剧。

在接下来的二十年里，她最好的作品在慢慢地发展成形，它将以最纯真、最令人意想不到的方式诞生。1949 年秋天，她看到了一则伦敦专业二手书店的小广告。于是她给查令十字街 84 号寄去了第一份订单。幸好汇率合适，那些书她买得起。于是，二手

---

1. Helene Hanff（1916—1997），美国作家，代表作为记录亲身经历的书信体作品《查令十字街 84 号》。

书店的书开始远渡重洋，来到海莲家的书架上。海莲总是在不断地搬家，所以书架是用装橙子的水果箱改造的。

从一开始，她就不只给书店寄去冰冷的书单和相应的书费。她会在信中多写几句：她开心地拆开刚到的书，抚摸漂亮的奶油色书页，书页摸上去很软；书不及预期，但她会幽默地表达失望；读书时的感想；经济上的捉襟见肘；还有怪癖，"我喜欢这些二手书，它们会从前主人常读的那一页展开"。名叫弗兰克的书店主人负责回信，一开始语气生硬，几个月后越写越放松。12月，海莲给书店员工寄去圣诞包裹，里面有火腿、罐头和其他在"二战"后的英国只能从黑市买到的食品。春天，她请弗兰克找一本"款款深情而非口沫横飞的情诗集"，可以在中央公园露天阅读的那种。

这些信件的特别之处在于其未尽之言。弗兰克从未提过，但他一定想方设法，跑了很远的路，寻遍了正在售书的私人藏书馆的每个角落，去帮海莲找最美的书。而她则寄去更多的礼物包裹，再幽默地说点体己话，加急订购更多的书。无言的情感与静默的渴望渗透在这些信的字里行间——这甚至都不算私人信函，而是商业信函。弗兰克复印了每封信，作为书店的业务资料存档。许多年过去了，许多书寄出去了。已婚的弗兰克看着两个女儿长大成人。海莲一直过得不富裕，继续靠写电视剧本艰难度日。两人交换礼物、订单和话语，信越写越短。他们锤炼出了自己的语言：克制，不动声色，永远言不尽意，满纸笑谈，不曾提爱。

海莲总说等攒够机票钱就去伦敦，就去书店。可她靠写作为生，日子永远潦倒，牙齿又出了毛病，总是在搬家，根本存不下钱。一个夏天过去了，又一个夏天过去了，见面的日子一拖再拖。用词永远含蓄的弗兰克总是惋惜地说，披头士吸引了那么多美国游客来英国，里面却永远没有海莲。1969 年，弗兰克因急性腹膜炎遽然离世。他的遗孀给海莲写了一封短信："不瞒您说，我过去一直对您心存妒忌。"海莲整理了她与弗兰克所有的来往书信，并以书信体的方式出版了一本书。那么多年经历那么多辛苦，成功总是对她不理不睬，却在此刻突然降临。《查令十字街84 号》受到万人追捧，并被改编成电影，也被搬上了戏剧舞台。海莲写了几十年无人问津的剧本，这回却无心插柳柳成荫，在舞台上大获成功。出版了这本书之后，她终于可以去伦敦了，这是她第一次去伦敦。可是已经太晚了，弗兰克已经去世，马克斯与科恩书店已经没有了。

女作家和她信任的书店主人的故事只有一半在他们来往的书信里，还有另一半在他帮她寻找的书里。选择一本书，推荐给他人是相互亲近、增进交流、变得亲密极其有效的方式。

在古罗马，通过书，可以画出一张由友谊连成的情感地图。书的这种原始功能始终没有完全消失。如果我们被文字感动，我们会第一个跟亲爱的人分享。送给在乎的人一本小说或一部诗集，我们知道他或她对文本的看法会投射到我们身上。如果朋友或爱人将一本书放在我们手里，我们可以据此揣摩他或她的喜好和想法；对于划了线的文字，我们要么感到好奇，要么感同身受。我们会用文字开启私密的交谈，更深入地挖掘其中的奥秘，在文字的海洋中寻找他们给我们的漂流瓶。

在我爸妈刚认识那会儿，爸爸送给妈妈一本塞萨尔·巴列霍[1]年轻时的诗集《特里尔塞》。没有那些诗唤起的情感，也许就没有后来发生的那些事。有些书可以消除障碍，有些书可以将我们推荐给热爱那些书的陌生人。我跟杰出的塞萨尔·巴列霍不是亲戚，但我把他的名字收进了家谱里。跟遥远的先祖父母一样，这位大诗人是我存在的必要条件。

尽管存在博客、书评和市场营销的影响，我们读过的最美的书几乎都来自心爱的人的推荐——或者已经成为朋友的书店主人。书仍然以一种神秘的方式将我们联系在一起。

书店消失得很快，它们在岁月中留下的痕迹比大图书馆微弱得多。豪尔赫·卡里翁[2]在其经典散文、爱书人的旅行指南《书店漫游》中写道：私人藏书和公共藏书之间的对话、书店和图书馆之间的对话跟文明一样古老，但历史的天平总是偏向后者。图书管理员攒书、藏书，顶多将书暂时借出；而书商买书的目的是为了卖书，买进卖出，让图书流通，书只是暂时过他们的手。如果说图书馆与权力、当地政府、国家和军队息息相关，那么书店则跟随着当下的脉搏跳动，它们是流动的、暂时的，我想再加一点，是危险的。

---

1. César Vallejo（1892—1938），秘鲁诗人，出生于安第斯山区，其父母皆有印第安人血统，拉美现代诗最伟大的先驱之一，代表作有《西班牙，我饮不下这杯苦酒》《人类的诗篇》等。
2. Jorge Carrión（1976— ），西班牙作家、文学评论家，代表作为《书店漫游》。

从马提亚尔生活的时代起，书商就是危险的职业。诗人马提亚尔有可能在罗马城亲眼见过处决塔尔苏斯的赫摩格尼斯（Hermogenes of Tarsus）——这位历史学家在其作品中的某些所指惹恼了图密善皇帝[1]。为了以儆效尤，所谓邪恶之书的抄写员和书商也被全部处死。苏维托尼乌斯是这样解释对书商的判决的："将书商钉上十字架"，其中意思一看便知。

随着"将书商钉上十字架"，图密善开始了残酷的镇压。从那时起，不计其数的审查官用跟皇帝一样的方法追究书商的间接责任。镇压机制的成功恰恰在于扩大迫害的范围，他们进行罚款或对书籍流通过程中所有环节的人（从古代印刷工人即抄写员，到公共论坛管理者即今天的因特网供应商）治罪。吓唬这些人可以让所谓的"反书"息声。作者自然跟作品出版脱不了干系，但其他牵涉其中的人不一定甘冒同样的风险。因此，在与做出自由表达的书籍进行的殊死斗争中，威胁书商是至关重要的部分。

对于因抄写和出售赫摩格尼斯的历史书而被皇帝处死的书商，我们几乎一无所知，也许他们并不喜欢这部作品。苏维托尼乌斯只是在写图密善施行暴政时捎带了一句，让他们免于被世人遗忘。他们突然出现，又突然消失，让我们被唤起的好奇心无法得到满足。当他们第一次被提到时，他们就已经死了，一切至此为止。他们会给我们讲述什么样的故事？他们干这行受过哪些困苦，有过哪些快乐？书要了他们的命，而他们究竟是死于皇帝的淫威，

---

1. Domitianus（51—96），罗马帝国皇帝，81 至 96 年间在位，执政中后期曾严酷处决许多元老以及迫害基督徒，最后死于一场阴谋刺杀。

还是真的支持作者的叛逆精神？

一本让人激动的回忆录让另一个不确定、混乱、专制时代的书商留下了自己的声音。19世纪，西班牙刚刚摆脱费尔南多七世[1]的专制统治。作家乔治·博罗[2]，马德里市民叫他"亲爱的英国人堂豪尔赫[3]"，他被英国及海外圣经公会派到西班牙，推广圣公会版《圣经》。博罗走在尘土飞扬的道路上，足迹遍布伊比利亚半岛，几乎是偷偷摸摸地让圣公会版《圣经》走进了省会和城镇的主要书店。在客栈主人、吉卜赛人、巫师、农夫、脚夫、士兵、走私犯、强盗、斗牛士、卡洛斯分子[4]和失业公务员等人群混杂的大背景下，他描绘了他所了解到的不景气的出版界。1842年，他在出版的游记《圣经在西班牙》中直言不讳地写道："在西班牙，各类文学作品的需求都少得可怜。"

作品难能可贵地让一群书商以第一人称的口吻讲述他们的故事。他们是死脑筋，爱抱怨，待遇差，有一个还很恐慌。巴利亚多利德的书商"朴实、心肠好"，只能一边卖书一边做其他杂七杂八的生意——他们光靠开书店养不活自己。博罗说服莱昂一位勇敢无畏的书商，让他同意出售并推广圣公会版《圣经》，不过由于莱

1. Fernando VII（1784—1833），西班牙国王，1808年3月到5月、1813到1833年两次在位，其间经历了拿破仑入侵，被拿破仑掳到法国。重新上位后，他推翻了西班牙人于1812年推出的宪法并实施独裁统治。
2. George Borrow（1803—1881），英国作家、语言学家，通晓多国语言，曾在西班牙传教5年。《圣经在西班牙》是他最著名的作品。
3. 豪尔赫（Jorge）是英语名乔治（George）的西班牙语名；堂（don）为尊称，置于男性人名前。
4. 卡洛斯战争是西班牙波旁王朝于1833年起开始的王位继承战。1833年费尔南多七世去世，由于他没有男嗣，其王位由长女伊莎贝尔二世继位。而费尔南多七世的弟弟卡洛斯想夺位。支持卡洛斯的人被称为卡洛斯分子，他们在先后两次卡洛斯战争中均失败。

昂"除了极个别人之外，全都是狂热的卡洛斯分子"，人们将这位异教徒市民告到了宗教法庭。这位书商并没有被吓到，而是坚持挑战莱昂人，甚至将广告贴到了大教堂的门上。在圣地亚哥德孔波斯特拉，博罗成了一位老牌书商的朋友。这位书商在夏天不太炎热的黄昏带他去逛市郊，在同行了好几回之后，书商终于壮着胆子向他敞开心扉，说他干这一行老是被人迫害："我们西班牙书商全是自由派，非常热爱自己的职业，我们多多少少都为此受过罪。在恐怖时期，许多人因为出售完全无害的法文或英文作品译本被绞死。我曾经不得不逃出这里，躲到加利西亚最偏僻的地方，要不是好友相助，现在根本不会站在这儿跟你说话，总之我花了好多钱才搞定这件事。在我躲起来的那段日子里，教会接管了我的书店，他们跟我老婆说，我卖的是大毒草，他们要把我抓起来烧死。"

所有人中最不祥的是维戈一位疯疯癫癫的书商兼理发师，堪称伊比利亚版理发师陶德[1]。别人告诉博罗，这位书商有可能卖给你一本书，也有可能假装给你刮胡子，其实是想割你脖子。这位大好人究竟什么时候脾气好，什么时候又起杀意，没人说得清楚。我在想，他那越来越少的客户群体在发表文学观点时冒的可是掉脑袋的风险。

图密善和费尔南多七世两个人之间差不多隔了一千八百年，但两个时代书商的处境几无差别。在独裁时期，书店往往是禁书

1.《理发师陶德》是华纳兄弟 2007 年出品的一部惊悚电影。在电影中主人公遭人陷害，被流放了 15 年之久，回家后发现家毁人亡，因此他决定化名为理发师陶德，让人血债血还。

收容所，容易招人怀疑。在仇视国外思潮影响的时期，书店是陆上的港口，是难以把守的边界要道，外国书、禁书或反书都能在那里找到藏身之地。我妈妈对独裁时期某些书店的店后小屋记忆犹新，她常常充满仪式感地进门，心情既害怕又兴奋，满怀小孩子的叛逆心理。"原来它们都躲在这儿啊，我也能进来了。"她终于能触摸到那些危险品：流亡作家的作品、煽动暴乱的杂文、苏联小说、实验文学、被审查官鉴定为色情文学的作品。你买了一本书便要永远把它藏好。买书的同时你也买到了隐秘和危险。付钱买书，等于选择被放逐。

我想起 20 世纪 90 年代的一个早上，我跟爸爸在马德里走进一家他很喜欢的旧书店，里面凌乱不堪。他可以在里头待好几个小时，说是要好奇地随便看看或随便闻闻，但他看起来更像在挖掘宝藏。他把整条手臂伸到书架里面，只剩肩膀露在外面，为了够到一摞书的最下面几本，他在底下摸过来摸过去，直到一摞书全倒掉。要是他站在一盏灯的光下面，你会看见他周围漂浮着许多灰尘。在一摞摞书里、一个个箱子里、连放了三排书的书架上找书是件幸福的事。找书的体力活也是买书的乐趣之一。那天早上，爸爸淘到了一件宝贝。它看起来是本《堂吉诃德》，布制封面上印着干瘦的骑士，第一章上写着什么有古老的盾牌，锅里煮的牛肉比羊肉多些，周六吃煎腌肉和摊鸡蛋。可是在书的第二章，另一部作品骤然出现：《资本论》。爸爸难得开心地笑了，他连眼睛都亮了。塞万提斯和马克思混搭在一起不是莫名其妙的印刷错误——这是一本地下书籍，是爸爸年轻时鲜活的回忆，是在他生活过的那些年、那些环境、窃窃私语和欺瞒招数中冒出来的幽灵。

几百个短暂的回忆突然潮水般地涌了上来。那个奇怪的嫁接——把卡尔嫁接到米格尔身上[1]，对他而言意义重大，也许这唤醒了他偷读禁书的回忆。我对那些年没有记忆，当时我还没有出生，但那些年的回忆和威胁也从我头顶上掠过。爸妈说，只要佛朗哥[2]活着，他们就不会要孩子。

在写这一章前不久，我拿到了一本弗朗索瓦·弗伦克尔[3]的《柏林书店》，这是一位犹太书商引人入胜的自传。她的书店被没收，人被迫流浪他乡。开篇几句话立刻吸引了我："幸存者有义务记录，免得逝者被遗忘，其默默的牺牲不为人知。也许这些文字能唤起您对永远被噤声的人、一路筋疲力尽或被谋杀致死的人的悲悯与敬意。"

该书的原书名《脑袋无处安放》更有表现力，一语道尽她背井离乡、四处漂泊的人生。弗朗索瓦出生在波兰，后来流浪到巴黎，学会了开书店及其种种微妙技巧："我能从一个人的动作看出他的性格、精神状态或思想。他们近乎温柔地拿起一本书，仔细地翻页，虔诚地阅读或飞速地浏览，漫不经心地马上把书放回到桌上，有时不小心地将脆弱的书角弄折。我会小心翼翼地将我认

---

1. 此处指的是卡尔·马克思和米格尔·塞万提斯。
2. Francisco Franco（1892—1975），西班牙内战期间推翻民主共和国的民族主义军队领袖，自 1939 年开始到 1975 年独裁统治西班牙长达 30 多年。
3. Françoise Frenkel（1889—1975），波兰犹太人，在代表作《柏林书店》中讲述了自己的亲身经历。

为适合他的书放到他手边，因为万一他不想让人推荐就会感到尴尬。如果他中意那本书，我就会狂喜。"

几年后的 1921 年，她在柏林开了一家法国书店，起名为"书室"。"书室"接待来自世界各地的顾客，组织讲座并邀请在德国短暂停留的法国作家（纪德、莫洛亚[1]、科莱特[2]）。夏洛腾堡区的俄罗斯白人侨民是弗朗索瓦书店的主要顾客。纳博科夫在这个区住过，他一定在那里度过了冬日忧伤的傍晚。对书店主人来说，那些年是令人兴奋的日子。

1935 年，纳粹上台，艰难的日子开始了。

首先，进口图书必须经过特殊部门的评估。警察有时会来没收黑名单上的法国书籍和报纸。得到准许可以出售的法国出版物越来越少，单单流通禁书的罪名就可以让书商直接进集中营。图密善皇帝的策略又有了用武之地。

反犹太人的《纽伦堡法案》通过后，网开始收紧。弗朗索瓦遭到盖世太保的审讯。黑暗中躺在床上，她能听见"褐衫党"[3]夜间巡逻的声音。他们挑衅地高唱歌颂力量、战争与仇恨的歌曲。

在碎玻璃之夜[4]，柏林的犹太教堂全部被烧，到处都是火把，到处都是噼里啪啦的碎玻璃声。凌晨，弗朗索瓦坐在书店门前的台

---

1. André Maurois（1885—1967），法国传记作家，传记文学体裁的创始人，代表作为《雨果传》《巴尔扎克传》《雪莱传》《拜伦传》。
2. Sidonie-Gabrielle Colette（1873—1954），法国国宝级女作家，代表作为《克罗蒂娜上学》。
3. 德国纳粹党徒身穿褐色制服，他们又被称为"褐衫党"。
4. 碎玻璃之夜又称水晶之夜，指的是在 1938 年 11 月 9 日至 10 日凌晨，希特勒青年团、盖世太保和党卫军袭击德国和奥地利犹太人的事件，这一事件标志着纳粹对犹太人有组织屠杀的开始。

阶上，看见两个人拿着长铁棍向她走来。他们在某些橱窗前站住，用长铁棍去捅，玻璃碎了。他们又从狭缝里钻进橱窗，对里面的展品又踢又踩。停在"书室"前，他们看了看单子，说"不在上面"，然后就走过去了。法国大使馆可怜的一点点保护让书店暂时躲过了打砸抢。弗朗索瓦心想，要是那晚书店被砸，她会使出所有的力气去保护每本书，不仅因为她喜欢这个职业，还因为她觉得恶心，"对死亡产生了无尽的依恋"。

1939 年春，她不得不面对现实：她的小小法文图书绿洲在柏林已无容身之处，她最明智的选择是逃。在德国的最后一晚，她守着满架的书彻夜未眠。人们光顾她的小小书店，为了遗忘，为了寻求安慰，为了自由地呼吸。逃到巴黎后，她得知书和唱片，包括家具，都被德国政府以种族名义没收了，她失去了所有。战争爆发了。弗朗索瓦在德国亲眼看见害群之马的诞生，如今这个魔鬼般的群体居然要去祸害全欧洲。她无家可归，无处栖身，几乎没有行李，只是欧洲难民汪洋大海中的一滴水。她的回忆录讲述了自己颠沛流离，生命受到威胁，直到偷偷穿越瑞士边境的经历。

希特勒不太可能去过"书室"，但对他而言，文学也是避难所。少年时他得过肺病，所以爱上了看书。据他年轻时的朋友说，他常去书店，也常去图书馆借书。据他们回忆，希特勒的身边总有一沓沓的书，里面史学专著和德国英雄故事居多。他死后留下了一千五百多本私人藏书。《我的奋斗》使他成为 20 世纪 30 年代德语世界的第一畅销书作家。那十年间，该书的销量仅次于《圣经》。他拿了几百万版税，名利双收，抹掉了夸夸其谈的酒徒形象。政变失败后，写作让他重拾自信。自 1925 年《我的奋斗》第一卷出版起，他在个人收入报税单职业一栏填的就是"作家"。与之相比，什么群众领袖、恐吓威胁、种族灭绝在当时纯属不挣钱的个人爱好。到战争结束时，这本书估计卖了一千万本，被翻译成十六种语言。自 2015 年成为公版书至今，它又在德国卖出了十万本。各个版次的负责人都承认："这个数字令人咂舌。"

尽管书店看似安宁的空间，远离动荡的世界，但每个世纪的斗争都在书架上有所体现。

三年前，《阿拉贡先驱者报》纪念副刊的文化版跟我约稿。我决定写一篇关于书店的文章，关于它默默产生的影响，关于它在所处街道和街区创造的磁场。我以书商帕科·普切[1] 在《书店回忆》中的思考开头："书店对城市产生的效应，给街道居民传递的能量完全无法估量。当然不仅仅限于顾客数、销售量和营业额，因为书店对城市的影响细微、隐秘、难以捉摸。"

我采访了两个城市的五名书商——博罗认识的那些书商的后继者，我出于个人原因选择了他们，因为我在生命的不同时期，跟着他们学会了阅读。从童年起，我就喜欢跨进那些"藏书洞"的门槛，看到书店老板像哨兵般守在书山文海中。书可以翻，可以闻，可以摸；它们的摆放有的整齐，有的凌乱；它们有些在销售上大

1. Paco Puche（1940—），西班牙书商，经济学专业毕业，1969 至 2010 年间始终以经营书店为生，后来撰写了个人回忆录《书店回忆》。

获成功，有些如孤儿般无人问津；它们的装帧有的精良，有的简陋。面对群山般的书架，我深吸一口气，去攀登由纸张和灰尘垒起的山峰。尽管书店看上去很拥挤，却能拓展读者们的空间。

提问、倾听、激动地记下潦草的笔记，这些都让人心潮澎湃。此刻，我正在翻阅笔记：空白处的箭头和括号、咖啡杯留在纸上的印迹、下划线、折起的书角、用力划掉的词。小小书店"无名魔法城堡"的主人切玛告诉我，他做书店是要支持失败的行业，属于无可救药的浪漫主义情怀，因为他自己实在无法抵御文学宝库的诱惑。在五位受访者的声音中，我最常听出讽刺与激情，要么两者居一，要么兼而有之。书店的日子不好过，那是当然。有些人还在回想复印机对书店造成的伤害，有些人则在感慨网购对实体书店造成的难以愈合的伤口。回想起那么多美好的个人计划都失败了，他们就反复表示：风险太高了。

在安提戈纳书店神秘、狂欢的森林里，胡利娅和佩皮托自认为是全科医生，把书单当药方。他们都爱开玩笑，信奉无政府主义，你可以指望他们中的任何一个给你推荐一本鲜为人知的书或禁止你去看一本众人追捧的书。传奇的巴黎书店从氛围上看像一艘由经验丰富的快活水手掌舵的船，主人巴勃罗口中经常提到"顾问"两个字。两家书店主人的说法之相似，引起了我的注意，让我去思考这个千年行当需要哪些特殊技能。他们经营的"药房"里卖的是书；他们理解读者的喜好、想法和倾向；他们明白读了这本书或那本书，读者会钦佩、激动、开心或不开心，也就是说，他们能窥见个人癖好与执念；他们日日开张，工作时间超长，进货、运货、忍受背痛，经常被人们加以理想化地想象。乔治·奥威尔 1934 年到 1936 年间在书店打工，每日工作半天。他在《书店回忆》中写道：如果你没有在书店工作过，你会轻易地把它想成天堂，里面有一位受人尊敬的小老头永远在羊皮精装的书卷中穿梭。然而实际上，顾客不像艾瑞克·布莱尔——奥威尔的真名——期望的那样古怪、可爱。作家艾瑞克站在书摊前，咬牙切齿地看着他钟爱的书籍找不着归宿，日渐消沉。我应该指出：在朋友们的回忆中，艾瑞克是个僵硬、阴郁的店员，似乎缺乏创造力，无法成为有魅力的人物，来优雅地呵护他的图书王国。也许他没明白，书商要会伪装，要是魔法舞台上的魔术师。

阳光如瀑布，透过宽大的玻璃门窗泻进"梦想拥有者"书店宁静的文字世界。埃娃和菲利克斯跟我聊天，他们谈到想让书店接替过去的咖啡馆，举办艺术和文学聚谈会，他们为此做出了一些努力。他们希望在聚谈会上能发生一些事（创造人们偶遇或重逢的机会，办一些展览，实现他们的计划，营造欢腾的氛围，催生打造文化栖息地的想法），能将腼腆的人和健谈的人融在一起的事。书商的志向促成了出版社的诞生、插画家的盛行、作家群体的蓬勃发展。像"梦想拥有者"这样的书店关门时，我们会感到一种沮丧的孤独。

我知道，我生活在气候恶劣的地方，但书店却很温暖好客，是无可救药的书痴的福地。他们需要在精挑细选的书籍中畅游，从容地摩挲、询问、发现。幸好我们有书店。冬日凛冽的寒风将

---

1. 乔治·奥威尔也写过一本名叫《书店回忆》的散文，讲述了自己在英国二手书店打工的见闻。

树叶刮得哗啦哗啦响，吹乱了我们的头发，让我们站不稳，将沙土吹进我们的眼睛，让我们习惯跟看不见的敌人做斗争。天知道是不是这北风让我们缩在家里，让这里成为西班牙最爱读书的地方之一。

等到收集完材料，我的文章差不多完成时，我突然发现了一个令人不安的角落，一个被遗忘的角落，需要我专门再写一篇文章。我的发现纯属偶然，但后来的一切不可避免。我在"羽毛笔"书店跟帕科聊天，没做笔记，也没开录音机，两个人都很放松，只在要结束时以一些小动作示意，比如清清嗓子、抠抠圆珠笔笔帽什么的。在他的空中花园里有书和悬挂的笼中纸鸟，帕科回忆起三十年前"羽毛笔"开业时的情形，那时他很想通过图书参与城市生活，以及后来他所经受的恐惧。正因为他，我才了解我们也有属于自己的"碎玻璃之夜"。

每次想起民主化过渡时期[1]，妈妈都会手抚胸口。她总是用"让人心梗的那些年"去描述年轻时的那段日子，还会配上动作加以强调。可是之前没有人告诉我，在那段心跳过速的历史时期，书商也在一线承受了巨大的压力。在漫长的几个月里——1976年至1977年春是高峰期，马德里、巴塞罗那、萨拉戈萨、巴伦西亚、潘普洛纳、特内里费、科尔多瓦、托洛萨、格乔、巴亚多利德等城市的书店成为一系列恐怖袭击的靶子，这让我们联想起弗朗索瓦·弗伦克尔在柏林最后那些天的社会环境。的确，有些袭击者

---

1. 指西班牙从1975年独裁者佛朗哥去世到1982年工人社会党通过民主选举上台执政之间的一段时期。

就自称"阿道夫·希特勒突击队",他们在公开声明中为自己正名,说遇袭的书店里有马克思主义、自由派和左派书籍。当年的报纸标题写道:"每两周就有一家书店遇袭"。有两百多家书店遭到破坏,其中有些还多次成为目标,如萨拉戈萨的"门廊"书店。袭击方式多种多样:寄匿名信、言语威胁、电话警告装置即将爆炸、纵火、冲锋枪扫射、左轮手枪点射、扔颜料瓶、放置炸弹,或者把粪便涂到书店橱窗上。

"门廊"书店位于巴尔塔萨·格拉西安街拐角。1976 年 11 月的一天晚上,某个大功率装置在此爆炸,书店门和橱窗外的钢制卷帘门被炸碎,厚厚的金属片如同霰弹往各个方向发射,广场周围的石头柱廊伤痕累累。这是短短几个月里的第五次袭击,却没有人被逮捕。店主何塞·阿尔克鲁多向媒体表示:"我只是个卖书的。虽然这些袭击落在了我头上,但我不觉得它们是冲我来的。它们是冲文化来的。如果不采取明确的措施,我们只能关门大吉。要知道我们不可能防得了炸弹。"

脆弱的书店居然顶住暴力活了下来。多年以后,我在书本堆成的小岛中捉迷藏,听查理·帕克[1]吹萨克斯,那时我还不知道他是谁。爸爸把袖子卷到肘部,在书堆里挖矿寻宝,或跟何塞·阿尔克鲁多就各种各样的话题聊很久。当年我只是个孩子,听他们慢悠悠地、不停地说些奇怪的、听不懂的咒语似的话,感觉说话才是成年人活着的目的。

书店始终是被包围的避难所,现在依然如此。书商们自诩为

---

1. Charlie Parker(1920—1955),美国萨克斯传奇乐手,杰出的中音萨克斯手。

不穿白大褂的医生，但不排除在糟糕的日子里，上班要穿防弹服。
萨尔曼·拉什迪于 1988 年出版了讽刺作品《撒旦诗篇》，作品很快遭到审查，其间发生的暴力事件不断升级，首次演变成全球事件。印度一位部长点火烧书，说该书亵渎了伊斯兰教。一周后，书中最具侮辱性的片段被复印了几千份，在伊斯兰研究中心分发。1989 年 1 月，电视台播放了当街焚烧该书的画面。意外事件在全球蔓延，没过几周作者就在伦敦住所收到了死亡威胁。乌合之众袭击了美国在伊斯兰堡的情报中心，有五人中枪身亡，人群高喊："拉什迪，你死定了！" 2 月，伊朗什叶派宗教领袖霍梅尼决定终止此书作者的大不敬行为，煽动人们尽快处死作者和与该书出版发行相关的其他人等。伯克利书店发生爆炸，伦敦和澳大利亚的一些书店也被投掷了燃烧弹。该书的日语译者五十岚一[1] 遇刺身亡，意大利语译者埃托雷·卡普里奥罗[2] 被人用刀捅伤，挪威语译本的出版商威廉·尼加德[3] 在自己家中连中三枪。好几家书店被洗劫一空，毁坏殆尽。三十七人在另一场抗议中死亡。企鹅出版社从未打算从书店收回该书，哪怕书店员工要穿防弹服工作。拉什迪躲了十一年。1997 年，他的人头已经值赏金两百万美金。

在《撒旦诗篇》入驻书店前若干天，推广活动办得如火如荼

---

1. 五十岚一（1947—1991），日本筑波大学助理教授，研究方向为阿拉伯及波斯文学，1990 年翻译了《撒旦诗篇》，1991 年 7 月 12 日在筑波大学电梯前遇害身亡。

2. Ettore Capriolo（1926—2013），意大利戏剧史教师、编剧、译者。因翻译《撒旦诗篇》在米兰遇刺，幸未丧命。

3. William Nygaard（1943—），挪威著名出版商，1989 年 4 月负责出版了《撒旦诗篇》挪威语版，1993 年 10 月 11 日他在奥斯陆郊区的家中连中三枪，幸未丧命。

之际，一位印度记者曾经将萨尔曼·拉什迪拉到一边问："要出大乱子了，您意识到了吗？"拉什迪回答得很干脆："一本书会惹什么乱子？这么想很荒谬。您看世界的方式怎么会这么奇怪？"

确实，回顾全球焚书史，我们能注意到奇怪地看世界的方式，说白了就是以言论自由的眼光看待世界，是把世界始终当成沙漠绿洲、人间天堂、香格里拉、罗斯洛立安[1]。多少个世纪以来，书写文字始终遭到持续不断的迫害。如果书店里只有安安静静的顾客，没有人举旗子，没有人检举揭发，没有人砸橱窗，没有人点火烧书，没有人像老祖先似的禁这个、禁那个，反倒反常，这种太平日子十分难得。

书店的混乱很像记忆的混乱。书店的走廊、书架和门槛都是集体记忆和个人记忆的栖息地。在书店，我们会遇到传记、纪实文学、摆满长长书架的小说，作者在其中呈现了许多生命的真相。历史书厚厚的书脊像一头头骆驼，它们组成缓缓行走的队伍，带我们走上通往过去的路途。调查报告、梦境、神话和编年史一起在暗处打盹，被人偶遇或拯救的可能性始终存在。

W.G. 塞巴尔德[2]的小说《奥斯特利茨》的主人公恰恰是在书店恢复童年记忆的，这绝非偶然。奥斯特利茨在威尔士小镇长大，

1.《魔戒》中精灵居住的森林王国。
2. W. G. Sebald（1944—2001），德国作家，代表作为《移民》《奥斯特利茨》等。他在2001年因车祸去世。

年迈的养父母从未透露他从哪里来。雅克·奥斯特利茨始终带着难以名状的忧伤。就像一个害怕自己醒来的梦游症患者，多少年来，他拒绝了解关于他身世悲剧的任何信息，仿佛彻底移除了这一人生篇章。他不看报纸，只在特定时段打开广播，让自己不会与过往有任何接触。然而，让自己对记忆免疫的尝试带来了幻觉和噩梦，最后导致他精神崩溃。春日的伦敦，他又一次在城里无精打采地散步，走进了大英博物馆附近的一家书店。女店主微侧着坐在堆满纸张和书本的写字桌旁。她有个神话中的名字：珀涅罗珀[1]·皮斯富尔。这位意兴阑珊的旅行者并不知道，他已经找到了回伊萨卡的路。

书店里气氛一片祥和，珀涅罗珀不时抬头，冲着雅克笑，又不时看着街上，陷入沉思。旧收音机开着，传出噼里啪啦、轻柔的交谈声，引起了这位来客的注意。渐渐地，他站在那儿，一动不动，似乎收音机里传出的声音他一个字都不想漏掉。两个女人在回忆1939年夏天她们还是孩子时，为了逃避纳粹的追捕从中欧被送到英国的情形。奥斯特利茨惊恐地意识到这两个女人支离破碎的记忆片段也是自己生命的一部分。他突然又看到港口灰色的海水、缆绳和锚链；船头比房子还要高；海鸥在头顶上飞，它们在愤怒地尖叫。记忆的闸门已经无法控制地打开，哗的一下释放出一大堆让他痛苦的事：他是犹太难民，童年在布拉格度过，在四岁时永远离开了真正的家人，余生都在抗拒找寻他失去的一切——几乎注定是无果的。

---

1. 珀涅罗珀是荷马史诗《奥德赛》中奥德修斯忠贞的妻子，在伊萨卡岛等待丈夫归来。

"您没事吧？"女店主珀涅罗珀见他表情僵住，关切地问道。

奥斯特利茨终于明白为什么他无论在哪儿都觉得自己是个过客，没有故乡也没有方向，感到孤独和失落。

自从在书店的那天早上起，我们跟随主人公的脚步去了欧洲的若干个城市，一路心酸地寻找他被剥夺的身份。真相陆续被找出。雅克拼出了妈妈的过去：她是演员，演过各种角色，后来在泰雷津施塔特集中营[1]遇害。他在布拉格找到了父母的一位老友，跟她聊了聊。他还找到了许多老照片。他一帧帧地观看纳粹宣传纪录片，寻找能触及他记忆的女人的面孔。他还去了激荡着历史回声的地方：图书馆、博物馆、文献中心、书店。说到底，这部小说是对这些阻挡遗忘的地方的颂歌。

在塞巴尔德的小说中，虚构和非虚构的比例往往是个谜，给我们的印象是：他笔下的人物游离于两者之间。尽管不知道多愁善感的奥斯特利茨究竟是真实存在的还是象征性人物[2]，但我们走在他身边，与他同悲伤，共惊恐。不管怎样，作者显然与他笔下的人物一样，必须为雾一般随风飘散的地狱时代留下见证。历史造成的伤痛无法治愈，留下的空白无法填补，但记录与见证永远不会是徒劳的。永不停息的遗忘会大口地吞掉所有，除非我们不懈地努力，将所有事情记录下来。我们的子孙后代有权通过文字了解过去。

---

1. 位于捷克境内波希米亚北部市镇，是 1941 到 1945 年间纳粹德国用来关押犹太人的隔离区。

2. 奥斯特利茨（Austerlitz）的名字被视为一种隐喻，它既是一个典型的犹太人名字，又与奥斯威辛（Auschwitz）的发音十分相似。

　　书是有声音的，它会讲述，会留住时代和经历。书店是个神奇的去处，在灵光一闪的刹那，我们会听见未知记忆轻柔又清脆的回响。

八　纸质书的童年与成功

灾难论者早就预言过我们最坏的情形：书籍已濒临灭绝，不久之后它们就会永远消失，败给相对不费脑子的休闲方式和野蛮扩张的互联网。

生活在新千年的我们知道这一预言与我们的真实感觉相符。一切都前进得越来越快，新兴科技正在将前天才大获成功的新生事物逼到墙角，技术淘汰的周期越来越短。衣柜里的衣服要换成当季流行，新款手机要取代老款手机，各种设备经常要求我们升级软件和应用，新事物正在吞噬旧事物。如果我们不警惕，不时时关注，世界就会跑到我们前面去。

大众媒体和社交网络时刻都在发布新消息，让人眼花缭乱，同时也滋长了一种紧迫感，敦促我们去欣赏所有扑面而来、位于风口浪尖的技术革新。然而，历史学家和人类学家都提醒我们：在深水区变化很慢。维克多·拉普恩特·希内[1]写道：当代社会具

---

1. Víctor Lapuente Giné（1976—），哈佛大学政治学博士，瑞典哥德堡大学教授，常在西班牙报纸上发表专栏文章。

有明显的未来主义倾向。当我们在比较旧事物和新事物时，比如一本书和一个平板电脑，地铁上并排坐着的一位修女和一位发着消息的少年，我们总认为新事物更有前途。然而事实正相反。某个事物或某个习惯伴随我们的时间越长，它们就越有前途。平均而言，新事物会先消失。在 22 世纪，跟 WhatsApp 和平板电脑相比，修女和书更有可能存在。将来还会有桌子和椅子，但不一定会有等离子屏幕和移动电话。我们会继续庆祝冬至，但不会再用 UVA 射线将皮肤照成古铜色。像钱币这样的史前发明会比 3D 电影、无人机和电动汽车存活得更久。从无节制的消费主义到社交网络，许多看上去不会改变的社会发展趋势终会式微。而从远古时代起就始终陪伴我们的古老传统，从音乐到对心灵的追求则永远不会消逝。在世界上社会经济最发达的那些国家浏览时，我们惊叹于他们对古老事物的热爱：从君主制到社会礼仪和礼节，还有新古典主义建筑或老掉牙的有轨电车。

如果诗人马提亚尔可以乘坐时光机在今天下午来我家做客，他会发现没几件东西是他认识的。电梯、门铃、路由器、玻璃窗、冰箱、灯泡、微波炉、照片、插头、电扇、热水壶、抽水马桶、拉链、叉子、开罐器，样样都会让他瞠目结舌；听见高压锅的哨声，他会吓一跳；洗衣机开始转，他会一激灵；他会惊慌失措地去找收音机里说话的人躲在哪儿；闹钟响了，他会很困扰——就和我一样，只是原因不一样；一眼望去，面对胶布、喷雾器、开瓶器、拖把、钻头、烘干机、柠檬榨汁器、唱片、剃须刀、尼龙搭扣、订书机、口红、太阳镜、吸奶器、卫生棉条，他会感到一头雾水。但我的书会令他很自在，他会一眼认出那是书。他会把书拿出来，打开并翻页，用食指指着一排排文字读下去。他会松一口气，因为他的世界总算有东西留了下来。

因此，对于铺天盖地的有关书籍命运的灾难论，我想说：对书多些敬意吧。几千年来，那么多古代文物都没留下，能留下的那些生命力都极强，很难被替代（比如轮子、椅子、勺子、剪刀、杯子、锤子、书……）。它们的基本设计和凝练简洁导致没有大幅改进的空间。它们经历了许多考验——特别是多少个世纪以来的时间的考验，没有更好的替代品来取代其功能，顶多是在材质或配件上做小的调整。它们在各自的应用领域近乎完美。因此我认为，书籍，或在印刷术发明之前非常类似书籍的物品，未来仍会是阅读的主要载体。

此外，寿命长的物品，那些陪伴我们许多个世纪的物品，会塑造新生事物，在后者身上留下印迹。古老的书籍就给先进的个人电脑提供了模板。20世纪60年代，大型计算机要占据整个房间的空间，价格跟房子一样贵。人们需要用打孔卡片给这些房子大小的笨家伙编程，那时它的设计用途是军用和商用。艾伦·凯[1]是位年轻的计算机科学家，他任职于施乐公司的帕洛阿尔托研究中心（PARC），是他的构想彻底改变了我们的生活。他思考了人类与计算机的关系，并凭直觉认为计算机具有成为个人工具的潜力，可以大规模民用，进入千家万户的客厅，被各行各业成千上万的人使用。凯构思出新型计算机的模样：它像书一样体积小，可随

---

1. Alan Kay（1940—），美国计算机科学家，在2003年荣获图灵奖，他在面向对象编程和窗口式图形用户界面方面做出了先驱性的贡献。

身携带，方便获得和使用。他用纸板做出模型，相信用不了几年，计算机技术的发展就可以让自己的想法成为现实。在帕洛阿尔托研究中心，凯继续摸索，给这个新发明起名叫 Dynabook，这一名称意味着它将成为一本动态的书[1]，即类似于古抄本，但能与读者互动且读者可以控制它。跟近几个世纪以来的书籍和印刷品一样，它将提供认知的脚手架，同时具备新的信息处理工具的优势。

最早的 Dynabook 试用版名叫 Alto。20 世纪 70 年代后半期，Alto 计算机已经开始投入使用，约一千台，均由施乐公司赠送，分布在帕洛阿尔托研究中心、各大学、美国的参众两院，还有白宫。新世界正在诞生。尽管 Alto 计算机用途很广，但在以上大部分机构里，它主要被用来处理文档、做设计和沟通交流，说白了，只是具有计算功能的书。1979 年，史蒂夫·乔布斯参观了帕洛阿尔托研究中心，在其中的所见所闻让他目瞪口呆。Alto 计算机的外形和美学理念被融入后来问世的所有苹果电脑中。今天，它的基本外观依然体现在苹果的最新产品上。笔记本电脑、平板电脑、智能手机都是在追求成为如口袋书般轻薄、密实、可携带的计算机，只是更进一步。

1984 年，书法家萨姆纳·斯通（Sumner Stone）成为 Adobe 公司印刷部的第一任主管。他雇用了一个设计师团队开发新字库，建议他们从最古老的传统中寻找灵感。Adobe Originals 字体计划挑选了在印刷术发明之前字体演变过程中的三个巅峰，纳入其字体库：Lithos（石头），其灵感源于古希腊，设计师注意到普

---

1. 即 dynamic book。

里恩古城雅典娜神庙上的铭刻献词（如今被珍藏在大英博物馆）；Trajan（图拉真），将罗马图拉真[1]纪功柱上的字母仔细复制下来；Charlemagne[2]（查理大帝），尽管叫这个名字，但其灵感来源于盎格鲁·撒克逊的《圣埃塞沃尔德祝福书》中的大写字母。就这样，西方传统手稿上的字体来到了数字时代。此外，Adobe 在 20 世纪 80 年代开发出 PostScript 编程语言，生成的页面非常像纸质书。1993 年，Adobe 更进一步推出了 PDF 格式，让我们可以在电子文档上做标记，就像在打字稿或手写稿上一样。就这样，Adobe 从古书中汲取灵感，整合出了理解文档所有结构的方式。

这些决定都很英明。如果古代世界的书本和现代世界的屏幕不存在至少外观和感觉上的某种呼应，那么对第一批用户而言，电脑会是与自己无关、含糊不清、无法使用的装置。没有视觉上清晰可辨的组织结构和与日常文稿的紧密联系，谁也不会迅速意识到新方法是多么实用。这就是科技进步的悖论。守住一些传统形式——页面结构、排版惯例、字体形状和有限版面——是在数字时代求新求变的关键。认为新事物一旦出现就会抹掉并替代传统，这一想法是错误的。人类总是一边观望过去，一边往前迈进。

---

1. Trajan（53—117），罗马皇帝，98 至 117 年在位。图拉真记功柱位于意大利罗马图拉真广场，该广场完工于 113 年，用来纪念图拉真征服达西亚，将罗马疆域扩张到历史最大范围。
2. Charlemagne（742—814），又称查理曼，法兰克王国加洛林王朝国王，查理曼帝国的建立者，768 至 814 年间在位。

1976 年，波斯尼亚作家伊泽特·萨拉伊利奇[1]写了一首诗，名为《写给 2176 年的信》："什么？／你们还在听门德尔松？／你们还在采雏菊？／你们还在给孩子过生日？你们还在用诗人的名字命名街道？／两个世纪前的 70 年代，他们就言之凿凿地对我说：诗歌时代跟搭配套装、夜观星象、在罗斯托夫城堡跳舞一样，已经过去了。／我真傻，差点信了！"

我们的"一页页的书"，就是今天定义的书，差不多有两千岁了。当我们把它翻开倒扣在桌上时，它像塔顶；在没有书签时，我们折角当书签；当我们把书一本本摞着放时，它像文字石笋。这是个了不起的发明，但不知道发明者是谁，也不知道该感谢谁。书的发明经历了好几个世纪的找寻、摸索和实验。和其他许多事情一样，最简单的解决方案往往走过曲折的路。

从文字发明之初，我们的祖先就在环顾四周，琢磨着什么材质能将容易逃走的文字最好地保存下来，他们试过石头、泥土、树皮、莎草纸、动物毛皮、木头、象牙、布料、金属……他们想跟遗忘做斗争，制作出一本完美的、可携带的、经久耐用且

---

1. Izet Sarajlić（1930—2002），波斯尼亚历史学家、哲学家、翻译家、诗人。

手感舒适的书。在近东和欧洲，早期占主导地位的是莎草纸书卷或羊皮卷，以及硬邦邦的用各种材料做成的板。古罗马人原本也用它们，直到他们幸福地发明出了一种集两者之长的新物品并沿用至今。

书卷始终是昂贵的奢侈品。古人写日常文字——作业、信件、官方文件、笔记、草稿——用的是各种板。希望按既定顺序查阅的读者要么把板存放在盒子里或袋子里，要么在板的角上钻孔，穿上环或皮带。穿在一起的板在拉丁语里叫古抄本（Códice）。其中蕴含的革命性想法是用软软的羊皮纸或莎草纸做书页，取代小木板或小金属板。这种想法最初的成果只是一本简陋的小册子，但它前途无量。

最初的混合体为更先进的古抄本铺平了道路：这样的手抄本由许多张莎草纸或羊皮纸对折组成，古罗马人再将它们用针线一缝，最早的装订术便诞生了。很快，他们学会用皮革包木板做成硬壳封面以保护正文。书在外形上增加了被我们称为"书脊"的部分，仿佛书成了安安静静陪伴我们的宠物[1]。从那时起，我们就在乖巧的脊背上写下书名，这样一来，当我们的目光扫过图书馆的书架时，便能迅速地根据书脊上的书名辨识出正在沉睡的书籍。

古抄本发明者的名字已经被遗忘，我们亏欠他们太多。因为他们的存在，文本的寿命得以延长。采用新的形式后，写了字的书页受到装订的保护，跟书卷相比，它们不易损坏，更加经久耐用。新型书籍平整、紧凑，便于存放在书架搁板上。它们体积小，

---

1. 书脊（lomo）的原意是"动物背脊"。

轻巧，携带方便。此外，每张纸还能双面使用。估计在同等纸面或皮面上，古抄本的文字容量是书卷的六倍。对仍然只能被少数人拥有的书来说，如果制作的材料得到了节省，那么价格便会变低。抄本的灵活性使人们得以推出已知的第一批口袋本，名叫"手抄口袋本"，因为书袖珍到可以一手持握。古抄本可以变得小之又小（据西塞罗说，他见过荷马《伊利亚特》的羊皮书可以放进一只核桃壳中）。

新发明和新材料总是伴随着伟大的知识革命。古罗马时期书价亲民，许多之前被排除在拥有书籍的特权之外的人，现在有了读书的机会。1 世纪到 3 世纪，大量证据表明，文化已经覆盖贵族阶层之外的广大读者。庞贝城因为 79 年维苏威火山爆发被吞没，因此保存完好至今。在庞贝城的墙上和房子上，考古学家们发现的文字包括下流话、玩笑话、政治标语和妓院广告。这些涂鸦表明中产阶级或中下阶级市民已经能看懂书写文字了。在罗马帝国境内，当年的马赛克拼贴图案、壁画和浮雕中越来越频繁地出现读书的场景。在同一时期，古罗马的公共图书馆十分繁荣。我们还得知有位书商挨家挨户地推销商品，就像过去有人挨家挨户地推销百科全书。

推测数字有风险，但很明显，读者数量在显著增长。公元后的几个世纪是宣传小册子的黄金时代，其中反对古罗马统治、煽动叛乱的文章尤为引人注目。当年除了传统体裁的书，还出现了娱乐性和消费性书籍（有关美食和体育的著作、带露骨插画的色情故事、魔幻故事或释梦故事、占星书、情节复杂的通俗小说、连环画故事——图像小说的先驱）。它们的大受欢迎绝非巧合，某些赫赫有名的作者也会创作不严肃的作品或雅俗共赏的作品，并以此为乐。先于今天的美妆教程，奥维德写了一本诗歌体女性美妆指南。苏维托尼乌斯喜欢在帝王传记中穿插一些八卦。佩特罗尼乌斯的笔下出现了恶棍、道德败坏者、满嘴脏话者，让思想正统的人士为之哗然。三位作家对新兴的自由读者、非贵族读者、无经验读者、想从阅读中得到乐趣的男女读者投以友善的目光。

马提亚尔是住在罗马城的伊斯帕尼亚移民。公元 64 年，在二十五岁左右时，他决定到当时的机会之都，也就是当时的美国梦之都定居。罗马城接纳来自帝国各省的一批批移民，马提亚尔很快发现这里一点也不好混。他在诗中提到许多人饿肚子，挣大钱难，连糊口也不易。在一首讽刺诗中，他说罗马有许多律师付不起全部房租，有许多才华横溢的诗人没有厚衣服穿，冻得瑟瑟发抖。这里竞争异常激烈，谁都想飞黄腾达。他们对别人的财富眼馋得不行；盯着上年纪的权贵，觊觎别人家的财产。如果我们相信他说的话，他自己也有过这样的想法："葆拉想嫁给我，但我不想娶她。她老了。要是她再老点，我就娶她。"

这位比尔比里斯人一定在罗马城的冬天穿着破了洞的长衫，冻得牙齿咯咯响。挨冻、脏兮兮的住处、出头的困难或许可以解释他文学上非同寻常的决定。他决定打破约定俗成的沉默，开始嘲笑金钱。他不要什么风度，直截了当地在诗中讽刺吝啬的文学赞助人，专骗赞助人钱的文人，重奢侈、爱炫耀、要面子的社会，富人的虚荣，还有那张巨大的由主人和宠臣织成的、搅乱了罗马城所有人生活的大网。

马提亚尔是幽默诗人，他既不恭恭敬敬也不多愁善感，对物品的物质层面感兴趣，对它们定义其所有者的巨大力量感兴趣。他在诗中提到的书不是文学才能的抽象体现，而是为了好往上爬而送人或在书店出售的具体物品。在贺拉斯和奥维德的作品中，书是创造力不朽的化身；而在马提亚尔的讽刺诗中，书并不永恒，会被人摸来摸去，有贵贱之分。因抄写员太匆忙，这些书时常错误百出。它们在罗马城的书店里被出售，马提亚尔借此机会为书店打广告。有各种各样的书（材质为莎草纸或羊皮纸的，书卷或古抄本，可以握在手里的，或可以旅行时随身携带的；作为商品，书会令销售者赚钱或亏钱；对于大获成功的书，谁也不想花钱，都想免费阅读；而无人问津的书则沦落到脏兮兮的厨房，书页被用来包裹金枪鱼或卷成纸袋装胡椒）。

马提亚尔是第一个对古抄本感兴趣的作家，他将早期作品中的一部做成古抄本，开玩笑地命名为 *Apophoreta*，一个非常虚张声势的单词，它的希腊语意思是"礼品"。这位诗人有很天才的想法，他在全世界人民都要馈赠礼品的月份（12月）制作出诗歌体礼单（美食、书籍、化妆品、染发剂、服装、女士内衣、厨房用具、饰品……）。他给每件礼品写了一首讽刺诗，介绍其材质、价格、特点或用途。书中的礼品按照贵礼品（给有钱人的建议）和贱礼品（给吝啬的有钱人的建议）交替呈现：金胸针和挖耳勺、一尊雕像和一个底座、一名加的斯女奴和一名老妪、最新的时髦物件（喝雪水的漂亮瓶子）和陶制尿壶。今天，这些诗能让我们窥见古人的日常生活是什么样子，同时，它们也让我们惊讶，因为马提亚尔在谈起色情话题时非常自然。关于文胸，他写道："用牛皮束缚住你的胸，因为人皮束缚不住它们。"关于加的斯舞女，他写道："她袅袅婷婷，让人心动，最纯洁的男人也会为她手淫。"

《礼品》是一本妙趣横生的手册，它出人意表地将诗歌用于日常生活所需，是选择困难症患者的福音。在某种意义上，诗人首开圣诞广告之先河，但他用的是讽刺的文学手法。在那个时代，这属于用诗歌去做低俗的、不正经的、离经叛道的事。马提亚尔这份礼单照顾到刚刚涉足图书世界的新读者：这些诗歌通俗易懂，它们没有自命不凡，开玩笑时并不遮遮掩掩，是一望便知的现实主义风格，外加厚颜无耻。古抄本面向的当然是大众读者。

在《礼品》中，他给容易上当受骗的买家推荐了十四本文学作品。其中五本是羊皮纸口袋本，位于贱礼品之列。正因为被收入的这项内容，我们知道在公元 1 世纪 80 年代，分页的书已经出现在市场上，且价格亲民。除了经济实惠之外，羊皮纸口袋本的其他优点也显而易见。有好几首诗盛赞古抄本容量之大，这是暗里跟书卷相比的："羊皮纸上的维吉尔。小小的羊皮纸装下了维吉尔的鸿篇巨制！""羊皮纸上的李维。伟大的李维浓缩在小小的羊皮纸上！"马提亚尔说：奥维德的十五卷《变形记》可以收录于一册古抄本中。这种浓缩不仅省钱、省地方，还能确保一本书的各个部分不至于散落和遗失，因此极大地提高了文本保存至今的可能性。在迈向未来的艰难道路上，该进步具有决定性的意义。

诗人也认可古抄本是便于携带的合适旅伴："羊皮纸上的西塞罗。如果有它陪伴，你想想，旅途虽长但西塞罗与你一路同行。"若干年后，他基本上也用同样的理由为自己的古抄本诗集吆喝："如果你希望我的小书能陪你去任何地方，如果你希望长路漫漫始终有它们相伴，来买羊皮纸的小书吧！大书就留给图书馆，我的小书一只手就能持握。"

我们今天熟悉的分页的书就这样强势地打入了图书市场。有些作家，如马提亚尔，欢欣鼓舞地接受它；另一些文人则只认古法，感叹人心不古、世风日下，他们死死地攥着尊贵的莎草纸书卷不放。我们发现，大部分古罗马人很容易便习惯了不同版本的存在。书商的作坊里会提供两种不同的版本供顾客选择。

在接下来几个世纪，我们再也没见到像马提亚尔这样对新事物留心、好奇、持开放心态的亲历者。我们知道，相对于书卷来说，古抄本逐渐赢得地盘，这主要归功于基督徒的坚定青睐。在被迫害的好几个世纪中，他们时常迫不得已突然中止会议、找地方藏匿，于是便形成了一个个地下小组。从一方面来讲，口袋书方便他们迅速地藏进长袍，方便他们迅速地找到文中的某个段落——某个使徒书、某个福音书里的寓言故事、某场布道，从而确认是否正确。万一弄错的话就太危险了，他们的灵魂会得不到拯救。而且他们可以在口袋书的空白处记笔记，在重要章节夹书签。此外，在传道的旅途中，口袋书还便于偷偷携带。所有这些显而易见的优点都很适合偷偷摸摸的读者群体。从另一方面讲，基督徒希望跟犹太教的象征、代表异教徒的书卷划清界限，从而确立自己的独特身份。分页的书十分轻便，所以已经开始在中等或中等偏下文化阶层酷爱读书的群体中大量传播，基督教也最容易在这批人中找到追随者。新形式既便于一个人偷偷读书，又便于在危险的宗教聚会中高声朗读。信徒们与这些精心挑选的宗教文本建立了十分深厚的联系。实际上，几个世纪之后，《古兰经》将基督徒描述为"读书人"，这其中夹杂着尊敬和惊讶的情绪。

我们这些不顾大人阻止偷偷读书的人是过去那些偷偷读禁书的人的后代。在小孩子应该乖乖睡觉的晚上，我们偷偷摸摸地蒙着毯子，打着手电，一听到脚步声走近就立即关灯。我们不应该忘记：分页的书之所以取胜，很大程度上是因为它的形式最适合那些被偷摸阅读的禁书。

在 3 世纪到 5 世纪间，古抄本先在西方，后来又在东方逐渐占据了主导地位。在基督教世界之外首先接受这一变化的是法学专业人士，因为分页的书便于他们在法典汇编中迅速找到具体的法律条文。罗马皇帝查士丁尼一世下令编纂的法典就叫《国法大全》（*Código*），即"古抄本"（*códice*）的代称。该词被沿用至今，成了所有法典大全的统称。对于研究类书籍，古抄本也很合适，因为它容量大、更结实。很快，医生们拿它做时常查阅的手册。目录发明后，查阅内容就更方便了。随着时间的流逝，古抄本也成了备受文学作品青睐的形式，特别是长篇小说、悲剧或喜剧合集、选集等。阅读书卷需要两只手，操作复杂，于是思想先进的读者很快爱上了分页的书，因为只用一只手捧着就能阅读——按路易斯·加西亚·贝尔兰加[1]的说法，这种方式特别适合色情文学的阅读。古抄本可以陪伴读者去任何地方。根据文学作品的记载，我们发现古罗马人随时都在读书：他们去打猎，在等待猎物落网时会读书；晚上失眠无聊时，也会读书。作品里描写了一边走路一边读书的女人，坐在马车里读书的旅人，躺着读书的食客，还有站在回廊上读书的少年。总之，所有人都在聚精会神地读书。

然而，必须用新事物取代旧事物的强迫性冲动从未出现。跟今天纸质书和电子书共存一样，当年的书卷和古抄本也共存了许多个世纪。古老的书卷用于荣誉文书和外交文书。在充满仪式感的文件上，传统样式依然很有分量。中世纪的日常生活中会用到书卷：机构和修道院的法令会因为追求古老的肃穆感而使用书卷；祈祷文和编年史也倾向于用古老的样式抄写。书卷甚至会渗入对方阵营，中世纪最豪华的古抄本的微缩画就是以书卷形式呈现的。

所谓的亡者卷轴（拉丁语 rotuli mortuorum）是重要人物的讣告羊皮书卷。信使有时要拿着它跋涉上千公里，前往与死者相关的不同机构，让每个机构都在书卷上添一句悼念的话。征服者英王威廉一世[2]的女儿的《玛蒂尔达卷书》长 20 米，但毁于法国大革命。在英格兰和威尔士，皇家宫廷档案馆馆长至今仍被称为书卷管理人。中世纪的戏剧舞台上没有提词员，演员们在表演时常使用书卷以帮助记忆。"角色"（role）一词便由此而来。

1. Luis García Berlanga（1921—2010），西班牙导演，多次获得戈雅电影节奖，代表作为《米歇尔，欢迎你》《刽子手》。
2. William the Conqueror（约 1028—1087），诺曼王朝的首位英格兰国王，作为法国诺曼底公爵征服了英国。

事实上，书卷没有彻底离开我们，它始终存在于传统、词汇、电脑、网络和对未来的规划中。有些大学仍在颁发古老的书卷式毕业证书。当我们说一本书很"长"时，我们下意识地在用书卷类术语。我们不恰当地将古抄本的量词称为"卷"（volume），这个词来自拉丁语的"旋转"（volvo），但我们其实已经不需要再做"卷"这个动作了。在口语中，我们依然将令人厌烦的事称为"一卷"，展开再展开，简直没完没了。英语单词 scroll 的意思是"手写书卷"，今天用于描述文本在任何电子设备中向上或向下滚屏，如同在使用古老的卷轴。此外，最富创新性的科技公司正在研制可卷式电视屏幕，人们不用时可以把它卷起来。在书的样式的发展史上，原则是新旧共存与专业性，而非更新换代。最早的书拒绝彻底退出历史舞台。

马提亚尔和佩雷克言之有理：物品及其物质性、特点、模样都不是偶然，它们确实都是决定性因素。语言如此脆弱，只在空气中留下一点点声音的碎片，而人们想要努力地将它们留住，于是书的原材料和形式变得至关重要：书能用多久？是用什么材料制成的？价格多少？每隔多久需要重抄一遍？

形式的改变导致了大批量的淘汰，所有无法从旧载体转到新载体上的东西只能永远消失。如今，这个危险依然在威胁我们。20 世纪 80 年代，第一批电脑进入我们的生活。如果不能将存储内容从大的软盘转到 3.5 英寸软盘、转到 CD 再转到现在的 U 盘上，那么我们就已经无数次地丢失了部分或全部数据。显然现在已没有电脑可以读取最初的软盘，那是计算机史前时代的物品。

　　20 世纪，电影业因为载体的改变经历了若干次大规模的销毁。阿古斯丁·桑切斯·比达尔[1]对损失做过统计："最遭殃的是 1920年前的电影，因为胶片从 1 到 2 卷（时长 10 到 30 分钟）变成标准的一个半小时，之前的胶片便被销毁，人们从乳胶中提取银盐，用纤维素制作梳子和其他物品，如此导致的报废率为 80%。1930年前后，默片转成有声电影，胶片报废率达到了近 70%，并且是更加系统的报废。20 世纪 50 年代，硝化纤维素易燃胶片被醋酸盐安全胶片所替代，掀起了第三次胶片报废浪潮，这回的损失难以估量。以西班牙为例，1954 年之前的有声电影估计只保存下来了50%。"每前进一步都意味着大规模的销毁。

　　马丁·斯科塞斯在电影《雨果》[2]中重现了令人心碎的胶片销毁现象。乔治·梅里爱[3]那些珍贵的影片赛璐珞被制鞋业回收再利用，制成了鞋跟。我对这忧伤的一幕记忆尤深，它是物品史上绝无仅有的篇章：电影先驱者们脑海中美丽的故事和场景最终被回收再利用，制成了梳子和鞋跟。在 20 世纪 20 年代，有许多寂寂无闻的普通人在踏着艺术品走路，将它们踩进人行道的水洼中。他们还会用艺术品梳头，在梳子上留下头皮屑。他们永远也不会想到这些用具其实是胶片销毁后的小小坟墓，是它们在日常生活中

---

1. Agustín Sánchez Vidal（1948—），西班牙萨拉戈萨大学电影史教授、散文家、编剧。

2. 拍摄于 2010 年，被认为是马丁·斯科塞斯写给电影的一封情书，荣获第 84 届奥斯卡多项技术奖。

3. Georges Méliés（1861—1938），法国演员、导演、摄影师，马丁·斯科塞斯在影片《雨果》中向他致敬。

的纪念碑。

古老的书卷被替代，无疑，我们永远损失了大量诗歌、编年史、历险记、虚构作品和理念。长久以来，疏忽和遗忘比审查制度或狂热主义毁书更多。与此同时，我们知道古人也在很努力地挽救文字遗产。某些图书馆——不可能查到具体数目——开始无比耐心地将图书资源批量转移到新载体上，一笔一画、一字一句、一本一本地重抄一遍。4世纪，哲学家、高级官员忒弥修斯[1]写道：在君士坦丁堡图书馆里，人们在为皇帝君士坦提乌斯二世[2]工作，"将思想从破旧不堪的一卷书里移到刚刚制作好的一卷书里"。在5世纪，斯特利同的耶柔米[3]提到另一个图书馆，该图书馆位于古罗马城市恺撒利亚——在今天的以色列地中海沿岸，特拉维夫和海法之间，它也将所有书卷转成了古抄本。

在二十个世纪里，读者再也没有经历过图书样式天翻地覆的变化，直到最近平板电脑和电子书问世。马提亚尔在1世纪欣然接受的分页的书忠实地陪伴着我们一直走到了21世纪。它简单的设计留存住我们的记忆，传承了我们的智慧，抵御了时间的摧残。

---

1. Themistius（317—388），古罗马政治家、修辞家、哲学家。除在罗马短暂逗留外，主要时间都居住在君士坦丁堡。
2. Constantius II（316—340），罗马帝国皇帝，337至340年间在位。
3. Jerome of Stridon（约347—420），罗马基督教圣经学者、翻译家，出生于斯特利同城，是翻译和注释《圣经》的权威。

九 浴场里的公共图书馆

公元前 44 年 3 月 15 日，也就是古罗马历的三月望日，尤利乌斯·恺撒在元老院宿敌庞培的雕像前遇刺身亡，血溅雕像。一群元老们以自由的名义一次次地将短剑扎进五十六岁恺撒的脖子、背、胸和腹。眼见周身短剑飞舞，恺撒最后做出的是遮羞的动作。濒死的他眼前全是血，睁不开眼，但还顾着拉着长袍将腿遮住，并不露出私处，尊贵地倒下。他无力抵抗地倒在门廊台阶旁，短剑继续野蛮地在他身上扎进扎出。据苏维托尼乌斯描述，他被扎了二十三刀，其中只有一刀是致命的。

阴谋家们喜欢自诩为"解放者"，说恺撒是暴君，说他想当国王。那场政治暗杀也许是历史上最著名的凶案，既让人钦佩，又让人厌恶。难怪一千九百年后，约翰·威尔克思·布思[1] 用"望日"作为刺杀亚伯拉罕·林肯的暗号。在逃离犯罪现场时，他还用拉丁语高喊：这就是暴君的下场（Sic semper tyrannis），这绝非巧合。

---

1. John Wilkes Booth（1838—1865），美国戏剧演员，因对南北战争的结局不满，于 1865 年 4 月 14 日刺杀了亚伯拉罕·林肯总统，之后在逃亡途中被警察击毙。

尤利乌斯·恺撒是不是眼看就要成为暴君？那当然。他是具有人格魅力的将军、肆无忌惮的政治家，有些与他同时代的人认为他所发动的高卢战争[1]施行的就是种族灭绝政策。在生命的最后几年里，他确实越来越不刻意掩饰自己的勃勃雄心。他被任命为终身独裁官，并赋予自己随时随地佩戴象征胜利者的月桂花冠的权利，其实这顶花冠遮他的秃顶最实用。后来，他的名字（César）始终是专制权力的名号：帝王（césar）、沙皇（zar）。然而他的遇刺并未挽救罗马共和国，望日刺杀只是一起野蛮的流血事件，没有达到任何目的，反而引发了长时间的内战，造成了更多的死亡和更多的破坏。最后，奥古斯都在硝烟弥漫的废墟上建立了罗马帝国。年轻的皇帝是恺撒的侄子，也是他的继承人和继任者。他命人在恺撒遇刺现场兴修建筑，用来标记和封存血腥谋杀。在许多个世纪后的今天，尤利乌斯·恺撒当年奄奄一息的地方变成了银塔广场，罗马流浪猫的栖身之处。

三月望日这一天的悲剧也波及了贫穷的读者。恺撒有许多未竟的计划，其中一项是在古罗马兴建第一座公共图书馆，里面的藏书越丰富越好，并已委任学者马库斯·瓦罗负责找书，并给图书分类。该任命合情合理，瓦罗写过一本书，名为《关于图书馆》，可惜只有少数片段流传下来。

多年以后，恺撒的追随者阿西尼乌斯·波里奥[2]用军队远征时

---

1. 恺撒于前58年至前51年发动的一场征服高卢的战争，共包括8次军事远征，结果是高卢被纳入罗马共和国的版图。

2. Gaius Asinius Pollio（前75—4），罗马帝国初期著名的军人、政治家、作家、演说家、历史学家，是维吉尔和贺拉斯的文学赞助人，继承和发扬了古罗马文化。

掠夺来的丰厚战利品帮恺撒完成了未竟的愿望，他将图书馆建在自由女神的圣殿中，这一选址颇具象征性。我们只是从好几位作家的书里得知这第一座公共图书馆的存在，但其遗址已无处可寻。我们知道图书馆分为两个区域，分别放置希腊语书籍和拉丁语书籍。按两种语言分开摆放的方式被沿用至后来古罗马的所有图书馆。考虑到国家自尊，两片区域的大小应该相同，尽管暂时一边爆满，另一边很空。希腊语书籍经过了七个世纪的积累，而拉丁语书籍只能在两个世纪的文学中进行挑选。撇开这些细节，波里奥官方图书馆传递出双重信息：希腊语书籍无须翻译，它已经融入了罗马人的知识体系；必须假模假样地表现出强大的罗马帝国的首脑和卓越的古希腊臣民一样出色。即使被占领地区的文化财富令人瞠目，但至少在场面上，我们看不出殖民者有任何自愧不如。

古罗马所有图书馆继承的另一传统是放置著名作家的雕像。罗马公共场所里的雕像相当于好莱坞星光大道上的明星，享受这种敬意意味着跻身经典作家的行列。波里奥只在图书馆里放置了一位活人作家的雕像，那就是瓦罗。几十年后，口无遮拦的马提亚尔关注着罗马名利场的方方面面，他吹嘘自己的雕像已经被放置于若干位贵族的宅邸中。其实，他的野心是在公共图书馆的名人雕像长廊中占一席之地。所有迹象表明，他始终被拒之门外，如同那些始终盯着诺贝尔奖的人。他的讽刺诗中充斥着"乞讨"诗，他毫不掩饰地讨荣耀、讨夸奖、讨赏钱。一般说来，如他幽默自嘲时所言，希望越大时，失望就越大。

阿西尼乌斯·波里奥的图书馆开放时间一定是从早上到中午，

有形形色色的读者前去：作家、学者、知识爱好者，还有被主人或书商派去干活的抄写员。图书馆很可能配备了专业人士，他们负责在架子上找书。我们还知道有些图书馆可以借书，有作家奥卢斯·格利乌斯（Aulus Gellius）的趣闻为证。他跟几个朋友吃晚饭、聊天，其中一位是亚里士多德研究专家。他们喝融化的雪水时，这位客人提醒道："哲学家亚里士多德说过，喝雪水有害健康。"他们当中有人不信，令这位固执的客人自尊心受损。于是他不辞劳苦地跑到城里的图书馆，想办法敲开了图书馆的大门并将相关作品借出，拿去给不信的朋友看。在网上搜索引擎出现之前，如果一定要争出个所以然，就只能用这种特别费事的方法去求证。马可·奥勒留皇帝和他的老师弗朗托[1]也在书信中提到过借书回家。除了这些我们偶然得知的证据之外，雅典还保留了一块罗马帝国时期的铭文：此处禁止借阅。我们可以据此推断出别处可以借阅。这条铭文的原文是："我们发誓，一本书都不许离开此地。"

罗马城接下来的两个公共图书馆是奥古斯都命人建的，它们一个在帕拉蒂尼山，另一个在奥克塔维娅门廊。考古学家们找到了帕拉蒂尼图书馆的遗址，根据挖掘出来的成果，我们可以确切地知道图书馆的建筑设计和内部样貌。我们找到了两个一模一样的相邻房间，其中分别放置着希腊语和拉丁语书籍。这两个房间的书都放在带门和架子的木质书柜里，书柜是壁龛式的，嵌在墙里，上面标记着与书目吻合的编号。壁龛很高，需要配置小

---

1. Marcus Cornelius Fronto（95—167），罗马帝国语法学家、修辞学家、律师，马克·奥勒留皇帝的老师，两人之间的书信多为拉丁语。

型手扶梯才够得到最上层的搁板。从整体而言，这个建筑更容易让我们联想到现代的阅览室，而非古希腊的图书馆。古希腊的读者是没有地方坐的，他们在书架上拿到一卷书之后，需要去临近的长廊上看。古罗马图书馆的房间设计得宽敞、豪华、漂亮。书都放在书柜里，方便拿取，且不妨碍通行。房间里配置了桌椅、木雕、大理石，赏心悦目，对空间的使用堪称挥霍。

随着藏书的增多，需要添置新书柜。这个问题很难解决，因为壁龛式书柜是跟图书馆建筑本身融合在一起设计的，不能临时起意，随便添置，所以只能去建造新馆。提比略皇帝执政时新建了一所或者两所图书馆；韦帕芗皇帝[1]又在和平神庙新建了一所，也许他是想用书籍以及和平相处的公告来庆祝用武力镇压犹太地区叛乱的成功。

遗迹保存得最好的是 112 年图拉真皇帝下令建造的双子图书馆，它是巨大的图拉真广场多功能建筑群的一部分。其中希腊语图书馆和拉丁语图书馆相向而立，中间由门廊隔开，门廊中央依然矗立着著名的图拉真纪功柱。考古学家认为这个标志性的柱子是一册巨大的石质书卷。它高 38 米，上面的彩色浅浮雕记载着征服达西亚的各大战役，如同战争连环画。它讲述了一场接一场的战役，画面一幅接一幅地呈饰带状螺旋式升高，几千名古罗马人和达西亚人被栩栩如生地雕刻在柱子上，他们行军、建设、战斗、航海、逃逸、谈判、哀求、死去，共计 155 幅场景，是真正

---

1. Vespasian（9—79），罗马帝国第九任皇帝，69 至 79 年间在位。他之前曾经担任军团统帅，赴犹太地区平定叛乱。

的长篇连环画。

两座图书馆的内部极尽奢华之能事，并向所有公众开放。里面有两层楼高的书架、柱子、长廊、飞檐、小亚细亚的彩色大理石贴面、各种雕像。我能想象出普通人目瞪口呆地看着之前贵族专享的既漂亮又舒服的地方，里面还有两万册书，供所有读者享用。多亏这第一位在伊斯帕尼亚出生[1]的皇帝，罗马城居民再也无须巴结有钱人就可以在奢华的环境中读书。

* * *

图拉真图书馆是该类型的最后一座图书馆。从 2 世纪起，新的阅览室出现在罗马帝国的公共浴场。除了提供各种洗浴方式——温水、高温、桑拿、冷水、按摩等，公共浴场还是真正的多功能休闲中心，是如今商业中心的前身。212 年开业的卡拉卡拉浴场有体育中心、阅览室、聊天室、剧场、各种浴厅、花园、锻炼或游戏场地、餐厅、分开设置的希腊语图书馆和拉丁语图书馆，均由政府出资建造。

罗马历代皇帝通过修建宏伟壮观的免费公共浴场征服了臣民们的心。"有什么人比尼禄更坏？"马提亚尔问，"但有什么东西能比他修建的公共浴场更好？"无论男女老少、贫富贵贱，所有古罗马人都会去公共浴场。有人泡完澡躺着享受按摩；有人去打球或看别人打球，乱出主意瞎参谋；有人去聊天室跟朋友聊天，背着

1.图拉真出生于西班牙贝缇卡的伊大利卡，是第一位在亚平宁半岛之外出生的罗马皇帝。

认识的人说说他们的坏话，骂骂市政官员，抱怨抱怨粮价；有人在狼吞虎咽地吃香肠或在图书馆随便看点什么。哲学家塞涅卡的工作室正好位于公共浴场上方，他想专心做事，但就是专心不了，绝望的他生动地描绘出了公共浴场喧闹欢乐的气氛："运动员在推铅球，我能听见哨声和喘息声。按摩师的手在捏背，我能听见指关节噼里啪啦地响。要是突然来个打球的，开始数数，那我就完蛋了。再加上有好吵架的人，有被捉住的小偷，还有一帮人扑通扑通地跳进游泳池。帮人剃腋毛的大叫一声，想引人注意，吓得被剃毛的也跟着大叫。还有卖饮料的、卖香肠的、卖糕点的、各种用独特声调叫卖商品的。"毫无疑问，当塞涅卡在思考《论心灵的安宁》中的安宁时，这环境再合适不过。

和广场上精致的图书馆不同，公共浴场的阅览室面向偏好轻松阅读、爱好各异的普罗大众。读者首先是寻求娱乐的好奇者，他们把阅读作为玩球、戏水和闲聊之外的替代性选择。我们推测那里的书多半是希腊语和拉丁语经典作品、当代畅销作家的作品，也许还有个别哲学家的作品。在人头攒动的古罗马浴场里兴建图书馆是个了不起的主意，将文化、娱乐、贸易、教育有机地融合在同一个屋檐下，极人地推动了书籍的普及程度。将书置于嘈杂的平民环境中，就算毫无经验的读者也不会对书望而却步。

此外，公共浴场里的图书馆能将阅读带到罗马帝国的每一个角落。不只在首都罗马有休闲中心，辽阔的罗马帝国境内都形成了真正的公共浴场网。的确有专家认为浴场文化才是唯一联系罗马帝国各地人民的大众文化。

爱沐浴成了罗马文明和异教徒文化的典型特征，以至于最恪守教律的那些基督徒们鄙视公共浴场，视之为骄奢淫逸、追求享乐、精神腐化的表现。5世纪一位乡村修士的信被保存至今，他在信中说："我们不想去浴场洗澡。"圣徒们将身体的恶臭视为苦修的方式，他们拒绝洗澡，以表达对古罗马生活方式的抵触。圣徒柱头修士西蒙[1]拒绝沾水，他"身上奇臭无比，旁人不可能爬上柱子，哪怕只爬一半也会觉得难以忍受。有些不得不爬上去见他的弟子必须事先在鼻子里抹上熏香或香膏。"塞科恩的圣西奥多（Theodore of Sykeon）在洞穴中住了两年，他出洞时"奇臭无比，无人能够靠近"。克莱门特[2]写道：诺斯替教派虔诚的基督徒不希望自己闻上去有香味，他们"唾弃一味地追求享乐和其他奢侈行为，比如为了好闻抹香水；为饱口腹之欲饮用各种葡萄酒；因为佩戴百花花冠刺激感官而削弱灵性。"当年，"虔诚圣洁的味道"是臭味。

然而，除了严于律己的少数人，罗马帝国各省居民还是兴致勃勃地投入了浴场的怀抱。除了沐浴，他们还能在浴场消遣、享受、坐拥书城。

罗马城是一座拥有二十九座图书馆的城市，350年的罗马城标志性建筑名录中提到过这个准确的数字。但是首都之外的图书我

---

1. 叙利亚隐修士，三十岁左右创立了一种奇特的苦修方式。他在沙漠中建造了一根高高的柱子，住在柱子的顶端思念上帝，历时约三十年，因此得名。
2. Clement of Alexandria（150—约215），基督教神学家，其代表作《异教徒的劝勉》是写给希腊人的劝告，希望他们皈依基督。

们很难追踪，关于它们的信息很不完整，令人费解，有时让人感到茫然。考古学家在庞贝发现了阅览室的遗迹。科莫城的铭文记载：作家小普林尼[1]为家乡捐赠了一座图书馆以及十万塞斯太尔斯[2]维护费。距那不勒斯不远处的海岸也发现了一则铭文，上面提到一座由哈德良皇帝的岳母马蒂迪娅捐赠的图书馆。还有其他人捐赠修建的公共图书馆，提布尔（如今叫蒂沃利）和沃尔西尼（位于今天的翁布里亚）的图书馆也偶尔被提及。

图书馆建设资金通常不来自国库，而来自个人的慷慨捐赠。纵观整个古代，对富人来说，通过赞助马戏团表演、修建斗兽场、铺路或修引水渠等方式将部分财产捐赠给社会是不成文的规定。正如巴尔扎克所言，每一笔巨大的财富背后都隐藏着罪恶。在古人眼里，先前坏事已然做了，有钱以后出资改善大众生活是补偿社会的最好方式。在公共设施里，随处可见"个人捐赠"四个字，旁边写着捐赠者的名字。这种博爱行为并非完全出于自愿，拒绝做贡献的权贵会承受压力，他们不能老是拒绝捐赠，以免声誉受损。要是某个百万富翁吝啬到需要别人推一把才愿意打开钱袋子的地步，老百姓就会聚到他家门前，唱歌讽刺他、笑话他。外省某个图书馆的修建极有可能得益于这种对政治家和平示威的古老传统。

在罗马帝国的希腊语地区，自古希腊后期起就有公共图书馆。罗马皇帝们为这些极负盛名的知识中心提供支持，为亚历山大图

1. Gaius Plinius Caecilius Secundus（约61—约113），古罗马作家，三十八岁便做了执政官，老普利尼是他的舅父。
2. 古罗马货币，由青铜铸造，多用于古罗马人的日常交易。

书馆和帕加马图书馆扩大馆藏提供资金。声望崇高的雅典城在2世纪又有了两座新的图书馆：一座是哈德良皇帝捐赠的，另一座是一位市民捐赠的。他捐了门廊、一间阅览室加上书和全部装饰，铭文上写道"全是自己的钱"，用的是强调语气，感觉被割了肉，所以很心痛。在以弗所，一位名叫提比略·尤利乌斯·塞尔苏斯的人为了纪念嗜书如命的父亲建造了一座图书馆。

相反，一眼望过去，西方仍是一片文化荒漠。在今天的英国、西班牙、法国和北非海岸，只有两个地方被证明有图书馆：突尼斯的迦太基和阿尔及利亚的提姆加德。前者被一位作家提及，后者经由考古发现。

根据时代特征，当时的文明中心确实位于东方，而西方民众还处在野蛮、落后和无知之中。所有时代的超级强国都会确立地理位置上的对立面：北方对南方，东方对西方，并且不允许事实打破这个天大的成见。古代西欧曾经有过非常成熟的文化，但几乎全都被有文化的侵略者破坏殆尽。总而言之，在罗马帝国初期，古罗马的全球化缩小了地区间的差异。罗马的建筑师和工程师有意识地将西方城市化，将当地的村庄建成了一系列配有排水渠、引水渠、神庙、广场和浴场的城市。在这些大大小小的城市中必须有书。在那些年里，罗马书写文化尽管没有像在古希腊世界那样根基深厚，但毕竟也在罗马化的社区中得到了普及。主要人口聚居区的学校有老师教授拉丁语，大城市提供中学教育，教授修辞学。在迦太基或马赛这种省会城市，最富裕的居民可以接受相当于现在大学水平的教育。马提亚尔出生在凯尔特伊比利亚的比尔比里斯，在二十岁去罗马时，他的拉丁语水平已经相当高了。他一定去过图书馆，不是去过自己家乡的图书馆，就是去过恺撒奥古斯塔和塔拉科[1]的图书馆。在比尔比里斯、恺撒奥古斯塔以及西方几十个重要城市中都有家境富裕、爱书、有文化追求的人，他们有男有女。

走在家乡由罗马人设计的街道上，我在想：说不定这里也会像神奇的牛津一样，在地下某处有座了不起的图书馆。远祖们放书的壁龛恐怕多少会留下一点痕迹，尽管它被城市的喧嚣淹没，尽管它在柏油路下，在步履匆匆下，遭受过千百次的践踏和掠夺。

---

1. 分别为今天的萨拉戈萨和塔拉戈纳。

十 两个伊斯帕尼亚人：第一个粉丝和年迈的作家

　　少男少女们在偶像到来时尖叫、哭泣甚至晕倒的场面不是伴随着"猫王"和披头士诞生的。事实上，它甚至不是伴随摇滚乐诞生的，而是伴随古典乐诞生的。18 世纪的阉伶歌手们在舞台上已经可以唤起听众热情。在 19 世纪高雅的音乐厅里，一位匈牙利钢琴家俯在琴键上，甩动着披散的头发，引发了真正的大众狂热，被称为"李斯特狂热"。后来的粉丝往摇滚明星脸上扔的是内衣，当年的粉丝往弗朗茨·李斯特[1]身上扔的是珠宝首饰。李斯特是维多利亚时期的性感偶像。当年，据说他演奏时身体的摇摆和考究的姿态会让听众不由自主地如痴如醉。他起初是音乐神童，后来成了年轻的演奏家，在欧洲大陆举办了多场个人巡演，听众多达数百万。只要他在公众场合露面，粉丝们便会大量聚集、尖叫、叹息、昏厥，他前往各国首都开演奏会时，粉丝一路追随。他们想偷走他的围巾和手套，将他的肖像刻在别针和宝石上。女人们

---

1. Franz Liszt（1811—1886），匈牙利音乐家，指挥家，伟大的浪漫主义钢琴大师，被称为"钢琴之王"。

试图剪下他的一绺头发，每回他的钢琴断弦，她们都会争得头破血流，想把断弦抢到手，改成手镯戴在手上。有些女性仰慕者守在街上，尾随他走进咖啡馆，随身携带小玻璃瓶，装走他喝剩的咖啡。一次，有个女人还将钢琴踏板旁他抽完的雪茄灰捡起来，珍藏在项链盒里，并挂在胸口一直到她去世。"名人"一词最早就是被用在李斯特身上。

尽管如此，我们还是能往前追溯。第一批国际明星当然是罗马帝国时代的作家群体（李维、维吉尔、贺拉斯、普罗佩提乌斯[1]和奥维德）。

其实，历史上第一位著名的粉丝是加德斯[2]的一位伊斯帕尼亚人，他做梦都想认识他的偶像——历史学家李维。据说1世纪初，他就从"世上最遥远的角落"，也就是如今的加的斯，冒险上路前往罗马，只为了就近亲眼看到心爱的作家。假设他走陆路，那么这位虔诚的加的斯人需要走四十多天才能完成他的偶像朝圣之旅，一路还得吃着糟得不能再糟的饭菜，在尘土飞扬的小客栈里被跳蚤咬，跟着老马和旧车颠簸，在偏僻的林子里担心被人拦路抢劫而吓得瑟瑟发抖。他在罗马帝国的大道上匆匆前行，路旁则挂着被处死示众的罪犯尸体。晚上，他祈祷一路护送他的奴隶别逃跑，别在他乡与自己为敌。他一路上花光了好几袋钱，而且途中的水质不好，他喝了狂拉肚子，人消瘦了很多。一到罗马城，他就赶紧跟人打听鼎鼎有名的李维在哪里，总算远远地看到了他，也许

---

1. Sextus Propertius（约前50—约15），古罗马诗人，代表作为《空旷的树林西风轻拂》。
2. 为今天的西班牙南部城市加的斯。

他记住了李维梳头的样子、穿长袍的样子，好回去效仿。但他连跟李维说句话都不敢便转身回家了，他又走了四十天才回到家。小普利尼在一封信中说了这件趣事，并不知晓自己正在描绘历史上第一位名人粉丝。

古罗马的全球化进程在远离罗马城的地方培养出许多读者。贺拉斯夸耀道：自己的作品在博斯普鲁斯、利比亚、如今的高加索和匈牙利、莱茵河畔和伊斯帕尼亚都很有名。普罗佩提乌斯说：自己的名气已经远扬到冬季寒冷的第聂伯河沿岸。奥维德不绕弯子、不假客套地写道：自己的作品在"全世界"拥有众多读者。总体说来，罗马人倾向于将帝国的边界和地球的边界混为一谈，这是帝国视角的典型特征——阿卡德帝国的萨尔贡大帝的疆域从波斯湾绵延至地中海，他曾夸下海口说自己已经征服了全世界。对古罗马作家来说，排除他们的地理概念不准确和吹牛皮之外，阅读的疆域确实在以令人惊讶的速度扩大：广受欢迎的书在作者有生之年就已经翻山越岭、漂洋过海了。思想和文字在现代化的大道上一路畅行。人们可以在维也纳和不列颠买到马提亚尔的书，可以在里昂的书店购得小普林尼的书。但尤维纳利斯十分保守，反对以包容性和全球化为特征的新文化。一想起坎塔布连的大老粗用肮脏的双手捧着古罗马哲学书，他就气得不能自已："如今，全世界的人都能拥有希腊文化和罗马文化。能说会道的高卢人正在将不列颠人培养成律师，连图勒[1]都能雇用到一名修辞学教师。

---

1. 法国东北部城市。

在老梅特卢斯[1]那会儿哪里会冒出一个斯多葛派的坎塔布连人？"

首都的本地人和外地人都会在街上认出最著名的作家，也像今天的仰慕者或追星族似的穷追不舍。维吉尔腼腆得要命，许多次遇到有人对他指指点点、围追堵截，他吓得落荒而逃。然而这并非只有坏处，没有好处。罗马贵族有将部分财产留给重要人士的习惯，如此说来，他们是不会忘了作家的。据说，有两位互不服气的大作家塔西佗和小普林尼较过劲，看谁能得到的遗产更多。那时候没办法比作品销量——因为不可能计算准确，所以文学领域的十大明星的评选标准是贵族"打赏"的数额。

从李维到李斯特有一段长长的不为人知的历史，这历史有关名气、盲目崇拜、所向披靡的粉丝和对经典人士无比饱满的热情。

这将是你此生最后一次伟大的旅行。年近六旬的你离开罗马城，激动地踏上回乡路。从奥斯提亚坐船到塔拉科，一路顺风顺水，船儿随着海浪摇啊摇，你的思绪也在回忆中摇啊摇。你在帝国首都住了足足三十五年。年纪轻轻地来，依靠写作为生，骗骗富人的钱。你住在贵族宅邸，是个妙语连珠、让人愉快的寄生虫，是节日宴会上不可或缺的开心果。他们对你比对管家稍好些，但比对他们的朋友差远了。

轮船平安抵达伊斯帕尼亚，天空蔚蓝，阳光刺眼。你在塔拉

---

1. Metellus Scipio（前95—前46），古罗马政治家、军事家，大西庇阿的后裔，庞培的岳父。

科雇了个向导，赶着两头骡子，驾着一辆大车，不紧不慢地上了路，要走六天才能回到家乡。

一天下午，在抄近道时，你们突然遇上了暴风雨。道路泥泞，你们只好像牲口似的，一次次地将陷在泥里的大车往外拉。在走进恺撒奥古斯塔城门时，你浑身是泥，皮泡眼肿，这哪里是罗马城的名人，更像脏污透顶的乞丐。你去了公共浴室，在那里发汗、聊天、打盹。你在滚着黄沙的河边转悠，河港边人来人往，最后你在拍卖场买了两个奴隶。衣锦还乡的人应该由膀大腰圆的人护卫。

你再次上路，激动地看着孤零零的卡约山，若干个世纪后，我们会叫它蒙卡约山，它的影子将为其他作家提供庇护和灵感，其中一个叫贝克尔，一个叫马查多[1]。来到哈隆河边时，河里的水不深，你想起童年时和小伙伴们吵吵嚷嚷地戏水。一路上又走得灰尘满面，你想回到宁静的比尔比里斯的温泉浴场。那里的水温温的，后来被起了一个阿拉伯语的名字[2]，叫阿哈马温泉浴场。你认出了童年时的景色：小山、河湾、铁矿、高高的等待收割的谷穗、松树、栎树、葡萄架。这时一只野兔消失在灌木丛后，让你想品尝野味大餐。最后，陡峭的比尔比里斯终于出现在眼前，房顶趴在山坡上，有着神庙的轮廓，许多记忆涌上你心头。你的心怦怦跳。家乡有荣耀在等着你吗？还是人们会因为嫉妒，反咬你几口？你了解家乡人，他们顶多会小声嘟囔一句：有什么了不起的？至

---

1. 分别指古斯塔沃·阿道夫·贝克尔和安东尼奥·马查多。
2. 罗马帝国退出伊比利亚半岛后没过多久，西班牙就被崛起的阿拉伯帝国统治，长达近8个世纪（711—1492）。

少，在罗马城睡不着觉的日子一去不复返了，再也不用听车夫们晚上此起彼伏的咒骂，再也不用起个大早一身臭汗地跑到权贵家里，去说些虚情假意的话。我们的马提亚尔朋友，你总算能在平静的天空下睡个舒坦觉了。

你现在还不知道，你会认识一位名叫马塞拉的寡妇，她是一位富有的成熟女性，她倾心于你的诗，也很想找个罗马城的名人做情人。她会送你一座庄园，那里有草地和玫瑰花丛，有淙淙的泉水和游着鳗鲡的池塘，有菜园和白色的鸽舍。马塞拉有紧实的身体、炽热的情感，是和你同床共枕的最后一个女人，也是你最慷慨的赞助人。多亏了她，你终于摆脱了贫穷的威胁——在罗马城你始终没摆脱过。你会吃到满桌的饭菜，你会游手好闲、无所事事，在万里无云的夏天躺在树荫下睡长长的午觉，在冬天生一堆火，呆呆地看着火苗起舞，一看就是好几个钟头。你终于过上平静的日子，但你不会再写作了。肚子饱了，气就消了，也就摘下了顽劣儿童的伪装。

在罗马时，周围浮华虚伪的生活让你愤怒，你受够了要讨好权贵。于是，思乡心切的你会去写诗，把家乡拗口的地名列举在诗里。这下好了，你已经回到了小小的安宁天堂。但你很快又会小声嘀咕，怀念罗马的聚会、剧场与图书馆，怀念社交圈的尖刻、首都的喧嚣与享乐，总之，怀念那些你为了追求平静生活而抛下的一切。

十一　赫库兰尼姆：因大破坏而得以保存

罗马城那些宏伟气派的图书馆让马提亚尔在伊斯帕尼亚魂牵梦萦。但它们最终都毁于一系列灾难、劫掠、火灾与事故。而其中的悖论是，唯一留存至今的古代图书馆恰恰是在巨大的破坏力的作用下才得以幸存的。

公元 79 年 10 月 24 日，提图斯皇帝[1]在位期间，对那不勒斯海湾的两座名城庞贝与赫库兰尼姆来说，时间遽然停滞了。那里阳光灿烂，海水湛蓝纯净，空气中弥漫着爱神木的甜香。首都罗马城的顶级富豪们都在那儿建了宅子，消夏时，聚会一个接着一个，日子轻松愉悦，人们纵情享乐。然而，在那个秋日，从一大早起，一股黑烟就气势汹汹地从维苏威火山口往天上冒。突然，空中落下了混杂着雨水、火山灰与熔岩的淤泥，混合物落在赫库兰尼姆的街上、屋顶上，从窗户和门缝往居民家里钻。最后，六百摄氏度的火山熔岩摧毁了一切，居民们只剩下一把骸骨。庞贝笼罩着

---

1. Titus（39—81），罗马帝国军事家、政治家，79 至 81 间为罗马帝国皇帝。79 年维苏威火山爆发，庞贝及附近城市被掩埋后，他四处奔波、尽力救助，深受人民爱戴。

硫黄味的蒸汽，让人无法呼吸。起先是下火山灰的"细雨"，落小火山石的"冰雹"，最后是好几公斤重的火山石直接往下滚。大家惊恐地夺门而逃，却为时已晚。

庞贝古城被固化的火山灰和火山砾掩埋了一千多年，变成了某种时间胶囊里的活化石。三百摄氏度的火山灰壳裹住了居民们扭曲的身体。19世纪，考古学家将石膏灌入火山灰壳包裹的幽灵骸骨的空腔中，让我们欣赏到庞贝人生命最后一刻的姿态：有一男一女在永恒的拥抱中寻找庇护，一个男人将脑袋埋进双手里孤独地死去，一只看门狗疯狂地想要挣脱身上的皮带，一个小女孩躲在妈妈的大腿间，似乎想重新钻进妈妈的肚子。即便在两千年后看来，他们有些人似乎仍在扭曲，缩成一团。在罗西里尼[1]执导的电影《意大利旅行》中，一对处于婚姻危机中的夫妇去意大利游览，他们伤心地看见一对被熔岩吞没，共同死去的情侣的石膏雕像。

在灾难发生前好几代的时候，尤利乌斯·恺撒的岳父卢克优斯·卡尔帕尼厄斯·派索[2]命人在赫库兰尼姆建造了一座宫殿，正墙有两百米长。18世纪中期，考古学家发掘出这座奢华的宫殿，在废墟中找到了八十多座铜像和大理石雕像。这是古典世界唯一留存的图书馆，其中有两千多卷藏书，全部被碳化。火山爆发既摧毁了它们，又保存了它们。基于这前所未有的发现，派索庄园被誉为"莎草纸庄园"。这座被熔岩掩埋的古罗马宅邸给石油大亨

---

1. Roberto Rossellini（1906—1977），意大利电影导演、编剧、制片人。代表作为《罗马，不设防的城市》《德意志零年》等，《意大利旅行》是他1954年执导的剧情片。

2. Lucius Calpurnius Piso（前100—前43），古罗马政治家，曾任古罗马执政官。

盖蒂[1]留下了很深的印象，他命人在马里布原样复制了一座。今天这座复制品已经成为盖蒂博物馆的一部分。

几十年来，派索的庄园一直是知名的伊壁鸠鲁学派，即享乐主义哲学家们的聚会地，诗人维吉尔也在其中。派索是一位很有权势的行政长官，酷爱阅读古希腊思想著作。他的政敌西塞罗将这位富可敌国的贵族描绘成光着身子，唱着淫词艳曲，在"亲爱的古希腊作家的恶臭与泥潭中"找乐子的模样。当年的政治抨击言论尚不知含蓄为何物，不管派索是否时不时地组织狂欢活动，从他个人藏书馆的内容上来看，恐怕庄园客人在赫库兰尼姆度过的那些下午非常愉快，没那么淫逸。

对共和国末期、帝国初期有权有势的罗马人来说，知识性的休闲活动是他们最钟爱的特权之一。尽管许多人非常忙碌，但他们仍然会花很多时间一本正经地开动脑筋去讨论众神祇、地震的起因、打雷、日食和月食、善与恶的定义、人生的正当目标、死亡的艺术等话题。他们有奴隶伺候，舒舒服服地住着漂亮的庄园，紧紧地守着珍贵的藏书和继续着文明人之间的对话，尽管有内战、暴力、社会冲突、骚乱的传言、粮价上涨、维苏威火山慢慢往外冒的黑烟，但似乎只要这么做，旧世界就能毫发无伤地继续存在。这些男男女女生活在世界最大强国的中心，拥有各种特权。他们躲在豪华的宅邸里，将所有危险抛在脑后，认为那些离自己很遥远，都是些无关紧要的事，不必为此惊慌失措，或者不必为此中

---

1. J. Paul Getty（1892—1976），美国实业家，创立盖蒂石油公司，20世纪60年代的世界首富。

止对睾丸问题的侃侃而谈——亚里士多德对此可感兴趣了。古罗马贵族们喜欢躺在舒服的长沙发上——那是古希腊和古罗马时期的就餐躺椅，背靠紫色的绣花垫子，一边大吃大喝，一边从容地交谈。这就是词组"长篇大论"（hablar largo y tendido[1]）的由来。

"莎草纸庄园"的考古发掘显示：骄奢淫逸的派索将书存放在长宽均为三米的房间里，四面都是书墙，中间还有独立的松木书架，两侧均可放书。书卷会被人拿到隔壁院子里阅读，那里光线好，装饰了许多豪华雕像。在这个设计上，庄园的建筑师延续了古希腊风格。

那年的 10 月 24 日，早在城市被掩埋在薄薄的、后来冷却并固化的薄薄火山灰下之前，火山爆发喷出的热气已经将莎草纸书卷碳化。18 世纪，当挖掘者和寻宝者在庄园中搜寻时，他们误将莎草纸的"遗骸"当成了煤块和烧焦的树干。事实上，他们还点燃了其中一些当火把。受损书籍的古老文字被点燃，堪称用火传递消息的古怪例子。当他们意识到手上拿的是什么东西时，就琢磨着这些书还能不能看。在为新发现欣喜若狂的阶段，一些鲁莽的办法纷纷上马——用指甲抠，或者更糟的是用肉铺的刀子剁，结果可想而知，令人扼腕。不久后，一个意大利人发明了一种机器，可以小心地翻开书页，但就是慢到让人绝望，需要用整整四年的时间才能将第一卷书全部翻开。而且用机器翻开的书页黑得像烧焦了的报纸，十分脆弱，难以保存，很容易就粉身碎骨。

从那时起，研究者们开始寻求高科技工具，试图解开隐藏在

1.西语表达中 hablar 对应"交谈"，largo 对应长沙发中的"长"，tendido 对应"躺"。

派索已碳化书卷中的秘密。有些书已经完全无法分辨内容，有些书能够借助显微镜看到些许文字。翻来覆去的折腾很容易让莎草纸书卷在桌上化为黑乎乎的齑粉。1999 年，美国杨百翰大学的科学家们用红外线照射莎草纸，当光被调整到特定波长时，纸张与墨水的颜色达到了理想的对比度。在肉眼看不见的光的照射下，文字开始显现在莎草纸上。专家们看到的不再是黑色的墨水写在黑色的纸上，而是深色的文字写在浅灰色的纸上，重建文本的可能性大大提高。2008 年，多光谱影像使研究有了新进展。然而，截止到目前，所有已识别的书卷都是希腊语作品，没有一卷是我们翘首以盼的失传书籍。既没有萨福不为人知的诗作，也没有埃斯库罗斯和索福克勒斯某部遗失的悲剧，或亚里士多德某部遗失的对话集。重见天日的书卷大部分都是很专业的哲学书，伊壁鸠鲁的《论自然》恐怕是其中最伟大的发现。许多专家猜测，派索的宅邸中应该还有一个尚未被发现的拉丁语图书馆。与此同时，现代城市埃尔科拉诺在古代废墟上活力四射地运转，这也阻碍了研究者们进一步的挖掘工作。也许未来我们会在那里找到并读到让人着迷的失传书籍。也许在接下来的几十年里，我们会在火山脚下见证一个小小的文学奇迹。

赫库兰尼姆的第一批考古学家发现，在"莎草纸庄园"中，有大量书卷被堆在地上或被装进了旅行袋，似乎当年的主人在做最后的挣扎，希望能将藏书搬走，以免它们被埋在二十米深的火山岩层之下。我能想象，当六百摄氏度的灼热火山岩浆和蒸汽以每秒三十米的速度冲向赫库兰尼姆，正要碳化和毁灭整座城市时，两千年前的那个人在忙不迭地拯救他的书。历史跟我们开了个奇怪的玩笑。对我们而言，在广袤范围内，从地图上被抹去的图书馆不计其数，可曾经面临世界末日的图书馆才是唯一留下的那个。

考古遗迹吸引了无数的新粉丝前去朝圣。在 18 世纪，当那不勒斯国王和未来的西班牙国王卡洛斯三世[1]命人挖掘庞贝、赫库兰尼姆和斯塔比亚三座古城时，燃起了一阵古董热。因自然灾害而保存完好的三座古城使大家对欧洲迸发出新的激情。原本只存在于想象中的世界突然变得清晰可见，古文明成为欧洲大陆的新风尚。那个失落时代的许多方面影响并成为现代社会的某些特征，如：贵族游学和旅游业的兴起，考古学成为专门学科，废墟的景象被制成版画，处于权力中心的新古典主义建筑，温克尔曼[2]的美学乌托邦，以及在启蒙人士革命灵魂背后跳动的古希腊罗马使命等。

---

1. Carlos III（1716—1788），1735 至 1759 年间以卡洛斯七世的称号任那不勒斯国王，1759 至 1788 年间以卡洛斯三世的称号任西班牙国王。
2. Johann Joachim Winckelmann（1717—1768），普鲁士古董发掘与收藏家，代表作为《古代美术史》《未经发表的古物》等，被称为考古学之父。

十二　奥维德撞上文学审查

他很成功，也很享受成功；读者没有贵族姓氏，他不以为意；他有趣，爱交际，爱享乐。罗马人的"享乐生活"有时庸俗、奢华、饮食无度，有时忧郁、诗意、脆弱，他都全盘接受。对他而言，文学创作不痛苦也不费劲，尽管如此，他的作品依然令人惊艳。一个人幸福到如此地步，几乎令人难以原谅。

他出生在一个野心勃勃的传统地主家庭。父亲送他去罗马读书，希望他能成为大律师，富有且受人尊敬，可他辜负了父亲的所有期望。比起法律他更爱诗歌，对法庭和辩护没兴趣，所以他很快就放弃了前途无量的职业，全身心地投入文学。他的诗不仅让生父失望，在多年以后，也让所有罗马人名义上的父亲奥古斯都皇帝很不开心。违背奥古斯都的意志将会让他付出惨重的代价。不过在滑向深渊前，他已经收获了满满的掌声和荣誉。

奥维德是新的文学领域的探索者，也是第一位给予女性读者特别关注的作家。前文提到他写过一本女性美妆指南。他的另一本著作《爱的艺术》是一本诗歌体的情爱教程，其中有长长的一章是专门写给女性的忠告，占全书的三分之一，为女性提供关于征服的建议，并解释了男性会耍什么样的手段去骗取她们的感情。于是，他和女性读者建立起了一种前所未有的亲密关系。在读者阅读视野迅速扩张的时代，奥维德很乐意去挑战古老的价值观与陈旧的规范。在当年的罗马帝国，他所创作的青春洋溢、离经叛道的性爱文学对女性很有吸引力。他清楚这一点，并将其发挥到极致，却没有看见脚下的深渊。

有些与他同时代的人指责他轻浮，却忘了轻浮可以具有深刻的颠覆性。奥维德对公元前 1 世纪罗马的某些关键问题，如享乐、放纵、美丽等，投以革命性的目光。那时候，婚姻全凭家里做主，妙龄少女往往被许配给有权有势的年长男子。在那个时候，结婚就是为了生儿育女，繁衍后代；奴隶无论男女都是通房仆人，要随时满足主人的性需求。从定义上讲，性关系既不是相互的，也不是平等的，只有主动与被动，侵犯与被侵犯之分。存在着错综复杂的差异、普遍接受的规则和明文规定的界限，但最主要的原则一如既往，是特权。那些放在富人身上可以被接受的行为，放在穷人身上就不能被允许；放在男人身上能被接受的行为，放在女人身上就不能被接受。恋童癖的对象可以是奴隶、外国人和非公民等下等人。马提亚尔曾毫不避讳地宣称他对自己的一名女奴怀有性欲望。他在诗中唤她艾若诗恩，该女奴在六岁时夭折。奥维德则写道：自己喜欢成熟的女人，不喜欢小姑娘。他将所有惯例、原则都碾得粉碎，说自己获得性快感需建立在同伴也获得性快感的基础之上。《爱的艺术》中有一段话，我大致翻译如下："我更想要一个超过三十五岁、银丝隐现的女人。让性急的人去喝新酒吧，我更爱懂得享受的成熟女子。她很有经验，只有经验才能造就艺术家。她会做出千百种姿态，随便哪一集春画都没有她的变化多。在她的身上，欢愉不是假装的；那真正的享受应当是男子和女子都有份的。我恨那些双方不同样热烈的拥抱，我恨那些出于'应该'而委身的女子，她一点兴奋也感觉不到，还在想着她的纺锤。我不要那种因为本分而同意的欢爱，我不要一个女子对我有什么本分。我愿意听见她泄露出她感受到欢乐的声音，和恳求我缓缓地来以延长她的幸福的声音。我爱看她沉醉在逸乐中，懒洋洋地凝视着我，不能承受更多爱抚。"

传统规范认为，对自由的男性而言，重情感是一种弱点，而从对方立场去考虑问题则简直是疯狂。正如帕斯卡·基尼亚尔[1]所言，奥维德是第一个宣扬互相满足的人，也是第一个主张男性别那么着急，要等女性获得性快感的古罗马人。

《爱的艺术》被视为一本不道德的危险著作。多年以后，奥维德在回忆个人不幸的开端时写道：因为这本书，许多人称他为"通奸导师"。的确，他所教授的情色游戏全都发生在婚姻之外。这也是没办法的事，互相吸引、产生欲望很少会发生在已婚夫妇之间，尤其罗马富人的婚姻首先是帝国的决定，是思虑算计后的家族结盟和协议。父母拿女儿做棋子以完成政治交易。只要符合自身政治利益，哪怕让怀孕的女儿离婚再嫁也在所不惜。难怪有两位贵族会友好换妻：身为美德典范的小加图[2]曾将妻子马西娅"借"给

---

1. Pascal Quignard（1948—），法国小说家、散文家，代表作为《秘密生活》《罗马阳台》等。
2. Marcus Porcius Cato（前95—前46），罗马共和国末期的政治家、演说家，是斯多葛派的追随者，不受贿、诚实，厌恶当时普遍的政治腐败。

朋友：首先，他提出离婚，让妻子跟新的追求者结婚；等她守寡后再把她娶回来，顺便捞一大笔遗产。在设计这场婚姻把戏时，小加图征求了马西娅父亲的意见，但没有征求马西娅本人的意见。在传统思想看来，女性只是附庸，一辈子不能自立。野心勃勃的一家之主如此行事，不可能促成夫妻之间感情深厚、彼此忠诚。在这种大背景下，热恋全是婚外恋。奥维德大言不惭地将该现实反映在诗歌中。但是他创作的时机不对，和奥古斯都皇帝的道德教化起了直接冲突。公元前 18 年到公元 9 年，奥古斯都皇帝颁布了《尤利乌斯法》，该法令试图捍卫家庭和古老的习俗：凡通奸者通通流放；无子女者则处以罚款。

公元 8 年，刚过五十的奥维德突然接到圣旨：他被流放到托弥城，位于今天罗马尼亚的康斯坦萨。他的第三任妻子留在罗马，管理他们的共同财产，并恳求皇帝赦免。诗人独自去流放，他们夫妻永别，自此再未相见。奥古斯都决定严惩他，特地下了狠手，没有像对他人那样将其发配到地中海的某个小岛，而是直接把他扔到帝国边境的蛮荒之地。在那个未知之境，奥维德远离朋友、爱、书、交谈，特别是安宁。按他自己的话讲，远离所有让生命值得的东西。那是个荒凉的小村子，气候很糟糕，寒冷极了。奥维德听不懂村民们说话，永远提心吊胆，害怕游军突袭，等同于被判了死刑。他苦苦支撑了九年，不停地恳求罗马当局的赦免，同时撰写《哀怨集》。它成为许多个世纪后同样遭受惩罚的奥斯卡·王尔德狱中之作《深渊书简》的前身。

至于流放的理由，奥维德说是因为两宗罪："写了一首诗，犯了一个错"。他从未解释过犯的是什么错，他不想再提起：也许是撞见了某个位高权重的人私底下的纵情狂欢，也许是被扯进了某个政治阴谋。至于是哪首诗，那几乎没有疑问，就是那本情爱教程《爱的艺术》。"我已经不再是爱情导师了，"他在流放时写道，"那本书让我得到了应有的惩罚。"两个世纪后，一位历史学家断言："奥古斯都用流放惩罚诗人奥维德，是因为他写了有关爱的艺术的三本小书[1]。"奥维德得知他离开后他的作品遭到打击报复时忍不住老泪纵横。奥古斯都在流放他之后也将他的作品流放了——全部清除出公共图书馆。

据我们所知，该事件首开欧洲道德审查之先河，控制的执念也遭遇了第一次失败。《爱的艺术》这本有关情欲和欢愉的小书被罗马帝国最有权势的皇帝之一封杀，在之后几个世纪又因为下流、影响不好屡次遭禁，但它还是一路走到今天，走进了我们的图书馆。它的故事是一次漫长的救援。在一个个世纪，面对政权，奥维德将他的书托付给读者。颠覆也能成就经典。

1.《爱的艺术》由三部分组成，分别为"如何获得爱情""如何保持爱情""女人的资本"。

十三　愉快的惰性

在 2 世纪初，罗马人已经见过一长串疑心重的皇帝，他们大多没什么幽默感。审查和恐惧开始腐蚀社会氛围。历史学家塔西佗触摸着文字被"截肢"后的伤口，斗胆仗义执言。他怀念已不存在的过去，幻想着"爱怎么想就怎么想，想什么就说什么的那种难得的幸福"。他决定去调查什么书籍会对有权势的人造成伤害：他们总是大惊小怪，为什么大惊小怪？他们在禁什么？怕什么？他们砍掉那么多文字是在提防什么？不想听到什么话？

奥维德在流放地去世后不久，在提比略执政时期发生了一件镇压文人的事，塔西佗将它详细地记载了下来。持共和理念的历史学家克莱穆提乌斯·科尔都斯（Cremutus Cordus）因其大胆言论被人起诉。他在《编年史》中写道：刺杀尤利乌斯·恺撒的布鲁图斯和卡西乌斯是"最后两个罗马人"。结果他被指控这些话侮辱了皇帝，必须去元老院受审。他勇敢地为自己辩护，但受审后他决定绝食而死，以免被当年毫无独立可言的司法体制问罪。按照惯例，虽然有被告不幸身亡这个小插曲，但审判仍要继续。最后判决为：焚毁被告的所有著作。罗马城的焚书任务由市长执行，罗马帝国其他城市的焚书任务由相应的行政长官执行。

幸亏克莱穆提乌斯的女儿马西娅非常勇敢，她冒死藏了一本《编年史》，让它逃过一劫。马西娅了解该书的价值，她博览群书，对哲学类书籍尤其感兴趣。塞涅卡曾经专门为她写过一篇散文，说"女性拥有与男性同样的智力，与男性一样，她们也能做出崇高、勇敢的行为"。毫无疑问，他钦佩年轻的马西娅胆敢违抗圣命。在每一次抄家时，她都命悬一线，但她依然将父亲作品的最后一册抄本藏到了新皇帝卡利古拉[1]取消禁令之时。在拿到赦免后，她托人制作新抄本，让作品再次流传。后世的读者们迫不及待地去读这本震怒天威的书，有些片段——最具争议性的片段——流传至今。

所有时代的审查官都冒着弄巧成拙的风险。巨大的悖论在于：他们恰恰将大众的注意力集中到了那些他们试图隐藏的作品上。塔西佗写道："那些自以为利用手中暂时的权力就能消灭后世记忆的人太蠢了。正相反，受罚的才子其名望不降反升。下狠手的人只会自取其辱，让受罚的人载誉而归。"在我们生活的时代，只要有什么消息遭禁，因特网和社交网络都会第一时间关注它。某个艺术品被下令撤掉后，所有人都会开始谈论它。如果某个说唱歌手被控言词侮辱，那么他的歌曲下载量会激增。如果某本书被人告发，被判为禁书，那么所有人都会争相购买。

尽管审查制度很少会让受迫害的思想消失，而是往往给它插上翅膀，助长其传播，但奇怪的是，统治者们还是会一而再，再

---

1. Calígula（12—41）：罗马帝国第三位皇帝，37 至 41 年间在位。

而三地犯同样的错误。卡利古拉想遵从柏拉图的意愿，将荷马的作品清除出图书馆。康茂德[1]将苏维托尼乌斯撰写的卡利古拉传列为禁书，违禁阅读者会被拖到斗兽场分尸。卡拉卡拉对亚历山大大帝无比崇拜，认为亚里士多德和他的死脱不了干系，想烧掉所有亚里士多德的作品。4世纪初，戴克里先迫害基督教徒，掀起了真正的焚书热，这次灾难堪比1934年的纳粹焚书。我们知道有不少舍命护书的烈士。塞萨洛尼基三姐妹阿伽珀、基奥妮亚、伊蕾妮[2]在家中私藏禁书被送上了火刑柱。跟她们一样，费利佩、欧普罗、文森西奥、费利克斯、达蒂沃、安佩里奥[3]也因拒交禁书不幸遇难。后来等基督教成为国教后，又如此这般气势汹汹地焚烧了异教徒的书。

这些破坏的努力总是收效甚微。保护作家的皇帝均声名远扬，而颁布禁令的皇帝几乎没有成功过，比如让奥维德的"淫诗"或克莱穆提乌斯·科尔都斯的共和国编年史消失的尝试都以失败告终。古代书籍的流通体系很难管理，其中既无编辑又无经销商，官方的审查制度基本无法推行。通过训练有素的抄书奴隶或职业抄写员秘密复制禁书不是件难事。

塔西佗理解得没错：迫害最强有力的效果主要是杀鸡儆猴，吓唬不那么勇敢的人和创作本身。自我审查向来比官方审查更具决定性，塔西佗称之为"愉快的惰性"，这指的是自我放弃，不去

---

1. Commodus（161—192），罗马帝国皇帝，180至192年间在位，哲学家皇帝马可·奥勒留的儿子，是著名的暴君。
2. 西语名依次为Agape，Quionia和Irene。
3. 西语名依次为Felipe，Euplo，Vincencio，Felix，Dativo和Ampelio。

冒险，不自找麻烦、自寻烦恼，不去挑战现行的价值体系。这是一种危险的懦夫行为，捆绑住了创作者的手脚。塔西佗是顺从时代的见证者，当时，连叛逆者都选择沉默与服从。他写道："毫无疑问，我们表现出了无比的耐心。如果选择权在我们手里，我们会在选择失声的同时也选择失忆。"他的文字触及令人痛苦的伤口，也让我们睁大双眼看清了现实：在所有时代的战场上，不仅有官方的审查，还有作者内心的恐惧。

十四　走进图书内部：如何称呼它们

　　直到印刷术发明之前，书都是手工艺品，也就是说，它制作起来颇费工夫，且每本书都是独一无二的，无法控制。书可以根据需求一本本地抄写，地点往往是在读者家里，由家奴完成。什么样的法令能阻止它传播？

　　如今的电子书完全是古代书稿的反面：它便宜、非实体、没有重量、很方便就能复制无数份、安安稳稳地存放在世界各地数据中心的服务器和存储器里，但也在被严格控制着。2009年发生了令人匪夷所思的事：亚马逊试图搞一次文学审查，以所谓的著作权纠纷为名，悄悄地从客户的电子书阅读器Kindle中删掉了乔治·奥威尔的小说《1984》。数以万计的读者宣称，在没有预先收到任何通知的情况下，这本书就突然在他们的个人设备中消失了。底特律的一名学生正在准备一篇学术论文，他抗议道：自己的读书笔记也随文档一同消失了。我们不知道亚马逊是否了解《1984》所包含的文学上的象征意义。在这本书里，政府的审查员将老大哥不喜欢的文学作品全部扔进了被称为"记忆洞"的焚烧炉里。

网络论坛上有许多评论，气愤地谴责某本电子书凭空消失了。其实我们点击"立即购买"，将某本电子版新书添加到个人账户时，我们并没有买到任何实物，也对出现在屏幕上的文本没有任何权利。"记忆洞"一直在盯着，它会"啊呜"一口吞掉我们的电子图书馆。

小时候，我以为所有书都是专门为我写的，世上唯一的一本就在我家里，我很容易将不可复制的古代抄本理想化。其实，古代抄本远没有现代书籍这么友好，它们看上去就像一片错综复杂、令人窒息的热带雨林。里面的文字全都堆在一起，没有空格，不分大小写，标点符号的使用也很随意。读者要在字母密林中艰难跋涉，他们气喘吁吁，一路迟疑着，偶尔又倒回去，确保自己没有迷路。古人为什么要将文字眉毛连着胡子一口气写到底？部分原因在于莎草纸或羊皮纸太贵，需要物尽其用。此外，书籍一开始是用来高声朗读的，用眼睛看确实觉得文字都连着，但用耳朵听则其义自见。最后一个原因是，贵族们自诩文化水平高，他们骄傲得很，没兴趣为教育程度低的普通读者提供方便，让他们涉足属于自己的图书领地。

降低阅读难度经历了缓慢、犹豫、渐进的过程。亚历山大图书馆的学者发明了重音和标点，这两套体系都要归功于记忆超群的拜占庭的阿里斯托芬。在单词不分开的情况下，标几个重音——就好似弯曲道路上的指示牌——对读者帮助很大。

文字以极其缓慢的速度被分隔成单词和句子。后来出现了一种书写方式，是将文本分成意思完整的行，来帮助不太自信的读者在句子的结尾选择升调或降调。4世纪末，斯特利同的耶柔米在德摩斯梯尼和西塞罗的作品中看到了这种方法，率先描述并推荐使用它。然而该方法没有得到推行，断句的道路依然崎岖。从 7 世纪起，点和线的组合表示句号，上方打点相当于逗号，分号则和今天一样。到 9 世纪时，默读也许已经非常普及，抄写员们开始将每个单词与爱凑热闹的左右邻居分开，尽管这么做也许有美观上的考虑。

在古抄本中，插图显然也只能靠纯手工制作。插图起源于埃及的《亡灵书》[1]，它的解释作用向来大于装饰作用。图片作为视觉辅助手段诞生，用来解释和补充说明人们难以理解的文本。科学类文章用的是图表，文学类作品用的是叙事场景。按照古希腊罗马传统，作者头像或半身像有时会被画成圆形奖章的样子，作为著作权标记。第一个广为人知的插图书的例子是瓦罗的《人物肖像》，这部作品已遗失，但普林尼描述过它。书中叙述了七百位古希腊、古罗马名人的生平。这本野心勃勃的作品出版于约公元前 39 年，书中给每位名人都配了一幅肖像画、一首讽刺诗和一段描述。规模之大或许意味着古罗马人已经发展出某种批量绘制插图的方法，用于书籍的商业流通。

基督教把书作为神学的象征，由此开辟出新的图书装帧道路。文字本身成了装饰，书页被染成皇家专用的紫色，文字用带金粉和银粉的墨水书写。书不再只是阅读工具，其本身也成为彰显主人身份的圣物和艺术品。工作更加专业化：抄写员通常给插图留出

---

1. 埃及的《亡灵书》是古埃及祭司为死去的人们所作的宗教祭文，大约在公元前 3700 年已经被广泛使用。

空间，附上详细的说明；随后，羊皮纸会被交给负责绘制和上色的画师。13世纪，页面装饰就已经呈现出雨林般复杂的乌托邦景象，漫画的边缘化起源在此出现。从字面上说，历史上最早的漫画出现在古代手稿的边缘处。在文字周围，龙、蛇、攀缘植物等以各种扭曲的方式彼此缠绕，形成令人惊叹的花边；页面上以一系列插图呈现了人、动物、景色和生动的场景。小块插图会带有植物边饰，术语"插图"（vignette）由此得名，因为画框外缠绕的是葡萄藤（vine）。从中世纪哥特时代起，人物口中会冒出小小的条带，上面是他说的话，这成为儿童漫画对话框的前身。文本之外，微型画饰也诞生了，重新激起人们对新生事物的兴趣。那些画饰要么精雕细琢，要么天马行空，有的源于自然，有的是凭空想象。插图的发展表明，从次要位置也能诞生并成功发展出全新的艺术形式。漫画是这种典雅的古老绘画方式的继承者，它保留了一些原始特征，让我们可以追溯其起源。跟古老的手抄本留白处的人物一样，现代漫画中的人物往往来自被催眠的、被扭曲的奇怪边缘世界，跟前者一样努力抗争，不想被边缘化，希望能被我们看见。

书籍内部格局的重大变化源自印刷术，它使书籍结构清晰，阅读方便。在印刷术出现前，文本密密麻麻地堆在一起；在印刷术出现后，文本开始分段。标题、章节和页码都为阅读指明了方向。由于同一版印刷出来的书籍完全一样，便发展出一整套全新的检索方式：带页码的目录、脚注、规范固定的标点用法。印刷的书越来越方便阅读，对读者越来越友好。有了目录，读者便有了书籍内部的地图，他们可以一头扎进去，越发自由地徜徉其中。随着世纪的脚步一点点走过，原本密布文字的原始丛林——原先需要大汗淋漓、手持砍刀才能杀出一条路来——渐渐被打理成一座座整齐的文字花园，让读者可以悠然地漫步其中。

如果一本书是一趟旅程，那么，书名便是指南针，是冒险上路的人所持的星盘。然而，并非所有的书名都能为航行者指引方向。最早的故事、最久远的那些根本没有名字。祖先们会说：妈妈，给我讲讲那个把一座山塞进篮子的小女孩的故事，或者，你想听白鹤盗梦的故事吗？

可以肯定，诗歌和故事最早出现时还没有统一的命名方式。在古代东方那几座史上最早的图书馆，其书目用主题来指代作品。哈图沙的一块泥板上写道："祈求主管暴风雨的神。"书目的下一行写的是："关于洗涤杀人罪。"不管怎样，最常见的命名方式是用文本开头的几个单词："其时居上之物……"（阿卡德语为 Enûma Elish[1]）。跟最古老的泥板目录一样，亚历山大图书馆的索引也是用起始句对书籍加以区分的。在 1 世纪的罗马城，我们发现当时的人们已经可以顺利地命名图书，他们有时会把《奥德赛》称为《尤利西斯》，比乔伊斯早了二十个世纪。马提亚尔将《埃涅阿斯纪》称为《武器和人》[2]，奥维德则称其为《逃跑的埃涅阿斯》。尽管这种古老的命名方式已经基本消失，但我们还能在某些地方

---

1. 美索不达米亚的史诗《埃努玛·埃利什》，以阿卡德语分别写在七块泥板上，因此又被称为"创世的七块泥板"。
2.《埃涅阿斯纪》的第一行是"我歌唱武器和人"。

看见它：教皇通告仍然以拉丁语文本开头的几个单词来命名。

歌唱吧，女神！[1] 用开头来命名整部作品的古老方法很美，就好像人们在不经意间被它的魔力吸引，而故事已经开始讲述。伊塔洛·卡尔维诺在命名自己最精彩的小说之一《寒冬夜行人》时就沿用了这个古老的方法。

最开始唯一固定、不可变换的是剧本名。雅典的剧作家们率先命名自己的作品，因为他们要去角逐文学竞赛，要在公开发布作品、做宣传、宣布获奖名单时避免名字的混淆。《被缚的普罗米修斯》《俄狄浦斯王》《特洛伊妇女》从来就没有别的名字。与剧本相比，散文较晚才拥有固定的名字。就算作者起了名字，往往也是纯描述性的：《伯罗奔尼撒战争史》《形而上学》《高卢战纪》《论演说家》。

古希腊人和古罗马人给文学作品起的名字通常简单、紧凑、没有野心，听上去单调，缺乏新意而且官僚主义，只是一些功能性的名字，单纯用于识别。这些名字几乎毫无例外地借助于专有名词或普通名词，不用连词和动词，找不到任何堪比切斯特顿的《名叫星期四的男人》或福克纳的《我弥留之际》的书名。名词和形容词的表现力也都不强，往往没什么诗意，完全不像琼·里斯[2]的《茫茫藻海》或博尔赫斯的《恶棍列传》。尽管如此，在简单之余古人还是给我们留下了一些神秘、闪耀的书名的，如赫西奥

---

1. 原文为 Menin áeide theá，是荷马长诗《伊利亚特》的头三个单词。
2. Jean Rhys（1890—1979），20世纪著名女作家，出生于多米尼加，在英国接受教育，代表作《茫茫藻海》对经典作品《简·爱》进行了颠覆和解构。

德的《工作与时日》——阿莱杭德娜·皮扎尼克[1]在诗集中将其重写为《工作与夜晚》，普鲁塔克的《希腊罗马名人传》，奥维德的《爱的艺术》——艾瑞克·弗洛姆[2]模仿着重写了一遍，希波的奥古斯丁的《上帝之城》——费尔南多·梅里尔斯[3]执导了令人震撼的、反映里约热内卢贫民窟的同名电影。

在莎草纸书卷时代，书名和作者名最好写在全书的最后，因为书卷起来时，最里面的部分被保护得最好。开头在书卷的最外面，最容易毁坏，经常会破。版式改成古抄本后，书名占据了起始位，在书"脸"即封面上，或书"背"即书脊上。希波的奥古斯丁明确指出，4世纪时，人们通常在书的"门槛"即起始页上寻找书名。如今，当我们对一本书一无所知时，我们首先会看书名，期待在十个字内确定其领域，如果书名足够有魅力，再把书从桌上拿起来一探究竟。

其实，直到19世纪，书名才发展出独特的诗意和诱人的伎俩。当报纸地位得到巩固，市场和竞争成为常态，书籍需要吸引读者的注意力时，作者便纷纷从封面入手，施展书的魅力。毫无疑问，最美丽、最大胆的书名都出现在19到21世纪之间。以下是一份不完全、可商榷的书目：

诗意类书名：卡森·麦卡勒斯的《心是孤独的猎手》，马塞

---

1. Alejandra Pizarnik（1936—1972），俄罗斯裔阿根廷女诗人，代表作为《疯狂的石头》《音符的地狱》等，长期患忧郁症和失眠症，最后自杀。

2. Erich Fromm（1900—1980），美籍德国犹太人，人本主义哲学家和精神分析心理学家，1956年发表了《爱的艺术》。

3. Fernando Meirelles（1955—），巴西导演、编剧、制片人，代表作有《上帝之城》《不朽的园丁》等。

尔·普鲁斯特的《追忆似水年华》，斯科特·菲兹杰拉德的《夜色温柔》，加西亚·马尔克斯的《百年孤独》，哈维尔·马利亚斯的《明天在战场上想着我》，伊斯梅尔·卡达莱的《亡军的将领》。

讽刺类书名：奥古斯托·蒙特罗索的《作品全集及其他故事》，约翰·肯尼迪·图尔的《笨蛋联盟》，乔治·佩雷克的《生活使用指南》，安赫莉卡·戈罗迪斯切尔的《恶夜产女》，雷蒙德·卡佛的《请你安静些，好吗？》。

不安类书名：大江健三郎的《掐去病芽，勒死坏种》，杰弗里·尤金尼德斯的《处女自杀》，切撒莱·帕维塞的《死亡即将来临，占有你的眼睛》，哈珀·李的《杀死一只知更鸟》，莱拉·格里罗的《世界尽头的自杀》，玛尔塔·桑斯的《说谎的母狗》。

意外及神秘类书名：伊丽莎白·斯玛特的《我坐在中央车站旁哭泣》，田纳西·威廉姆斯的《欲望号街车》，娜塔丽亚·金兹伯格的《昔日我们种种》，胡安·荷西·米雅斯的《在你的名字里失序》，胡安·加夫列尔·巴斯克斯的《坠物之声》，菲利普·K.迪克的《仿生人会梦见电子羊吗？》。

预知秘密类书名：胡安·赫尔曼的《那时我应该说我爱你》，安娜·马丽亚·马图特的《无人居住的天堂》，伊西多罗·布莱斯腾的《因忧郁而自闭》，伊迪丝·华顿的《纯真年代》，路易斯·兰德罗的《迟暮的游戏》，罗莎·蒙特罗的《不再见你的荒唐念头》。

好书名从何而来是个谜。有时作者能一锤定音——"一开始就是它"，整本书起点明确，延伸出文字的大爆炸。有时要等，作者会犹豫不决，饱受折磨。有时书名会在最意想不到之处蹦出来，比如作者偶然听到一句话，或由第三方灵光一闪提出。关于书名，著名的趣闻逸事不少。作者原本想起一个平淡无奇或难以理解的名字，后来在他人——朋友、编辑、代理人的建议下走上正道，才有了那个不可或缺的书名。比如，托尔斯泰的《战争与和平》原来叫《结局好，就好》；波德莱尔的诗集《恶之花》原来叫《女同性恋者》；奥内蒂自己取的书名叫《大屋》，别人送了他一个书名——《当一切已无关紧要时》；有人提醒波拉尼奥《屎风暴》不是什么好书名，后来书名变成了《荒野侦探》。在极其罕见的情况下，译本名更贴切，比原作者想的更妙。约翰·福特的经典小说和改编电影《搜索者》的原书名和影片名都苍白无力。然而，某位不知名的西班牙发行商灵光一闪，决定在影片上映时将其改名为特别棒的《日落狂沙》。阿根廷女作家莱拉·格里罗写道，在合适的书名出现时，人会有近乎幸福的感觉，因为书名不仅是几个奇思妙想的单词，它"走进了故事心里，彼此再也无法分开"。

在漫长的许多个世纪里，书名始终无人关心，而一路走来，它已经变成了微型诗：书名是气压计、猫眼、锁孔、闪亮的招牌、霓虹灯广告；书名是基调，定义了后面的音符；书名是迷你镜子、门槛、雾中的灯塔、预感、让风车转动的风。

十五　何为经典?

　　现代艺术家必须有原创性，能够提供全新的前所未见的艺术品。越是突破传统和规范，反响就越好。每位创造者都想按照自己的方式叛逆一把，其他人也一样。我们依然遵从着一套浪漫的想法：对真正的艺术家而言，自由是氧气；我们在意的文学能构建属于自己的世界，使用超越常规的语言，探索新的叙事方式。

　　古罗马人不是这样，他们想要无限接近古希腊的文学作品，因此，从史诗、抒情诗、悲剧、喜剧，到历史，哲学、雄辩学，他们一样样复制过来。他们采用了古希腊人的韵律格式，但它跟拉丁语并不匹配。一开始，罗马人写的诗读起来做作又虚伪，斧凿痕迹太重。因此，他们建造了双子图书馆，就像世贸中心双子塔，用来强调古希腊文学和古罗马文学的同源性。他们认为，只要大大方方地模仿希腊，就可以青出于蓝而胜于蓝。他们主动接受一整套拿来的模板和各种限制。令人惊讶的是，在这么多条条框框之下，这一精神分裂的文学居然也有佳作问世。

模仿的执念体现在昆体良的文学批评中。这人很有趣，他出生在卡拉古里斯·纳西卡·义乌利亚——我喜欢这个热闹的地名发音，就是今天的卡拉奥拉，离我写作的地方只有一百二十公里。公元35年，他出生在罗马帝国的偏远一隅，但这并不妨碍他获得成功。只要出生在有钱人家，地理位置影响不了什么。很快，昆体良就成就斐然：他是律师，雄辩术教师，第一位直接由国库支付薪水的历史学教授，这是韦帕芗皇帝给予他的前所未有的荣耀，图密善皇帝[1]则钦点他去教自己的侄孙。他对给自己工作的两位皇帝极尽阿谀奉承之能事。在当年，歌功颂德属于宫廷礼仪，想不卑躬屈膝就往上爬比登天还难。总之他爱与权贵为伍。作为保守派人士，他生活安逸，待遇优渥，事业有成，因此心满意足。人到中年时，他才在个人生活上遭遇不幸。在丧妻（十九岁的妙龄妻子）并丧子（两个儿子）后，他写道："我不知道是谁在悄悄嫉妒我们，割断了我们的希望之线。"

十二卷的《论演说家的教育》是一部教育学著作，浓缩了昆体良作为教育家的毕生经验，他在书中提出了先驱性的看法。前文提到，当时人们普遍奉行棍棒教育。昆体良反对在教育中实施体罚，他认为夸比揍更有用。如果学生爱老师，他就会渐渐爱上老师所教的课程。昆体良不相信有放之四海而皆准的方法，认为教育应视具体情况和个人能力做相应调整。他坚持认为，教育学的目的是让学生自己找到答案，让老师变成多余的人。他

---

1. Titus Flavius Domitianus（51—96），公元81年到96年在位，他在尚未当政之前与执政之初表现出热爱文学，曾奖掖修辞学名家昆体良。执政中后期却喜好荒淫嬉戏，并逐渐变得残暴。

是率先捍卫终身教育的学者之一，鼓励雄辩术专业人士在学习阶段结束后尽量多读书，读得越多越好。他知道：读得多就说得好。为了在文学道路上引导他们，他列了两份单子，上面分别是古希腊和古罗马最优秀的作家（三十一位古希腊作家和三十九位古罗马作家）。

在昆体良的单子上，竞争成了执念。他想列出完全对应的单子：每位希腊语作家对应同等高度的拉丁语作家。希腊语的荷马对应拉丁语的维吉尔；希腊语的德摩斯梯尼和柏拉图对应拉丁语的西塞罗——谁说古罗马作家不能一个顶俩？李维是希罗多德再世；撒路斯提乌斯[1]是全新的修昔底德。我看完得出的印象是：出于国家荣誉的考虑，需要将古希腊的大作家们一个个克隆过来，仿佛在进行一个设定好的古怪模仿实验。据此可以理解，作者在写作《埃涅阿斯纪》之前，就知道需要体现爱国情操。《希腊罗马名人传》的成功是必然的，精明的普鲁塔克将创作主旨定为比较古希腊和古罗马的名人：忒修斯[2]和罗慕路斯，亚历山大大帝和尤利乌斯·恺撒，等等。

爱模仿、有野心、好竞争，这符合古罗马社会精英的心态。然而，肆意蔓延的竞争让创作者心力交瘁。我能想象，有作家接受挑战，受到激励，就有作家为传统所累，受到压迫。时时刻刻的比较让人窒息，诗人和小说家在创作时总是背负着集体自卑感。

悖论在于，尽管如此，古罗马人还是很有原创性，他们创造

---

1. Gaius Sallustius Crispus（前86—前35），古罗马历史学家，代表作为《罗马史》《喀提林阴谋》《朱古达战争》。
2. 忒修斯是传说中的雅典国王，对应罗马建城者罗慕路斯。

了前所未有的混合体。本国文明首次跨越了大国沙文主义的壁垒，他们接受外国文学，阅读之，保存之，翻译之，呵护之，热爱之。罗马牵了一根线，将我们和过去，和其他文化、其他语言、其他视野联系在一起。众多的观点、科学发现、神话、思想、感情，还有错误（也能激发灵感）在这条钢丝绳上晃晃悠悠地走过一个又一个世纪。有些脚一滑，摔倒了；但有些保持住了平衡，成了经典。这样的联系、不间断的传承、无尽的对话至今仍在延续，堪称奇迹。

古罗马怀旧的激情、痛苦的情结、军事上的主权、嫉妒心和占有欲都让人着迷。建立在欲望和愤怒之上，兼容并蓄、错综复杂的爱开辟了通往未来的道路，抵达了今天的我们。

※

只有富人，或在富人身边转悠、想谋职和挣钱的人才去从事文学创作，该状况很晚才有所改变。正如史蒂芬·平克[1]所言，历史不只是战胜者或有钱有势者书写的那样，这些有时间有闲情并受过教育、可以自主思考的人只占人类中的少数。我们总是会忘记过往时代的苦难，部分原因在于文学、诗歌、传说只为生活优越的人叫好，将默默在贫困中挣扎的人忘在了脑后。物质匮乏、忍饥挨饿的时代被神化，甚至被回忆成田园牧歌式的黄金岁月。事实远非如此。

---

1. Steven Pinker（1954—），加拿大－美国认知心理学家、心理语言学家、公共知识分子，代表作为《语言本能》《心灵如何运作》等。

文学经典，即最受仰慕的作家及其代表作品，究竟如何分布？当得知"经典"（classic）一词源于财富和所有权时，我们不必感到惊讶。该词最初与艺术或创作完全沾不上边，指的是严肃的事物，后来才延伸了意义。从词源上讲，classici 与人口财产普查有关。古罗马人将最富裕的社会阶层称为 classis，其余皆为贱民，被直截了当地称为低下阶层（infra classem）。人口财产普查在古罗马非常重要，用来确定每个公民的权利和义务，以及用来武装古罗马军团。财产数量——大部分情况下，人们没有财产——决定了各人的社会地位。

人口财产普查这一古老传统是老国王塞尔维乌斯·图利乌斯[1]定下的，每五年进行一次。完成后要举行净化仪式，请求各路神灵保佑造册顺利，无灾无难。仪式被称为 lustrum，因此，我们用 lustros 一词表示"五年"。每个家庭的一家之主必须带着家庭成员亲自到场，先宣誓，再申报财产和家庭人口，即子女人数、奴隶人数以及相应的奴隶价值。这些数据决定了哪些人能参加公民大会，哪些人不能。没有财产的人叫无产者（proletario），因为他们只有子女（prole）。除非形势极其危急，否则他们不会被征召入伍，也无须缴纳赋税；但与此对应，他们也不能通过投票参与政治决策。申报财产的人叫有产者（adsidui），他们要服兵役，可以参加公民大会，按财产的多少有权进入六个阶层中的一个。这个体系十分透明。富人缴税，作为补偿，他们拥有政治影响力。穷人对社会没有贡献，也就没有话语权。

---

1. Servius Tullius（？—前 534），古罗马王政时代的第六任君主，前 578 至前 534 年间在位，曾推行一系列改革。

律师兼作家奥卢斯·格利乌斯表示：从经济实力上讲，所谓的富裕阶层（classics）是精英中的精英、罗马共和国的贵族，他们家财万贯，富有到完全垄断了社会第一阶层。该词进入文学领域时，其实是个比喻。这个行话其实是用做生意的执念去评论艺术。有些评论家认定：一流作家可以信任（赊账）、值得信赖（有偿还能力），建议投入（投资）时间。位于另一个极端的是"无产阶级"作家，可怜的他们在莎草纸上卖力书写，却无人投资也无人庇护。我们不知道 classic 一词在当年是否常用，它只出现在两三篇保存至今的拉丁语作品中。该词真正大获成功是在 1496 年好几位人文学者重新启用它之后，后来它被用在所有拉丁语系的语言中。几个世纪以来，它长盛不衰并被推广到其他领域，不仅被用于文学，甚至不仅被用于创作。对许多人来说，所谓经典指的是足球领域诸如巴萨对皇马这样的经典赛事。

说起"经典"，从词形上就能看出，词源上的确跟"阶级"有所关联。该词诞生于将人分为三六九等的时代，不可一世的特权观浸淫其中。话说回来，几乎所有时代都是如此。然而，哪怕只是打个比方，将文字视为财富，以对抗财产和金钱的压倒性统治地位，这已经让人感动。

跟富人的门第血统一样，经典不是指单独一本书，而是指地图路线和闪耀星辰。卡尔维诺写道：经典是早于其他经典存在的作品。先读过其他作品，再读这本的人能迅速找到它在系谱中的位置。[1]因为它们的存在，我们能发现各种起源、关联和依存关系。

---

1. 卡尔维诺在《什么是经典》中提出的第 12 条关于经典作品的定义。

一些书躲在另一些书的褶皱里：荷马是乔伊斯和尤金尼德斯基因中的一部分，柏拉图的洞穴神话在《爱丽丝漫游奇境记》和《黑客帝国》中回归，弗兰肯斯坦博士被玛丽·雪莱[1]想象为现代的普罗米修斯，古老的俄狄浦斯王重生于不幸的李尔王，厄洛斯和普赛克的故事出现在《美女与野兽》中，赫拉克利特对博尔赫斯的影响，萨福对莱奥帕尔迪[2]的影响，吉尔伽美什[3]对超人的影响，琉善对塞万提斯和《星球大战》的影响，塞涅卡对蒙田的影响，奥维德的《变形记》对弗吉尼亚·伍尔芙《奥兰多》的影响，卢克莱修[4]对布鲁诺和马克思的影响，希罗多德对保罗·奥斯特《玻璃之城》的影响。品达唱道："人是阴影的梦。"莎士比亚重新阐释了一遍："我们和梦境拥有同样的材质，一场睡梦环抱了我们短促的人生。"卡尔德隆[5]创作了《人生如梦》。叔本华加入对话："人生和梦是同一本书的书页。"文字和比喻这条线穿过时间隧道，将不同时代绕在了同一个线团中。

对有些人来说，问题是经典的到来。被列入大中小学的教学大纲后，经典作品就成了必读书目。而其中的危险在于，那些硬塞给我们的书会把我们吓跑。马克·吐温在《文学的消失》一文

---

1. Mary Shelley（1797—1851），英国小说家，1818年创作了文学史上第一部科幻小说《弗兰肯斯坦》，被誉为科幻小说之母。

2. Giacomo Leopardi（1798—1837），意大利浪漫主义诗人，开意大利现代自由体抒情诗的先河，代表作为《致月亮》《致意大利》。

3. Gilgamesh（？—约前2700），乌鲁克国王，也是著名古代文学作品《吉尔伽美什史诗》的主角，是拥有超人力量的半神，三分之二是神，三分之一是人。

4. Titus Lucretius Carus（约前99—约前55），罗马共和国末期的诗人、哲学家，代表作为哲理长诗《物性论》。

5. Pedro Calderón de la Barca（1600—1681），西班牙黄金世纪剧作家、诗人，代表作为剧本《人生如梦》。

中嘲讽地下过定义："经典就是所有人都希望自己读过，但谁都不想去读的书。"皮耶尔·巴雅[1] 借用了这个幽默的想法，写了一本《如何讨论没有读过的书》。书中分析了各种诱导我们成为虚伪读者的因素：小时候怕辜负大人的期望；避免被排斥在谈话之外；考试时瞎蒙。人们在回答"读过"时，几乎没意识到自己在撒谎，是的，我们读过那本从未捧在手中的书。巴雅说，在刚恋爱时，为了接近对方，也许我们会假装读过对方喜欢的书。一旦撒了谎就没有退路可走。我们不得不在没有读过的情况下，基于别人的意见，摸索着谈论某些文本。如果是关于经典作品，作假会容易些，我们多少会有点熟悉它。即便它从未进入我们的生活，也曾出现在环境中做过背景音，属于大众书目。只要大概知道坐标，我们就能摆脱窘境。

说回到伊塔洛·卡尔维诺，他还说过，所谓经典作品是指那些我们越是道听途说，以为自己懂了，而等实际读到时越觉得它们独特、意想不到、新颖的作品。经典永远有未尽之言。[2] 当然，这只会在它们让读者感动、给读者启迪时发生。对那些在漫长的危险时期将文本当护身符似的保护的读者，读书不是出于被迫，而是出于热爱。

经典作品都是了不起的幸存者。用社交网络上特别时髦的话讲，经典的实力——用人口财产普查的术语讲，是经典的财富——取决于粉丝人数。这些书写完之后，过了一百年、两百年、两千

---

1. Pierre Bayard（1954—），法国作家、法语文学教授、精神分析学家，代表作为《谁杀死了罗杰·艾克罗伊德》，是一本评论侦探小说的侦探小说。
2. 这两句分别为卡尔维诺在《什么是经典》中提出的第 9 条和第 6 条关于经典作品的定义。

年，还能吸引新的读者。经典作品可以不受读者口味不同、观念不同、政治想法不同的影响，可以扛过各种革命、各种周期性的变化、新一代人的各种不理不睬。在这趟如此容易迷失的旅程中，它们能成功进入其他作家的世界，并对他们产生影响；它们能持续登上世界戏剧舞台，被改编成电影和电视剧；甚至能摆脱实体书的墨水和装帧，现身互联网。每一种新的表现形式，广告、动漫、说唱、电子游戏都能取材于经典，让它有新的容身之地。

那些最古老的经典作品得以幸存的背后，都有几乎不为人知的伟大故事：无名人士出于热情保护脆弱的文字遗产的故事，忠诚捍卫经典的神秘故事。许多个世纪走来，就连最早发明文字的新月沃土地区——美索不达米亚和埃及的文本乃至语言都已经被遗忘。最好的状况莫过于在许多个世纪之后，它们重新被破译。而《伊利亚特》和《奥德赛》永远不缺读者。始于古希腊的传播链和翻译链从未中断，这使得跨越时空和国界去回忆和谈论的可能性始终存在。今天的读者在忙里偷闲耐下性子来读书时，也许会感到孤独。但在我们身后，有长长的许多代人。别忘了，素不相识的我们共同努力，演出了拯救经典的神奇戏码。

✻

不是所有的新东西都值得拥有，化学武器比民主制度要新得多。也不是所有的传统都死板常规，束手束脚，枯燥乏味。今天的反叛是被昔日的潮流所激发，如废奴主义运动或女性争取投票权。历史遗产可以很有革命性，也可以很反动。有时，经典无论在当年它们所处的世界，还是在今天我们的世界，都深具批判性。我们还没有进步到可以无视经典作品对贪污腐化、军国主义或社会不公的反思。

公元前415年，欧里庇得斯的悲剧《特洛伊妇女》在宗教节日期间上演，期间剧场爆满。作品再现了特洛伊战争结束时的场景。特洛伊战争是古希腊人的建国神话，是祖先们英勇爱国的伟大胜利。雅典观众们坐在露天剧场的台阶上，一边吃面包、奶酪和油橄榄，一边等待演出开始。大多数人都对阿喀琉斯在特洛伊的战绩感到十分自豪，如同我们对在第二次世界大战中击败纳粹感到十分自豪一样。但如果他们期待的是雅典的斯皮尔伯格像电影《辛德勒的名单》那样，赞颂他们站在历史正确的一方，那他们等来的恐怕是史诗级的巨大失望。欧里庇得斯在他们眼前展现了残酷的屠杀、报复性的破坏、集体强暴、冷血地将孩子从城墙上扔下去、战争的恐怖落在战败方女性身上等一幕幕场景。

在公元前5世纪那个让人战栗的下午，雅典人听到的是敌方母亲们的愤怒与绝望，她们在控诉他们的残忍。最后，已经掉了几颗牙齿的年迈王后赫尔犹巴，在世界末日般的火光照耀下，控诉战争使人们痛失亲人、孤独无依。（天哪！大火已经吞噬了巍峨的城堡，吞噬了整座城市，吞噬了高高的城墙。烟与尘借着风偷走了我的宫殿。此地的名字会被遗忘，就像一切都会被遗忘。特洛伊在毁灭，大地在颤抖，我的手脚也在颤抖。你们拖着我的脚，把我拖走吧！我们将沦为奴隶。）

不用说，欧里庇得斯没在那年的戏剧节中获奖。在战争年代——古代世界时时刻刻都在打仗，在官方资助的剧目中，他居然敢站在女人那边反对男人，站在敌人那边反对同胞，站在战败者那边反对战胜者。他是没获奖，但欧洲每经历一次大战——最近一次，为了致敬萨拉热窝的寡妇寡母——这部作品就会被上演一次，掉了牙齿的赫尔犹巴就会在我们开始遗忘前站在炙热的战壕上、尚未收拾的废墟里，代表战争受害者再次发声。

经典作家形象之神圣与不可撼动，让我们很难想象其中一些人遭受过巨大的质疑，其作品也引发过巨大的骚乱。说起有争议的人物，有代表性的当属百万富翁塞涅卡。他是眼光独到的投资者，开办了今天所谓的信贷银行，靠放高利贷赚得盆满钵满。他在当年的房地产投资天堂埃及购买了多处庄园，名下资产翻了好几倍。通过肥差和关系网，他成了那个世纪积累财富最多的人之一，其财富比整个罗马帝国每年一成的赋税还要多。他明明可以过穷奢极欲的生活，挥金如土，建几千屋顶的豪宅用来炫耀——古罗马的房屋面积不是计算占地多少平方米，而是计算房主头顶上有多少遮风避雨的屋顶，以及收集古玩、奴隶和狩猎战利品。但他对哲学感兴趣，更讽刺的是，他感兴趣的是斯多葛派哲学。他著书立说，宣扬自己的理念，他坚持认为所谓富人，是指那些需求不高的人。即使没有福布斯排行榜，同时代的人也知道他富可敌国，于是便忍不住笑话他，讽刺他净写些不爱物质、生活节俭、以粗面包度日有多少好处的文章。塞涅卡一边用毫无节制的资本家的方式打理生意，一边捍卫简朴生活、宣扬仁爱助人，因此一次次被人耻笑。他有银行家和哲学家的双重人格，身上知行不一的矛盾永远得不到解决，我们很难知道他究竟是怎么想的。然而直到今天，为他招来众多耻笑的某些文字依然在向我们提出挑战。

《道德书简》中的片段可被视为西方和平主义历史上里程碑式的表达："个体杀人要得到惩罚，那么该如何惩罚发动战争和屠城的'光荣'罪行？明明犯的是死罪，我们偏要去称颂，只因为那是某某将军立下的战功。个人不得进行的暴力行为，却因元老院的决议和颁给平民的政令而进行。人类是动物中最温和的种类，却不以发动战争、鼓励子女入伍为耻。"

可怕的是，这篇写于许多个世纪前的文字依然是我们周围世界的真实写照。怎么会这样？因为从古希腊罗马时代起，我们就一直在重复我们的符号、我们的想法、我们的革命。三位持怀疑态度的哲学家都从研究古人出发完成了现代性的转变——尼采在形而上学领域，弗洛伊德在伦理学领域，马克思在政治学领域。甚至最具革命性的创造也会包含过去想法的点滴。所谓经典作品就像那些始终活跃的老摇滚歌手，他们一边在舞台上老去，一边适应新的观众。将他们奉上神坛的听众愿意花光最后一分钱去听他们的演唱会；而对他们不敬无礼者会去戏仿他们，但谁也不会无视他们。这表明新与旧的关系远比一眼看上去更复杂，更有创造性。正如汉娜·阿伦特所言："过去不会拖后腿，只会让我们往前。而且与我们预想的不同，是未来在引导我们走向过去。"

十六　标准：芦竹的故事

这个故事始于河边的芦苇荡。在岸边几乎没有树木的东方，阳光让河面泛起粼粼波光。河水滋润着河岸，那里生长着一种杂乱的植物，蟋蟀在其中鸣叫不停，蜻蜓振着闪亮的蓝色翅膀。清晨，在坡旁守候猎物的猎人听到隐隐的水声和风吹芦苇的摇曳声。

在这样一个地方，生长着一种东方芦竹（拉丁名 Arundo Donax），它的茎像柏树一样直。这个植物的名字有个十分古老的闪语族词根（亚述－巴比伦语是 qanu，希伯来语是 qaneh，阿拉米语是 qanja）。从这个外来语词根上诞生了希腊语"canon"，字面意思是"像芦秆一样直"。

canon 是什么？是一种用来测量的小棍子。古代的泥瓦匠和建筑工人管用来画直线，准确测量大小、体积、比例的简单木制工具叫 canon。雅典中心广场有称重工具和刻在石头上的刻度。商人和顾客可能会在那里大声争执，指责对方是骗子。一个埋怨："这块布不够三腕尺 [1]。你这个醉鬼！狗样儿！尽坑我的钱！"被骂的人

---

1. 腕尺作为测量单位被广泛使用于古埃及、古希腊和古罗马。1 希腊腕尺约合 46.38 厘米。

吼道："你这个穷鬼！跳蚤窝里出来的家伙！还敢说我偷你东西？"在 canon——铱铂米尺的前身面前，我们的古希腊祖先们可以解决大部分吵架和讨价还价的问题。雕塑家波留克列特斯 [1] 在抽象化上迈进了一大步，他撰写了关于理想体型的书籍《标准》（*kanon*）。他认为完美的体型其身体高度应为脑袋高度的七倍。其雕塑作品《荷矛者》展现了理想的男性身材的例子，同时开启了被个人形象支配的时代：年轻人在体育馆自我折磨，梦想着能按大理石模特的样子塑造自己的身体。

拜哲学家亚里士多德所赐，这根不起眼的芦秆走进了原本毫不相干的伦理学领域。他写道，行为的准绳即道德标准（moral canon），不应如柏拉图所言是绝对的、永恒的概念，而是"诚实、完美的人的行为方式"。亚里士多德如此解决道德困境，让我想起加里·格兰特在电影《休假日》中说的一句话："每当陷入困境时，我就会问自己：通用汽车公司在这种情况下会怎么做？我只要反其道而行之就好。"哪怕看上去很老套，《民法》依然要求我们"像家中的好父亲那样"承担义务。

在古希腊罗马时代，最好的作家名单和最好的作品书单从来都不叫正典。那么，我们是怎么得出颇具争议的"文学正典"的概念的？是通过基督教的筛选。当年各基督教派曾为福音书的真假吵得不可开交，教会当局一点点理出了《新约》的内容：马可福音、马太福音、路加福音、约翰福音，只有这四大福音书，没

---

1. Polyclitus，公元前 5 世纪的古希腊艺术家、艺术理论家，具体生卒年月不详。代表作为雕塑作品《荷矛者》《束发的运动员》和理论著作《标准》。

有别的，外加使徒行传和书信集。各基督教派进行了长时间热火朝天的讨论，分析哪些文本是假冒的，应该被排除在外。4世纪内容基本定下来之后，历史学家凯撒利雅的优西比乌斯[1]将教会宣称为神的启示、信徒可以从中找出生活准则的书称为"教会正典"。一千多年后的1768年，一位德国学者首次在现代意义上使用了"经典作家"的说法，问题在于这个词自带的各种特征及内涵。从《圣经》那儿类推过来，文学正典的标准恐怕是一种自上而下的等级观念，由专家制定，获得官方代表的支持，并被有意设计成封闭的、永恒的、不受时间影响的。因此，我们一点也不奇怪，从那时起，许多热情洋溢的读者为了捍卫自由会忍不住采取加里·格兰特对通用汽车公司的态度，做什么、读什么都反其道而行之。

其实，许多经典之所以成为经典，是因为它们战胜了试图销毁它们的政权。例如，奥维德的书战胜了奥古斯都；萨福的诗战胜了教皇格列高利七世；柏拉图对诗人的威胁没什么好结果，即便在这位哲学家有政治影响力的地方也是如此；卡利古拉没有终结荷马的诗；卡拉卡拉也没有消灭亚里士多德的作品。有些被视为异端邪说的危险作品也存活了下来，例如卢克莱修的《物性论》、拉伯雷[2]的《巨人传》和萨德[3]的小说。纳粹分子也没能说服全世界，

---

1. Eusebius of Caesarea（约260—约340），基督教修士、神学家、教会历史学家。他编著了《教会史》，被视为基督教历史之父。

2. François Rabelais（约1494—1553），文艺复兴时期法国人文主义作家，代表作为长篇小说《巨人传》。

3. Marquis de Sade（1740—1814），又被称为萨德侯爵，法国贵族、作家，创作了一系列色情和哲学书，代表作为《索多玛120天》《闺房哲学》。

尽管他们认为犹太人写的东西毫无价值。

文学正典的标准和宗教正典的标准很不一样。圣经篇目的选择建立在信仰的基础上，希望人们不做改动；文学标准则不然，它更符合古罗马人选择的形象：人口财产普查，社会等级划分，当然可以，但要不断更新。作为工具，它之所以有用恰恰是因为灵活，可以适应各种变化。文化既不存在全面的断层，也不存在绝对的延续。根据不同的历史环境，作品更受欢迎或没那么受欢迎。启蒙时期的评论家执着于教学类、道德类作品，完全不像我们这样痴迷莎士比亚。今天我们对说教类或演讲类文章不感兴趣，但在别的时代，它们是主要的文学体裁。在18世纪，知识分子同声同气地谴责小说，完全想不到小说如今会攀上文学的巅峰。直到童年被重新定义、开始成为重要的生命阶段，儿童文学才获得了成功。随着女性主义的崛起，西班牙"黄金世纪"作家马丽亚·德·萨亚斯[1]创作的女主人公受迫害的小说不再是低价值的消遣读物，而是重新拥有了重要的文学地位。跟公司开开关关一样，某些作家也会因为大众情感的变化被阅读或不被阅读。巴尔塔沙·葛拉西安[2]要等到20世纪90年代才能让美国和日本积极进取的高管将他的《智慧书》变成案头必备书和国际畅销书。哈辛托·贝纳文特[3]摘得了诺贝尔文学奖的桂冠，可他的剧本几乎没有被搬上过戏剧舞台。当时大红大紫的是同时代的剧作家巴列－

---

1. María de Zayas（1590—1661），西班牙作家，擅长创作爱情小说。
2. Baltasar Gracián（1601—1658），西班牙作家、哲学家、思想家、耶稣会教士，代表作为《智慧书》，其中汇集了300则格言警句。
3. Jacinto Benavente（1866—1954），西班牙剧作家，1922年获得诺贝尔文学奖，代表作为《既成利害》《不该爱的女人》。

因克兰[1]。他是个古怪邋遢的边缘作家，不亲近观众，也不在意成功，但令人着迷。马提亚尔总是要面对别人的指责，说他的诗写得特别短，要努力为自我辩护，可是现如今，推特的字数限制正好对他的短诗有利。骑士小说辉煌了好几个世纪，而后被人遗忘，可对其的戏仿之作《堂吉诃德》却被奉为经典。幽默与讽刺都有了市场。如今，我们更喜欢模棱两可的作品，而非试图对我们进行说教的作品。

古往今来，许多文学标准和它们无穷无尽的分支并存着。在几乎所有时代，不同的评论家都会列出不同的单子，彼此唱反调。反对者总要有反对的对象，每代人都会区分好品味（我的品位）和俗品味（你的品位）。每个文学流派都会将别的作品拉下马，将自己的最爱捧上去。说到底，只有时间最有发言权。西塞罗认为创新者卡图卢斯只是个爱慕虚荣的小子，没有一点天分，卡图卢斯嫌弃尤利乌斯·恺撒，但三人都被列为古罗马正典作家。艾米莉·狄金森一生只发表过七首诗，编辑认为她的句法和标点都需要修改。安德烈·纪德代表伽利玛出版社拒绝了普鲁斯特的书稿。博尔赫斯在《南方》杂志上将《公民凯恩》批得体无完肤。后来他否认写过这篇文章。

跟所有分类学一样，各种经典清单能很好地反映制定者及其所处的时代。入选名单暴露出各种偏见、期望、情感、盲点、权力结构和自我认可。有些作品曾经是经典，后来不再是；有些作

---

1. Ramón del Valle-Inclán（1866—1936），西班牙小说家、戏剧家、诗人，颠覆了西班牙戏剧中的传统主义，代表作为《波希米亚之光》《暴君班德拉斯》等。

品曾经郁郁不得志，后来扬眉吐气；还有些作品一直不间断地产生影响力。对多个世纪以来文学标准变形记的研究，为观察我们的文化生活提供了一个引人入胜的视角。承认在不同语境下我们对永恒的标准不同，这是历史观的进步，按J.M.库切的说法，我们应将过去视为塑造现在的一股力量。这位南非作家自问："当被历史化之后，经典还能留下些什么，能超越时代，继续与我们对话？"经典超越了时间的限制，留存了对后世有意义的东西，它依然具有生命力。它经过日复一日的考验依然毫发无伤。即便走过黑暗的时代，其延续性也没有被打破。它能迈过各种历史关口，甚至能在法西斯主义和独裁制度的死亡之吻下幸存。爱森斯坦[1]为苏联拍摄的宣传片，或莱妮·里芬斯塔尔[2]为纳粹拍摄的宣传片，至今让我们印象深刻。

许多文化研究抨击经典的标准专制、压迫，建议制定不同的标准，让被排除在经典外的作品也能受到关注。论战起源于20世纪60年代，在20世纪末被再次点燃。在学术界持多元文化主义的背景下，美国评论家哈罗德·布鲁姆[3]用挽歌式的语气谴责了所谓"憎恶学派"的道德视角，提出了他自己对西方正典的看法，完全是不加掩饰的盎格鲁－撒克逊白人男性视角。此前从未有过如此多的批评声，也从未有过如此多确立标准的行为。因特网提

---

1. Sergei M. Eisenstein（1898—1948），俄罗斯导演、编剧、制片人，代表作为《战舰波将金号》《十月》等。

2. Leni Riefenstahl（1902—2003），德国导演、编剧、制片人、摄影师，代表作为《信仰的胜利》《意志的胜利》《奥林匹亚》等，因与纳粹牵连而数度入狱。

3. Harold Bloom（1930—2019），美国文学教授、耶鲁学派评论家、文学理论家，代表作为《西方正典》《影响的焦虑：一种诗歌理论》。

供了无数书单、影单和歌单，文化副刊不停地对年度新作进行排名，各大奖项和文化节都在遴选已出版的最优秀作品。无数本书在出版时被冠以"一百本最好的×××"称号。社交网络上有几百万条专家读者或业余读者分享的读书推荐。我们痛恨书单，同时又对它上瘾。不可或缺又并不完美，经典清单表达出这种矛盾的热情。被淹没在书海中，一眼望不到边，因此我们渴望在骚动中稍事休息休息。

说了这么多，让我们回到最初的芦苇荡。在芦苇和花穗饱满的香蒲间张望，我觉得我们选择的比喻并不完美。芦竹笔直坚挺的茎无法展现标准曲折发展的道路，恐怕河流还更合适些。河流会变，蜿蜒向前，拐过许多河湾，其间河水涨涨落落，但它依然在那儿，似乎在唱那首永不枯竭的歌，只是用不同的河水去唱罢了。

如果一本书的最后一册在某地被火烧掉，被水泡烂，或被虫子一点点啃掉了，一个世界就没了，谁也不能再阅读它、抄写它和拯救它。古往今来，尤其在古代和中世纪，许多书没有了，许多声音就永远沉寂了。我们很难想象当其他作品以各种稀奇古怪的方式走向灭亡时，某些看来平庸、幼稚、下流之作是经过哪些意想不到的曲折一直走到今天的。

亚历山大港的学者们很清楚文字的脆弱。照理说，遗忘是任何故事、比喻、想法最可预见的结局。能从沉默和消失那儿偷来若干年的寿命反倒是例外。在印刷术发明之前，人们要花大力气逐字逐句地手抄书籍，才能增加抄本数量，让书籍保持流通。亚历山大图书馆的管理员们确定下来的经典清单更像是个图书拯救计划：人员精力有限，所以要集中拯救少部分作品。想让所有书都保持生命力，那简直不可想象。只能让那些他们最在乎的故事、诗歌和思想拿到去往未来的通行证。

经典机制关乎作品的生死存亡。当年，书写文字就是濒危生物。被挑中的书籍会有更多的抄本：抄本越多，名望越高，这不是说有助于在商业上获利，而是更有希望生存。它们会被公共图书馆收藏，免得流离失所。另一个了不起的庇护所是学校。文本一旦被选为供读写的课文，就会在全国每个角落被学生抄写，堪称最持久的书寿保险。当年的教育系统完全没有中央集权化，所以不存在教育主管部门，每个老师都可以自选篇目让学生阅读。无数的个人决定既会从标准中汲取灵感，也会对标准产生影响，从而改变标准。

古希腊罗马文学中有一种体裁的作品非常特别：它并非贵族出身，亦无高雅的文化追求，却能将自己成就为经典，它就是动物寓言。古希腊形象模糊不清的伊索当然还有个罗马孪生兄弟：获释奴隶菲德鲁斯[1]。古代寓言用自下而上的目光看待现实，让弱小卑微的动物（绵羊、母鸡、青蛙、燕子）去对抗更强大的动物（狮子、鹰、狼）。对比显而易见，结果可想而知：弱势群体往往以失败告终。只有在极少数情况下，弱者才能用狡猾的手段胜出；通

---

1. Phaedrus，生卒年月不详，大约生活在公元 1 世纪前半期，原为出生在希腊北部的奴隶，后获释。著有五卷本《寓言集》。

常它们会被强者三下五除二地干掉。有一个很悲伤的故事：鹤把头伸进狮子口中，帮它取出卡在喉咙里的刺，但鹤却没有得到狮子许诺的犒赏。狮子没有"啊呜"一口咬掉它的脑袋就已经很便宜这只鹤了，难道不是吗？在另一则寓言里，一只绵羊试图反驳狼给它胡乱安插的罪名，小羊据理力争，激烈的抗辩只是让猎食者得以悄悄地靠近小羊并且毫不客气地把它吃掉了。最后的寓意为：每个人都得接受自己的命运。弱者休想在法律上获得任何帮助，蜘蛛网可以抓住苍蝇，却抓不住它需要提防的鸟。寓言故事残忍冷酷，让人清醒，跟文学经典没有半点相似之处。如果这些与社会精英八竿子打不着的故事也能打开正典的突破口，那无疑是因为多少个世纪以来它们被老师用在了课堂上。

古罗马一位名叫昆提斯·凯基利乌斯·埃皮罗塔的老师做出了革命性的决定，他让学生学习在世作家的作品。因为这所学校的存在，某些公元 1 世纪的作家得以在有生之年就开始享受经典作家的待遇。最受青睐的是维吉尔。玛丽·比尔德告诉我们：在庞贝古城的墙上，我们发现了五十处维吉尔的诗歌，其中大部分出自《埃涅阿斯纪》第一卷和第二卷的开头，它们显然是老师们的心头好。似乎在公元 79 年，所有人都知道《埃涅阿斯纪》的第一句是"我歌唱武器和人"，而不用将这首诗从头读到尾，就像今天你不必成为塞万提斯研究专家也能背出《堂吉诃德》的开头：有位绅士住在拉曼却的一个村上，村名我不想提了。有个爱开玩笑的人在庞贝城洗衣店的墙上戏仿《埃涅阿斯纪》来嘲笑店主。店里养了一头宠物猫头鹰，于是无名的幽默作家写道："我不歌唱武器和人，我歌唱洗衣工和他们的猫头鹰。"很显然他在开玩笑。

但比尔德强调：从这句戏语里，我们可以惊讶地发现当时市井小民的世界和经典文学的世界居然产生了交集。其他的羞辱性文字就没那么讲究了，它们更像今天公厕门上的胡乱涂鸦："我跟老板娘有一腿。"一位古代庞贝市民在酒馆墙上这样写道。

对作家而言，公元前 1 世纪充满希望。某些被选中的书籍被多次抄写，并在广阔的疆域内得到传播，进入前所未有的由公共图书馆、私人藏书馆以及各类学校所组成的网络中。也许，最受欢迎的作家们史上第一次有了充分的理由相信自己的作品可以再流传许多年。达到这个目标的前提自然是进入经典名单。贺拉斯渴望成为经典作家，他写了一段十分直白的文字，直截了当地建议赞助人梅塞纳斯[1]将自己纳入最优秀的作家行列："如果你把我的名字放到抒情诗人名单里，我会把头昂得高高的，连天上的星星都能够着。"他用拉丁语动词"放"去翻译希腊语动词"筛"（将麦粒和麦秸分开），后者是亚历山大港的图书管理员用的比喻，意思是筛选作家。贺拉斯欢迎大家阅读自己的作品，认为自己可以比肩古希腊最著名的九位抒情诗人，并将这个客观公正的自我评价毫不犹豫地告诉了读者。在《颂诗集》中，他笃定地认为，自己的诗虽然被写在脆弱的莎草纸上，但一定会比金属和石头更长久："我竖起了一座比青铜更结实，比王陵金字塔更高的丰碑，无论是连绵的雨水、凛冽的寒风，还是数不清的岁月，都无法将它摧毁。我是不会彻底死去的。"若干年后，奥维德也对自己的《变形记》

---

1. Gaius Cilnius Maecenas（前 70—前 8），罗马贵族，奥古斯都的谋士和亲信，赞助了许多才华横溢的诗人，维吉尔和贺拉斯都曾蒙他提携。

表达了同样的信任："我完成了一部作品，朱庇特的愤怒也好，火也好，铁也好，吞噬一切的时间也好，都不会将它摧毁。"即便这些预言听起来很不靠谱，但事实上，直到今天它们都得到了应验。

不是所有作家都胆敢想象自己的作品有如此长久的生命力。马提亚尔的作品没有进入学校，他对未来的遐想就没有那么乐观。他在《讽刺诗》中开玩笑，嘲讽那些被舍弃的书的下场，那些无法攀上巅峰的书的命运：赴死者向你致敬。他向我们表明，许多书会沦为食品包装纸，或用在其他不太体面的场合。如此下场也威胁到他自己的作品："你别被带进黑乎乎的厨房，用湿漉漉的书页去包裹小鲐鱼，或被卷成纸袋装熏香或胡椒。"文学作品失败的滑稽场面反复出现在他的诗中：书卷成为金枪鱼的长袍、油橄榄的大褂，或奶酪的风帽。马提亚尔也许担心作品会流落到文学的下层社会，带着鱼鳞和不新鲜的鱼发出的恶臭葬身厨房。

在千百年里，店员的确是从旧书中扯下书页来包裹商品的。作家的梦想和抄写员——后来是排字工人——的辛苦居然落得这样悲惨的下场。塞万提斯在《堂吉诃德》中讲过一个跟马提亚尔作品的经历同样悲惨的故事，好在结局是圆满的。小说刚开始的时候有个大胆的章节，说故事的叙述者在托莱多的阿尔卡纳市场闲逛时，见到一个小男孩抱着一大堆旧抄本，要兜售给一位丝绸商人。他并没有想到，那堆旧书稿中就有堂吉诃德的冒险故事。"我这人呢，什么都爱读，连大街上的破纸片也不放过。于是，我从他手中拿过一本抄本。"叙述者写道。多亏了这位读者在紧要关头的好奇心，手稿得救了，没被拿去包裹布料，小说也得以继续流传。该插曲在玩文学游戏，塞万提斯这么编，是想戏仿骑士小说

中老掉牙的借找到手稿叙述故事的手法。然而，在阿尔卡纳市场
兜售旧抄本的小男孩散发着浓郁的生活气息，让我们窥见了一个
平行现实：了不起的经典作品有可能在托莱多的无名丝绸铺子里
一页页被撕毁。

在即将步入 20 世纪之际，英国藏书爱好者威廉·布莱兹
（William Blades）购买到了沦为厕纸的珍本残卷。布莱兹说，1887
年夏天，他的一位绅士朋友在布莱顿租了几个房间，他在那儿的
厕所里发现了一些厕纸。他褪下裤子，将厕纸放在光光的膝盖上，
在擦屁股前，他瞟了一眼，发现上面有字，是哥特式花体。他预
感到这是个大发现，激动地赶紧上完厕所擦干净，跑出去问这里
还有没有更多这种纸。女房东将剩下的拆开的散页全都卖给了他，
说父亲很喜欢古董，有满满一大箱子书。父亲死后，箱子由她保
管。后来她烦了，嫌书碍事，以为书不值钱就拿去当厕纸，差点
将自己继承的私人藏书的最后一点残骸彻底糟蹋掉。他们手上的
那本书叫《古罗马人纪事》，是温金·德·沃德[1] 印制的最稀缺、最
少见的一个版本。莎士比亚创作剧本时曾在这本书里找到过灵感。
在那家英国客栈的厕所里每天流失了多少宝贝书页，只能全凭大
家想象了。

今天我们在很理智地安排书籍的销毁。如阿尔贝托·奥尔莫
斯[2] 所言，我们这个令人尊敬的社会每年销毁的书籍跟纳粹、宗教

---

1. Wynkyn de Worde（？—1534），英国印刷商、出版家。他与英国首位印刷商威廉·卡
   克斯顿（William Caxton，约 1422—约 1491）的合作被传为佳话，为英国乃至欧洲的文
   艺复兴和英国文学作品的传播做出了巨大贡献。
2. Alberto Olmos（1975—），西班牙作家，代表作为《海难》《开往东京的列车》。

裁判所和秦始皇加起来销毁的一样多。单单在西班牙，虽说没有大张旗鼓地公开点火焚书，每年却在悄无声息地销毁几百万本书。出版社的仓库成为殡仪馆，接收那些被书店退回、已经宣布第一次死亡的没人要的书。被销毁的书籍数量庞大：2016 年，西班牙共出版 2.24 亿本书，其中 0.9 亿遭受了灭顶之灾。那些自以为会畅销的书被特意多印了许多本，人们以为它们会热销大卖，其实读者根本消化不了。编辑们估计错误、希望落空也会让几十万本书直接送命。对行业内的公司而言，仓储成本太高，所以百万本以上的书被扫地出门，流落到郊区作坊，被粉碎、压扁，变成死气沉沉的纸浆。这些失败的前辈在粉身碎骨后，要么被重新造成纸，印成别的书；要么被回收再利用，制成其他有用的新物品，如利乐包装盒、餐巾纸、手帕纸、杯垫、鞋盒、包装箱等，总之成为马提亚尔笔下金枪鱼长袍的现代版本；甚至被做成卫生纸，让我们跟布莱顿旅馆的住户"臭味相投"。

捷克作家博胡米尔·赫拉巴尔做过废纸回收站的打包工，基于工作经验，他创作了《过于喧嚣的孤独》。该小说是一位被困在地下室的打包工——只有老鼠和自我思考与他为伴——在将废纸一捆捆地打包、交给运输工人时的独白。他的小窝臭得像地狱，堆积成山的废纸不是干的，而是湿的、烂的，已经开始发酵，"跟它们散发出的臭味相比，粪便简直香气扑鼻"。卡车每周来三次，将打包好的废纸送到火车站，塞进车厢，运往造纸厂，之后再倒进大池子里，用强酸和强碱溶解。主人公是爱书之人，他知道许多很棒的书会死在废品回收站，但他阻止不了销毁书的过程。他写道："我只是个软心肠的屠夫罢了。"他只能准备简单的仪式：当书抵达他工作的地下室时，他成为最后一名读者，用心打理坟墓，意思是他会用心打包。"我必须将每个包打得漂漂亮亮的，赋予它我的个性、我的签名。上个月，有人送来六百公斤绘画大师的复制品，扔进我的地下室。于是，我给每个包裹上都装饰了欧洲名画。傍晚，我打的包在货梯前一字排开，包裹上装饰着《夜巡》《艺术家夫人》《草地上的早餐》《格尔尼卡》[1]，漂亮极了，让人赏心悦目。只有我知道每个包里躺着什么书，这里是《浮士德》，渗着肉店血水的纸张里有《许佩里翁》和《查拉图斯特拉如是说》。我既是艺术家，又是唯一的观众。"在赫拉巴尔创作这本小说的时候，他的作品已经被政府宣布为禁书。在闭门著书的日子里，他反反复复地思考创造与破坏、文学存在的理由、人为什么会孤独等问题。老打包工的独白是一篇有关时间残酷性的寓言，也间接地成为一篇证词，证明一本书想存在几千年需要经历的九死一生的奇妙冒险。

1.《夜巡》和《艺术家夫人》是伦勃朗的作品，《草地上的早餐》是马奈的作品，《格尔尼卡》是毕加索的作品。

十七 女性声音的碎片

在一片被遮蔽的风景中，她有身体，有存在感，有声音。在罗马城里，她是独一无二的特例：一个独立、有文化的年轻女性，坚持自己爱的权利；一个用自己的语言讲述感情和生活的女诗人，不经由男性转述。

苏尔皮西娅生活在奥古斯都皇帝执政的黄金世纪，她的卓尔不群表现在许多方面，最重要的是：她属于古罗马人口的前百分之一，按今天的话讲，她属于精英阶层，位于等级森严的残酷社会的顶端。她的母亲是古罗马有权有势的将军、文学赞助人梅萨拉·卡维努斯的妹妹。她在舅舅的豪宅里认识了当年最受欢迎的诗人，如奥维德、提布鲁斯[1]等。她家里有钱，自己又有亲戚撑腰，所以敢写自传诗。她创作的爱情诗是古典时期古罗马女诗人唯一流传至今的作品。诗中的女性所提的要求——自由与欢愉——在当年很不寻常。她确信自己可以大胆妄为，抱怨老被舅舅盯着，语

---

1. Tibullus（前55—前19），古罗马诗人，擅长创作挽歌，家境富裕。

带讽刺且无礼地称他为"没良心的亲戚"。

苏尔皮西娅只有六首诗传到我们手上，共四十句，是她对一个名叫塞林托的男子的六个热情篇章。这人显然不是家里人替她选的对象，相反，父母和监护人舅舅生怕她和他发生关系。她自己也说：有些人想都不能想她被乖乖地带到一张"并不尊贵的床上"这个画面。无疑，塞林托完全属于另一个世界、另一个社会阶层，甚至有可能是个获释奴隶，这谁知道呢？总之，对贵族出身的苏尔皮西娅来说，他并不是合适的追求者。苏尔皮西娅倒一点也不担心。如果她受苦——有时候的确如此，也是因为其他原因。比方说，觉得自己一无是处，所受的教育让她无法表达欲望，让她很是痛苦。

她最打动我的一首诗是一段爱的公开表白，诗中的态度挑衅、肆无忌惮。我大致翻译了挽歌中的对句：

> 爱情，你总算来了！
>
> 你来势凶猛，
>
> 拒绝你
>
> 比肯定我自己
>
> 更让我害臊。
>
> 爱情兑现了诺言，
>
> 让你靠近了我。
>
> 爱情被我的歌声感动，
>
> 将你带到我怀中。
>
> 我要告诉大家，高声地告诉大家：

我很高兴犯了这个错。

不，我不想将我的快乐

愚蠢地暗暗写下。

为了在意他人的闲言碎语而假装，这让我恶心，

我要挑战规矩。

这么说吧，

我跟他很般配。

自己没故事的人

就让她诉说我的故事吧！

　　这对情人后来如何我们不得而知，但冲破家庭桎梏、白头偕老的可能性微乎其微。苏尔皮西娅迟早要屈服。她所属的上层阶级，婚姻要听父母之命，家长会把握机会，从战略角度妥善安排。家族让两个人结合，不是因为他们感情好，而是因为家族能从政治、经济、社会方面获利。苏尔皮西娅所爱的塞林托肯定会被赶出她的生活，这段感情只能留下回忆和诗句。如马查多所言，只剩下"一张空荡荡的床，一面模模糊糊的镜子和一颗空落落的心"。

　　对苏尔皮西娅而言，哪怕只是年轻时的一段小插曲，反抗性道德也意味着在悬崖边走了一遭。她这是在犯罪！不久前，奥古斯都刚刚颁布了《尤利乌斯法》。女人有婚外性关系要被公开审判和处刑，单身女性和寡妇也一样。不只通奸的女人，连帮凶都会被严惩，只有妓女和小妾可以幸免。因此，据史料记载，有些贵族出身的女人，甚至达到元老院或骑士团级别的，都开始公开宣

称自己是妓女。这是公民的反抗，是对法庭的公开挑衅！实际上，经过这么一抗议，被依法惩处的就很少。1世纪末，尤维纳利斯对女性疯狂抨击。他发疯似的叫道："尤利乌斯，你在哪里？难道你睡着了？"

苏尔皮西娅另一个大逆不道的行为是用文字将情感和叛逆公之于众。跟古希腊人一样，古罗马人也认为将文字用作政治斗争的基本工具是男性的特权。该想法甚至在宗教世界有所体现：他们崇拜一位名叫塔西塔·穆达[1]的沉默女神。传说仙女塔西塔脸皮很厚，话很多，还总说得不是时候。朱庇特不想听她叽叽喳喳，也想表明到底该由谁来说话，就拔了她的舌头。于是，塔西塔就说不了话了，成了活生生的反面教材。古罗马女性既不能担任公职，也不能参加政治活动。只有一代人允许过女性演说家的存在，在公元前1世纪上半叶前后，但很快这项活动就被立法禁止了。在古罗马条件好的家庭中，女性一般都有文化，不过，这是为了更好地做母亲兼家庭教师，培养未来的男性演说家。她们受教育，是为了更好地教育子女。她们口才好，是为了惠及子女，而不是为了自我施展。自我施展意味着走出私人领域的界限，跟男性在职场上竞争。当时女性很少有机会能脱颖而出，或在家门之外让人听见自己的声音。传记作家普鲁塔克又写了一部希腊、罗马、蛮族女名人传，试图再现《希腊罗马名人传》的成功，结果却爆冷了。直到最近，女性名人传才刚开始受到关注和

---

1. Tacita（塔西塔）和 Muda（穆达）两个词本身的意思就是"沉默"，且用了阴性形式，表示"女性沉默"。

研究的青睐。

为什么苏尔皮西娅的诗能保留下来？追究起来，其原因很能说明问题。那些诗被夹在跟他舅舅交往的作家提布鲁斯的诗里，没有署她的名。没有人怀疑过作者，再加上提布鲁斯巨大的声望，诗作被保留了许多世纪。今天，在做了细致的语文学研究后，学者们几乎一致认为那些诗是苏尔皮西娅写的，尽管某些怀疑论者仍然表示反对，说该诗内容过于大胆，不可能出自古罗马女性之手。与此同时，直到不久前，苏尔皮西娅仍然被低估，被视为业余的诗歌爱好者。此话纯属多余：在她生活的时代，没有女人能把文学当职业。那个时代的古罗马女人没办法让自己的作品被人了解并广为传播。大部分女人根本没想过。最重要的是：评判哪本书值得传世的人压根就不会考虑女人写的东西。这些诗因为混在别人的书里才走到今天，其实这不应该让我们感到惊讶。

尽管障碍重重，但苏尔皮西娅不是唯一的尝试者，从残篇、引述和参考资料中，我们认识了共计二十四位女性作者。其共同点为：家境殷实，出身名门望族，在有权有势的男人的庇护下写作。正如奥罗拉·洛佩斯[1]所言，她们有才，有钱，有奴隶；城市给她们提供自由时间；她们始终拥有私人空间，有房子，总之有栖身之处。如弗吉尼亚·伍尔芙所期望的那样，有钱，有自己的房间，这是女人成为作家的必要条件。其中著名的有尤利亚·阿

---

1. Aurora López，西班牙塞维利亚大学法学教授，出版了许多有关古罗马女性的文章与著作。该观点源自其 1994 年出版的专著《她们不但会织布：写诗与文的古罗马女作家们》。——作者注

格里皮娜[1]，她是日耳曼尼库斯[2]的女儿、罗马皇帝克劳狄一世[3]的妻子、暴君尼禄的母亲。她的回忆录虽已遗失，但在其他书里被提到过。还有著名的格拉古兄弟的母亲科涅莉亚，留下了两封不完整的书信。

然而，入侵男性领地的大胆贵妇需要恪守某些底线，不得越雷池半步。她们只被允许创作一些次要的、与家庭生活有关的体裁：抒情诗——奥斯提娅和佩里拉，颂诗——阿科尼娅·法比亚·保利娜，讽刺短诗——科妮菲西娅，挽歌——苏尔皮西娅，讽刺诗文——另一个苏尔皮西娅，书信——科涅莉亚、塞尔维利亚、克洛迪娅、皮丽雅、塞西莉亚·阿提卡、特伦西娅、图里亚、普比利亚、富尔维娅、阿西娅、奥科塔维亚·梅诺尔、胡利娅·德鲁西拉，回忆录——阿格里皮娜。我们知道三位女演说家的名字：奥滕西娅、梅西亚和卡尔法尼娅，她们获准从事演说的时间很短。但她们的演讲没有一段原文能流传至今。至于史诗、悲剧或喜剧领域，则看不到任何女作家的身影。即便有，其作品也无论如何不会被搬上戏剧舞台。

这些古罗马女性的作品传到我们手里已经支离破碎，作品全部加起来一两个小时就能读完。损失程度之大可以想象。苏尔皮西娅误打误撞，不情愿地化身男性，这才走到今天。其他女性的作品慢慢归于沉寂。在经典文学之中，她们是零星的特例。跟欧律

---

1. Julia Agripina（15—59），又称小阿格里皮娜，罗马帝国早期著名女性人物，也是古代世界最著名的投毒者之一，被认为毒杀了丈夫克劳狄一世。
2. Germanicus Julius Caesar（前15—19），古罗马著名将领，也是暴君卡里古拉的父亲。
3. Claudius（10—54），罗马帝国朱里亚·克劳狄王朝的第四任皇帝，41至54年间在位。

472

狄刻[1]一样，当有人想拯救她们时，她们又再度回到黑暗中。我们跟着已经消失的脚印，摸索着去寻找，可跟我们对话的只有回声。

然而，从远古时代起，女性就会靠在火炉边讲故事、唱歌、念诗。小时候，妈妈给我讲故事，为我开启了文学世界，这绝非偶然。千百年来，晚上讲故事的多半是女人，她们将一个个故事、一个个片段拼起来，讲给孩子们听。在多少个世纪里，她们一边纺纱织布，一边讲故事。是她们率先将宇宙结成一张网，系上快乐、幻想、苦闷、恐惧和最隐秘的信仰，将单调的生活染成彩色，将动词、羊毛、形容词、丝绸编织起来。因此，文章和织物共享许多词汇：情节（纬线），高潮（结），脉络（线），结尾（将结解开），绞尽脑汁（将线缠绕在一起），美化润色（绣），字斟句酌（纺细纱），策划阴谋（编织隐线）。因此，古老的神话和我们提到了珀涅罗珀的布、瑙西卡的长袍[2]、阿拉克涅的刺绣[3]、阿莉阿德尼

---

1. 在希腊神话中，欧律狄刻是俄耳甫斯的妻子。她被毒蛇咬了，一命呜呼。俄耳甫斯去地府，求冥王冥后将妻子还给他。冥王冥后答应了他，但提出一个条件：在他领着妻子走出地府前决不能回头看，否则妻子将永远不能回到人间。俄耳甫斯在看到人间微光时回了头，欧律狄刻最终像梦幻一样消失，回到地府。
2. 瑙西卡是希腊神话中阿尔喀诺俄斯国王的女儿，雅典娜托梦给她，说她会成为新娘，叮嘱她要浣洗衣物。第二天早上，瑙西卡带着女伴们去河边洗衣时，和遭遇海难的奥德修斯相遇。
3. 阿拉克涅出现在古罗马文学作品《变形记》中，她有着非凡的编织和刺绣的本领。曾与女神密涅瓦比试，落败后自杀，变成了蜘蛛。

的线团[1]、命运三女神摩伊拉手中的生命之线[2]，诺恩斯编织的命运之网[3]，山鲁佐德口中神奇的飞毯[4]。

如今，我和妈妈会给儿子讲睡前故事。尽管我已经不再是那个小女孩，我写作，是为了不让故事完结；我写作，是因为我不会织、不会编，从来没学会过绣，但我对编织语句的精细活特别着迷。我用梦想和回忆虚构作品，那些女人一直在编故事、拆故事，我自认为继承了她们的衣钵。我写作，是为了不让古老的声线断了。

---

1. 阿莉阿德尼是古希腊神话中克里特岛国王米诺斯的女儿，她的母亲生了牛头人身的怪物弥诺陶洛斯，弥诺陶洛斯生活在一座地下迷宫里，他会吃童男童女。为了解除雅典人民的苦难，雅典王子提修斯自愿进迷宫去杀死弥诺陶洛斯。阿莉阿德尼爱上了他，给了他线团，助他在杀死弥诺陶洛斯后成功地走出了迷宫。
2. 命运三女神是古希腊神话中宙斯和忒弥斯的三个女儿，掌管每个人的生命之线，三人分别负责纺织生命之线、维护线的长短、切断生命之线。
3. 诺恩斯三女神源于北欧神话，分别代表过去、现在和将来，她们的主要任务为照顾生命之树和编织命运之网。
4. 出现在《一千零一夜》山鲁佐德所讲的故事《阿拉丁神灯》中。

十八 自以为永恒者，其实短暂

212 年的某一天，三千多万人一觉醒来就变了身份。不是因为遭受了大规模入侵，原来的身份被人盗去，而是因为罗马皇帝的惊天决定。史料没有告诉我们社会反应如何，人们是不是压根就不相信或者暴乱了。惊讶是肯定的：此事从无先例。我敢肯定，就算在今天的 21 世纪，我们也不会看到类似的——哪怕只有一点点类似——场景。

突如其来的骚乱究竟因何而起？原来是卡拉卡拉皇帝下旨：从苏格兰到叙利亚，从卡帕多西亚[1]到毛里塔尼亚，凡居住在帝国之内的自由民，从即刻起均为罗马公民。这是一项革命性的决定，一举抹掉了本地人和外国人的区别。由来已久的一体化进程在皇帝下旨昭告天下这一刻达到巅峰。这次集中授予公民权，即便不是历史记载中规模最大的一次，也是规模最大的几次之一：几千万外省人一夜之间变成了合法的罗马公民。这份突如其来的

---

1. 卡帕多西亚为古代地区名，它大致位于小亚细亚，即土耳其的东南部。

大礼至今都让历史学家们大惑不解，它同时颠覆了古老和现代的公民政策：授予公民权是个渐进的过程，要对申请者设限，只满足一小部分人的要求。政治家、古代编年史家卡西乌斯·狄奥[1]怀疑：在卡拉卡拉貌似慷慨的政策下隐藏着敛财的目的。新罗马公民都应如实缴纳继承税和解放奴隶税。玛丽·比尔德分析：如果政策的目的是敛财，那么这样做起来太麻烦。我不认为如今有哪个国家打算一下子让三千万人拥有合法身份只是为了收税，无论税额总量有多高。毫无疑问，皇帝的决定具有重要的象征意义，在危机时刻让更多的人对罗马帝国有身份认同是个聪明的办法。

从逻辑上讲，普及公民权会降低其重要性。一项特权的藩篱被打破，很快会有新的特权取而代之。3世纪，高等公民（富贵精英和资深军人）与低等公民之间的区别已经相当明显。法律承认这两种人在权利上的不平等：前者被依法免除羞辱性惩罚和酷刑，如鞭刑或被钉上十字架，而后者依然会遭受过去奴隶或非公民所受的羞辱。财富的界限取代了地理的边界。

尽管实际生活中不乏许多偏见、摩擦和掠夺，但古罗马文明从源头上就表现出明显的包容性。传说在一千年前罗马城刚建好时，罗慕路斯就欢迎外国人，称得上来者不拒，其中最瞩目的是为最绝望的逃犯和被告提供庇护。卡拉卡拉只是将该想法做到了极致。罗慕路斯的后代们确实施行过世界历史上前所未有的大融

---

1. 卡西乌斯·狄奥曾担任执政官。他撰写了从公元前8世纪中期罗马王政时代到3世纪早期罗马帝国的历史著作，著作内容质朴翔实。

合政策：血统纯正无关紧要，肤色不用放在心上。解放奴隶的程序十分简单，而获释奴隶的待遇基本同公民一样，其子女也是完全意义上的公民。我们不知道古罗马人口究竟多元化到什么程度，他们对此并不在意。也许他们是在现代社会之前种族最多元化的人群。在罗马当然有人会说：奴隶太多会损害爱国精神。许多人认为外国人没有主动做点什么来融入罗马帝国的大家庭。然而，在那些反对者中，即使是观念最迂腐的人也理解不了当代"非法移民"或"无身份移民"的概念。

商人、军人、官僚及管理者、奴隶贩子、带着成功梦去首都闯荡的外省有钱人，总之，人口前所未有地在罗马帝国范围内流动。不列颠的上层阶级中有人来自非洲北部；每年都有执政官和高级公务员被派往偏远地区；古罗马军团的士兵来自四面八方；甚至最穷的人也加入移民大潮。一则寓言这样写道："穷人行李少，很容易从一座城市搬到另一座城市。"

历代皇帝执着于全球化图景并大肆宣扬：罗马不仅是世界的统治者，也是全人类共同的家园；罗马是一座伟大的城市，是国际化大都市，可以接受生活在每片遥远土地上的人。修辞学家埃利奥·阿里斯蒂德斯[1]阿谀奉承地写了一篇华丽浮夸的《罗马献辞》，文中写道："无论在海洋还是陆地，距离都无法阻止一个人成为公民；无论来自亚细亚还是欧罗巴，这里的一切都为所有人开放；在罗马，所有人都值得信任，没有人是外国人。"这也许是

---

1. Elio Aristides（118—180），古罗马修辞学家、雄辩学家，他于154年在罗马城发表了著名的演讲《罗马献辞》，对当时罗马帝国的状况做了全面描述。

对该理想的最佳表达。当时的哲学家们坚持认为：罗马帝国实现了从古希腊文化传承而来的世界主义梦想。212年，卡拉卡拉颁布了《安东尼努斯敕令》[1]，从法律层面彻底推行了该想法。除此之外，身为统治者，他没有留下任何可圈可点的政治遗产。他任性，动不动就杀人，结果他二十九岁在美索不达米亚路边的排水沟方便时被自己的保镖杀死。尽管在位期间他没有太多理想主义的表现，但他崇拜亚历山大，想效仿后者建立帝国，让全世界的人都成为罗马公民。他出生在卢格杜努姆，今天的里昂。他是个混血儿：父亲塞普提米乌斯·塞维鲁是柏柏尔人，肤色偏黑；母亲尤利亚·多姆娜出生在伊麦萨，今天的叙利亚霍姆斯。他不是个特例。他被任命为皇帝时，之前已经有多位罗马皇帝不是罗马本地人，甚至连意大利人都不是。古罗马大权在握的精英们的肤色根本不像大理石雕像那样白。

如果不是种族、肤色、出生地，那么是什么将居住在苏格兰、高卢、伊斯帕尼亚、叙利亚、卡巴多西亚和毛里塔尼亚的人联系在一起？在如此广袤的疆域内，有哪些纽带让古罗马人互相理解，抱有同样的愿望，认为彼此属于同一个大家庭？是文字、思想、神话和书籍。

感觉自己是古罗马人意味着居住的城市街道宽敞、横平竖直，有体育馆、公共浴场、广场、大理石神庙、图书馆、拉丁语铭文、引水渠、排水渠；意味着知道谁是阿喀琉斯、赫克托耳、埃涅阿

---

1. 此法令规定，凡是居住在罗马帝国范围之内的自由人全部享有罗马公民权。卡拉卡拉的全名为玛尔库斯·奥列里乌斯·安东尼努斯（Marcus Aurelius Antoninus），敕令由此得名。

斯、狄多[1];意味着书卷和古抄本只是寻常物品,见了不必大惊小怪;意味着需要缴税给可怕的收税官;意味着坐在圆形剧场的台阶上,被普劳图斯的笑话逗得哈哈大笑;意味着会从李维的《罗马史》中了解古罗马最初的历史插曲;意味着会听斯多葛派哲学家讲述自我节制;意味着会了解——甚至亲身服务过古罗马军团这架不可阻挡的战争机器。马赛克、宴会、雕塑、仪式、山墙、浅浮雕、有关胜利和痛苦的传说、寓言、喜剧和悲剧,借助声音、石头和莎草纸,上述种种共同打造出古罗马人的身份认同,其扩张后的版图已经大到人们无法想象,这是第一个属于欧洲人民的共同的故事。

散文和虚构类作品踏上全球化帝国的通达大道,从已知地理范围的一端走到另一端。书籍在灿若群星的公共图书馆和私人藏书馆中找到了安身之所,简直是盛况空前。它们在相隔遥远的城市,如布林迪西、迦太基、里昂或兰斯的书店被抄写,被出售,吸引着不同出身的读者。经过无数代文盲之后,古罗马学校开始教人识字了。外省富人跟首都贵族一样购买专门抄书的奴隶。罗马一位家财万贯的公民在埃及有一处庄园,他的财产清单包括:五十九名奴隶、五名公证员、两名抄写员、一名秘书和一名书籍修复师。许多抄写员为个体或商人服务,他们每天伏案很久,守着墨水瓶、尺子和硬杆羽毛笔,以满足主人对文字的需求。此前从来没有遍布几大洲、人数如此众多的读者被同样的书

---

1. 狄多是古迦太基女王,迦太基城的建立者。她既出现在迦太基的创始神话中,也出现在维吉尔的史诗《埃涅阿斯纪》中。

联系在一起。读者数量的确无法以百万计，也无法以十万计，恐怕在最好的时期也只能以万计。但在当时看来，这个数字已经相当惊人了。

正如斯蒂芬·格林布拉特[1]所言，在古代社会有一段相当漫长的时期，永不疲倦地抄写出来的书籍似乎成了主要的文化难题之一。这么多书放在哪儿？放在架子上怎么排列？如此庞杂的知识怎么记到脑子里去？对生活在当时环境中的人来说，这么多精神财富要是浪费了，那简直不可想象。后来，这整项事业不是突然地，而是非常符合逻辑地，渐渐地走到了终点。貌似稳定，实则脆弱；自以为永恒者，其实短暂。

大地在脚下晃动。接下来几个世纪的关键词是无政府、分崩离析、蛮族入侵、宗教地震。恐怕是抄写员首先察觉到事态严重，他们接的活越来越少，抄写工作几乎完全中断。图书馆走向衰落，在战争和暴乱中惨遭洗劫，或干脆无人打理。可怕的日子持续了好几十年，图书馆被蛮族掠夺，被基督教狂热分子破坏。4世纪末，历史学家阿米安努斯·马塞林努斯抱怨道：罗马人正在放弃严肃阅读。站在他所处的社会阶层的道德视角，帝国正在无可逆转地瓦解，国民们却在最荒谬的小事上虚掷光阴，实在让人气愤。文化纽带也在逐渐消失："过去因认真学习而备受尊敬的少数人家如今

---

1. Stephen Greenblatt（1943—），美国著名的文学评论家、理论家，当代西方学术界新历史主义批评流派泰斗，普利策奖获主。

好逸恶劳，贪图享受。不请哲学家，而请歌手；不请演说家、雄辩家，而请玩乐方面的专家。图书馆大门紧闭到里面能闹鬼；人们反倒去给演员造什么水动风琴、巨大的里拉琴、彩车和笛子。"他还伤心地说，马车居然在满是行人的街道上一路自杀式地狂奔。帝国覆灭之前的苦闷已经弥漫在空气中。

在 5 世纪，古典文化遭到了可怕的打击。蛮族入侵一点点地摧毁了西部省份的古罗马学校体系。城市式微，有文化的民众数量降至极低。哪怕在古罗马最好的时期，文化人也只占人口总量的一小部分，但这一小部分的数量也很可观，在某些地方真的是有一大群人。如今读者数量再次锐减，他们成为一座座小小的孤岛，彼此之间失去了联系。

经过长时间的苟延残喘，西罗马帝国于 476 年灭亡，末代皇帝罗慕路斯·奥古斯都悄无声息地退了位。在各省陆续继位的日耳曼部族对阅读不感兴趣。蛮族洗劫公共设施和私人宅邸，肯定没有故意针对科学研究，但他们的确对保存书籍——无形的知识和创作宝库——没有半点兴趣。被赶出宅邸、变卖为奴或流放到偏远农场的罗马人无暇顾及失去的藏书，他们有更迫切的生存需要，心中也有更深的哀痛。昔日的读书人如今要烦的是不安全、病痛、歉收、被收税人榨干最后一分钱、自然灾害、粮食涨价，以及站错边，恐有性命之虞。

一个长达好几百年的时代开始了，大部分定义我们的思想都面临灭顶之灾。士兵们举着火炬点火，蠹虫们悄悄地一点点啃食，亚历山大的梦想再次大难临头。直到印刷术发明之前，数千年的知识只掌握在极少数人手中，这些人进行了英勇的、几乎令人难以置信的拯救工作。如果知识没有被遗忘干净，如果古希腊罗马人的思想、科学发现、想象力、法律和反叛能被保留下来，这应该归功于经过许多个世纪的探索和实验，书籍的形式已经完成。尽管曾在伸手不见五指的黑夜中穿行，如哲学家马丽亚·桑布拉诺[1]所言，有了书，欧洲的历史就永远是一条能通往复兴与启蒙的道路。

随着罗马帝国的日渐瓦解，书籍如履薄冰的几个世纪拉开了帷幕。529年，查士丁尼一世皇帝禁止那些"疯狂信仰异教"的人从事教学，"以免他们腐化学生的灵魂"。他颁布敕令，强行关闭了雅典学园，而这座学园的历史可以骄傲地追溯到一千年前柏拉图本人那里。异教徒文学十分危险，误入歧途的人们需要政权保护。从4世纪初起，狂热的政府官员就冲进公共浴场和私人住所，没收"与邪教和巫术有关"的书籍并公开焚毁它们。经典作品的抄本以及其他所有书的抄本的数量均呈断崖式下跌，这一点也不奇怪。

我想象着一位被放逐的哲学家在幽灵般的雅典城里忧伤地散步，他有充分的理由感到悲观。异教徒的神庙大门紧闭，废弃多时，已近坍塌；昔日美轮美奂的雕像要么被挪走，要么已经面目全非；圆形剧场里鸦雀无声；图书馆铁将军把门，已经成了灰尘和虫子的王国。充满智慧之光的首都雅典不许苏格拉底和柏拉图

---

1. María Zambrano（1904—1991），西班牙哲学家、杂文家，曾经长期流亡在外，1988年获得塞万提斯文学奖，她是第一位获得该奖的女性，代表作为《自由主义的地平线》。

的最后一批弟子教授哲学，让他们无以为生，如果拒绝接受洗礼，他们还会被流放。古老的帝国正在灭亡，入侵并掠夺的蛮族们将古文化的奇迹一把火烧掉，凶残是肯定的，更糟糕的是冷漠。不许教授的思想，注定被焚毁的书籍，等待它们的是怎样的结局？

是结束。

于是，如在梦中一般，哲学家目睹了一大堆奇异的景象。在文盲军事首领控制下的欧洲，当没落看起来已经不可避免时，古罗马的寓言、思想和神话不可思议地躲进了修道院。每座修道院，包括它的学校、图书馆和缮写室，都保存了衰落时期亚历山大博物馆的一束光。在那里，一些修士，包括修女，都成了不知疲倦的读者、藏书者和做书的工匠。他们学会了烦琐的羊皮纸制作工艺，逐字逐句地将异教徒最优秀的作品抄写并保存下来，甚至还发明了彩绘插图艺术，将中世纪古抄本的书页变成了一幅幅彩绘玻璃画，上面有各种图案、有金粉、有各种颜色。抄写员和插画师有男有女，他们耐心细致的工作使知识偏安一隅，抵挡住了混乱的冲击。

这些都太不可能发生了，只会是一场梦。哲学家再次落入宿命论，这般告诉自己。

突然，他看见了几个世纪后最早在博洛尼亚和牛津出现的大学——苏醒的柏拉图学园——校园中嘈杂的场景。渴望快乐和美的师生们像回家一样再次去寻找古代经典作家的文字。新的书商敞开作坊大门，为他们提供精神食粮。

从想象不到的遥远的地方，走过伊斯兰国家的道路和若干文明的边界，风尘仆仆的商人从中国和撒马尔罕将一件神奇的新生事物带到了伊比利亚半岛。为了纪念古老的莎草纸，大家管这件新生事物叫"纸"。如果一切适时发生，这种比羊皮纸便宜很多的纸、这种更方便大批量生产的新材料及时抵达欧洲的各大十字路口，将促进印刷术的腾飞，并彻底改变西方文化的面貌。

这些奇思异想都只是消化不良引发的幻觉，是自己吃了一块发霉的奶酪或一盘咸鱼后孕育出的场景。哲学家用冰冷的逻辑分析着自语道。

这时，他看见了一些固执的追梦人，他们是拿着羽毛笔执意要重现古代文明辉煌的人文学者。他们充满激情地阅读、抄写、编辑、评论能读到的劫后余生的异教徒文字。最勇敢的人斗胆翻身上马，从偏僻的小道、积雪的山谷、幽暗的森林、几乎已消失的山间小路去寻找中世纪偏远修道院守护的孤本，试图用这些古老智慧残留的抄本让欧洲走上现代化的道路。

与此同时，一位叫古腾堡[1]的宝石雕刻师发明了一种古怪的、金属制造的抄写机器，它可以永不停歇地工作。书籍再次大量传播开来，欧洲人重拾亚历山大的梦想：拥有无穷无尽的图书馆和无边无际的知识。造纸术、印刷术和免于恐惧与罪恶的好奇心携手迈向现代化的门槛。

这些景象只是胡说八道。哲学家再次陷入悲观。

无边的想象力又往前推进了好几个世纪，他猜到有些男人戴着奇怪的假发，推崇古老的通识教育，他们出门去进行百科全书

---

1. Gutenberg（1398—1468），德国发明家，西方活字印刷术的发明人，第一次印刷了《古腾堡圣经》。

式的冒险，为了拓展知识的边界，和打败起破坏作用的顽固文本。在遥远的18世纪，知识分子革命者在灿烂古文明的基础上建起了信仰理性、科学、法律的大厦。

尽管21世纪的人们崇拜新生事物和高科技——尤其是那种可以用手指点来点去的奇怪发光板，但他们依然在与经典作品的对话中，继续形成对权力、公民、责任、暴力、帝国、奢侈、美丽等基本问题的看法。因此，我们深爱的事物终会得到拯救，只是要走过一条坎坷崎岖的道路，路上岔道太多，人们一不小心就会迷路。

所有这些像梦一样，很不真实，头脑清醒的人才不会相信如此荒唐的假设，哲学家自语道。只有神迹——或令基督徒欣喜的奇迹之一——才能拯救我们的智慧，将它妥善安置在明日的不可能图书馆内。

十九 敢于记住

　　在与毁灭顽强斗争的过程中，书籍的发明也许是我们取得的最大的胜利。我们用莎草纸、动物毛皮、破布、树皮和光记载我们不愿遗失的智慧。有了书的助力，人类在历史上取得了飞速的发展和进步。神话与知识的共享提高了我们合作的可能性，也将来自不同时空的读者联系在一起。正如斯蒂芬·茨威格在《旧书商门德尔》令人难忘的结尾中所写的那样："书籍是为了凝聚人类而写，它超越个人存亡，因此也让我们能抵御生命无情的短暂与遗忘。"

　　在不同时期，我们做过不同的尝试，用烟、石头、泥土、树叶、莎草纸、丝绸、毛皮、破布、树皮，以及如今的光——电脑和电子书——来制作书籍，改变打开、合上、畅游书本的方式。书的形态、粗糙或光滑程度、迷宫般的内部结构、翻阅的方式、耐久性、咬它们的动物、读者高声朗读或默读的体验都在变。书籍形态众多，但毋庸置疑的是，书籍的发明意味着空前的成功。

　　因为有书，人类创造的最优秀的思想才能被保存下来。如果没有书，也许我们会忘记那群无畏的古希腊人，他们决定将权力交给人民，并将这种大胆的实验称为"民主"；也许我们会忘记希波克拉底学派的医师，他们起草了史上第一份行业道德规范，承诺也会医治穷人和奴隶："要考虑到病人的经济条件，有时甚至要免费看病。如果有机会救治经济状况窘迫的外国人，那么务必全力救治"；也许我们会忘记亚里士多德，他创建了最早的大学之一，他告诉学生：智者与无知者的区别相当于活人与死人之别；也许我们会忘记埃拉托色尼，他只用了一根棍子和一头骆驼就推导出地球的周长，误差只有八十公里；也许我们会忘记那些疯狂的古罗马人，有一天，他们立法将公民权授予广袤帝国内的所有居民；也许我们会忘记使徒保罗[1]，他第一个在演讲中宣扬平等："没有犹太人和希腊人之分，没有奴隶和自由民之分，没有男人和女人之分。"所有这些过往都能给我们提供灵感，让我们产生许多对动物界而言稀奇古怪的想法，如人权、民主、相信科学、全民医疗、义务教育、公平审判权、对弱势群体的社会关怀等。如果我们忘记了这些发现，就如同我们在许多世纪里忘记了埃及文明和美索不达米亚文明创造的语言和学问，那么今天我们会是什么样子？保加利亚犹太裔德语作家埃利亚斯·卡内蒂[2]——这是西班牙语姓，父辈祖先们将卡聂蒂改成了卡内蒂——回答道：如果每个时代都跟之前的时代没有联系，如果每个世纪都割掉脐带，那么它只会写下没有未来的寓言，名叫窒息。

---

1. Paul the Apostle（约5—约67），被认为是《圣经·新约》中十四部书的作者。
2. Elias Canetti（1905—1994），作家、评论家、社会学家、剧作家，犹太人，出生于保加利亚，1981年获得诺贝尔文学奖，代表作为《迷惘》。

我无意将历史的阴暗面略去不提。"合作"一词虽顶着慈善、利他的光环，有时也会掩盖阴暗的现实。合作网常会被用于压迫和剥削：许多社会通力合作，确保奴隶制得以延续；纳粹则用它来筹划旨在灭绝犹太人的终极计划。书也可能成为有害思想的载体。柏拉图相信轮回，他编了个神话来解释女性存在的原因：男人如果前世作孽，作为惩罚和赎罪，他后世就会生为女人。亚里士多德写道：奴隶生来低人一等。马提亚尔在讽刺诗中毫无顾忌地对残忍的皇帝阿谀奉承，对身体有缺陷的人竭尽挖苦嘲笑之能事。大部分古罗马作家都将角斗士沙场搏命视为其文明的一部分，观众们喜欢看他们斗得你死我活，奄奄一息。书让我们成为所有故事的继承者：最好的、最坏的、模棱两可的、有问题的、有好有坏的。能接触到所有故事，这对思考有益，让我们可以做出选择。欧洲文明的根基良莠并存，既有创意与辉煌，又有暴力与欺凌，两者奇怪地混杂在一起，这很难不让人惊讶。这种不安在后来的现代社会中几乎挥之不去。1940 年是欧洲历史上最黑暗的年份之一，瓦尔特·本雅明逃出被占领的法国，写下了著名的煽动性思考："没有任何一份文明的记录不同时也是一份野蛮的记录。"理性的地区依然存在野蛮，启蒙的光芒也未能将邪恶驱除干净，面对这令人痛心的事实，另一位充满激情的欧洲人斯蒂芬·茨威格于 1942 年自杀身亡。

至此，我们知道，对文化只说好不说坏，或者盲目崇拜，都是天真、无益的做法。彼得拉克盲目崇拜古罗马，始终将西塞罗视为自己的灵魂伴侣，却在发现后者的书信集后勃然大怒。这位"知己"私底下的文本显示出他野心勃勃，有时刻薄小气，有时愤世嫉俗，在政治策略上绝对谈不上远见卓识。彼得拉克解决问题的方式是给死者写了一封道德说教信，将他结结实实地批评了一顿。对于我们不完美的祖先，所有人都可以公正地提出指责。后辈们看到我们的自相矛盾与麻木不仁，一定也会指责我们。但是，如果我们抵御了用道德审判将文学简单化的冲动，我们的阅读会更有收获。在理解历史时，我们越理智、越有洞察力，就越能保护好在意的东西。正如诗人、旅行家费尔南多·圣马丁（Fernando Sanmartín）所言："过去定义我们，赋予我们身份，将我们推向精神分析或自我伪装，让我们麻醉自己或迈向神秘主义。作为读者，我们的过去就在书里，无论是好是坏。我们阅读今天让我们迷惑，甚至厌烦的东西，也阅读那些依然让我们热爱或坚信的东西。书总会传递信息。"

的确，书会使可怕的事件合法化，但书也为人类过去创造出来的最优秀的作品、符号、知识和发明提供载体。在《伊利亚特》中，我们看到老父亲和杀死儿子的凶手之间令人心碎的和解；在萨福的诗里，我们发现欲望是一种叛逆的方式；在希罗多德的《历史》中，我们学会寻找他人的看法；在《安提戈涅》中，我们隐约看见国际法的存在；在《特洛伊妇女》中，我们直面自身的野蛮；在贺拉斯的书信中，我们找到启蒙主义的最高原则——"敢于求知"；奥维德《爱的艺术》是有关欢愉的强化课；在塔西佗的书里，我们理解了独裁的运作机制；在塞涅卡的声音里，我们听见了和平主义者的第一声呐喊。书为我们留下了祖先的奇思妙想，这些想法至今没有完全过时：人人平等，领导可以通过选举产生，直觉地认为孩子们去上学比去工作要好，愿意使用甚至大幅支出公共资金照顾患者、长者和弱者。所有这些都是古人的发现，我们称之为经典。它们走过一条不确定的路才来到我们面前。如果没有书，这个世界最好的东西会被湮没在遗忘之中。

结　语

被遗忘的男人，没有留下姓名的女人

　　一小队人骑着马和骡子，每天冒险走在阿巴拉契亚山脉容易滑落的山坡和峡谷上，他们的褡裢里装满了书。队伍中大部分是女人，是传播文字的女骑手。肯塔基东部山谷远离美国和全世界，一开始，当地人带着古老的疑心看着女人们。哪个精神正常的人会在寒冷的冬天骑马走在没有公路、连小路都看不清的地方呢？架在深渊上的桥摇摇欲坠，马和骡子的四蹄在山间溪谷河床的鹅卵石上直打滑。山民们睁大眼睛去瞧，使劲地往地上呸呸呸地吐痰。过去也有外人来矿上或锯木厂干活，那还是大萧条前的事。他们当然不习惯见到这些孤身前来的年轻女子，她们一看就是替遥远的官府当差的，像在山里转悠的骗子。这样一个女人的到来使空气中弥漫着威胁的味道。山窝窝里的人家见有外人来，会出于本能莫名地感到恐惧。山民们很穷，他们害怕官府跟害怕强盗一样。在这些淳朴的山民中，只有三分之一的人识字。但即便识字，当陌生人举着一张纸过来时，他们还是会吓得够呛。没还的债务、恶意的投诉或是一桩莫名其妙的诉讼，都可能将他们微薄的财产搜刮殆尽。他们永远不会承认，但是那些骑马来的女人确实让他们害怕。山民们看见她们下马，打开褡裢把书拿出来，就吓得牙齿直打战。后来，恐惧变成了惊讶。

谜底解开了，当地人不敢相信。是真的吗？她们是马背上的图书管理员？提供文学书？他们听不懂女人口中奇怪的专业词汇：联邦计划，新政，公共服务，推动阅读计划。他们松了口气。没有人提到税、法庭或收房子。而且，年轻的女图书管理员看上去很友好，人很和善，信仰上帝。

政府通过广泛资助文化项目，来与失业、危机、文盲做斗争，这是公共事业振兴署的工作任务之一。该计划于1934年前后酝酿成型。统计数字表明：肯塔基州人均图书量只有一本。流动图书车在美国其他地区大获成功，可是在没通公路、没通电的东部贫困山区，这个计划却完全无法实施。唯一的办法是派出经验丰富的图书管理员，让她们策马穿过阿巴拉契亚山脉的山间小道，将书送至最偏远的地区。其中一位图书管理员名叫南·米兰，她开玩笑地说：她们的马一侧的腿比另一侧要短，这样就不会从陡峭的山间小道滑下去了。每位骑手每周要跑三到四条不同的路线，每天要跑三十公里。书都来自捐赠，被存放在邮局、货栈、教堂、法院或私人住所。女骑手们对这份工作十分认真，她们跟当年不知疲倦的邮差一样，在不同的地点领书，再分送到乡村学校、社区中心和农家。她们孤身一人骑马送书，留下了许多可歌可泣的故事。据文件记载，有好几匹马走到半路力竭而亡，女骑手们背着重重的褡裢，带着想象世界里发生的故事继续徒步前往目的地。

"给我一本书看。"孩子们见女骑手到来，纷纷嚷道。1936 年，她们每个月赶八千公里路，将书送至五万户人家和一百五十五所学校。尽管如此，肯塔基州马背上的女图书管理员只满足了十分之一的需求。在起初的不信任感消除后，山民们变成了贪婪的读者。这些专程送去文学读物的女人甚至在惠特利郡看到了有三十名当地人的欢迎队伍。有一回，一家人拒绝搬到另一个村，理由是图书管理员不去那儿送书。一张黑白老照片拍摄的是年轻的女骑手在单人床边高声读书给生病的老人听。书的到来改善了当地的卫生习惯和健康状况，比方说，村民们明白了，要想防止腹痛腹泻，洗手比在一勺牛奶上喷口烟更有效。大人和孩子都爱上了马克·吐温的幽默感，但最受欢迎的书是《鲁滨孙漂流记》。该书的受欢迎程度远超其他书。经典作品以一种神奇的、过去不曾有过的方式与新读者接触：由入学儿童读给不识字的父母听。一位年轻人对图书管理员说："你带来的这些书救了我们的命。"

该计划在十年里征用了近一千名马背上的女图书管理员。1943 年，公共事业振兴署解散，政府资助也没了。世界大战取代了精神食粮，去解决失业问题。

人类是唯一会编故事的动物，会用故事驱散黑暗，从故事中学会与混乱共处，用文字重新点燃炭火，长途跋涉、将故事带给陌生人。读过同样的故事，我们便不再是陌生人。

几千年前撰写的虚构类作品能保存至今，是一件让人惊讶的事。自从有人第一次讲述《伊利亚特》起，阿喀琉斯和赫克托耳在特洛伊海滩的古老对决就从未被世人遗忘。如赫拉利[1]所言，生活在两万年前的远古社会学家完全会得出神话几乎不可能流传下来的结论。说到底，故事是什么？是一连串的文字，是一口气从肺部呼出来，通过喉咙，震动声带，然后由舌头与上颚、牙齿或嘴唇最终发声。如此脆弱的东西似乎很难得到保留。然而，人类发明了文字与书籍去挑战至高无上的破坏力。有了文字与书籍，就诞生了一个与他人相遇的广阔空间，思想的预期寿命被大大延长。对书籍的热爱以既神秘又自发的方式，在人与人之间锻造了一条看不见的链条，其中既有男人又有女人。素不相识的人们共同拯救了这座精神宝藏：那些有史以来最优秀的故事、梦想与思想。

这是一本尚待撰写的大合唱小说，一个集体冒险的精彩故事。讲故事的人、编故事的人、抄写员、插画师、图书管理员、译者、书商、流动书贩、教师、智者、间谍、反叛者、旅行者、修女、奴隶、冒险家、印刷工人，这么多沉默的爱书人被对书的神秘忠诚凝聚在一起。读者们在各自的俱乐部、家中、山顶、波涛汹涌的海边，在资源集中的首都，或在混乱时期庇护知识的隐蔽飞地。在很多情况下，普通人的名字不会载入史册。他们是被遗忘的男人，没有留下姓名的女人。他们曾为我们而战，也为未来那些模糊的面孔而战。

---

1. Yuval Harari（1976—），以色列历史学家，牛津大学历史学博士，希伯来大学历史系教授，代表作为《人类简史》《未来简史》。

致谢

在本书的写作过程中,许多人以不同的方式帮助过我,我在此向他们所有人表示感谢:

拉斐尔·阿吉略尔(Rafael Argullol),感谢他比我先想到这本书,在我眼前展开了这趟旅程的地图。

胡里奥·格雷罗(Julio Guerrero),感谢他向我伸出援手。

奥菲利亚·格兰德(Ofelia Grande),感谢她细心的慷慨给予我的智慧和希望。

埃琳娜·帕拉西奥斯(Elena Palacios),感谢她带给我难忘的友谊,让我敢于做梦。

Siruela出版社团队,感谢他们在无尽的莎草纸(书)这个古老的行业中施展出神奇的魔法。

玛丽娜·佩纳尔瓦(Marina Penalva)、玛丽亚·林奇(María Lynch)、梅赛德斯·卡萨诺瓦(Mercedes Casanovas),以及卡萨诺瓦和林奇经纪公司的全体工作人员,是他们给这本书插上翅膀,飞向众多国家,变成各种语言,成为发光的星座。

阿方索·卡斯坦(Alfonso Castán)和弗朗西斯科·穆尼斯

（Francisco Muñiz），感谢他们不同寻常的慷慨。

卡洛斯·加西亚·瓜尔（Carlos García Gual），感谢他用光指引着我。

阿古斯丁·桑切斯·比达尔（Agustín Sánchez Vidal），感谢他与我分享他的知识和那把万能钥匙。

路易斯·贝尔特朗（Luis Beltrán），感谢他让我的目光更加敏锐。

安娜·马丽亚·莫伊克斯（Ana María Moix），感谢她在我从外面窥探文学的花园时接待了我。

吉列尔莫·法塔斯（Guillermo Fatás），感谢他给我上的历史课、新闻课和讽刺课。

恩卡纳·萨米铁尔（Encarna Samitier），感谢她最早给我的那些机会和与我之间长久的友情。

安东·卡斯特罗（Antón Castro），感谢他撑起了我们脆弱的文字风景。

费尔古斯·米利亚尔（Fergus Millar），感谢他为我打开了牛津之门，带我在时光中遨游。

马里奥·希特罗尼（Mario Citroni），感谢他在佛罗伦萨如此好客，感谢他的博学与关照。

安赫尔·埃斯科瓦尔（Ángel Escobar），感谢他教我严谨。

牛津、剑桥、佛罗伦萨、博洛尼亚、罗马、马德里和萨拉戈萨图书馆的工作人员为我提供便利，让我探索那些书籍和文件。

难忘的老师们皮拉尔·伊兰索（Pilar Iranzo）、卡门·罗密欧（Carmen Romeo）、伊诺森西亚·托雷斯（Inocencia Torres）和卡门·戈麦斯·乌达涅斯（Carmen Gómez Urdañez）。

安娜·卡瓦列(Anna Caballé），感谢她用文字开拓了我的眼界。

卡门·培尼亚（Carmen Peña）、安娜·洛佩斯－纳瓦哈斯（Ana López-Navajas）、玛加丽塔·博尔哈（Margarita Borja）和玛丽菲·圣地亚哥（Marifé Santiago），感谢她们给了我灵感。

安德烈斯·巴尔巴（Andrés Barba），感谢他有关笑和未来的谈话。

路易斯·兰德罗（Luis Landero），感谢他对我的信任。

贝伦·戈佩吉（Belén Gopegui），感谢一次交谈的回响以及友谊的神秘开始。

赫苏斯·马查马洛（Jesús Marchamalo），感谢他与我甘苦与共。

费尔南多·洛佩斯（Fernando López），感谢酒神节的那些日子。

斯特法尼娅·费尔切道（Stefania Ferchedau）和娜塔莉亚·切尔内斯卡（Natalie Tchernestska），感谢她们在远方支持着我。

感谢富有创造力的朋友安娜·阿尔科莱亚（Ana Alcolea）、帕特里夏·埃斯特万（Patricia Esteba）、利娜·比拉（Lina Vila）、桑德拉·桑塔纳（Sandra Santana）和劳拉·博多纳瓦（Laura Bordonaba）。

感谢让我的生活更舒心的这些人：马丽亚·安赫莱斯·洛佩斯（María Ángeles López）、弗朗西斯科·加恩（Francisco Gan）、特蕾莎·阿斯科纳（Teresa Azcona）、巴列·加西亚（Valle García）、雷耶斯·兰贝亚（Reyes Lambea）、莱蒂西亚·布拉沃（Leticia Bravo）、阿尔瓦诺·埃尔南德斯（Albano Hernández）、马丽亚·路易莎·格劳（María Luisa Grau）、克里斯蒂娜·马丁（Cristina Martín）、格洛丽亚·拉瓦尔塔（Gloria Labarta）、皮拉尔·帕斯托尔（Pilar Pastor）、马丽亚·赫苏斯·帕尔多斯（María Jesús Pardos）、马丽亚·加蒙（María Gamón）、莉莉亚娜·巴尔加斯（Liliana Vargas）、

迭戈·普拉达（Diego Prada）、胡里奥·克里斯特利斯（Julio Cristellys）和里卡尔多·利亚多萨（Ricardo Lladosa）。

感谢最早的读者：书商佩佩·费尔南德斯（Pepe Fernández）、胡利娅·米连（Julia Millán）和巴勃罗·穆尼奥（Pablo Muñío）。

感谢所有的中学老师，是他们为我播下了兴趣的种子，尤其是丘斯·皮科特（Chus Picot）、安娜·布尼奥拉（Ana Buñola）、帕斯·埃尔南德斯（Paz Hernández）、大卫·马约尔（David Mayor）、贝尔塔·阿梅莉亚（Berta Amella）、劳拉·拉奥斯（Laura Lahoz）、费尔南多·艾斯卡内罗（Fernando Escanero）、何塞·安东尼奥·艾斯克里格（José Antonio Escrig）、马科斯·纪廉（Marcos Guillén）、阿玛娅·苏维拉加（Amaia Zubilaga）、埃娃·伊巴涅斯（Eva Ibáñez）、克里斯托瓦尔·巴雷亚（Cristóbal Barea）、伊莲内妮·拉莫斯（Irene Ramos）、皮拉尔·戈麦斯（Pilar Gómez）、梅赛德斯·奥尔蒂斯（Mercedes Ortiz）、菲利克斯·加伊（Félix Gay）和何塞·安东尼奥·莱因（José Antonio Laín）。

感谢萨拉戈萨的米盖尔·塞尔韦特医院最棒的新生儿儿科团队，感谢给我们那么多新生命的护士，感谢所有今天仍在尽全力抓住一线生机的孩子们。

感谢护理人员埃斯特尔（Esther）、皮拉尔（Pilar）、克里斯蒂娜（Cristina）、萨拉（Zara）、努里娅（Nuria）和我的保姆马丽亚（María）。

感谢我的妈妈、混乱终结者埃莱娜（Elena）。

感谢我的灯塔、我的指南针恩里克（Enrique）。

感谢捣乱大王小佩德罗（Pedro），是他告诉我什么叫希望。

感谢我的家人和朋友，感谢我的读者，你们也是我的朋友和家人。

致纸莎草部落

> 在温柔而深邃的未来，
> 你们重新学习读书、写字。
> 请永远记住：
> 无尽的世界里，
> 脆弱的是最美的。
>
> ——胡安·F.里韦罗[1]
> 《蓝色篝火》（2020）

我最爱的童年记忆之一就是攥着爷爷的大手走路，他的手背遍布着岁月留下的黄色斑点。走在他身边，我的心里特别踏实。他不仅呵护我，还会本能地、一视同仁地呵护世间万物。我见他在街上躬身合好窨井盖，捡起人行道上的果皮，防止可能的事故发生。他会确认施工大楼的脚手架是否牢固；也会在萨拉戈萨魔鬼般的夏天，从家里拎一桶桶的水，去浇灌干渴难耐的行道树。他想阻止坏事发生，想救助陌生人，救助一草一木，救助全世界，

---

1. Juan F. Rivero（1991—），西班牙诗人、翻译家、编辑，专业为古典文学和哲学。

理顺所有的混乱。处理完人行道上会闯祸的香蕉皮后，他会对我说："看，善行并不引人注目。没人会在这儿滑倒、摔跤、摔断腿了，但他们永远不会知道发生过什么。"这本书讲的就是我爷爷这种人，那些事了拂衣去的拯救者，那些人默默努力而阻止的破坏，那些终未形成的混乱，那些并不引人注目的善行。

没想到，《书籍秘史》在异样的时刻来到了热情的读者手中，阴霾的日子让我们想起自身无法治愈的脆弱。因前途未卜而惊恐万分的我们感受到陌生人的佑护，而他们却每天面对看不见的病毒和自身的恐惧。伊达·比塔莱[1]写道："既然无法幸免，那就试图拯救。"那些日子里，我们在焦虑中寻找救命稻草，将目光落在同样脆弱的书籍上。书籍始终陪伴在我们左右，永远是我们的同盟军。只要稍微动动眼，动动手，就能将我们从各种隔离禁锢中解救出来。书籍在提醒我们：小小的书页里能装下整个宇宙。

阅读是聆听用文字谱写的音乐，它既亲密又陌生。阅读有时是跟亡者对话，从而更感觉到自己活着。阅读是身不动心已远的旅行，是日常生活里的奇迹。在这段闭门不出的日子里，我们已经证实：书能抚慰焦虑的心情，带来远方的风景。今天，我们也许比以往任何时候都重视书在疾风骤雨、茫然无助的生活中的重要性。古往今来，装满文字的书籍挺过了战乱、独裁、干旱、危机和灾难。书中的乌托邦在等待合适的日子，它们一次又一次地用书页——如同张开的双臂——贡献想法、历史和故事，让我们得

---

1. Ita Vitale（1923—），乌拉圭诗人、翻译家、文学评论家、教师。

以书写未来。

过去，我一直是家里公认的悲观主义者。其实，开始着手写这本书时，我的个人境遇一片灰暗。而矛盾的是，当形势真的变得糟糕，我反倒会脱离这种心境，在惊涛骇浪中舍掉宿命论的小船。在跟爷爷沿途捡香蕉皮多年之后，我接受了他那世间存在大量无形善举的想法。这并非偶然：我的写作一字一句地推进，我与书的呵护者朝夕相处；他们是专业的护书人，是沉默的桅杆。他们以某种方式搭出了本书的框架，渗入我想象力的裂缝，成为我眼中的风景。经历塑造想法。在这种情形下，本书的重心自然会被吸引到那些无名的书籍拯救者的无声冒险上。

《书籍秘史》诞生于恶劣的环境之中，并未承载太大的希望。但它在陌生人和热心者默默的呵护中成长，这令我十分感动。一本书，只要没被翻开，就只是用文字谱写的无声乐谱，奏不出自身蕴藏的交响乐。没有他人目光的触碰，书页和故事就不会有跳动的心脏。书籍要想获得生命，就需要演奏者来拨动琴弦，热切地浏览五线谱，并带着口音低声吟唱，跟随记忆的节奏调整旋律。阅读要求读者相信故事，更要求读者创作故事。如厄休拉·勒奎恩[1]所言，文学邀请叙述者和听众合作，作者和读者合作；它是创作，更是共同创作。因此，写作意味着把自己完全托付到别人的手中、眼中、声音中，之后便会发生不同寻常的事——无数有节奏感的阅读共同演绎出激动人心的复调。爷爷和《欲望号街车》

---

1. Ursula K. Le Guin（1929—2018），美国科幻、奇幻、女性主义与青少年儿童作家，曾多次获得雨果奖、星云奖等重要奖项，代表作为《黑暗的左手》《地海传说》等。

中的布兰奇·杜波依斯会说：这是一本被陌生人的善举拯救的书。谨向你，向所有让这场跨越千年的冒险保持活力的人致以我无尽的谢意。

伊莲内·巴列霍

2020 年 8 月

著作权合同登记号：图字 18-2021-205

图书在版编目（CIP）数据

书籍秘史 /（西）伊莲内·巴列霍著；李静译. --
长沙：湖南文艺出版社，2022.4
ISBN 978-7-5726-0572-7

Ⅰ.①书… Ⅱ.①伊…②李… Ⅲ.①散文集—西班牙—现代 Ⅳ.①I551.65

中国版本图书馆CIP数据核字（2022）第010464号

上架建议：畅销·散文

SHUJI MISHI
书籍秘史

作　　者：[西]伊莲内·巴列霍
译　　者：李　静
出 版 人：曾赛丰
责任编辑：刘雪琳
监　　制：吴文娟
策划编辑：董　卉
特约编辑：曾雅婧　包　玥
版权支持：王媛媛　姚珊珊
营销编辑：闫　婕　傅　丽　杨若冰
封面设计：潘雪琴
版式设计：李　洁
出　　版：湖南文艺出版社
　　　　　（长沙市雨花区东二环一段 508 号　邮编：410014）
网　　址：www.hnwy.net
印　　刷：三河市兴博印务有限公司
经　　销：新华书店
开　　本：910mm×580mm　1/16
字　　数：344 千字
印　　张：32
版　　次：2022 年 4 月第 1 版
印　　次：2022 年 4 月第 1 次印刷
书　　号：ISBN 978-7-5726-0572-7
定　　价：98.00 元

若有质量问题，请致电质量监督电话：010-59096394
团购电话：010-59320018